PHILOSOPHIES CONTEMPORAINES
sous la direction de Jocelyn Benoist et Bruno Gnassounou
4

Essai sur la *Dialectique négative* d'Adorno

Laurent Plet

Essai sur la *Dialectique négative* d'Adorno

Matérialisme critique et utopie

PARIS
CLASSIQUES GARNIER
2016

Laurent Plet, professeur agrégé de philosophie, enseigne en lycée. Il a publié « Raison politique et dialectique négative chez Adorno » dans la revue *Variations* (Paris, 2006) et « La langue contre la langue, tentative de sauvetage » dans la revue *Illusio* (Caen, 2014).

ISBN 978-2-8124-6018-0 (livre broché)
ISBN 978-2-8124-6019-7 (livre relié)
ISSN 2426-0010

À *Jean-Pierre Cotten.*

AVANT-PROPOS

Goethe disait de ses poèmes qu'ils étaient des écrits de circonstance pour lesquels la réalité en apparence la plus banale devait fournir le motif. S'il peut paraître hasardeux et inconséquent de le dire de notre travail dans la mesure où les questions posées par les usages du terme d'utopie chez Adorno ont retenu notre attention depuis de longues années, il n'en est pas moins vrai que l'écriture de cet essai doit être datée. Commencé en juin 2013 et achevé pour l'essentiel en mars 2014, il trace un premier cercle d'interprétations dont l'une des intentions était et reste de sortir cette « œuvre » de l'oubli et de la relégation dans lesquels des philosophes empressés se sont entendus, à mi-voix et selon des intérêts contradictoires, à la maintenir. Mais ce qui est un essai – au sens où il s'agissait bien de « s'essayer » à lire pour lui-même un texte réputé hermétique voire vain – doit être compris comme un premier déchiffrage dont nous n'hésiterons pas à dire qu'il sera d'autant plus concluant que l'auteur lui-même éprouvera la nécessité de mettre à l'épreuve ses propres analyses à partir des questions qu'il continue de se poser et de celles qui lui seront adressées. Pas plus qu'il ne paraît souhaitable de devenir l'homme d'un seul livre, on ne pourra quitter trop rapidement une pensée et une « œuvre » dont nous estimons qu'elle s'adresse plus que jamais à notre présent où les bouleversements, les mutations accélérés qu'on prétend irréversibles semblent défier le temps et la patience de la pensée. Peut-être Adorno nous invite-t-il, en parlant de la nécessité d'une pensée modeste contre les grandes spéculations métaphysiques d'hier et d'aujourd'hui, à raison garder face à la démesure des discours prophétiques dont la clameur tend à recouvrir toutes les voix qui suggèrent de s'arrêter quelque temps pour réfléchir les formes possibles d'expériences à dimension humaine. On y parlerait en ce sens de cette fragilité du vrai qu'Adorno associe très étroitement à celle de la liberté ; y travailler exige sans doute des efforts de pensée auxquels bien souvent on préférerait se dérober. Mais peut-être ne le pouvons-nous pas, et tout d'abord là où nous sommes et agissons à chaque fois en tâtonnant, avec l'espérance de percer une brèche dans l'emprise d'un monde transformé en fantasmagories toujours nouvelles et toujours les mêmes. Ceux qui ont tant de fois critiqué l'homme théorique jusque dans ses réflexions sur l'art devront peut-être méditer cette réflexion improvisée chez un penseur si prévenu contre l'improvisation :

« L'enfant qui cherche une mélodie sur le piano offre le modèle de toute vraie composition. C'est avec la même incertitude et la même hésitation, et pourtant avec un souvenir précis, que le compositeur cherche, sur le clavier aux touches indifféremment blanches et noires des possibilités qui s'offrent à lui, ce qui peut-être était là depuis longtemps, et que l'heure est venue de restituer. »

Je remercie tout particulièrement Éva Maffre qui a corrigé et mis en forme le texte et Annick Pichelin qui en a fait une lecture attentive. Je dois au soutien de Jean-François Kervégan la publication de cet essai.

INTRODUCTION

LA *DIALECTIQUE NÉGATIVE*, UN TEXTE PHILOSOPHIQUE OU UNE ANTIPHILOSOPHIE ?

Si on peut déplorer, en France, depuis de nombreuses années déjà, une longue et difficile réception de la Théorie critique, ce constat paraît s'appliquer davantage encore à la pensée philosophique d'Adorno dont Axel Honneth dit qu'elle fut très vite réduite au silence en Allemagne à peine plus d'une décennie après la mort du philosophe : « À la fin des années 1980, c'est à peine si l'on trouvait encore des traces de sa pensée dans les courants principaux de la philosophie : au sein des sciences sociales on perdit même tout intérêt pour cette manière de faire de la théorie critique, au moment où l'on découvrit dans les théories de Foucault, de Bourdieu ou de Giddens des instruments nouveaux pour analyser le capitalisme contemporain[1] ». Nous voudrions réduire l'horizon de cette réception à un texte d'Adorno, la *Dialectique négative*, dont il disait qu'avec l'ouvrage inachevé connu sous le nom de la *Théorie esthétique*, elle constituait son testament philosophique[2]. Il semble en effet que bien souvent ce texte ardu et déroutant ne soit guère pris au sérieux

1 Adorno, 2011c, p. 8. On notera cependant la parution récente d'un ouvrage riche et conséquent de Gilles Moutot sous le titre *Essai sur Adorno* (2010). L'auteur prend pour « objet la pensée de Adorno » dans toute son ampleur, sans séparer son « itinéraire » de « l'École de Francfort » (*ibid.*, p. 9). Notre propos, plus modeste, entend interroger la pensée philosophique d'Adorno telle qu'elle s'expose et se développe dans la *Dialectique négative*.

2 Il conviendrait par ailleurs, comme le rappelle souvent Adorno, de préciser l'importance centrale des deux textes suivants : d'une part *Contribution à une métacritique de la théorie de la connaissance*, publié en 1956, dont la première élaboration remonte à 1934, d'autre part *L'Essai comme forme*, écrit entre 1954 et 1958. Cette continuité parfois souterraine suffit à témoigner de la confrontation constante d'Adorno aux rapports complexes entre l'actualité de la philosophie et les évènements historico-politiques.

par ceux que l'on a l'habitude de nommer les « philosophes professionnels ». Parfois quelques travaux universitaires y font rapidement référence pour le plus souvent juger qu'il ne se tiendrait pas à la hauteur des enjeux et des concepts philosophiques, ou encore, concernant notamment le rapport à Heidegger, que la virulence et l'excès des critiques en condamneraient par avance le contenu. Mais là où ces auteurs formulent un tel verdict en analysant de près la méthode des philosophes qu'ils interrogent, ils ne prennent guère la peine de rendre compte de la logique complexe de la dialectique négative comme « forme de pensée » philosophique, si l'on reprend cette expression dont fait usage Adorno pour qualifier la philosophie. Une certaine désinvolture que n'autorise pas l'interprétation de Hegel ou encore de Heidegger serait en quelque sorte permise parce que la pensée critique d'Adorno aurait trahi le camp de la philosophie en faisant valoir que toute critique philosophique, devant être en même temps une critique de l'idéologie, exige un regard sociologique là où les œuvres philosophiques prétendent à l'autonomie voire à leur autofondation. Vieille lune des années 1950 dont le sérieux philosophique d'aujourd'hui aurait enfin montré la vacuité. Pourtant il n'est pas si certain, comme le montre une lecture attentive de la *Dialectique négative*, qu'Adorno ait opéré une réduction « *ad sociologicum* », si l'on nous permet ce néologisme. Pourquoi, si tel était le cas, de longues analyses de Kant, de Hegel, pourquoi cette volonté de sauvetage de la métaphysique au moment de sa chute si elle n'est rien d'autre qu'un pâle reflet idéologique d'une société totalement administrée, un vestige n'appartenant plus qu'à cette histoire antiquaire dont parlait Nietzsche ? Pire encore, que peut signifier ce concept d'esprit qu'Adorno entend bien sauver, au moyen d'un examen critique du concept d'expérience spirituelle, d'un vague et inconséquent spiritualisme et de toute tentation théologico-métaphysique, en passant par un matérialisme lui-même largement suspect aux yeux d'un marxisme prétendument soucieux de préserver le véritable héritage, fort discuté, de Marx ? La question pendante à laquelle il n'est certes pas possible de se dérober si l'on veut lire la *Dialectique négative* consiste à se demander ce qu'il peut bien y avoir de philosophique dans une pensée critique qui ne cesse de retourner la philosophie contre elle-même, de pratiquer une antiphilosophie, dont on comprendra qu'elle est indissociable d'un matérialisme historique et dialectique soumis à la critique de ses propres catégories, dans l'intention paradoxale de sauver des moments de vérité historiques de la philosophie tout en la confrontant à ses propres épuisements. Mais l'on voit bien, ainsi, que ce sont à la fois la nature de ce « philosophique » et la forme d'une pensée du sauvetage qui sont problématiques : cette pensée animée par une intention utopique[1] hostile à tout projet, à toute construction idéale ou idéelle d'une société future parfaite, redoutant plus encore l'idée d'une prétention d'une transformation radicale de l'essence de l'homme, ne s'échouerait-elle pas sur les terres désolées d'un monde perdu démenti par les progrès de l'humanité ? Philosophie et utopie ne semblent pas, bien souvent, faire bon ménage, et l'on préfère soit disqualifier l'utopie comme une dangereuse résurgence d'un projet totalitaire, soit en faire une fiction littéraire susceptible de nourrir l'imagination à condition qu'elle ne prétende pas intervenir d'une quelconque manière dans le monde tel qu'il est. Or Adorno ne sépare jamais l'intention utopique de la pensée de l'affirmation que ce qui est pourrait être autrement. Le « philosophique » de la pensée d'Adorno ne serait-il pas une invitation à faire la révolution, ici et maintenant, rappelant les propos du jeune Marx disant que la philosophie ne sera réalisée que par une révolution prolétarienne ? C'est semble-t-il ce qu'en ont déduit des étudiants de la gauche révolutionnaire à laquelle il s'adressait notamment dans les années 1960 lorsqu'ils voulaient, par la praxis, transformer la Théorie critique en cocktails Molotov. Adorno dénonçait là une pseudo-activité révolutionnaire en martelant qu'il n'y a pas de continuité immédiate entre la théorie et la praxis. La conclusion vite tirée fut celle de l'impuissance de la critique, sous la forme d'une résignation bourgeoise à l'ordre établi susceptible au mieux de lentes réformes, et d'un retrait d'Adorno dans sa tour d'ivoire. Il est bien évident que la réception actuelle de la *Dialectique négative* peut se faire en un terrain plus apaisé, quoique peut-être tout aussi inquiétant quant aux possibilités de transformations effectives de sociétés dont les différentes formes de rationalité semblent soumises à une sorte de destin aveugle qui engendre des incertitudes toujours plus grandes à l'égard du progrès et de l'avenir prochain du monde. La paix des esprits n'est peut-être que la face visible

1 Dans un paragraphe de la *Dialectique négative* intitulé « Existence autoritaire », où la critique consiste à dénoncer le prétendu geste de radicalité d'*Être et Temps* de Heidegger se renversant en une « idéologie de la fermeté et de l'authentique », Adorno lui oppose « le potentiel utopique de la pensée » (« *das utopische Potential des Gedankens* »). (Adorno, 1992, p. 106.)

de contradictions souterraines que dès *Dialektik der Aufklärung* (*La Dialectique de la raison*) Max Horkheimer et Theodor W. Adorno analysaient comme un pouvoir autodestructeur de la raison, d'une rationalité irrationnelle faisant des moyens des fins, pouvoir potentiellement gros de nouvelles formes de barbaries dont on pourrait se demander si, par exemple, les fantasmes du transhumanisme[1] ou autres n'en constituent pas une bonne illustration. Ce présent que nous habitons n'est-il pas harcelé tout autant par de nouveaux prophètes, de nouveaux chantres d'utopies technologiques, comme l'utopie numérique, qui contraignent la pensée à se reprendre, à se réfléchir avant même de se vouloir programmatique, pourvoyeuse de normes là où les institutions, et donc l'institution de l'humanité, semblent courir après leur ombre ? Cette distance réflexive ne consiste pas à adopter l'attitude contemplative s'en tenant au verdict qu'il n'y a rien à faire qu'à attendre que l'ère et l'être technologiques aient produit jusqu'à l'extrême tous leurs effets, mais elle suppose tout autant une transformation conséquente de ce qu'on nomme praxis ou pratique lorsque la disproportion entre les actions collectives et les puissances établies, qu'elles ressortissent à la science, à la politique comme gestion et gouvernance, ou encore à de prétendues lois de l'économie, s'est accrue au point d'éveiller le soupçon permanent d'une impuissance à stopper le train de l'histoire laissant sur les bas-côtés tous ceux qui n'ont pu ou voulu y prendre place. L'affirmation d'une continuité et discontinuité de l'histoire, si essentielle chez Adorno, qu'on ne peut en droit dissocier des rapports dialectiques entre la genèse et le système, opposée à l'idée d'une philosophie de l'histoire que l'on a souvent retournée contre lui, devrait pour le moins nous inciter à chercher à comprendre ce que ce dernier nomme sauvetage là où le présent est placé sous le signe de la catastrophe, laquelle signifie toujours, dans les termes d'abord repris de Walter Benjamin, le mythe et l'emprise comme répétition du même. S'il y a une réelle légitimité à lire la *Dialectique négative*, ce qu'il nous faudra bien évidemment montrer tout au long de l'ouvrage, il s'agit alors de se demander comment il est possible de pénétrer et progresser pas à pas dans une telle pensée

1 Voir *L'emprise numérique, Comment Internet et les nouvelles technologies ont colonisé nos vies*, où Cédric Biagini dresse une liste des « acteurs clés de la métamorphose de nos sociétés », acteurs qui sont indissociablement des puissances financières hégémoniques (Biagini, 2012, p. 378-380).

labyrinthique, où les silences, « les pensées supprimées », dont il est question dans *Minima Moralia*[1], nous en apprendraient parfois autant que les arguments massifs apparaissant ici et là dont on a bien souvent dénoncé les excès voire les excentricités[2].

PREMIÈRE REMARQUE QUANT À LA MÉTHODE DE LECTURE : SE LAISSER DÉROUTER PAR L'ENCHEVÊTREMENT DES CONTENUS

« Comment lire ? », question qu'Adorno emploie et applique à Hegel – dont l'obscurité légendaire fait écho à celle d'Héraclite – pour prévenir toute tentation paresseuse de réduire la philosophie à une vaine spéculation qu'une inintelligibilité confinant en certains de ses moments à la folie dispenserait par avance de se mesurer aux contenus d'expérience qui lui sont propres. Si nous choisissons de ne pas procéder à un commentaire littéral, entreprise infinie et par trop scolastique, quelles qu'en soient par ailleurs la rigueur et la fécondité, comme on peut en faire de Hegel, Kant ou Platon, si d'autre part nous refusons d'enterrer trop vite une telle pensée sous prétexte qu'elle aurait échoué à porter le combat dans le monde réel déchiré, la difficulté réside tout d'abord dans une méthode d'interprétation qui se laisse dérouter par le contenu. Si en outre la question de la méthode n'est pas séparable de celle du contenu, ce qu'implique pour le moins le concept hégélien de dialectique, c'est à partir de ce qu'il prescrit en un premier abord que l'on pourra préciser les règles de lecture nécessaires à l'interprétation. La *Dialectique négative* met en jeu, « cartes sur table », comme le dit Adorno, ce qu'on peut nommer la tâche de la pensée, encore qu'à l'idée de tâche restent associés une grandeur

1 Adorno, 1991b, p. 83. Il serait préférable de traduire : à partir (*aus*) de la vie mutilée, dans la mesure où Adorno dit qu'il ne faut pas penser sur (*über*) quelque chose, mais à partir de quelque chose. Nous retraduirons à chaque fois que nous le jugeons nécessaire les passages cités, qu'il s'agisse des textes d'Adorno, de Heidegger et des auteurs allemands convoqués.

2 On pourrait de ce point de vue appliquer à Adorno ce qu'il dit de la pensée en général : « Quand il s'agit de la pensée, on peut presque toujours lire ce qui est central dans les excentricités. » (Adorno, 2011a, p. 31.)

peut-être usurpée et un idéalisme suspect, dès lors que la philosophie sous sa forme idéaliste s'est retirée dans son monde de l'esprit faux et que les promesses marxiennes de sa réalisation par une transformation radicale de la société ont elles-mêmes été manquées, si l'on s'en tient à l'état des lieux exposé dès le premier paragraphe de l'introduction de la *Dialectique négative*. Faut-il donc considérer qu'il y a quelque nécessité à maintenir le terme de philosophie et ce qu'il implique comme forme de pensée spécifique ? Pour Adorno trois écueils doivent être évités : d'une part la résignation et donc l'adaptation à l'ordre existant confirmé et rigidifié par une idéologie le reconduisant à une loi de la nature, d'autre part la résorption de la théorie dans les sciences positives où domine l'autorité des faits, enfin l'illusion d'une pratique aveugle sous la forme de l'activisme ou de l'affairement, quelles qu'en soient les formes et les fins. L'idée de théorie ne serait pas le privilège des sciences, même si son statut et sa fonction doivent précisément être interrogés, redéployés et donc redéfinis. Bien qu'il n'y ait pas de continuité, de passage immédiat ou de rapport de déduction entre la théorie, indissociable d'une pensée critique réfléchissant ses propres catégories et leurs usages, et la pratique, cette dernière, pour être transformée, a besoin d'une théorie elle-même différente de ce que ce terme recouvre traditionnellement, mais aussi de ce qu'il signifiait dans les premiers moments de la Théorie critique.

Si quelque chose de la philosophie peut encore prétendre à la légitimité face à la domination sans partage des sciences et au mot-slogan déclamé en haut lieu de la fin de la philosophie, alors son concept doit être radicalement renouvelé. Mais une telle transformation reste solidaire de la philosophie, de la métaphysique, par conséquent des catégories qui les ont constituées tout au long de leur histoire. De manière simplement provisoire il est possible de distinguer chez Adorno *la philosophie* comme pensée critique, c'est-à-dire comme capacité d'autoréflexion des concepts – consistant à mettre en évidence non seulement les illusions et antinomies de la pensée, mais tout autant les formes de réification de la réalité sociale –, de *la métaphysique*, comme savoir fondé dans et par la raison, en quête d'un principe absolu ultime transcendant la totalité du réel dans sa multiplicité et sa dispersion, voire disjonction. Cette solidarité ne relève sans doute pas tant d'un choix, d'une décision arbitraire subjective dont le geste ambigu consisterait à vouloir sortir de la philosophie tout en continuant à parler son propre langage, mais tient au fait que le monde contemporain, dans toutes les sphères de la société organisées selon une division du travail non réfléchie comme telle, serait constitué par des sédimentations historiques, des entrelacements du réel et de la pensée tels que nous restons sous l'emprise des catégories de la métaphysique, du logos qui l'institue, c'est-à-dire par là même d'une figure dominante de la raison occidentale. Ne pas réfléchir cette emprise, c'est se rendre incapable de penser un monde qui voue les individus au renoncement à la pensée. *A contrario* penser cette emprise, dans les catégories mêmes où elle opère, devient la condition pour rendre possible un concept radicalement autre de la philosophie. Telle serait l'intention de la *Dialectique négative*, qui n'a aucune prétention à instaurer un nouveau fondement positif de la philosophie, mais tente d'en instruire le procès pour faire valoir l'idée que tout penser, comme mouvement et non comme résultat, est toujours en même temps un penser contre soi-même. Nous pourrions dire en ce sens que la philosophie comme savoir constitué et constituant, fondé, s'achevant comme sa fin propre dans une doctrine, n'existe pas, que ce qu'il y a en elle de philosophique est toujours une pensée *in einem permanenten statu nascendi*[1]. Le plus difficile, sans doute, est d'être parfaitement conséquent avec cette idée dont on peut considérer qu'elle est au principe même de chaque philosophie dans le moment historique de son commencement. Mais de toute évidence, pour Adorno, les grands philosophes ne sont jamais restés fidèles à une telle impulsion et à ses implications : toujours ces derniers ont recherché finalement un principe, un *archè* comme fondement dernier de la validité de leur ordre conceptuel à partir duquel la réalité est soumise à l'intelligibilité, parcourue et mesurée à l'aune de l'universalité des catégories de la raison. C'est sous la bannière, le drapeau et donc l'emprise d'une telle nécessité de fondement qu'ils renonceraient au vertige d'une pensée sans appui fixe. La pensée dialectique s'oppose dans un même mouvement et de toutes ses forces soit au formalisme vide soit à l'évocation impressionniste, voire poétique de la réalité : son intention, ne cesse de répéter Adorno, c'est le contenu, la concrétion historique et sociale, plus précisément sa teneur de vérité. Dans une perspective utopique, comme son point de fuite, la pensée se résoudrait, se dissoudrait (*auflösen*) dans son contenu. Comprendre ce rapport à la

1 Adorno, 2003, p. 14.

pensée et sa fin n'est pas la tâche la plus facile dès lors qu'il ne s'agit pas de donner la parole à l'être comme vérité ultime, comme seule cause décidant, quand bien même ce serait à son insu, pour chaque penseur de la forme de son questionnement et des chemins parcourus. L'ombre portée du négatif, qu'il ne faut pas lui-même hypostasier, interdit toute détermination dernière aussi bien que toute réconciliation présupposée : c'est sans doute en ce sens que la pensée reste indéfiniment en dette par rapport à ce qu'elle pense, qu'elle doit à la fois rendre justice, satisfaire au contenu sans jamais pouvoir y parvenir pleinement[1].

NÉGATIF ET UTOPIE, RAPPORT AU PRÉSENT HISTORIQUE COMME CONDITION DE LA PENSÉE

S'il est possible de préciser d'emblée le sens du concept de « négatif » par le terme de dissonance, alors il faudrait l'entendre comme ce qui, contre l'harmonie classique, ne s'abolit dans aucune résolution impliquée par une tonalité fondamentale faisant de l'accord dit « parfait » une consonance naturelle. Mais l'entendre ainsi en la nommant, ce sera courir le risque de réintroduire subrepticement l'identité : il s'agit bien, dans ce cas, de la nécessité d'entendre et écouter autrement la dissonance pour elle-même, de même que l'atonalité ne doit pas être comprise comme un mode dérivé du système tonal et de ses résolutions harmoniques, mais comme ce qui s'ouvre sur un autre indéterminé. L'utopie est à ce prix. Elle dit d'une part que ce qui pourrait être autrement n'a pas encore

1 Cette idée de dette à partir de laquelle se détermine le rapport de la pensée à son objet, présente tout au long de son œuvre, est formulée très tôt par Adorno, soulignée avec insistance dans l'introduction de *Contribution à une métacritique de la théorie de la connaissance* où il écrit que la pensée se soumet à la contrainte en considérant que c'est celle de sa propre logique alors qu'elle provient de la relation, du contexte d'ensemble de la dette sociale (*gesellschaftlichen Schuldzusammenhang*). (Adorno, 2011a, p. 26.) Il faut comprendre ce concept dans ses différents usages critiques, notamment lorsque ce dernier s'efforce d'établir les corrélations déniées entre la philosophie et l'idéologie. De façon exemplaire, parce qu'il s'agit du rapport de Heidegger au nazisme, on pourra se reporter au cours de 1960 *Ontologie und Dialektik* consacré à la critique de l'ontologie heideggérienne : contre l'*hubris* du concept de destin (*Schicksal*) qui reconduit l'histoire à une mythologie de l'être, Adorno, en référence à Walter Benjamin, y oppose la relation de dette du vivant (*Schuldzusammenhang des Lebendigen*). (Adorno, 2002, p. 249.)

commencé, d'autre part qu'il est impossible de poser par avance des déterminations de ce qui devrait être. Cela ne signifie pas pour autant que la pensée devrait se mouvoir dans l'indétermination, mais au contraire que son mouvement implique de briser sans cesse les déterminations avec lesquelles elle procède. Ce qu'Adorno nomme désensorcellement du concept, afin de briser son emprise et son pouvoir de nomination proche de la magie, n'autorise en rien l'abandon du concept puisque pour celui-ci, hégélien en ce sens, penser signifie toujours penser par concept. Mais pas seulement ! En effet le contenu, l'objet requièrent, pour être pensés, des modèles, c'est-à-dire la construction de l'effectivité dans des constellations historiques où le réel et la pensée sont entrelacés de telle sorte qu'ils font obstacle, dans leur immédiateté compacte, à tout effort de penser. Ce contenu enferme, comme des fragments, une vérité temporelle, historique, irréductible à une subjectivité constituante conçue comme le lieu transcendantal à partir duquel se déterminent les conditions de l'objectivité de la connaissance valide reconduisant nécessairement à un idéalisme subjectif. « La vérité est objective et non pas plausible[1] » : par là Adorno entend répondre aux objections de relativisme, d'historicisme sans recourir à un principe métaphysique transcendant, à un *archè*. L'objectivité en question ne caractérise pas seulement la forme et le contenu de la connaissance mais, dans les termes hégéliens, l'effectivité d'une totalité, quand bien même elle serait le non-vrai. Il faut donc la comprendre comme un rapport au réel présupposant des formations historiques que l'on ne peut interpréter que par les multiples médiations qui les rendent possibles. Nous pouvons retrouver dans ce *telos* de la vérité une double présupposition hégélienne : d'une part toute philosophie ne peut rien entreprendre d'autre que de penser son temps, si ce n'est qu'aucune rationalité du réel effectif ne sera posée et présupposée puisqu'elle impliquerait un esprit objectif lui-même fondé dans l'esprit absolu conçu comme vérité intemporelle, d'autre part la pensée philosophique ne mérite son nom que si elle se donne pour but la vérité, contre toutes les formes de scepticismes ou de relativismes bornés[2]. Il nous faudra donc comprendre cette catégorie de « l'objectif »

1 Adorno, 1992, p. 40.

2 Reprenant, à partir d'une source poétique, la question de Pilate : « Qu'est-ce que la vérité ? », Hegel écrit : « Cette question inclut alors en elle le sens, qui peut être regardé comme relevant de la courtoisie, et le souvenir de ce que le but [qui est] de connaître la vérité serait quelque chose d'évidemment abandonné, à quoi l'on a renoncé depuis

et la nécessité de ne pas céder sur le rapport à la vérité en cherchant à tracer, selon les propres termes d'Adorno, la ligne de démarcation par rapport à Hegel, en montrant que et comment c'est la différence, l'autre de la pensée dans l'extériorité du réel et dans l'immanence de la pensée irréductible à toute identité dernière, quelles qu'en soient la nature et la fonction, qui contraint à la négation déterminée dans l'usage même de tout concept : la vérité ne renvoie pas à une transcendance, à l'immuable, même compris dialectiquement, mais inquiète la pensée en lui interdisant de s'apaiser en elle-même, que ce soit sous la forme de la contemplation en retrait par rapport au monde ou de la spéculation subjective affairée et soucieuse de sonder toujours plus la structure du sujet, les actes par lesquels il constitue et fonde prétendument toute objectivité. L'inquiétude dialectique hégélienne elle-même est, aux yeux d'Adorno, paradoxale, parce qu'elle se nourrirait de la certitude de la totalité et du système dans lesquels la pensée pourrait enfin jouir d'elle-même comme d'une activité libre réconciliée avec le monde.

Dans la perspective historique d'Adorno cet autre nous conduirait tout d'abord à reconnaître ce lieu repoussant, nauséabond, proche de la zone anale, sur lequel reposerait et prospèrerait toute culture. Ce leitmotiv, dont on trouve un développement dans le paragraphe de la *Dialectique négative* intitulé « Métaphysique et Culture », expression « d'un matérialisme sans fard », a d'évidents accents nietzschéens, notamment ceux qui résonnent dans cette exclamation de la *Généalogie de la morale* : « Ah ! la raison, le sérieux, la maîtrise des affects, toute cette sombre affaire qui s'appelle réfléchir, tous ces privilèges et ces fastes de l'homme : quel n'en a pas été le prix ! Combien de sang et d'horreur n'y a-t-il pas au fond de toutes les "bonnes choses"[1]. » Il reste que pour Adorno la discontinuité historique, opposée à toute pensée d'une continuité du sens et de sa positivité, notamment sous la forme du progrès, a un nom, comme « paradigme » du monde contemporain, encore après guerre, à savoir Auschwitz. Si le terme de catastrophe, comme nous l'avons dit, provient d'abord de Walter Benjamin, il est toujours associé à l'idée de progrès aveugle, irrésistible, véritable ruse de la raison qui se joue de la croyance des individus pour mieux imposer ses fins destructrices de toute

---

longtemps, et [que] le caractère inatteignable de la vérité serait quelque chose de reconnu même parmi les philosophes et les logiciens de profession. » (Hegel, 2014, p. 6.)

1 Nietzsche, 2002, p. 72.

liberté et donc de toute pensée critique. Dire non au cours des choses ce serait faire l'aveu de son incapacité à se plier au train du monde et donc devenir un poids, une charge et un rebut là où tout se précipite vers un prétendu bien universel. Cette précipitation, cet activisme peuvent certes se prévaloir des meilleures intentions, ils dénient cependant ce que leur langage appauvri ne cesse de répéter, le progrès vers une société émancipée où le principe de l'autoréflexion et, corrélativement, de l'autodétermination ne serait pas un vain mot. Si l'on voulait en administrer la preuve, il suffirait de lire toute cette pénible et le plus souvent affligeante littérature consacrée à ce que certains n'hésitent pas à nommer l'utopie numérique : s'y refuser, c'est déjà se condamner à l'opprobre général, voire au silence tant cette croyance à l'ère numérique a envahi, de façon dominante, l'imaginaire de nos contemporains. Adorno n'était certes pas un brise-tout des progrès technologiques, comme le montrent par exemple ses écrits sur la musique, mais il n'a pas manqué de relever, sans nécessairement le thématiser, ce voile technologique qui rend la pensée et donc l'action aveugles, étrangères à elles-mêmes. Le culte de la compétence experte, de la performance, de l'efficacité par la quantification, de la gestion appliquée à toutes les sphères de la société constitue le ferment d'une catastrophe plus générale tant qu'on n'y oppose pas les forces de résistance nécessaires pour rendre à nouveau les individus capables de faire l'expérience de ce qu'ils vivent aussi bien par la pensée que dans l'organisation de leur vie sociale et politique. Mais les priver d'une telle possibilité est précisément inhérent à ce sujet de l'histoire anonyme : si l'expression « sujet de l'histoire » a pu, à juste titre, paraître problématique, il semble qu'elle se vérifie toujours plus dans la croyance et l'imaginaire que le langage technocratique dominant nourrit continûment. Là où les individus deviennent incapables de se penser comme sujet autrement que comme des fonctions d'un processus social totalisant, il est nécessaire de mobiliser « la force du sujet », telle est l'une des intentions de la pensée critique lorsqu'elle se caractérise comme critique de l'idéologie. Mais, comme nous le montrerons, cette forme de critique s'applique, selon une même logique, aux doctrines philosophiques figées, devenues en quelque sorte lettre morte, susceptibles de restaurations académiques dont les implications politiques déniées n'en seraient pas moins réelles. Si l'ontologie, dans sa forme heideggérienne, est l'objet des plus vives critiques, la philosophie transcendantale, vouant tous ses efforts à fonder une subjectivité constituante dans l'immanence d'une vie transcendantale pure – être absolu et origine de tout sens –, devra elle-même être soumise à une critique sans égards en raison de son aveuglement face aux processus historiques, matériels qui la dénient, telle cette surpuissance du capitalisme industriel tardif qu'invoque constamment Adorno.

Cependant, à contre-courant de ceux qui par ailleurs ont rangé la catégorie de sujet dans un débarras métaphysique poussiéreux, Adorno affirme qu'il est besoin non pas « d'un moins mais d'un plus de sujet » : il est bien évident qu'il convient expressément, dans ce cas, de se demander ce qu'il en est, non pas de l'essence de ce sujet, expression encore métaphysique, mais de ses déterminations conceptuelles indissociables de déterminations sociales et historiques. Que le sujet soit façonné, plus encore fabriqué socialement, est un postulat de la Théorie critique repris par Adorno ; mais le paradoxe, et en un sens la dénégation, veut que ce que produit la société soit un non-sujet : plus l'individu est défini, intégré socialement, plus il est dépossédé de son propre moment d'individualisation. En d'autres termes, ce qui l'institue le destitue en le réduisant à un exemplaire : il sert d'exemple au sens où l'on dit d'un animal soumis à l'expérimentation de laboratoire qu'il sert de cobaye. Fonctionnel, réduit au quantifiable, il n'a qu'à bien se tenir : la simple supposition qu'il pourrait ne pas vouloir jouer le jeu constitue un frein pour la société qui s'entend à le lui faire payer[1]. Lorsqu'Adorno pose la question d'une éducation après Auschwitz – nous sommes en 1966 –, en affirmant de façon brutale, excessive aux yeux d'un entendement commun sain, que les conditions et les structures fondamentales qui ont produit les hommes responsables d'Auschwitz demeurent les mêmes[2], il examine quelques mécanismes de réification de la conscience pour y opposer la condition préalable d'une résistance dans les termes d'un homme du Siècle des lumières : « La seule force véritable contre le principe d'Auschwitz serait l'autonomie, si je puis me permettre d'utiliser l'expression kantienne, la force de réflexion, d'autodétermination, la force

---

1 Il y a de toute évidence, chez Adorno, une dialectique complexe entre les concepts de sujet et d'individu qu'il nous faudra analyser précisément par la suite. L'usage de ces deux concepts relève déjà par lui-même du rapport entre la critique philosophique et la critique de l'idéologie, donc du rapport entre philosophie et sociologie, elle-même conçue comme une théorie critique de la société.

2 Adorno, 1984a, p. 206.

de ne pas jouer le jeu [*mitmachen*, faire comme les autres, participer et suivre au sens où l'on suit la mode par exemple][1]. » Ce texte, d'allure improvisée, comme il le précise, ne répond pas par lui-même à la question théorique de savoir en quoi cet individu-sujet devrait se distinguer de façon radicale de l'idée de sujet héritée notamment de Kant, et donc des contradictions inhérentes à cette tradition des Lumières, mais il permet de justifier le rapport entre la nécessité de résister et celle d'une autoréflexion de la pensée.

Si, pour employer un terme qu'Adorno appliquera notamment à la métaphysique, il est question de sauvetage, celui-ci, pour être compris jusque dans ses implications les plus paradoxales, a besoin d'une longue et difficile épreuve par le concept, ce dont témoigne la *Dialectique négative* comme texte philosophique et historique qu'on ne peut résumer mais que l'on doit s'efforcer de déchiffrer pas à pas, à la fois comme un palimpseste, comme un champ de forces où pointent à l'horizon quelques fragiles vérités qu'il faudrait savoir recueillir en les interprétant. Palimpseste car on peut supposer que ce texte enferme en lui des strates anciennes, des réécritures, comme en atteste par exemple l'appendice de *Vorlesung über Negative Dialektik*[2], œuvre à la fois d'une remémoration pensante et d'un travail sur la langue. Champ de forces parce qu'il est fécond d'appliquer au texte d'Adorno ce qu'il dit lui-même de sa méthode de lecture des philosophes par laquelle il s'agit de déchiffrer un texte codifié qui met en jeu des forces historiques et spirituelles antagonistes comme sédimentées et réifiées dans les œuvres, cachées sous leur surface lisse, tant qu'elles ne sont pas interprétées et en ce sens revivifiées. C'est pourquoi toute lecture d'Adorno suppose, comme question préliminaire de méthode, une réflexion, elle-même d'abord esquissée, sur le statut de la langue, de l'écriture et notamment, pour un lecteur français, sur la traduction.

---

1 *Ibid.*, p. 205-206.

2 La note de l'éditeur de ce cours de 1965 rappelle que la *Dialectique négative* est précédée de nombreux cours portant sur l'ontologie, la philosophie morale et la philosophie de l'histoire, la métaphysique, qu'Adorno lui-même rattache à la longue élaboration de son œuvre maîtresse. Ce qui suffirait à souligner la nécessité de leur traduction à peine commencée pour une réception plus ample de la pensée philosophique d'Adorno. Ils permettraient de mesurer l'importance de la confrontation critique de ce dernier à Heidegger, à Hegel ou à Kant à partir de la question de la possibilité de la philosophie après Auschwitz (Adorno, 2003, p. 337).

DEUXIÈME REMARQUE DE MÉTHODE : RAPPORT À LA LANGUE ET FORME D'ÉCRITURE

La difficulté de la langue et donc de la lecture de la *Dialectique négative*, entre autres textes d'Adorno, est notoire, si ce n'est légendaire dans la mesure où il paraît imprudent de prétendre élever ce texte au légendaire, comme ce peut être le cas de la *Science de la logique* de Hegel. Ce qui rebute d'emblée, la forme de discursivité et le jeu dialectique des concepts et arguments, ne serait cependant pas propre à ce texte tardif. Alban Berg déjà, en accord avec Arnold Schönberg, se plaignait amicalement auprès du jeune Adorno, à propos d'un article sur *Wozzeck*, de la « subtilité verbale toute particulière et du plus haut niveau » de son écriture, déplorant notamment les « néologismes et les mots incompréhensibles ». Une telle langue rendait « une compréhension en soi absolument trop difficile pour une revue » à laquelle ce texte était destiné. Malgré les égards et le ton amical, Berg ne dissimule qu'à peine son embarras, sollicitant les témoignages de proches pour se demander s'il ne serait pas possible d'écrire dans une langue plus claire et plus directement compréhensible. Laconiquement et aimablement Adorno répondra qu'il lui « fallait passer à un niveau philosophique autrement moins accessible » en raison du contenu esthétique de l'article[1]. Les intrications des contenus justifieraient-elles en elles-mêmes une telle complexité ou bien s'agirait-il de traits idiosyncrasiques présents dans tous les écrits d'Adorno, y compris, sous une autre forme, dans ses cours soumis aux conditions de l'oralité ? Si nous nous intéressons tout d'abord à la *Dialectique négative* nous nous appuierons sur l'affirmation suivante, proche de l'injonction : « Ce qui est dit de façon relâchée est mal pensé[2]. » L'acribie de la pensée exige celle de la langue. Nous pourrions sans doute commencer à l'expliquer en relevant la double présupposition de ce que ce dernier nomme l'exigence d'une langue philosophique renouvelée : le moment d'expression et la nécessité logique fondée dans le concept et le jugement. Le moment d'expression exige une attention au nom et à son affinité avec la chose dans la mesure où il n'est pas un simple signe

1 Adorno et Berg, 2004, p. 76-79.
2 Adorno, 1992, p. 22.

renvoyant à un référent. Le mot contient déjà quelque chose de ce dont il parle, ne serait-ce que par les sédimentations historiques qu'il enferme. Le nom est qualitativement différencié, comme une couleur, non pas une simple étiquette accolée sur la chose. Il est expression parce qu'il la fait parler, lui donne un langage là où, muette, elle se tient refermée sur elle-même. Ne pas taire même le plus simple, le plus insignifiant, ce serait l'un des traits idiosyncrasiques du rapport à la langue d'Adorno qui s'en va répétant sans cesse que la tâche de la pensée consiste à faire parler la souffrance, jusqu'au cri le plus insoutenable de ces voix assassinées à Auschwitz. Ce moment de l'expression doit cependant se garder de céder au culte fétichiste du mot, comme pouvoir magique de signification et d'invocation, aussi bien qu'à l'impératif de la communication dont la prétention serait de se faire comprendre immédiatement, à la manière d'un slogan. C'est pourquoi ce moment a besoin de la rhétorique, de l'exposition des arguments. Cette rhétorique n'est pas réduite ici à des fins de persuasion, qu'on ne peut cependant jamais ignorer, mais contribue de toute évidence aux fins utopiques de la connaissance puisqu'elle prend le parti du contenu, de ce qui est à sauver, rapprochant ainsi « la chose et l'expression jusqu'à l'indifférence[1] [*Indifferenz*] ». S'il y a dans ce recours à la rhétorique un trait polémique à l'égard des philosophes et de leur mépris de cette tradition, c'est sans doute pour mieux s'opposer à cette dialectique sans langue qu'est la langue de Hegel : sans langue elle le serait parce que son principe, l'autodéveloppement du concept, ferait abstraction de tout sujet incarné, par suite du corps de la langue jugé coupable. L'impulsion somatique, à la racine du spirituel et de ses formes langagières d'expression, fait entendre ici sa voix que l'on retrouvera dans l'idée d'utopie : le plaisir somatique comme image utopique. Chez un penseur qui exige tant de la pensée, qui stigmatise toute prétention à l'immédiateté, qui veut sauver contre les puissances conjuguées des sciences, des techniques et du monde administré l'expérience spirituelle, il y a là quelque chose qui résiste et devra être élucidé au nom de ce matérialisme sans fard dont il a été question auparavant.

Il reste que ce moment d'expression d'un dire qui se fait langue et écriture entre en conflit avec ce qu'Adorno nomme le moment de la nécessité logique. Du nom nous passons, par une nécessité immanente,

1 *Ibid.*, p. 51.

au concept : dans la langue philosophique en effet, s'il est vrai que penser, c'est penser par concepts, il est inhérent au mot de devenir concept. Celui-ci, dans un premier mouvement, peut apparaître comme une saisie, une emprise de la réalité. L'identifiant et l'universalisant il en refoule la différence qualitative et l'ouvert. Mais la fuite au-delà du concept comme moment de détermination n'est rien d'autre, pour Adorno, que le renoncement au penser philosophique. Penser au moyen du concept ce qui est au-delà de lui sans le réduire au concept, tel est, on le sait, l'un des paradoxes dans lequel la philosophie n'a pas d'autre choix que de se tenir. De manière kantienne on pourrait dire que si sans intuition le concept est vide, sans concept l'intuition est aveugle, à condition d'élargir et plus encore de renouveler le sens du concept d'expérience et de montrer que même le moment de l'intuition doit être médiatisé. L'aveuglement d'une pensée prétendant accéder immédiatement à la « chose même » devient un moment de cette idéologie représentée par l'attitude subjective de renoncement à l'autoréflexion, à la pensée critique capable de penser contre elle-même pour se déprendre de ce qui la fascine et la rend étrangère à elle-même. Mais si la philosophie obéit à une logique du concept, c'est parce qu'en même temps elle parle la langue naturelle et ne doit rien attendre des langages formalisés : sa logique reste de ce point de vue tributaire des trois moments de la logique traditionnelle, celui du concept, celui de la proposition et celui du raisonnement. Contrainte à la fois formelle et réelle de toute intelligibilité, que cependant la logique d'une dialectique négative doit briser en chacun de ses moments. Cela a un nom, à savoir une logique de la dislocation empruntant le chemin d'innombrables médiations : faire exploser (*sprengen*), selon un vocable adornien très fréquent, tout à la fois la chose et le concept, la contrainte objective déposée en eux comme une couche de sédiments durcie. En ce sens nous pourrions nous demander dans quelle mesure cette logique, présentée par Adorno comme l'une de ses conceptions les plus anciennes et les plus profondes, répondant à ses premières impulsions spirituelles, dans laquelle se manifeste une tension constante entre le moment de l'expression et celui de la nécessité logique, inventerait une nouvelle langue, comme on dit de chaque grand écrivain qu'il invente dans sa langue une nouvelle langue. Afin de donner toute sa portée à cette hypothèse comme règle de lecture et d'interprétation, il est nécessaire de considérer une autre dimension de l'écriture d'Adorno aussi essentielle que les traits idiosyncrasiques esquissés précédemment, à savoir sa forme parataxique. Après avoir considéré les mots, les noms puis les concepts il faut en effet, afin de mieux cerner le jeu immanent à la nécessité logique, s'attarder quelque peu sur la forme syntaxique de cette écriture.

Cette forme parataxique est certainement la première difficulté rencontrée par le lecteur non averti : complexité de la structure syntaxique au sein des phrases, dans leur articulation, leur enchaînement, perplexité devant la construction par paragraphes et finalement par rapport à la structure du tout. Deux termes sans doute permettraient de caractériser cet état de choses : discontinuité et antisystème. C'est dans un essai sur Hölderlin intitulé *Parataxe* que ces traits paraissent non seulement caractériser l'un des aspects essentiels de l'écriture du poète, mais aussi mettre en question, à partir d'une référence insistante à Hegel, comme bien souvent chez Adorno dès qu'il s'agit d'interroger la littérature, la langue philosophique et son pouvoir de synthèse et d'identification par le concept. Afin de préciser les traits significatifs de cette interprétation de la parataxe, de son « principe formel » qui « est un antiprincipe » et de sa fonction, « briser la synthèse » – sans chercher à commenter cet essai dont l'une des intentions est la critique de Heidegger –, il est nécessaire de justifier brièvement le rapport établi entre la poésie et la philosophie. Adorno ne cesse de répéter que l'on doit se garder de toute tentation d'interprétation poétique, poétisante, avec le soupçon de mépris que comporte dans ce cas un tel mot, de l'écriture philosophique. Très tôt, dès son étude sur Kierkegaard, il le formule dans les termes les plus explicites : « Chaque fois qu'on a voulu comprendre les écrits des philosophes comme des poésies, on a manqué leur teneur de vérité. La loi de la forme philosophique exige l'interprétation du réel dans la connexion concordante des concepts. [...] Ce qui décide [du caractère philosophique d'une œuvre], c'est bien plutôt : que le réel a pénétré dans les concepts, se manifeste en eux et en fonde la compréhension. À quoi s'oppose la saisie de la philosophie comme poésie[1]. » Cette distinction du philosophique et du poétique est présente jusque dans les textes les plus tardifs d'Adorno, y compris par conséquent dans la *Dialectique négative* et la *Théorie esthétique*, témoignant à cet égard de la constance de sa critique de Heidegger contre lequel elle est notamment dirigée. Cependant, malgré l'hétérogénéité de ces deux modalités d'écriture et de langue, Adorno

1 Adorno, 1995b, p. 11.

ne cessera d'affirmer que « les poèmes et la philosophie ont la même finalité, le contenu de vérité[1] », que, plus généralement, les œuvres d'art et la philosophie visent toutes deux un contenu de vérité social toujours médiatisé. Il y a là bien des difficultés aux nombreuses implications autorisant cependant le plus souvent, selon beaucoup de commentaires, à en déduire un repli vers une esthétique négative souveraine attachée aux grandes œuvres de la tradition, aporie que semblerait pourtant contredire dans les termes mêmes l'affirmation suivante de la *Théorie esthétique* : « L'art et la philosophie convergent dans le contenu de vérité de l'art : la vérité de l'œuvre d'art qui se déploie progressivement n'est pas autre chose que celle du concept philosophique[2]. » Ce serait plutôt la prééminence du philosophique que l'on devrait lire dans ces lignes, proches dans leur principe de la conception hégélienne de l'esthétique lorsque ce dernier la caractérise comme une réflexion philosophique sur l'art par la médiation du concept. Si nous refusons de céder trop vite à une telle conclusion reconduisant l'échec de la pensée d'Adorno à un repli dans l'art, c'est parce qu'il est possible de montrer que cette convergence a pour terme décisif l'utopie. C'est donc à partir du statut et de la fonction de l'utopie qu'il faudrait engager la dispute pour décider du sens de cet échec. Pour ce faire il n'y a d'abord pas d'autre voie que celle d'une confrontation attentive au concept d'utopie tel qu'il est savamment orchestré dans la *Dialectique négative*. Adorno n'identifie pas le poétique et le philosophique du point de vue de leurs moyens d'expression, mais dans le rapport aux fins qu'ils poursuivent : celles-ci, exprimées à la manière d'un motif musical, ont pour nom l'hétérogène, le dissonant, la différence compris comme l'ouvert qui seul peut briser la continuité contraignante de la totalité du réel d'une part et le pouvoir d'universalisation et d'identification du concept d'autre part. À cette tâche œuvrent aussi bien la poésie que la philosophie, comme l'atteste la référence appuyée à Hegel dans l'essai consacré au poète Hölderlin : « Cependant, de même que le modèle hégélien ne s'arrête pas à lui-même, mais se sert de la force propre de l'objet pour le briser ; de même qu'il tend à dépasser la clôture monadologique du concept isolé en le considérant, l'analyse immanente des poèmes devrait en faire autant[3]. » L'affinité des

1 Adorno, 1984b, p. 311.
2 Adorno, 1995c, p. 186.
3 Adorno, 1984b, p. 311.

fins, affinité avec l'objet, permet de comprendre comment Adorno peut trouver dans l'écriture parataxique de Hölderlin le modèle de l'écriture philosophique. Si la parataxe, selon la définition la plus simple, désigne une construction par juxtaposition, sans qu'un mot de liaison indique la nature du rapport entre les phrases, elle prend la forme selon Adorno d'un geste philosophique, d'une révolte contre la nature opprimée, contre la synthèse à laquelle tendent tout langage et tout concept. Mais un tel geste ne peut s'accomplir qu'en se soumettant à l'instance de la langue et au pouvoir d'identification inhérent au concept. Quand bien même il s'agit d'inverser les mots dans une période, d'inverser les périodes elles-mêmes, de juxtaposer des subordonnées sans mot de liaison, l'emprise de la fonction synthétisante inhérente au langage et à la pensée n'en est pas une fois pour toutes supprimée. C'est en ce sens qu'Adorno parle d'une révolte qui ne peut prétendre transcender l'essence du langage : « La révolte parataxique contre la synthèse trouve sa limite dans la fonction synthétique du langage en général. Ce qui est visé, c'est une synthèse d'un autre type, son autoréflexion dans la critique du langage, alors que le langage retient malgré tout une synthèse. Briser l'unité de celui-ci, ce serait le même acte de violence que celui que commet l'unité[1]. » Cette révolte est tout autant dirigée contre la réalité se donnant comme un en-soi clos sur lui-même que contre le langage tendant à la substantialisation. Il faudra donc relever et déchiffrer, dans la *Dialectique négative*, les indices et les traits d'une telle révolte sous l'apparence d'une écriture austère, voire ascétique comme le laisse entendre la remarque attribuée à Benjamin dans l'avant-propos : « traverser les déserts glacés de l'abstraction pour parvenir au point où il est possible de philosopher concrètement[2] ».

Cette discontinuité, ces heurts de la syntaxe, comme des blessures dans le corps de la langue, peuvent en outre se prévaloir d'une autre source d'inspiration. En effet Adorno ne manque pas de renvoyer à l'idée d'encyclopédie des Lumières, et non à l'*Encyclopédie* de Hegel, dont la forme du système et de la totalité close, selon la représentation classique qu'on en donne, n'est plus à rappeler : « Le penser comme encyclopédie, organisé rationnellement et pourtant discontinu, non systématique, lâche, exprime l'esprit autocritique de la raison. Il représente ce qui, autant en raison de son écart croissant par rapport à la praxis qu'en raison de

1 *Ibid.*, p. 336.
2 Adorno, 1992, p. 7.

son intégration dans l'entreprise académique, échappa alors à la philosophie : l'expérience du monde, ce regard pour la réalité dont la pensée aussi constitue un moment[1]. » C'est une telle expérience du monde qui oblige, comme nous le verrons, à développer la pensée dialectique sous la forme de modèles tout en ne cédant pas sur la rigueur, sur ce qu'Adorno nomme le caractère d'obligation (*Verbindlichkeit*) de la pensée. Mais le monde brisé, disloqué contredit par avance toute idée de système clos, fondé par lui-même, prétendant reconstruire pour l'unifier et le réconcilier avec lui-même la rationalité du monde. Qu'il soit difficile de définir la dialectique négative n'empêche pas de la caractériser comme une pensée par modèles : « Penser philosophiquement équivaut à penser dans des modèles ; une dialectique négative est un ensemble d'analyses de modèles[2]. » Ce ne sont ni une position subjective par rapport à la réalité objective, ni un geste arbitraire qui décident de cette forme de la pensée philosophique, mais l'entrelacs, l'imbrication (*Verflochtenheit*) constitutive de la pensée et de la réalité, des catégories de la raison et de l'organisation rationnelle de la société[3]. Les modèles et la forme encyclopédique, forme non systématique susceptible d'exposer (*darstellen*) « de manière discontinue ce que l'unité de l'expérience cristallise sous forme de constellations », sont appropriés à ce qu'Adorno nomme répliques (*Stichworte*) dans *Modèles critiques*, dont les traits polémiques revendiqués confirment le rappel de cet héritage pour travailler à un nouveau dictionnaire philosophique : il est possible ici de penser aussi bien au *Dictionnaire* de Bayle qu'au projet de l'*Encyclopédie* de Diderot et d'Alembert comme ferments d'une tradition critique qu'il faut à nouveau éveiller. Ce qui s'y expérimente ne serait rien d'autre que « la liberté de l'esprit[4] ». Cette simple notation contredit ceux qui enferment

---

1 *Ibid.*, p. 30-31.

2 *Ibid.*, p. 30.

3 Dans la langue philosophique héritée de Hegel, la question du commencement de la philosophie par la chose même (*die Sache selbst*) renvoie, au-delà de ses aspects formels et de ses questions de méthode, aux différends relatifs à sa détermination et à son contenu, qu'on le dise immédiat ou médiatisé. D'une manière paradigmatique nous relèverons cette formulation dans l'introduction à l'interprétation de la phénoménologie de Husserl qui vaut pour tous les développements de la *Dialectique négative* : « Le processus de vie réel [*real*] de la société n'est pas introduit en fraude sociologiquement dans la philosophie au moyen d'une classification extérieure [*durch Zuordnung*], mais il est au contraire le noyau de sa teneur logique elle-même. » (Adorno, 2011a, p. 50.)

4 *Ibid.*, p. 31.

Adorno dans un désespoir et une résignation dont le grand art serait la seule consolation. Deviendrait-il pour autant un classique héritier d'une pensée critique se réclamant des valeurs de la raison, de la tolérance, de la justice, défendues par les philosophes des Lumières ? Nous savons, du moins ceux qui refusent de se soumettre aveuglément à l'injonction de l'enthousiasme et de l'optimisme propre à la clameur progressiste, que les choses se présentent, dans le monde contemporain, d'une manière plus complexe, voire plus sombre encore que sous la domination politique des monarchies. Mais si l'optimisme des Lumières n'est plus guère de rigueur, il n'en est pas moins vrai qu'Adorno n'appelle jamais à un renoncement de la raison puisqu'il voit au contraire dans le « défaitisme de la raison (*Vernunft*) » et donc de l'esprit critique, y compris dans son rapport à la culture, l'annonce des menaces les plus terribles : « Le critique de la culture ne peut comprendre que la réification de la vie n'est pas due à trop mais à trop peu de Raison (*Aufklärung*) et que les mutilations que l'actuelle rationalité particulariste (*partikularen Rationalität*) fait subir à l'humanité sont les stigmates de l'irrationalité totale[1]. » De quelle raison peut-il s'agir ? Là encore une patiente confrontation avec la *Dialectique négative* permettra peut-être d'en dessiner la figure, comme une invitation, dans les termes de Rimbaud, à une nouvelle raison. Ce nouveau, ce *Novum* dans la langue d'Ernst Bloch, inscrirait une fois encore la *Dialectique négative* dans la grande tradition des utopies, à ceci près, qui est l'essentiel, que l'utopie est rattachée au négatif : « … l'utopie se loge essentiellement dans la négation déterminée de ce qui se contente d'être et qui, finissant toujours par se concrétiser sous la forme de quelque chose de faux, fait toujours en même temps signe vers ce qui devrait être[2]. » Ce propos d'Adorno, lors d'une discussion avec Bloch, est accompagné d'une remarque ironique à l'égard de celui-là même qui envers et contre tout ajuste toute pensée et toute pratique au négatif : « S'il est vrai qu'une vie libre et heureuse est aujourd'hui possible, une telle vie est l'une des figures théoriques de l'utopie » dont il faut pouvoir donner une « image » de sorte qu'Adorno dit tenir « le rôle inattendu de l'avocat du positif » sans lequel « on ne peut rien faire dans la phénoménologie de l'utopie[3] ».

1 Adorno, 1986b, p. 12.
2 *Europe*, mai 2008, p. 49.
3 *Ibid.*, p. 50.

LE FIL CONDUCTEUR DE L'INTENTION UTOPIQUE

On pourra aisément vérifier que toute avancée significative dans la compréhension de la *Dialectique négative* nous reconduit sur les traces de l'utopie. S'agit-il de faire d'Adorno un penseur de l'utopie ? Ce serait sans doute contredire ce qu'il affirme en prenant le premier la parole lors de l'entretien avec Bloch auquel il attribue le mérite définitif d'avoir « remis à l'honneur le mot utopie » et la pensée qui en résulte. Ce qui intéresse fondamentalement Adorno – d'un intérêt qui, philosophiquement, relève d'un besoin de la pensée et non de la question de l'être comme l'énigme toujours répétée de la philosophie l'oubliant dès son commencement –, c'est ce que nous nommerons la dimension utopique de la pensée. S'il faut un concept radicalement transformé de la philosophie, du concept, c'est parce que, pour Adorno, résister au train infernal du monde, à son « unité infernale » selon une expression du cours intitulé *Métaphysique, Concept et problèmes* de 1965, exige les efforts les plus lucides pour penser ce que peut la pensée, sous la forme du meilleur comme du pire. En ce sens la pensée est action. Mais elle ne prescrit par elle-même aucune pratique déterminée, encore moins un activisme aveugle prétendument affranchi de toute théorie comme la gauche révolutionnaire allemande des années 1965-1968 en donnerait la preuve. La théorie – et la pensée dont il faudra cependant comprendre comment elle s'articule à la théorie sans s'y identifier purement et simplement – « ne transforme que si et précisément tant qu'elle reste théorie[1] ». Le penseur théorique n'a pas peur de la tour d'ivoire parce que ses fenêtres ne sont pas obstruées mais ouvertes comme des meurtrières offrant des angles et des perspectives pour intervenir dans la réalité. Les armes qu'il fabrique – armes critiques dans le langage marxien – ne sont pas livrées toutes prêtes à l'usage, mais exigent à chaque fois d'être repensées dans la pratique pour parvenir à une pratique elle-même transformée. C'est sans doute ce qui n'a pas encore commencé selon Adorno, mais ce « ne pas encore » ne signifie en rien que de telles possibilités ne puissent être inventées, puisque bien au contraire il vaut comme un impératif où l'imagination dialectique

1 Adorno, 1986a, p. 408.

trouve toute sa place, sans céder à la tentation du geste autoritaire de celui qui sait. Voilà donc ce qui devra être mis en jeu dans la lecture de la *Dialectique négative*, le pari que nous pouvons faire : cette philosophie transformée, sérieuse parce qu'elle n'est pas si sérieuse, à l'encontre de ceux pour lesquels elle est la tâche essentielle et le tout de la vie, ne peut reculer devant les grands édifices de la tradition philosophique dont il faudrait à chaque fois s'assurer de la lettre avant d'en dire le moindre mot – travail, on le devine, non seulement impossible en droit, mais présupposant en fait une réduction de la philosophie à une spécialité, une branche d'un savoir à l'intérieur de la division sociale du travail. Le nerf vif de la philosophie ne peut être qu'ailleurs : c'est ce dont il faut se mettre en quête, d'abord dans la *Dialectique négative*, sans exclure cependant l'appui éclairant d'autres textes.

RETOUR SUR LA MÉTHODE : INTERPRÉTATION ET CONTENU DE VÉRITÉ

Comme pour toute enquête, plutôt que recherche, la question de la méthode trouve sa mesure dans sa fécondité. D'emblée il est possible et souhaitable de préciser ce que ce travail ne sera pas, à savoir un commentaire de type universitaire soucieux de préciser par un appareil de notes méticuleux chaque argument, chaque analyse et discussion en les confrontant aux multiples interprétations des historiens de la philosophie. Ce qui pourrait apparaître comme un manque de rigueur et de probité se laissera mesurer et estimer selon le critère de pertinence du propos relatif à son intention générale. Cette liberté que nous nous donnons n'est pas que désinvolture, pas même dédain à l'égard de travaux universitaires d'histoire de la philosophie toujours nécessaires dans le renouvellement des questions que l'on peut et doit adresser aux œuvres des philosophes. On s'étonnera par contre de ce que certains ouvrages récents, comme nous l'avons déjà remarqué, où le sérieux et le souci de l'analyse ne se démentent pas, consacrés à la question de la possibilité de la métaphysique, y compris dans son rapport à Hegel et à Heidegger, ne citent qu'en passant Adorno – par exemple l'ouvrage très riche et instructif de Bernard Mabille sur la question de la constitution de la métaphysique chez Hegel et Heidegger – comme s'il n'y avait pas à rendre compte, pour le moins, de la manière dont cette question est posée et développée par ce dernier. Ce mode d'interprétation universitaire, assez remarquable dans les travaux des historiens de la philosophie actuels, se satisfait la plupart du temps de brèves allusions à Adorno sans jamais préciser comment il serait possible de le lire alors qu'ils consacrent de très nombreuses pages à cette question de méthode dès qu'il s'agit des auteurs classiques. Une des raisons en serait peut-être le rapport qu'Adorno établit avec ces auteurs de la tradition : peu respectueux de la lettre, entremêlant sans cesse analyse philosophique et sociologique – distinction académique dont par ailleurs Adorno dit explicitement qu'il ne s'y sent pas tenu, ne serait-ce qu'en raison de ce qu'il nomme les traits idéologiques de ces savoirs constitués et institués –, il ne prétend pas faire œuvre d'histoire de la philosophie mais montrer combien cette histoire elle-même est devenue problématique en raison de son présupposé profondément enraciné, à savoir l'autonomie et le caractère monadologique des œuvres. De ce point de vue il serait possible de discuter et récuser bon nombre d'analyses d'Adorno péchant par ignorance ou excès, et par exemple de dénoncer, dans son explication avec Heidegger, « une image simplifiée » qu'il en donnerait, incapable de se tenir « à la hauteur de sa propre rigueur philosophique[1] ». Jugeant de la lecture qu'Adorno fait de Kant ou de Hegel, beaucoup pourraient se retrouver sous la bannière de Slavoj Žižek, même s'il n'est guère douteux que nombre de « spécialistes » de Hegel par exemple pourraient aisément lui retourner la même critique. Si la rigueur philosophique passe par celle du concept, il n'est certes pas faux de considérer qu'Adorno, philosophe du concept cependant, prend des libertés susceptibles de provoquer l'ire de l'historien de la philosophie. On pourrait toutefois faire remarquer qu'après tout Hegel semble n'en prendre pas moins à l'égard de Kant, de Fichte ou de Schelling[2], sans même remonter jusqu'au

1 Žižek, 2007, p. 14.

2 Franck Fischbach (1999, p. 211-212) écrit : « On a ainsi répété à satiété (certains en ont même fait une spécialité) que Hegel n'avait pas *compris le sens* de la *Doctrine de la science* de Fichte et l'on pourrait montrer tout aussi bien qu'il n'a pas compris la philosophie de l'identité de Schelling... Cependant, autant la philosophie n'a pas à être édifiante, autant l'histoire de la philosophie ne doit pas être donneuse de leçons : ce qui compte ou ce qui doit compter au regard de l'historien de la philosophie, c'est que, pour devenir et être

couple Platon-Aristote. Ce rapport difficile entre philosophes, sans même parler des historiens, se détermine, tout au long de la tradition, à partir de la question de la vérité à laquelle il faut être prêt à sacrifier l'amitié. Là où Adorno serait encore un philosophe classique, paradoxalement, c'est dans son intention de ne pas céder sur cette question de la vérité même s'il faut en redéfinir le concept : la vérité est objective, dans sa non-vérité même. La pensée dialectique, son inconfort et son apparente mécanique, ayant réponse à tout, exige une juste compréhension de cette objectivité à la fois temporelle et historique et de ce fait oblige à accorder à l'idéologie une place centrale : « C'est pourquoi la critique de l'idéologie n'est pas une méthode périphérique et intrascientifique, bornée à l'esprit objectif et aux productions de l'esprit subjectif, mais elle est au contraire philosophiquement centrale : critique de la conscience constitutive elle-même[1]. » À charge, pour nous, évidemment, de rendre compte de ce concept de critique de l'idéologie, et non pas seulement de celui d'idéologie, avant de considérer que nous serions entrés, comme pour la philosophie, dans l'ère des fins. Peut-être est-ce une fin qui ne cesse de durer, voire de lasser de sorte qu'il vaudrait mieux s'en détourner pour aller fabriquer par ailleurs de nouveaux concepts, en bons techniciens de la pensée, comme le forgeron peut bien finir par fabriquer des mors sans plus avoir besoin de se demander quel usage il en sera fait. La fabrication d'une première bombe atomique nous a cependant peut-être prouvé qu'on ne fabrique pas impunément n'importe quoi.

Si d'aventure on se propose de pénétrer dans l'atelier philosophique d'Adorno, à supposer qu'il y ait quelque chose de tel, ce sera peut-être pour y découvrir que ce n'est pas tant un atelier de fabrication, ni même de recyclage des bons vieux concepts, mais de démontage, comme on dépose le moteur d'une voiture, pour l'envoyer ensuite à la casse. Comme toute métaphore, celle-ci a ses limites puisqu'on pourrait aussi bien dire qu'Adorno, courbé sur les pièces disloquées du moteur, s'attache à en sauver quelque chose. Peut-être dans notre exemple le souvenir de ce

---

pleinement lui-même, Hegel *a eu besoin d'un certain* Fichte et d'un certain Schelling qui peuvent bien ne pas correspondre à la vérité historique, tout comme peut-être Aristote et Spinoza eux-mêmes ont eu besoin respectivement d'un Platon et d'un Descartes *davantage inventés que réels.* » Nous soulignons dans la citation les termes qui nous semblent particulièrement appropriés aux rapports qu'Adorno établit avec la tradition philosophique en général.

1 Adorno, 1992, p. 121.

qui suffirait à faire qu'un moteur fonctionne, sans qu'il soit besoin d'en faire un objet obsolète pour mieux vanter et imposer le modèle supérieur, plus performant mais lui aussi bientôt obsolète. C'est donc bien le creuset où est interrogé le concept qui doit faire l'objet d'une attention soutenue si l'on éprouve tant soit peu le souci de suivre quelque temps la pensée d'Adorno, ce qui ne signifie pas en épouser et en accorder tous les aspects, toutes les formes, pas plus que d'en tenir pour définitivement acquis les contenus dans la mesure où, de façon conséquente, ils doivent sans cesse se mesurer au devenir historique des formations sociales. Or les remarques précédentes concernant la langue – et notamment celle selon laquelle le nom, dans et par la pensée, se transforme en concept – pourraient nous indiquer le chemin à suivre, ce qu'on nomme classiquement la méthode appropriée à son objet. Faisons l'hypothèse après tout évidente que la langue parlée par un philosophe n'est jamais indifférente, mais engage au contraire une politique de la pensée, à supposer, comme le disait déjà Aristote, que le logos ait quelque chose à voir avec la politique, la vie juste et bonne dans la cité. Sans chercher à rouvrir le dossier du rapport de Heidegger au national-socialisme, il n'en reste pas moins vrai que l'on est en droit de se demander si et comment la langue qu'il parle dans les cours des années 1933-1934[1], et donc la conceptualité qu'elle engage, pour nous en tenir à cette période, se rattache, et jusqu'où, à celle d'*Être et Temps*. Nous disons simplement que non seulement on est en droit de se la poser, mais qu'il faut la poser sérieusement, y compris à partir des traductions françaises placées sous le monopole de M. François Fédier. En effet cette question de la langue, s'agissant d'Adorno, ne manquera pas d'introduire au problème de sa traduction, si complexe que J.-R. Ladmiral, par ailleurs traducteur de la première partie de *Minima Moralia*, pouvait conclure à l'impossibilité pratique de la traduction du *Jargon de l'authenticité*[2]. L'ouvrage ayant été par la suite traduit, il ne s'agit pas de discuter la position de Ladmiral,

1 Notamment le cours intitulé *Sein und Wahrheit*, Band 36/37, posant la question fondamentale de la philosophie et celle de la vérité dans une reprise de l'interprétation de l'allégorie ou, dit Heidegger, du mythe de la caverne de Platon, correspond à la Période du rectorat ; texte paru en 2001 dans les œuvres complètes mais toujours pas traduit à l'heure actuelle. Cette question est posée explicitement, « travaillée » inlassablement par Adorno, non seulement dans le *Jargon de l'authenticité* mais aussi dans le cours de 1960 *Ontologie und Dialektik* lors de sa critique d'une langue archaïsante, mythologique dès *Être et Temps*, par exemple dans les leçons 15 et 16, p. 214-245.

2 Ladmiral, 1994, p. 23.

mais de soutenir l'idée suivante : la lecture d'Adorno, tout au moins une lecture répondant aux objections de toutes sortes qui ont eu pendant longtemps pour effet de désamorcer la force explosive de cette pensée critique, exige un nouveau travail de traduction ou, pour le moins, un aller-retour constant entre le texte allemand et la traduction française. Ce qui est vrai de la *Dialectique négative* l'est plus encore de certains textes dont la traduction consternante, comme de trop nombreuses pages de *Modèles critiques*, conduit à attribuer l'inintelligibilité à Adorno – attitude fréquente –, alors qu'elle est le fait des traducteurs. Le moment n'est pas encore venu d'en fournir la preuve et il ne s'agit pas de jeter la pierre à ces traducteurs, mais de souligner malgré tout qu'il incombe bien à ces derniers de ne pas rendre un texte illisible sous prétexte de sa difficulté. Plus honnête intellectuellement est dans ce cas la position de J.-R. Ladmiral, même si elle peut paraître contestable dans son principe : ne pas traduire ce qui est intraduisible. Il y a cependant une autre voie possible et que nous aimerions suivre, celle indiquée par Antoine Berman dans son ouvrage *L'Âge de la traduction, « La Tâche du traducteur » de Walter Benjamin, un commentaire*. Ce travail consacré à Benjamin et avant tout à son texte sur la traduction ne décide pas par lui-même de ce qu'il pourra en être de l'application à une œuvre philosophique en général, mais nous faisons l'hypothèse de la légitimité de son application dans le rapport qu'Adorno entretient avec la langue philosophique. Deux thèses, complémentaires, retiendront notre intérêt. D'une part l'auteur affirme qu'il n'est pas de commentaire autorisé d'un texte traduit coupé en quelque sorte de sa langue originale, parce que « le commentaire se déploie dans la dimension de la traduction[1] », suivant chaque étape du texte dans ses phrases et tournures. Traduire et commenter se coappartiennent, s'appellent l'un l'autre. Ce qui est perdu dans le texte traduit, la lettre, au bénéfice du sens ne peut se rejoindre que dans le texte original afin d'éviter l'opposition irrecevable, y compris pour un texte philosophique, entre la forme et le fond, comme on le dit habituellement. Adorno est le premier à récuser cette opposition formelle propre à annuler les impulsions inhérentes à la vie de la langue. D'autre part Berman défend l'idée d'un « commentaire de l'original qui s'accompagne d'une analyse de sa traduction ou de ses traductions » de sorte que « ce mode de commentaire, pour un texte étranger, est même

1 Berman, 2008, p. 19.

le plus fécond[1] ». Un tel commentaire « ouvre le texte à ceux qui ne connaissent pas la langue de l'original », prouvant par là même cette fécondité qui nous importe pour relire la *Dialectique négative*. On voit par là qu'il ne s'agit pas simplement de sanctionner une traduction comme mauvaise, d'autant plus que nous partageons l'idée de Berman parlant de « défaillances structurelles de toute première traduction » dès lors que le travail a été fait avec le sérieux dû, ce qui est loin d'être toujours le cas et ne relève pas nécessairement, par conséquent, d'un manque de compétences linguistiques. Concernant la traduction de la *Dialectique négative*, nous pouvons en reconnaître les qualités indéniables malgré parfois un manque de rigueur conceptuelle qui peut induire à la fois des difficultés de lecture et des contresens qu'on tend à imputer trop facilement à Adorno. Nous en relèverons au fur et à mesure de notre travail sans toutefois prétendre à l'exhaustivité : il s'agit plutôt de se demander dans quelle mesure une retraduction, par tous les écarts qu'elle introduirait, par les jeux avec la langue qui permettent par exemple de critiquer un philosophe par un autre en mimant des formes d'expression, n'aboutirait pas, en un certain sens, à un nouveau texte : nouveauté peut-être relative susceptible cependant de libérer suffisamment d'espace pour lire autrement ce livre réputé difficile et abstrait, notamment dans son rapport à la question de l'utopie, à celle de son statut, de sa fonction pour la pensée. Une telle intention programmatique engagerait cependant un long travail qui nous obligera, tout au long des analyses et citations, à nous contenter tout d'abord de mettre en évidence certaines formulations et expressions du texte dont il faudrait ensuite reprendre une traduction systématique.

Nous nous en tiendrons, pour conclure, à la clarification de deux difficultés inhérentes à notre intention et à notre manière de procéder, sans prétendre tenir et justifier un discours de la méthode : au reste, ce sont aux fruits récoltés que l'on mesure la valeur des graines semées et du travail accompli. On se demandera ce que l'on peut entendre sous le terme de commentaire s'il ne s'agit pas d'un travail d'histoire de la philosophie obéissant aux règles académiques requises. Faut-il commenter le mot à mot du texte en faisant jouer dialectiquement la langue originale et la langue traduite ? Travail fastidieux qui ne répondrait pas à nos attentes et retomberait dans les travers qu'il entend dénoncer. Un commentaire

1 *Ibid.*

devra ici se plier à l'idée de déchiffrement du texte pour mettre au jour des contenus de vérité historiques : ainsi un paragraphe intitulé « Métaphysique et culture », dans la troisième partie de la *Dialectique négative*, pourrait n'avoir aucun sens pour celui qui déciderait par avance qu'Auschwitz ne constitue qu'un accident, certes monstrueux, de l'histoire, une parenthèse sombre définitivement refermée, sans même altérer dans leurs structures la culture, la pensée et donc la philosophie. Les limites vers lesquelles ils nous poussent, et que tout ou presque nous incite à ignorer, doivent soigneusement être interrogées, y compris à partir de la langue qui y est parlée, irréductible à celle de la catastrophe, à laquelle on aimerait, sans doute par facilité et pour se dire « bon débarras », la rapporter. Il faudra plutôt garder en mémoire ce « matérialisme sans fard » dont on trouvera une formulation dans la première partie de la *Dialectique négative*, « L'idéalisme comme rage », pour comprendre des affirmations dont l'excès pourrait par avance décourager le lecteur bienveillant animé des meilleures intentions, comme celle que l'on trouve dans le premier paragraphe de la troisième partie où Adorno se demande si « après Auschwitz on peut encore vivre[1] ». La linéarité du texte est d'emblée brisée par des tensions, des lignes de forces plus souterraines contribuant au travail de sape de toute pensée fermement établie sur son sol. La seconde difficulté tient plus prosaïquement à l'étendue du texte : ce serait un travail infini que de vouloir lui appliquer en totalité le principe du commentaire-traduction, paragraphe par paragraphe. Comme nous ne sommes pas talmudiste nous opérerons des choix qu'à loisir il sera toujours possible de discuter, libéralement dit, à charge cependant pour nous de préserver cohérence et pertinence à notre propos. C'est en ce sens que nous proposons *une* lecture de la *Dialectique négative* en interprétant dans l'œuvre les motifs essentiels de l'intention utopique, sans prétendre à une analyse exhaustive tant les contenus ouvrent des horizons multiples qui risqueraient d'en faire perdre le fil conducteur. On pourrait cependant faire l'hypothèse que la deuxième partie intitulée « Dialectique négative, Concept et catégories » est à l'image d'un chaudron en ébullition dont les volutes, les étincelles et les fumées qui en émanent envahissent la totalité de l'œuvre pour l'éclairer mais aussi l'obscurcir, tant il est vrai que certaines formulations pourraient

1 Adorno, 1992, p. 284.

valoir comme des maximes si ne venaient les compliquer les concepts et leur dialectique vertigineuse. S'il est un creuset d'où le concept en ressortirait transformé, c'est bien celui-ci. C'est donc par là que nous devrions commencer, sans doute en un geste mal assuré puisque tout point d'appui semble manquer, à la manière de *Molloy* : « C'est lui qui m'a dit que j'avais mal commencé, qu'il fallait commencer autrement. Moi je veux bien. J'avais commencé au commencement, figurez-vous, comme un vieux con. Voici mon commencement à moi[1]. » Mais comme tout commencement présuppose que quelque chose a déjà commencé, nous nous autoriserons un préalable qui paraît s'imposer, celui indiqué par la question de la possibilité paradoxale de la philosophie. S'il s'avérait que la réponse fût définitivement négative, il ne resterait plus qu'à refermer le livre et les outils de travail pour s'adonner à quelques activités plus gratifiantes et moins coûteuses en peine. Lorsqu'un philosophe de profession pose la question : « À quoi sert encore la philosophie ? », il encourt le risque, s'il répond par un rien définitif, de se retrouver au chômage technique, comme le critique de la culture déclarant vaine une fois pour toutes la culture[2].

---

1 Beckett, 1982, p. 8.
2 Adorno, 1984a, p. 11.

PREMIÈRE PARTIE

LES PARADOXES DE LA POSSIBILITÉ DE LA PHILOSOPHIE

FORME DE LA PHILOSOPHIE ET PARADOXE

La *Dialectique négative*, texte dense, profus et souvent déroutant, s'ouvre sur une question, formulée dès les premières lignes de l'introduction, celle de la possibilité de la philosophie, dont nous retrouverons jusqu'à la fin de l'ouvrage le caractère problématique et paradoxal. Cela ne signifie pas qu'elle répète cette question de la tradition philosophique, et dans ses termes, kantienne tout d'abord, en considérant qu'il serait possible de régler un différend dans les limites du domaine réservé de la philosophie occupant une position dans la division du travail et des savoirs institués. Lors d'une curieuse remarque concernant les limites de tout discours de la méthode, notamment dues à la résistance du contenu qui vient déranger l'ordre des raisons en apparence rigoureux, Adorno nous invite à ne pas rester sans défense devant la philosophie des philosophes : « Le primat du contenu est l'expression d'une insuffisance [*Insuffizienz*] inévitable de la méthode. Ce qu'on doit dire de ce point de vue, sous la forme d'une réflexion générale, afin de ne pas rester sans défense devant la philosophie des philosophes, ne se légitime que dans l'accomplissement [*Durchführung*] : par quoi la méthode est derechef niée[1]. » Cette mise en garde prend en même temps la forme d'un paradoxe où pourrait se lire l'intention de développer les contours d'une antiphilosophie dont les catégories et concepts, tels ceux de sujet et d'objet, d'universel et de particulier, de contingent et de nécessaire, demeurent sous l'emprise de la tradition philosophique dominée par la *Logique* de Hegel. Adorno ne manque pas, lui-même, de placer la dialectique négative, son concept et la pensée qu'elle met en jeu, sous le signe du paradoxe : « Le développement de son titre paradoxal est l'une de ses intentions[2]. » Que la forme du paradoxe ait acquis ses lettres de noblesse chez Kierkegaard, paradoxe non plus simplement logique mais existentiel exprimant le rapport de l'esprit fini à la vérité éternelle, ne signifie pas qu'Adorno serait prêt à faire le saut qui affranchirait la

1 Adorno, 1992, p. 45.
2 *Ibid.*, p. 9.

raison des contradictions auxquelles elle se heurte, celles d'une réalité antagoniste aussi bien que celles des concepts par lesquels elle se déploie comme forme de la pensée. Ni la transcendance, ni l'intériorité subjective n'apporteront d'apaisement à une pensée sans cesse inquiétée par l'effectivité du présent. L'empressement à se réfugier dans les concepts, après avoir reconnu le caractère insupportable du monde, témoigne au contraire d'une soumission de la philosophie à l'ordre des choses qui, loin de l'honorer, la dégrade en un savoir autarcique impuissant. Cette philosophie, frileusement recroquevillée sur elle-même, ne vaudrait pas une heure de peine et justifierait facilement ceux qui en font un savoir scolastique de retraités de la société.

On objectera que seule une pensée pratique, pour ne pas dire pragmatique, aurait quelque légitimité à se prononcer sur l'ordre du monde en proposant des énoncés et des normes pour agir et transformer ce qu'elle dénonce, au risque sinon de se désavouer et de retomber dans les errements qu'elle reproche à la philosophie. Une telle réponse, dont on notera qu'elle offre peut-être dès l'origine de la philosophie, par exemple lorsque Aristophane ridiculise Socrate dans *Les Nuées*, la représentation la plus commune que l'on s'en fait, ne peut cependant satisfaire aux exigences d'une pensée critique qui, refusant ce qui est, analysant les formes historiques de domination, fait de la discontinuité entre la théorie et la pratique une condition de la réflexion et par conséquent de l'action. C'est bien là l'un des aspects de la forme paradoxale de la *Dialectique négative* que de nombreux interprètes ont mis sur le compte d'un abandon de l'intention émancipatrice revendiquée dans les premiers travaux des années 1930 de la Théorie critique. Si cette question se pose – alors même qu'il semble en aller autrement pour une philosophie se donnant pour vocation et tâche de penser le réel et les conditions transcendantales de toute connaissance valide et universelle –, il est évident que sa pertinence ne préjuge ni de la manière dont elle est correctement ou non formulée, ni de sa réponse. Il ne reste donc pas d'autre issue que de se tenir tout d'abord dans la forme paradoxale où s'expose la question de la possibilité de la philosophie. Le fait de placer cette question sous le signe du paradoxe ne relève pas, pour Adorno, d'un simple penchant subjectif mais au contraire d'un présupposé, que certes l'on peut contester, mais qui est au principe de la dialectique depuis Hegel, selon lequel le réel et la pensée, le concept, sont sans cesse renvoyés à des contradictions en apparence insurmontables. Ce sont ces contradictions qui conduisent au paradoxe et non l'inverse. Le paradoxe est proche en ce sens de l'antinomie kantienne, à laquelle Adorno attache une importance cruciale dès qu'il s'agit des questions et idées métaphysiques, telle la liberté dans son rapport au déterminisme, et tend à reconduire à des apories là où il n'y a plus de système architectonique pour les résoudre. Si Adorno semble se réapproprier la remarque de Hegel formulée à partir de et contre Kant, à savoir que l'antinomie ne se limite pas aux quatre ob-jets de la cosmologie, mais se retrouve dans « tous les ob-jets de tout genre, dans toutes les représentations, tous les concepts et idées » de sorte qu'elle se détermine « comme le moment dialectique du logique », il est tout aussi certain qu'il ne manque pas de la retourner contre la logique hégélienne de l'identité et de l'esprit absolu[1].

Afin de mettre à l'épreuve cette intention explicite, nous ferons porter nos premiers efforts d'analyse et d'interprétation sur les concepts d'expérience philosophique et d'expérience spirituelle, pour autant que, en eux, se cristallisent les difficultés propres à ce qu'Adorno nomme une pensée dialectique négative. Ce qui est ainsi mis en jeu n'est pas simplement le fait de telles expériences, devenues de toute façon problématiques pour des raisons historiques, mais leur possibilité et par suite leur légitimité. Ce mode de questionnement de type kantien exige de repenser et de transformer le concept même d'expérience et plus encore celui d'esprit, chargé d'une longue tradition historique et philosophique qu'il est impossible de répéter sans tomber dans des restaurations à caractère idéologique. Autrement dit, cela signifie que l'héritage prestigieux de l'idéalisme allemand a signé sa propre impossibilité dont l'une des conséquences serait, sous la forme de la résignation, le défaitisme de la raison dans le règne sans partage des sciences et de l'affairement réduisant les individus à des fonctions de fonctions, la pensée à un calcul opératoire de type algorithmique. À cette abdication Adorno oppose résolument, avec une constance jamais démentie, la nécessité d'un « plus de sujet » (*eines Mehr an Sujekt*)[2], contre l'idéal théorique de quantification de la science, mais aussi contre les tendances à l'objectivation et à la réification

---

1 Hegel, 1994b, p. 309.

2 Adorno, 1992, p. 39. De même écrit-il, dans *Contribution à une métacritique de la théorie de la connaissance*, après une longue analyse critique de la subjectivité transcendantale et de sa sphère d'immanence : « Le trop de subjectivité chez Husserl signifie en même temps un trop peu de subjectivité. » (2011a, p. 230.)

de la vie sociale. Il ne semble donc pas téméraire de supposer que ce « plus de sujet », d'abord indéterminé, répondant à la nécessité d'opposer des forces de résistance à la domination aveugle d'une rationalité instrumentale travaillant à une socialisation totale de la société, implique une réponse à la question de la possibilité de la philosophie. Il n'en recevra un contenu qu'à la seule condition de parvenir à élaborer un nouveau concept de philosophie, c'est-à-dire une nouvelle forme de la pensée philosophique, de ses rapports aux concepts, capable de penser la différence ou encore, dans des termes souvent repris par Adorno, ce qui peut être autrement. En aucun cas il ne peut s'agir d'un simple jeu conceptuel, de l'invention autosuffisante de nouveaux concepts, pas plus qu'il n'est légitime de reconduire l'histoire de l'Occident à un seul et unique principe, comme son essence, rendant compte à la fois de l'accomplissement et de l'achèvement de la métaphysique dans une fin sans terme assignable. Dans les deux cas la philosophie n'aurait toujours affaire qu'à elle-même, prise dans le fantasme d'un commencement radical d'une part et de son autofondation d'autre part, lesquels pour Adorno se conjoignent en constituant, en raison de leur propre dénégation, le stigmate de tout idéalisme cependant incapable d'effacer les traces de ce dont il procède.

Prétendre, même par anticipation, rassembler et exposer les éléments d'une réponse univoque contredirait non seulement à l'idée de la pensée dialectique telle que l'a formulée Hegel, mais plus encore telle que la conçoit Adorno : si une philosophie ne se résume pas, c'est d'abord et avant tout parce que son contenu et sa méthode ne peuvent se comprendre que dans leur développement, dans le cours d'une pensée qui se met en jeu à chacun de ses pas, d'autant plus qu'une telle pensée ne peut plus se fonder sur un principe dernier, un *archè*, quels qu'en soient les noms – sujet, esprit, être –, pour prendre la forme du système. Il faut donc, préalablement, élaborer ou encore construire la question, c'est-à-dire exposer les moments constitutifs de la possibilité d'un concept d'expérience philosophique. Cette construction doit faire sien le pari lancé par Adorno lorsqu'il met en avant une logique de la dislocation, de la décomposition des concepts hérités, afin de faire éclater leur sédimentation historique dont la reprise aveugle, mécanique, ne fait que réifier la pensée vive. Cette intention est en même temps animée par un soupçon à l'égard de la philosophie. En elle il y aurait quelque chose de faux – d'apocryphe comme le dit souvent Adorno – malgré ses déclarations vertueuses de probité, malgré son souci sans cesse proclamé de vérité. Cette contradiction ne la condamne pourtant pas à une fin certaine si l'on se reporte à une remarque faite par Adorno en 1965 à partir de laquelle, après avoir énoncé qu'en toute philosophie il y a une décision préalable idéaliste (*idealistischen Vorentscheidung*), une abstraction comme moment du faux, il objecte que « toute philosophie peut connaître elle-même, nommer, ce ψεῦδος nécessairement posé en elle : et si elle en tire les conséquences sans pouvoir l'éliminer elle peut cependant se restructurer afin que toutes ses propositions pénètrent dans une conscience de soi de cette non-vérité. C'est très précisément l'idée d'une dialectique négative. Central[1] ». Cela suffirait à justifier l'importance de la question de la possibilité de la philosophie posée à partir de concepts classiques, hégéliens en quelque sorte, tels que la conscience de soi, la subjectivité, l'universel et le particulier, le vrai, le faux. Adorno, répugnant à forger de nouveaux concepts par le procédé du néologisme – ce qui se vérifierait aisément dans sa critique de Heidegger lorsqu'il qualifie sa conceptualité de jargon –, semble sans cesse parler la langue des classiques tout en cherchant à inventer une nouvelle langue philosophique à l'intérieur même de celle de la tradition. Une telle difficulté, inhérente au développement de sa pensée, à l'usage critique des concepts et au moment d'exposition (*Darstellung*) par l'expression (*Ausdruck*) qui tente de nommer les choses, requiert quelques rappels de règles minimales de lecture afin de préciser celles exposées dans l'introduction et de fixer les conditions d'un déchiffrage des paradoxes de la question de la possibilité de la philosophie.

RÈGLES DE LECTURE

Nous nous contenterons, après les remarques introductives, d'en formuler brièvement trois, essentielles à notre manière de procéder. D'une part nous appliquerons à la *Dialectique négative* ce qu'il dit de sa propre méthode de lecture des textes philosophiques, à savoir déchiffrer

1 Adorno, 1996a, p. 531. (Cette remarque de l'éditeur ne figure pas dans la traduction française.)

les champs de forces souterrains inhérents aux tensions d'un texte afin de mettre au jour des contenus de vérité temporels et historiques[1]. Un texte philosophique ne s'épuise pas dans sa conceptualité et sa seule logique interne : dans son exposition et dans l'usage de ses concepts, on doit pouvoir déchiffrer l'extériorité sociale et historique dont il cherche à neutraliser et plus encore à dissimuler les effets susceptibles de brouiller l'ordre de la pensée. D'autre part nous associerons à une lecture immanente une lecture externe, par le recours à divers textes, les essais pour lesquels Adorno revendique une forme et un contenu philosophiques, ou encore les interventions multiples liées à un contexte culturel et politique précis, afin de « l'ouvrir » en quelque sorte de l'intérieur, refusant ainsi de croire pouvoir le comprendre uniquement à partir de lui-même, comme un tout autosuffisant. Dans ce texte en effet, extrêmement spéculatif à sa manière, de nombreux motifs reçoivent leur force polémique d'une situation historique concrète, politique et culturelle, indissociable du moment de retour d'exil en 1949 et des mouvements de la gauche révolutionnaire, à partir des années 1960, contestant l'ordre démocratique, dont le foyer ne serait rien d'autre qu'Auschwitz, considéré comme le « signe de changement[2] » du monde contemporain qui, par effet d'après-coup, éclairerait les aspects les plus sombres de l'histoire de la raison philosophique entremêlée à l'histoire effective. Enfin une dernière règle, essentielle à plus d'un titre, consistera à partir du texte comme une langue et une écriture qu'une pensée dialectique négative dressée contre la longue tradition des pensées affirmatives, positives, s'emploie à transformer dans le mouvement même qui l'anime. Ce qui justifie une telle attention à la langue, et que l'on devra précisément vérifier en chacune des analyses, se laisse aisément illustrer par les explications qu'Adorno

1 Il serait possible de citer de nombreux cours dans lesquels Adorno rappelle ce principe d'interprétation, par exemple le cours de 1959, *Kants « Kritik der reinen Vernunft »* (1995a, p. 48), et l'essai consacré à Kracauer de 1964, « Un étrange réaliste : Siegfried Kracauer », auprès duquel il a appris à lire Kant et dont il dit qu'il doit plus à cette lecture qu'à ses maîtres universitaires (Adorno, 1984b, p. 263 *sqq.*).

2 Adorno, 2006a, p. 154 : « Comme *signe* [*Zeichen*] de ce changement – le mot "symbole" serait parfaitement ignominieux pour désigner ce dont il s'agit puisque c'est la moins symbolique de toutes les choses –, je vais prendre Auschwitz. Avec Auschwitz – et, avec ce nom, je ne vise pas seulement Auschwitz mais le monde de la torture qui continue d'exister après Auschwitz et de la continuation duquel nous recevons les plus horribles comptes rendus en provenance du Viêt Nam –, le concept de métaphysique s'est effectivement transformé au plus profond de lui-même. »

développe à plusieurs reprises à propos de l'usage des mots étrangers et que l'on appliquera, par hypothèse, à l'usage de la langue philosophique : contre la réification de la pensée – du concept – et de la réalité, il faut travailler à une nouvelle conception de l'écriture philosophique et de la langue qu'elle parle. Il deviendra peu à peu évident qu'à chaque fois qu'Adorno parle par exemple de la « force explosive » (*Sprengkraft*) des mots de l'étranger, de leur pouvoir de briser de l'intérieur aussi bien la langue réduite à la communication, à son caractère fonctionnel, que les choses qu'elle nomme, nous rencontrerons l'idée d'utopie, de ce qui peut être autre, quand bien même le terme n'apparaît pas nécessairement là où ce motif utopique oriente la pensée. L'un des enjeux, et pas des moindres, sera précisément de le montrer. Pour ce faire, à chaque fois que nous insisterons sur cet usage idiosyncrasique de la langue nous indiquerons entre parenthèses (ou entre crochets) le mot du texte original, en évitant cependant de trop abuser de ce recours afin de ne pas surcharger le texte tant les problèmes de traduction se multiplient lorsqu'on scrute attentivement la langue d'Adorno.

Mais cette attention à la langue nous oblige à rappeler un principe de lecture déjà exposé dans l'introduction à propos du commentaire : il exige un aller-retour constant du texte original au texte traduit. En ce sens travailler la langue d'Adorno, sans jamais croire que l'on pourrait la réduire à sa dimension philosophique, à la logique du concept, puisqu'elle doit s'ouvrir sur son autre – ce qui aurait pour inconséquence, tout à fait exorbitante, de ranger Adorno dans la philosophie analytique, qu'il contredit très explicitement en permanence –, c'est mettre à l'épreuve la traductibilité de ce texte, y compris à propos de concepts sans cesse repris de Hegel et soumis à un examen critique, tels ceux d'esprit, de moment, d'expérience, dont Adorno affirme qu'il est « impossible de [les] transposer dans une autre langue sans leur faire violence[1] ». De façon pratique on soulignera simplement une difficulté que nous rencontrerons constamment, celle de la traduction des nombreux mots étrangers français, latins ou grecs utilisés dans la *Dialectique négative*. Si on accorde à Adorno l'usage légitime de tels mots, il est bien évident qu'ils s'effacent bien souvent, dans leur frappe même, dans la traduction française alors qu'en allemand leur présence, interrompant de façon évidente la continuité fluide de la lecture, est jugée essentielle. On voit par

1 Adorno, 1984a, p. 229.

là que cette seule difficulté de traduction dépasse largement la question d'une bonne ou mauvaise traduction. Ces règles, brièvement exposées, devront se vérifier et donc se préciser dans leur application. Enfin, avant de nous engager dans le déchiffrage du texte, nous conviendrons d'une convention qui peut se réclamer d'Adorno lui-même : nous appellerons paragraphe (*Abschnitt*) ce qui est rassemblé sous un titre, comme l'indique la notice en désignant ainsi, par exemple, ce qui entre sous le titre « Le moment qualitatif de la rationalité[1] ». Une remarque formelle pourra par ailleurs retenir notre attention. Dans le texte original ce que nous nommons titre n'apparaît pas directement dans le corps du texte, mais en haut de page, contrairement au choix fait dans la traduction française. Si nous supposons que cette disposition des paragraphes est voulue par Adorno, il se peut qu'elle ait quelque importance dans l'acte de lecture lui-même. Là encore il s'agira de le vérifier. On pourrait considérer que cette disposition engage par elle-même deux lectures, l'une emportée plus facilement par la succession des paragraphes, l'autre plus sollicitée d'abord par le titre qui induirait une certaine recherche de sens, comme si un tel titre constituait une esquisse de thèse. Cette seconde lecture contrevient cependant à un principe d'écriture qui refuse de se plier à l'exposition classique de la thèse et de ses arguments. Mais contredire aux intentions de l'auteur ne constitue pas un interdit de principe !

ÉPUISEMENT DE LA PHILOSOPHIE ET NON PAS FIN DE LA PHILOSOPHIE

Dès le premier paragraphe intitulé « Contribution à [*zur*] la possibilité de la philosophie » trois motifs permettent de rendre compte de l'épuisement de la philosophie, épuisement incompréhensible sans un renvoi constant au *concept* d'expérience philosophique qu'il s'agit d'exposer dans la forme paradoxale où il apparaît, celle de la possible impossibilité de la philosophie elle-même. Le fait de poser le problème en ces termes, comme l'indique l'« Avant-propos », en précisant l'intention de l'introduction, à savoir exposer (*exponiert*) le concept

1 Adorno, 1992, p. 341.

d'expérience philosophique, soulève une première question dont la réponse ne s'explicitera que progressivement bien que de toute évidence elle repose sur le statut de médiation du concept contre toute pensée d'un prétendu donné immédiat : pourquoi Hegel occupe-t-il une place privilégiée alors que l'idéalisme allemand, objet de toutes les critiques par la phénoménologie, paraissait une fois pour toutes dépassé ? Le verbe *exponieren*, d'origine latine, est utilisé notamment pour parler de l'exposition d'une situation. Là où selon le vocabulaire hégélien on attendrait *Darstellung* (présentation, exposition), Adorno choisit donc un terme étranger : puisque rien ne peut être présupposé du point de vue d'un commencement et plus encore d'un principe sur lequel s'appuierait la philosophie, il convient de soumettre la question de sa possibilité aux situations et conditions historiques de son échec dont une philosophie académique s'empresse trop vite de faire abstraction. Nous pouvons bien évidemment nous demander ce que signifie un échec en parlant de philosophie, non seulement dans sa forme générale mais aussi relativement à celle qui venait, pour Adorno, la conclure et clôturer dans son histoire, la dialectique de l'idéalisme absolu hégélien sous la forme du système. Le terme d'échec, expression de ce qui a raté comme on le dit d'une affaire, pourrait être, en ce sens, une manière de refuser d'acquiescer à l'idée d'une fin de la philosophie, telle qu'elle a d'abord été articulée par Heidegger en traduisant le terme de fin, « *Ende* », par celui de lieu, « *Ort* », à partir de l'insistance tautologique de la question de l'être[1] : cette fin, dissimulant une téléologie immanente, s'accomplit comme son achèvement sous la figure métaphysique d'une domination planétaire de la technique, fin par ailleurs indéfinie, longue agonie dont le terme ne peut être prescrit par avance et qui ne laisse d'autre lieu à la pensée que celui de l'impensé de l'histoire occidentale. Dans l'idée d'échec nous pouvons percevoir une nuance significative : ce qui a échoué n'est pas nécessairement condamné à disparaître définitivement sous la forme de « productions philosophiques[2] » comme de simples visions

1 « La fin de la philosophie » et « Le tournant » (Heidegger, 1990, p. 281-321).

2 Heidegger parle de la « production philosophique » comme d'un danger : « Le mauvais danger, le danger confus, est la production philosophique. » (« L'expérience de la pensée », *ibid.*, p. 29.). À la métaphysique et à la philosophie qui ont épuisé leurs possibilités, soit comme ontologie soit comme théorie de la connaissance, où cependant la métaphysique achevée est appelée à durer alors que la philosophie comme production n'en est qu'une expression sans force, Heidegger oppose la pensée de l'être, de la vérité historique de l'être

du monde ou encore d'un anéantissement inéluctable afin que quelque chose de radicalement autre advienne à condition de s'en remettre à un commencement plus originaire que ce qui est advenu en Grèce antique, avec Platon et Aristote, en se mettant à l'écoute d'Anaximandre ou de Parménide, c'est-à-dire d'une vérité de l'être encore impensée. Nous supposerons, dans la formulation de la question, que pour Adorno l'échec de la philosophie contient, de façon immanente, sa propre possibilité. La première phrase l'indique clairement puisqu'elle affirme que la philosophie se maintient en vie malgré ses prétendus dépassements. Il faudra de toute évidence se demander quelle vie peut encore l'animer si en même temps elle semble comme suspendue à sa possible disparition. Ce paradoxe, l'un de ceux que la *Dialectique négative* entend développer, oblige à se tenir encore dans la philosophie, c'est-à-dire dans la forme d'une pensée conceptuelle capable d'examiner de façon critique le mouvement de sa propre réflexion. Parmi toutes les critiques qu'Adorno adresse avec une constance et une virulence sans failles à Heidegger, il y en a une qui sonne comme un leitmotiv : Heidegger a transfiguré les concepts en mots magiques, incantatoires, les a fétichisés en en faisant des idoles funestes pour la pensée, qui tendrait ainsi la main à l'irrationalisme le plus redoutable idéologiquement, politiquement. La langue de Heidegger, envoûtée, cède aux forces les plus obscures, mythiques, inconciliables avec l'esprit de liberté voulu par Adorno. S'il est certain qu'une telle critique peut et doit être examinée et discutée quant à la lettre des textes de Heidegger – aussi bien en ce qui concerne la méthode que les rapports aux concepts qu'Adorno s'emploie à disloquer en en récusant tout caractère originaire comme expression d'une langue de l'être –, elle n'est cependant compréhensible que prise dans la constellation noire du nazisme dont les racines idéologiques remontent à l'histoire politique et culturelle de l'Allemagne des années 1920 après la défaite de la Première Guerre mondiale. Il est possible de penser que sans cette catastrophe historique Adorno aurait à peine consacré quelques lignes à un nouveau mystique solitaire égaré dans des chemins de campagne : mais, pour une pensée critique, l'influence de Heidegger dans les universités allemandes et son aura philosophique sont inséparables de leurs effets politiques et idéologiques.

---

comme condition d'un autre commencement, ce « lieu » recherché et interrogé depuis les années 1930.

TROIS ÉCHECS DE LA PHILOSOPHIE

Dans le premier paragraphe Adorno expose, en même temps qu'un triple échec de la philosophie dans ses figures historiques, d'abord Kant et Hegel, ses causes déterminées par le processus social et historique. La philosophie, en effet, n'échoue jamais pour des raisons purement immanentes. Le premier échec est celui de la promesse marxienne d'une réalisation de la philosophie. Cette formulation, associant, par ses concepts (*interpretiert* et *Verwirklichung*), la célèbre thèse XI des *Thèses sur Feuerbach* où il est dit que : « Les philosophes n'ont fait qu'interpréter [*interpretiert*] diversement le monde, ce qui importe, c'est de le transformer[1] » et la *Critique de la philosophie du droit de Hegel* se concluant sur l'affirmation que le prolétariat ne peut se dépasser sans la réalisation (*Verwirklichung*) de la philosophie, peut surprendre, au-delà même de l'attention que l'on pourrait porter à l'extrême prolifération des interprétations de ce qui est devenu, selon Ernst Bloch, un véritable « mot d'ordre ». Quelle continuité pourrait-il y avoir entre cette thèse, le moment de son énonciation, et le présent historique, c'est-à-dire les années 1960, alors même qu'Adorno ne cesse de répéter qu'il n'est justement plus possible de penser une continuité du sens de l'histoire comme progrès pas plus que comme déclin ? Nous pourrions la rattacher à l'idée de promesse et aux problèmes posés par le rapport entre la théorie et la pratique. Les promesses non tenues sont celles d'une émancipation par la révolution, par une transformation radicale de la société. Les échecs de ce qui se présentait, du point de vue théorique, comme la possibilité d'une société réconciliée avec elle-même, sont sans doute repérables historiquement et politiquement, liés à une intégration croissante du prolétariat dans la société bourgeoise capitaliste et aux effets de la révolution soviétique aboutissant, dans les pays de l'Est, à des États bureaucratiques autoritaires, mais plus fondamentalement ils sont peut-être à mettre au compte d'une théorie insuffisamment pensée. Que la philosophie, comme forme de connaissance fondée dans et par la raison, ait pu être réduite à l'idée d'une interprétation telle que l'entendait Marx, à un idéalisme abstrait,

1 Marx, 2012, p. 4.

subjectif, ou absolu au sens hégélien, prouverait une mécompréhension de ce qui la constitue et de ses fins, plus encore la disqualifierait en la transformant en une vision du monde qui n'aurait guère plus de valeur qu'une autre. Pourtant Adorno lui-même, et ce contre l'idéalisme et la science comme recherche (*Forschung*), a très tôt caractérisé la connaissance philosophique par l'idée d'interprétation, dans une conférence intitulée *Actualité de la philosophie* de 1931, et en a maintenu l'intention comme le montre l'affirmation suivante de la *Dialectique négative* : « Ceci justifie le passage de la philosophie à l'interprétation [*Deutung*] qui n'élève ni ce qui est interprété ni le symbole à l'absolu, mais cherche ce qui serait vrai là où la pensée sécularise l'archétype non restituable des textes sacrés[1]. » Puisqu'il ne s'agit pour l'instant que de relever des indices, nous ne retiendrons dans cette idée d'interprétation que le signe implicite, discret, de l'intention utopique qui suffirait à l'opposer au matérialisme historique théorisé par Marx dès *L'Idéologie allemande* où il dénonce les utopies socialistes, ce qu'il nomme le « socialisme vrai », comme des chimères, « une image sublimée du communisme prolétarien[2] ».

Mais l'insuffisance de la théorie est aggravée par celle de la pratique. Plutôt que de chercher à comprendre cet argument dans son rapport à des époques révolutionnaires révolues, il est préférable de partir de la situation dans laquelle se trouve Adorno lorsqu'il écrit ces lignes. Confronté aux turbulences des activistes de la gauche révolutionnaire des années 1960, dont beaucoup furent ou continuent d'être ses étudiants, il se voit reprocher de se réfugier de plus en plus dans une pensée qui coupe la Théorie critique, dont il est à ce moment l'un des représentants les plus éminents et les plus exposés, de toute activité pratique révolutionnaire. L'impuissance de la théorie, repliée frileusement et bourgeoisement sur elle-même, sera contredite parce que réalisée par les cocktails Molotov. Dans une interview du *Süddeutsche Zeitung* de 1969[3], répondant à des critiques formulées aussi bien par des étudiants que des responsables politiques, Adorno déjuge ce qu'il nomme la pseudo-activité révolutionnaire s'attaquant à une pseudo-réalité. Non seulement il n'y a pas de continuité entre théorie et pratique, mais surtout une pratique transformée exige une théorie transformée : ainsi la pratique ne peut

---

1 Adorno, 1992, p. 50.
2 Marx, 2012, p. 462.
3 Adorno, 1986a, p. 398-399.

en aucun cas être une instance dernière, un tribunal de la critique qui devrait déposer les armes. Plus encore Adorno, du moins est-ce ainsi qu'on peut le comprendre, doute qu'une pratique révolutionnaire soit possible et souhaitable : « La praxis, ajournée pour une durée imprévisible, n'est plus l'instance dernière d'opposition contre une spéculation satisfaite d'elle-même mais la plupart du temps le prétexte pour étouffer comme vaine la pensée critique sous l'exécutif, pensée dont une praxis transformatrice aurait besoin[1]. » Des réformes plutôt que la révolution, idée que l'on trouvera sous la plume d'Adorno et qu'on ne manquera pas de lui reprocher, mais qui s'enracine plus profondément, comme il le déclare dans l'article cité précédemment, dans le refus catégorique de la violence politique. Lorsqu'Adorno veut justifier ce refus, il fait référence au fascisme et plus précisément au nazisme dont la violence terroriste étatisée vaut comme paradigme de la violence politique. Si ces apories des rapports entre la théorie et la pratique ne trouvent pas de résolution dans la *Dialectique négative*, de sorte qu'on pourrait se demander pourquoi la question de l'organisation paraît si absente du texte, notamment du point de vue politique, elles ont le mérite, dès les premières lignes de l'introduction, de montrer à quel point les anciens schémas hérités de la tradition révolutionnaire ne sont plus opérants. Croire qu'ils pourraient l'être reviendrait à répéter aveuglément et fatalement les pires forfaits autrefois accomplis, prendrait la forme d'une légitimation d'une violence archaïque décuplée par la puissance autrement plus développée de la société moderne rationalisée. Ce qu'il reste de mythe dans l'action révolutionnaire transformerait la révolution elle-même en un mythe destructeur. Le mythe est chez Adorno un des noms de l'emprise (*Bann*), c'est-à-dire de la domination et de ses formes idéologiques où les individus, assujettis et participant à leur propre domination, ont abdiqué leur pouvoir de penser et d'autodétermination. Mais il est d'autres renoncements à la pensée philosophique que ceux provoqués par l'impuissance politique face aux bureaucraties étatiques et à la démocratie formelle, dans lesquels se déchiffrent les causes de son deuxième échec.

Si la philosophie doit connaître l'effectivité par et dans le concept, selon une acception hégélienne qu'Adorno retournera en même temps

1 Adorno, 1992, p. 11.

contre Hegel, elle suppose cependant un pouvoir d'autoréflexion appliqué aux catégories dans lesquelles elle se déploie comme forme de pensée au moment où elle fait valoir ses intentions critiques. Dès lors que la promesse de réconciliation avec le monde, la promesse marxienne, a échoué, il pourrait paraître justifié de considérer que la philosophie, en retrait du monde, doit se définir à partir de ce principe de réflexion constitutif du sujet de la connaissance et de l'action afin de les rapporter à un fondement rationnel. Pour Adorno il est bien évident qu'une telle conception de la philosophie relève au mieux d'un idéalisme subjectif fondé, une fois dénoncées les illusions de l'apparence sensible, sur la possibilité de constituer le monde à partir d'un sujet et d'une raison autonomes, indépendants de l'histoire. L'illusion se retourne contre un tel sujet de la pensée, hypostasié en des catégories abstraites, elle témoigne d'une naïveté redoublée à l'égard du monde objectif. Cette spéculation échoue dans le subjectivisme dont l'impuissance n'a d'égal que le dédain du monde. C'est pour cette raison que la possibilité de la philosophie est suspendue à une condition préalable : la capacité de se critiquer sans égards, et non pas une critique simplement réflexive relative aux conditions de la connaissance. L'expression « sans égards » (*rücksichtlos*), signe d'une radicalité que l'on ne peut tout d'abord que soupçonner, trahit d'une part l'inquiétude d'une critique après laquelle ne resteraient que des ruines, mais elle est retournée d'autre part contre la phénoménologie de Husserl et l'ontologie de Heidegger dont le mot d'ordre de « retour aux choses » n'aurait consisté finalement qu'à répéter l'idéalisme dans une dénégation obstinée de l'ordre établi et irrationnel du monde[1].

Avant de chercher à comprendre en quoi ces tentatives de rupture font l'aveu, malgré elles, de leur échec, Adorno, dans ce premier paragraphe, fait valoir un autre argument susceptible de disqualifier définitivement la philosophie : la puissance du capitalisme industriel tardif aurait rendu vaine et dérisoire toute prétention de l'esprit dans un monde qui n'en veut pas. C'est par une image qu'il l'introduit : « L'architecte introverti de la pensée habite sur la lune que les techniciens extravertis sont en train de confisquer[2]. » Le monde, l'appartenance au monde, sont deux fois perdus, dans l'intériorité de la pensée d'une part, dans l'exil par

1 Voir par exemple Adorno, 2011a, p. 288-289.
2 Adorno, 1992, p. 11.

rapport à une nature dominée par la technique et la raison instrumentale, ce qu'Adorno nomme, à propos du capitalisme industriel, « la raison [*Vernunft*] industrielle » d'autre part. Le penseur subjectif est dans la lune comme un rêveur pas encore éveillé ou se refusant à l'être, préférant les songes de sa raison, qui pourraient bien enfanter des monstres, à l'insolente puissance conquérante des ingénieurs et techniciens fabriquant frénétiquement un monde sans esprit. Face à la désolation, il n'y aurait plus qu'une douteuse consolation se nourrissant de toutes sortes de chimères dont l'irrationalisme serait une des expressions possibles. La cage d'acier de la raison calculante s'est refermée sur l'individu jusqu'à lui rendre méconnaissable sa propre aliénation. Il faut toutefois noter que dans ce relevé des lieux Adorno ne fait que reprendre ce qu'il nomme lui-même par le mot grec *topos*, un lieu commun de l'esprit du temps, une lamentation impuissante autour du thème du déclin de la culture, de la pensée déjà développé avec retentissement par Spengler avant qu'il ne tombe dans l'oubli. Un lieu commun, il va de soi, ne suffit pas à justifier une pensée, encore moins sa nécessaire radicalité. Ce sur quoi Adorno insiste cependant pour réveiller la philosophie de sa surdité, c'est l'idée, traduite par les termes de disproportion, de démesure et d'excès, de l'impossibilité d'établir aucun rapport entre l'esprit (*Geist*) et la puissance (*Macht*) de l'expansion illimitée du capitalisme. Si la connaissance est celle du semblable par le semblable, si toute pensée contient nécessairement un moment d'affinité élective avec son objet, alors cette disproportion, en exilant définitivement la pensée en elle-même, la condamne à n'être qu'un vain psittacisme dont les puissances conjuguées du monde tel qu'il va ont beau jeu de se moquer. La difficulté ne porte pas tant, dans ces lignes, sur le concept de capitalisme tardif, quand bien même il fut l'objet de controverses dans le champ de la sociologie dans les années 1960, que sur celui d'esprit. Ne serait-ce pas un de ces noms intraduisibles de la langue, comme l'écrit Adorno et dont Derrida dit qu'il renvoie de « part en part » à la question de la langue au moment où il introduit la question du rapport de Heidegger au nazisme, s'interdisant lui-même de le traduire[1] ? Si l'on excepte la tradition spiritualiste française dans laquelle on situe habituellement Bergson par exemple, mais pas seulement, vouant ses efforts à penser l'expérience spirituelle, il ne sera pas abusif de considérer que l'héritage

1 Derrida, 1990, p. 11.

philosophique complexe de ce concept trouve sa source dans l'idéalisme allemand et par excellence dans la *Phénoménologie de l'esprit* de Hegel qui fera, tout au long de son œuvre, de la connaissance de l'esprit la connaissance à la fois la plus concrète, la plus difficile et la plus haute, « connaissance de ce qu'il y a de vrai dans l'homme, ainsi que de ce qu'il y a de vrai en soi et pour soi, – de l'essence elle-même en tant qu'esprit[1] ». Les avatars de ce terme n'empêcheront jamais de remonter à cette source, même si les soupçons éveillés par une telle substantialité de l'esprit régnant sur le monde comme sa vérité dernière finiront par le réduire à une spiritualité abstraite de nature morale ou religieuse, même si la prétention de répéter ou de restaurer une telle tradition paraît pour le moins douteuse et vaine.

En partant de la première occurrence de ce terme d'esprit dans la *Dialectique négative*, il est souhaitable de souligner la distinction entre le nom dans l'étendue de ses significations – dans son sens religieux, gnoséologique ou psychologique – et le concept déterminé, dans la mesure où la question de la possibilité de la philosophie, donc de son concept transformé, est intimement liée à la logique d'une dislocation du concept d'esprit afin d'en repenser le contenu sous la forme de l'expérience spirituelle dans son rapport à la métaphysique. Une telle logique consistant à penser dialectiquement le rapport entre le nom et le concept, entre le moment de l'expression et le moment logique, doit se montrer à chaque fois attentive au caractère historique de la langue où les mots tendent à se réifier dans le langage commun de la communication jusqu'à se vider de toute signification et de toute détermination rigoureuses. Les usages d'un mot, le fatiguant jusqu'à l'épuisement, ont ainsi fait dire à Paul Valéry de la liberté, lui qui prisait tant le mot « esprit », ce que l'on pourrait pareillement appliquer au terme d'esprit : « Liberté : c'est un de ces détestables mots qui ont plus de valeur que de sens ; qui chantent plus qu'ils ne parlent ; qui demandent plus qu'ils ne répondent ; de ces mots qui ont fait tous les métiers, et desquels la mémoire est barbouillée de Théologie, de Métaphysique, de Morale et de Politique ; mots très bons pour la controverse, la dialectique, l'éloquence ; aussi propres aux analyses illusoires et aux subtilités infinies qu'aux fins de phrases qui déchaînent le tonnerre[2]. » Si le nom doit s'approcher au plus près des

1 Hegel, 2012, § 377.
2 Valéry, 1960, p. 951.

choses, il reçoit dans ce paragraphe une première acception à la fois plus large et plus traditionnelle : il désigne ce qu'on nomme les œuvres de l'esprit, ce qui fait le contenu de la culture, comme formation de soi, ce par quoi l'homme s'élève au-dessus des conditions matérielles de son existence. En ce sens l'esprit serait, en termes freudiens, l'œuvre de la sublimation, l'idéal d'une humanité raisonnable. C'est un tel *topos*, pensé dans les contradictions du progrès et du déclin, qu'Adorno entend mettre à mal pour autant qu'il reste entaché d'un idéalisme inconséquent. Mais par ailleurs la culture, transformée de façon dominante en industrie culturelle – production rationalisée de marchandises culturelles réglée par la loi de l'échange – elle-même inféodée à la puissance démesurée du capitalisme, a perverti toutes les possibilités de résistance qu'elle prétendait faire valoir contre le consumérisme régnant. La critique de la culture suppose toutes les médiations de l'autoréflexion, et donc le passage à la philosophie comme pensée dialectique, si elle ne veut pas dégénérer en idéologie, en adaptation à l'ordre établi, ainsi que l'écrit Adorno dans l'article « Critique de la culture et société » de *Prismes* : « Le concept de liberté d'expression et même de liberté de l'esprit dans la société bourgeoise, le fondement de la critique de la culture, a sa propre dialectique[1]. » Cette dialectique est rendue nécessaire parce que l'esprit, compris dans ce sens large, est réfuté par ce qui est à concevoir, répète Adorno en retrouvant le langage hégélien de la *Phénoménologie de l'esprit*. Cette retrouvaille n'est pas de hasard puisqu'Adorno marche dans les pas encombrants de l'esprit objectif hégélien, c'est-à-dire dans l'héritage de ce concept d'esprit, et non plus seulement du mot esprit, qu'il faudra faire éclater, dans et par la langue, en chacun de ses moments contre sa prétention à la totalité et donc, du point de vue spéculatif, au système couronné par l'esprit absolu. Cette formule et le verbe souvent utilisé par Adorno, « faire éclater » (*sprengen*), signifie tout d'abord le refus de considérer l'esprit comme une catégorie abstraite hypostasiée par la réflexion : l'esprit, diffracté dans la société, ne peut prétendre se ramasser en lui-même pour n'avoir enfin affaire qu'à lui-même, comme « l'Idée éternelle qui est en soi et pour soi se fait agissante, s'engendre et jouit éternellement comme esprit absolu[2] ». C'est précisément dans la mesure où il faut le disloquer qu'il est nécessaire de parler et de faire parler cette

1 Adorno, 1986b, p. 9.
2 Hegel, 2012, p. 603.

langue de façon immanente : nous pouvons retrouver ici un principe de lecture des textes philosophiques qu'Adorno rappelle bien souvent, en en indiquant la paternité hégélienne, à savoir développer la critique et l'interprétation à partir des forces de l'adversaire : « La vraie réfutation est celle qui tient compte de la force de l'adversaire et se maintient dans les limites de cette force ; l'attaquer par l'extérieur, s'en prendre à lui là où il n'est pas, c'est se livrer à des efforts inutiles[1]. » La force de l'adversaire pour Adorno se loge aussi, chez Hegel, dans la langue sans langue de sa dialectique, la puissance du concept devenue impuissante dans le monde contemporain, ce qui est plus facile à affirmer qu'à justifier et exige un long travail ascétique dont le concept d'expérience philosophique ou spirituelle sera comme une pierre de touche. Ce deuxième échec de la philosophie, qui aggrave son cas dans la mesure où aucun horizon ne semble se dégager au terme duquel cette puissance totale du capitalisme pourrait être renversée, se voit confirmé et encore accentué par un troisième motif que l'on peut là encore comprendre comme un *topos* déjà plein de rides, tant il aura contribué à défigurer le visage de la philosophie né de l'Idée platonicienne.

Adorno l'introduit en parlant de destin (*Schicksal*). Mais il faut immédiatement préciser qu'il s'agit d'un destin historique (*historischen Schicksals*) afin, nous pouvons aisément le supposer, de prévenir et de se prémunir contre toute interprétation spéculative et donc métaphysique de l'histoire comme geste idéaliste dont le trait dominant serait de retomber dans le mythe d'un commencement premier, originaire, à partir duquel se déploierait l'essence d'une histoire universelle téléologiquement orientée vers un but dernier. Par ailleurs, tout en problématisant bien autrement l'histoire de la raison que Kant, il n'est pas impossible de voir dans l'usage de ce terme comme un écho de la phrase inaugurale de la première préface de la *Critique de la raison pure* : « La raison humaine a ce destin particulier [*besondere Schicksal*], dans un genre de ses connaissances, d'être accablée de questions qu'elle ne peut pas écarter ; car elles lui sont proposées par la nature de la raison elle-même, mais elle ne peut pas non plus y répondre, car elles dépassent tout pouvoir de la raison humaine[2]. » Comme nous le verrons, Kant entre en scène à la suite de l'exposition de l'argument que l'on peut formuler de façon générale ainsi : les sciences particulières ont

1 Adorno (2011a, p. 27) cite un passage bien connu de la *Science de la logique* de Hegel.
2 Kant, 1980, p. 725.

fait de la philosophie elle-même une science particulière. Pas sans douleur, pourrait-on dire, si l'on accorde quelque importance à l'expression utilisée par Adorno qui consiste à dire que c'est par une contrainte forcée que la philosophie a cédé devant les sciences en rétrogradant. Il faudrait traduire en faisant entendre cette violence : les sciences ont obtenu par la force (*erzwungene Rückbildung*) que la philosophie descende de ses hauteurs souveraines, dans les termes kantiens, que la métaphysique, « reine de toutes les sciences », abdique son autorité législatrice[1]. Plutôt que de parler de régression (*Rückbildung*), il serait préférable de traduire par le terme de rétrogradation comme mesure disciplinaire consistant, selon le dictionnaire *Robert*, « à faire reculer, au classement officiel, un concurrent qui en a gêné un autre ». Dans le règne de la concurrence capitaliste, la positivité des sciences a toutes les raisons de remettre la philosophie à sa place, à son rang subalterne.

C'est en termes kantiens qu'Adorno prolonge cet argument. Alors que Kant distinguait le concept scolaire de la philosophie (*Schulbegriff*) de son concept mondain ou cosmique (*Weltbegriff*), selon les traductions, pour justifier et élever l'intérêt de la philosophie à l'intérêt universel de la raison, le monde organisé scientifiquement contraint la philosophie à n'être plus qu'une discipline scolaire, académique, qui n'engage à rien. Savoir d'expert, de philosophes professionnels s'abstrayant de la nécessité de réfléchir à leur position et à leur fonction dans la division du travail, c'est-à-dire aux conditions de leur propre possibilité d'existence concrète dans les institutions et aux fins de leurs « productions » là même où ils prétendent penser le monde. Cette contrainte sociale lui est sans doute tout d'abord extérieure, mais la philosophie en fait la contrainte même d'une pensée limitée, bornée, quoique satisfaite d'elle-même, à laquelle n'est concédé que le privilège douteux de se retirer dans les terres de sa prestigieuse tradition. Prétendre restaurer le concept mondain relève du ridicule et reconduit la philosophie à une vision du monde et à sa fonction idéologique. Cette corrélation entre vision du monde et idéologie n'est pas le seul fait d'Adorno, mais correspond à un processus historique que dit en retour le langage : « la courbe sémantique de *Weltanschauung* va donc de l'intuition du monde (de l'univers) à l'idéologie[2] ». Adorno,

---

1 Adorno, 1992, p. 12.

2 Cassin, 2004, p. 1397. Après avoir renvoyé à la critique par Heidegger de la *Weltanschauung* devenue sous le nazisme idéologie, l'auteur de l'article cite Victor Klemperer : « "Philosophie"

convoquant la « doctrine de l'esprit » de Hegel, exprime cette chute de la philosophie dans des termes eux-mêmes hégéliens : l'esprit oublie de réfléchir sa propre position par rapport au tout (*ihre eigene Stellung*). Cet entremêlement de deux langues, celles de Kant et de Hegel, très fréquent, permet sans doute de mieux repérer la genèse, chez Adorno, de la possible impossibilité de la philosophie, mais il témoigne tout autant de cette volonté de les faire jouer l'une par rapport à l'autre pour montrer à quel point leurs concepts sont désormais privés de toute substance, de tout contenu de vérité. Il est plus difficile, dans ce paragraphe, de comprendre l'idée selon laquelle Hegel, malgré sa doctrine de l'esprit absolu, considérait la philosophie comme un simple moment de la réalité, comme activité procédant de la division du travail (*arbeitsteilige Tätigkeit*), en en reconnaissant et en avouant ainsi les limites. On le comprendra tout d'abord à partir de la *Philosophie du droit* et donc de la conception de l'État rationnel qui en résulte : dans l'État, par le droit, la moralité, l'éthicité, s'accomplissent l'essence et la vérité de l'histoire universelle dont la philosophie, l'esprit absolu seuls peuvent en exprimer la vérité. En ce sens l'activité de l'esprit se produit tout autant dans chaque sphère particulière de l'État qu'en lui-même, il est à la fois moment et le tout de ces moments. Mais c'est sans doute en recourant au concept de travail que nous pourrons mieux approcher l'argument d'Adorno si on part de la présupposition que la philosophie, comme activité, est un travail de l'esprit qu'une genèse matérialiste reconduit au travail social, véritable sujet transcendantal, dans le prolongement de la critique marxienne de l'esprit hégélien abstrait. La position par rapport à l'objectivité n'est plus celle, immanente, des philosophies dans leur relation à l'objet de la connaissance, au réel, mais de la philosophie par rapport au tout social dont la raison, au sens hégélien, est l'État. C'est parce que la philosophie oublie l'immanence de la société en elle qu'elle méconnaît l'immanence de sa vérité (*ihre immanente Wahrheit*) comme contrainte sociale. Cette méconnaissance signe en même temps sa perte dès qu'elle prétend, par un geste souverain, restaurer son autonomie. L'oubli comme réification, selon Adorno, n'est pas celui, mythique, de

---

est un mot passé sous silence, auquel on substitue constamment celui de *Weltanschauung*. [...] Déjà courant avant le nazisme, *Weltanschauung* a perdu dans la *Lingua Tertii Imperii*, à titre de substitut de *philosophie*, son caractère endimanché, et il a pris une couleur quotidienne, professionnelle. »

l'être, mais celui de l'origine de l'esprit dans les couches matérielles de la vie sociale que ce dernier ira chercher jusque dans les strates les plus refoulées de la conservation de la vie. Il y a, selon Adorno, dans toute célébration philosophique de l'esprit, de l'être ou de l'autonomie de la raison, une dénégation que le langage, les concepts trahissent, comme il le précise dans le cours *Terminologische philosophie* en faisant référence à Freud pour justifier l'usage d'un tel terme : « Freud, dans un très beau travail sur la négation [*Negation*], nous a enseigné qu'un geste de dénégation [*Verleugnen*] trop empressé indique en général justement que ce qui est dénié se cache malgré tout, dans sa réalité psychologique, derrière cette dénégation... Cette suspicion psychologique me semble pouvoir être aussi appliquée à l'usage philosophique de la langue[1]. » Il convient toutefois de ne pas réduire l'usage de ce concept à cette dimension psychologique, purement subjective, mais de l'interpréter davantage comme le « ψεῦδος », le faux inhérent à tout concept que seule l'autoréflexion peut démasquer. Le paragraphe introductif rend compte de cette idée dans une expression particulièrement chère à Adorno : si la philosophie, après son échec hégélien, est encore possible, alors elle devra se montrer à la hauteur de l'hétérogène par le concept au lieu de dénier ce qui se dérobe à elle. C'est le programme de la dialectique négative que de justifier la possibilité d'une telle pensée critique : pour parvenir à une cette fin, il est cependant nécessaire d'interroger la nature et la fonction du concept. Cette route escarpée sera empruntée dans la deuxième partie intitulée « Dialectique négative, Concept et catégories ». Notons, comme un premier jalon, qu'il y a dans la distinction entre le concept, au singulier, et les catégories une proximité certaine avec Hegel au sens où les catégories sont des déterminations d'entendement et le concept une détermination de raison ; mais cette relation à Hegel ne cessera de se compliquer à chaque fois qu'il faudra désensorceler le concept, démythifier l'esprit absolu.

1 Adorno, 1973, p. 28.

PENSER À PARTIR DE L'EXPÉRIENCE CONTRE L'APPAUVRISSEMENT DE L'EXPÉRIENCE

Ces trois échecs de la philosophie, celui de sa réalisation par la révolution, de sa prétention à parler au nom de l'esprit là où règnent les puissances disproportionnées du capitalisme, et enfin sa destitution en une science particulière subordonnée aux savoirs positifs, semblent la condamner à n'être qu'une vision du monde relative que l'on pourrait consommer comme toute autre théorie dans le grand marché du savoir : « Aucune théorie n'échappe plus au marché : chacune est mise à l'étalage comme une opinion possible parmi les opinions concurrentes, toutes sont proposées au choix, toutes ingurgitées[1]. » Adorno refuse toutefois le défaitisme d'une raison ayant abdiqué son pouvoir critique au profit d'une simple fonctionnalité en opposant à un tel verdict non pas tout d'abord une théorie, mais l'idée immanente à la pensée dialectique, à savoir qu'il y a dans ce qui doit être pensé plus que le concept. Ce qui l'excède, en un sens le transcende sans renvoyer à un quelconque au-delà, exige précisément d'être pensé et non pas abandonné ou mis au rebut parce qu'il viendrait déranger l'ordre social et l'ordre des raisons. Ce n'est pas tant la contingence qui ferait violence à la pensée que la différence qui, à la manière de l'étranger, ne pourrait être intégrée, assimilée, sans par là même être niée. Or cette différence ne pourra être reconnue, nommée et conçue que s'il est possible de sauver « l'expérience philosophique ». Il devient donc nécessaire de mettre à l'épreuve la question de la condition de possibilité du concept « d'expérience spirituelle » qui en est l'autre nom si, d'une quelconque manière, la philosophie s'est maintenue en vie après ses diverses annonces nécrologiques.

Non seulement cette expression, « l'expérience spirituelle » (*geistige Erfahrung*), apparaît à de nombreuses reprises, mais nous montrerons qu'elle est impliquée dans tous les moments où se trouve posée la question de la possibilité de la philosophie et de son rapport à l'idée d'utopie, à son intention utopique, c'est-à-dire en dernier lieu au sauvetage de la métaphysique par lequel se conclut la *Dialectique négative*. Il importe

---

1 Adorno, 1992, p. 12.

par ailleurs de comprendre que les problèmes exposés et développés par Adorno, dans cette première partie, consistent à déterminer le *concept* d'expérience spirituelle, en renvoyant ainsi, en ce qui concerne le rapport au contenu, aux modèles, c'est-à-dire à la troisième partie où il s'agira de montrer que le fil conducteur est celui de la possibilité de la métaphysique après Auschwitz. Cela ne signifie pas pour autant qu'on retrouverait dans cette construction une distinction entre méthode et contenu au regard de laquelle les parties précédentes apparaîtraient comme une sorte de discours de la méthode non avoué : s'il y a des contenus dans la première partie, sous la forme de la concrétion historique, ils ne sont pas encore construits en constellations, en champs de forces historiques médiatisées à partir de la césure historique d'Auschwitz, c'est-à-dire à partir du présent de la pensée compris aussi bien comme l'actualité idéologique des formes de la culture, de la philosophie que comme celle, problématique, des institutions politiques démocratiques. Afin de circonscrire l'interprétation il est nécessaire de partir d'un concept d'expérience déterminé, l'expérience spirituelle elle-même soumise au paradoxe puisque l'esprit, face au monde totalement administré, semble voué à sa propre disparition. Il serait en effet possible de retracer la genèse du concept d'expérience dans son sens le plus général, mais celle-ci a déjà fait l'objet de nombreux travaux, consultables à loisir, et elle ne suffirait pas à comprendre comment Adorno entend réactualiser ce concept. Une simple remarque préalable permettra d'éviter les malentendus. Ce dernier parle non pas de l'expérience vécue en un sens psychologique, éventuellement fondée dans une philosophie de la vie, auquel correspond le terme *Erlebnis*, mais de l'expérience sociale et historique dans la mesure où c'est la société, ses déterminations, qui constituent la substance de l'individu. Qu'Adorno ait en vue d'une part le concept d'expérience tel qu'il est déterminé par Hegel et d'autre part celui que thématise Walter Benjamin est certain, mais il importe avant tout de suivre dans le texte ce double héritage sans préjuger des modifications significatives qu'il lui fait subir. Un passage de la « Préface » de la *Phénoménologie de l'esprit* de Hegel permet cependant de préciser ce qui est mis en jeu dans le concept d'expérience. Afin de caractériser le renouveau du terme d'expérience contre la métaphysique qui recherchait le sens dans le présent de l'au-delà (*jenseitigen Gegenwart*), Hegel parle de l'attention au présent comme tel (*die Aufmerksamkeit auf das Gegenwärtige als solches*). Cette attention au présent correspond, dans *Concept préliminaire de la philosophie*, à ce que Hegel nomme le premier moment de la deuxième position de la pensée par rapport à l'objectivité, à savoir l'empirisme, comme besoin d'un contenu concret (*Bedürfnis* [...] *eines konkreten Inhalts*) et d'un point d'appui fixe (*festen Halts*), ce qui le pousse à chercher le vrai non dans la pensée elle-même mais dans l'expérience, celle du « présent intérieur et extérieur » (*Erfahrung, der äußeren und inneren Gegenwart*). Mais ce mouvement a pour conséquence contradictoire l'appauvrissement de l'esprit (*der Geist zeigt sich so arm...*) qui signe en même temps sa propre perte : « L'esprit se montre si pauvre qu'il semble aspirer, pour se rafraîchir, comme le voyageur dans le désert à une simple gorgée d'eau, seulement au sentiment indigent du divin en général. À ce dont l'esprit se contente, on peut mesurer la grandeur de sa perte[1] [*die Größe seines Verlustes*]. » De telles expressions, témoignant de la tension entre le spéculatif et les couches concrètes de l'expérience, trouvent leur écho certain dans le texte d'Adorno, particulièrement lorsqu'il s'agit d'introduire des déterminations du concept d'expérience spirituelle. Là encore, c'est d'une manière paradoxale que ce dernier présentera cet appauvrissement de l'expérience (*Verarmung der Erfahrung*) puisqu'il devra être pensé à partir d'une dialectique contrainte tout d'abord au sacrifice de sa multiplicité qualitative, à laquelle pourtant une pensée de la différence aspire (*Opfer an der qualitativen Mannigfaltigkeit der Erfahrung*)[2]. Nous allons donc procéder à un relevé des différentes occurrences du concept d'expérience spirituelle afin de prolonger l'interprétation de la question de la possibilité de la philosophie.

C'est dans le cadre d'une critique très générale de l'idéalisme husserlien, après celui de Bergson, qu'Adorno introduit le concept d'expérience spirituelle. Dire de cette critique qu'elle est en ce passage très générale ne signifie pas qu'elle le serait trop en restant extérieure à ce qu'elle critique puisqu'Adorno l'a déjà développée longuement, de façon détaillée, dans *Contribution à une métacritique de la théorie de la connaissance*, ouvrage qu'il nomme dès l'« Avant-propos » de la *Dialectique négative* pour indiquer qu'il constitue une pierre de touche essentielle à sa critique du moment idéaliste inhérent à toute philosophie. En substance, l'argument exprime la contradiction de la thèse s'appuyant sur la

1 Hegel, 2006a, p. 63.
2 Adorno, 1992, p. 13.

perception ou l'intuition de l'essence d'un donné individué pour échapper à « l'abstraction généralisante » en reprenant les concepts universels en vigueur dans la tradition philosophique. Pour Adorno la tentative de rupture (*Ausbruchsversuch*) avec cette tradition a échoué, faute d'une critique conséquente du caractère identifiant et universalisant des concepts, faute par conséquent d'une autoréflexion portant sur la genèse et la nature du concept en général. Si cette intuition de l'essence (*Wesensanschauung*) correspondait à une forme spécifique d'expérience spirituelle consistant à partir du particulier comme on perçoit un paysage dans le cadre d'ouverture d'une fenêtre, image que nous pouvons induire du verbe *herausschauen* (*aus dem Fenster herausschauen*, regarder par la fenêtre), elle ne parvient pas, cependant, à lui rendre justice : le concept répète aussi bien la séparation de la chose et du concept que l'immanence subjective dans laquelle il demeure enfermé. Ce geste idéaliste est régulièrement stigmatisé, telle une trace ineffaçable, par Adorno au moyen du verbe *schweben*, difficile à traduire puisque sa signification, du point de vue figuré, ne s'éclaire vraiment que dans et par des citations. Littéralement il signifie planer au-dessus de, dans, ou encore flotter. Nous pourrions dire que le concept idéaliste plane prétendument librement au-dessus de ce sur quoi il porte, survole les choses de sorte qu'il est incapable de voir et par conséquent de s'arrêter aux détails, à ce qui fait la singularité du particulier. Perdue dans ses hauteurs ou enclose dans la subjectivité pure, la pensée idéaliste est une pensée de survol oublieuse du sol concret de l'expérience quand bien même elle en appelle au « retour aux choses mêmes ». Une citation de la Bible en préciserait ce sens figuré : l'esprit de Dieu (*der Geist des Gottes*) se mouvait (*schwebte*) au-dessus des eaux. Mais l'esprit de Dieu n'a affaire qu'à lui-même, de même que selon Aristote l'affaire la plus haute de la pensée serait de se penser elle-même. Une telle conception présuppose non seulement une forme de transcendance ou tout au moins un lieu transcendantal accessible par une réduction de l'attitude naturelle, mais plus encore l'autonomie de la pensée, de la raison par rapport au réel, à l'effectivité historique. C'est en chacune de ses critiques de l'idéalisme qu'Adorno récuse cette autonomie. Le vague soupçon, évoqué par le verbe *schweben* appliqué à Husserl, qu'il pourrait en être autrement est aussitôt refoulé afin de sauver la philosophie et donc la raison contre la griffe du réel qui résiste à la pensée. De toute évidence, pour Adorno, un tel sauvetage échoue et n'offre à l'expérience spirituelle que de pauvres voire affligeants contenus – ce dont témoignent les exemples de la phénoménologie – comparés à la richesse des contenus de l'expérience de la conscience chez Hegel, comme il le formule dans *Contribution à une métacritique de la théorie de la connaissance*[1]. Il est possible par suite d'avancer l'hypothèse suivante : dans ce vague soupçon, c'est l'intention utopique qui perce, devant laquelle une telle pensée recule par peur de devoir prendre le réel à contre-courant, ce que seule une pensée dialectique mue par le négatif et soucieuse des médiations sociales et historiques peut entreprendre. Que l'idéalisme capitule devant le réel, l'ordre établi, Adorno ne cesse de le décliner, au grand scandale d'une philosophie pure revendiquant la séparation des genres, celle du philosophique et du sociologique, comme la condition de toute fondation de la pensée en elle-même. Ainsi, à l'idéalisme husserlien qu'il présente comme un absolutisme logique, il oppose d'une part la relation de dette à l'égard de ce qui doit être pensé et d'autre part le noyau sociologique de toute teneur logique, c'est-à-dire l'objectivité historique irréductible à la simple positivité des faits[2]. Adorno affirme envers et contre tout que ce qui prétend valoir comme le plus pur pour la phénoménologie transcendantale, la sphère de l'immanence subjective comme origine du sens, n'est rien d'autre que le travail social dans la mesure où toute activité de l'esprit trouve son modèle dans le travail comme activité productrice. C'est le lieu d'un différend en apparence insurmontable où la prétention d'une fondation ultime dans une raison élargie récuse toute légitimité à une pensée dialectique mue par le négatif, comme l'indiquent les premières lignes de l'introduction du texte cité précédemment : « La tentative de discuter la phénoménologie pure de Husserl dans l'esprit de la dialectique s'expose d'emblée au soupçon d'arbitraire[3]. » Cependant Adorno ne succombe pas à un réductionnisme sociologique puisqu'il ne cède rien sur le terrain du concept en réfutant toute analyse rapportant les idées de la raison à un simple reflet de la réalité. L'explication marxiste

---

1 Adorno, 2011a, p. 38. Dans *Ontologie und Dialektik*, Adorno (2002, p. 90), au cours d'une analyse critique de l'intuition des essences, prenant comme pour les mimer les exemples d'un corsage rouge ou de la salle de cours, dit des exemples niais de la phénoménologie qu'ils seraient un symptôme de cette philosophie : son incapacité à être à la hauteur de sa prétention à la concrétion dans son appel au retour à la chose même (*die Sache selbst*).

2 *Ibid.*, p. 50.

3 *Ibid.*, p. 25.

causaliste vulgaire est systématiquement critiquée. Ce qu'il faut penser dans le moment sociologique, c'est-à-dire la substance sociale dans laquelle toutes les catégories de pensée, le langage lui-même comme fonction de dénomination, sont entremêlés, coagulés, porte les noms et les stigmates de ce qui est rejeté (*Weggeworfene*), méprisé (*Missachtete*), opprimé (*Unterdrücke*). Le concept ne peut s'en détourner sans contredire ce qu'il prétend penser, même dans l'idéalisme, à savoir « l'ouvert » au sens de ce qui lui est irréductiblement autre, jusque dans ce qui y demeure caché, abject et repoussant. Cet « ouvert » a des noms historiques – ce que les hommes ont accompli et refoulé – et ne peut jamais se satisfaire, quant à son contenu, de prétendues données immédiates ou originaires de la perception ou de la conscience, pas plus que d'une « sphère ontologique des origines absolues », et encore moins de quelque chose qui s'appellerait l'être, donné lui-même immédiatement par une intuition originaire. L'effort du concept, en un terme hégélien qu'Adorno reprend à son compte (*Anstrengung*), est exigé en raison d'une part d'une tension et d'une scission entre le concept et la chose, et d'autre part dans chacun de ces deux moments, qui requièrent non pas une doctrine du concept conduisant à une théorie du concept de concept infinie mais une restitution de ce qui a été perdu dans le processus d'abstraction. Telle est l'utopie de la connaissance, le potentiel utopique paradoxal de la pensée cherchant à « ouvrir [*auftun*] ce qui est privé de concept avec le concept sans l'égaliser aux concepts [*gleichmachen*][1] ». Ouvrir (*auftun*), c'est à la fois nommer et donner la parole en faisant entendre que ce qui est, l'ordre réifié du réel déchiré et lacunaire[2], peut être autrement, sans qu'il soit toutefois possible de prétendre le déterminer et le prescrire par avance. Il y a dans la connaissance elle-même, et d'abord dans la philosophie, une promesse non tenue : y répondre est le vœu d'une pensée qui se refuse à se satisfaire d'elle-même, emportant son butin sur ses ailes vers des mondes étrangers. S'il y a un exil de la pensée, de la langue, il est de ce monde et ne peut être « réparé » que dans l'immanence de l'expérience spirituelle inséparable de l'expérience de

1 *Ibid.*, p. 16.

2 Dans la conférence de 1932, *L'Actualité de la philosophie*, la critique de la prétention de la philosophie à saisir la totalité est introduite par l'argument selon lequel l'effectivité (*Wirklichkeit*) se présente sous la forme de traces (*Spuren*) et de ruines (*Trümmern*) par rapport auxquelles ne reste que l'espérance (*Hoffnung*) de leur rendre justice (Adorno, 2008, p. 7).

la vie socialisée. Mais cette « réparation » ne sera jamais une restauration d'un monde originaire perdu, quels que soient les noms qu'on lui donne : vision du monde romantique comme projection nostalgique, fantasmatique d'un passé archaïque, d'une unité primordiale qu'Adorno ne cesse de critiquer au moyen du terme de mythologisation, jusque dans ses implications politiques.

La deuxième occurrence du concept d'expérience spirituelle permet de confirmer la nécessité de soumettre la pensée à ce qui résiste dans le réel, plus encore lui fait violence parce que la raison elle-même, armée de ses catégories, fait violence au réel, à la nature extérieure et finalement intérieure de l'homme, expression habituelle de la domination obéissant à la logique de l'identité, logique du concept *et* logique sociale, historique. Le concept propre à nommer cette résistance du réel, son caractère irréductible à toute identification dernière, est celui de contradiction. La structure de la contradiction, telle qu'elle est introduite par Adorno dans les termes les plus simples au début du *Cours sur la dialectique négative* (*Vorlesung über Negative Dialektik*), est double. Premièrement elle renvoie au caractère contradictoire du concept, c'est-à-dire d'une part à la contradiction entre le concept et la chose (*Sache*) dans la mesure où en elle il y a plus, « *mehr* », que le concept, et d'autre part à la contradiction *dans* le concept même. Deuxièmement elle prend le nom d'antagonisme social lorsqu'elle désigne le caractère contradictoire de la réalité (« *Realität* »). Ce qui forme un tout non vrai, tout de l'esprit et de l'antagonisme social, a pour principe « la domination de la nature », sa « spiritualisation par rapport et en vue de l'identité » (*vergeistigt zur Identität*)[1], expression chez Adorno de ce mouvement d'abstraction de la pensée qui se retourne en même temps contre ce dont elle provient comme son impulsion dissimulée. On reconnaîtra dans ces termes les analyses développées antérieurement dans *Dialektik der Aufklärung* (*La Dialectique de la raison*) maintes fois critiquées en raison d'une prétendue persistance d'une philosophie de l'histoire et de leur radicalité excessive dont l'une des formules au ton apodictique, si ce n'est apocalyptique, est : « La raison [*Vernunft*] est totalitaire [*totalitär*][2]. » Il importe d'abord de comprendre comment s'exprime une telle thèse dans la *Dialectique négative*, quelle langue elle parle dès lors qu'elle vient se heurter

1 Adorno, 2003, p. 9.
2 Horkheimer et Adorno, 1974, p. 24.

frontalement à la tradition philosophique tout en s'interdisant le geste du grand mépris. Les sommets écrasants ne sont peut-être pas franchissables par leur face la plus abrupte, mais il ne faut pas s'interdire de les gravir. Si l'idéalisme allemand, hégélien avant tout, est un tel sommet, il faut persister à lui opposer que « l'objet de l'expérience spirituelle est en lui-même un système très réel [*real*], antagoniste, pas seulement et préalablement en vertu de sa médiation par un sujet connaissant qui se retrouve en lui. La constitution contraignante [*zwanghafte Verfassung*] de la réalité [*Realität*] que l'idéalisme avait projetée dans la région du sujet et de l'esprit doit être retraduite [*zurückübersetzen*] à partir d'elle [*aus ihr*][1] ». Voilà les cartes posées sur table dont il est question dans l'« Avant-propos ». Le caractère conditionné de la connaissance ne vient pas simplement de l'expérience sensible, d'une matière extérieure donnée dans la sensation en tant que phénomène, ou encore d'une chose en soi inaccessible, comme les deux bornes entre lesquelles l'entendement, muni de ses catégories, et la raison de ses Idées n'ont qu'à bien se tenir, mais de la totalité sociale qui, comme telle, se préoccupe peu du sujet de la connaissance. Elle a, pourrait-on dire, mieux à faire ailleurs, dans l'affairement et la reproduction aveugle de ses mécanismes enchevêtrés de domination. L'esprit qui devient, quoi qu'il en ait, une entité douteuse peut le déplorer, mais il n'échappe pas à la contrainte par laquelle il est devenu esprit. En ce sens on dira que les couches matérielles de l'histoire, dans ses tendances, sont sédimentées voire réifiées dans la pensée avant même que celle-ci se mette à l'œuvre. Cette préformation de la subjectivité pensante, qu'une méthode transcendantale tente de renverser par un coup de tonnerre – une véritable révolution dans la manière de penser en « admettant que les objets doivent se régler sur notre connaissance[2] » –, est interprétée par Adorno comme ce primat de l'objet, contre tout subjectivisme, que l'idéalisme fatal méconnaît ou rabaisse à un vulgaire matérialisme. S'élevant, par un processus d'abstraction sans bornes, au-dessus de la société en prétextant de son droit parce que le réel n'est rien d'autre que du réel pensé, construit par la raison, son œuvre donc, l'idéalisme dénie toute genèse autre que celle immanente à la subjectivité qui devient à la fois fondement et autofondation, n'ayant plus affaire qu'à elle-même dans sa clôture monadologique. Adorno déchiffre dans

1 Adorno, 1992, p. 16-17.
2 Kant, 1980, p. 739.

ce mouvement une approbation et une abdication devant « ce qui est ainsi et pas autrement », lesquelles renforcent d'autant plus l'emprise sur les sujets d'une objectivité réelle (*real*) considérée avec dédain. Dans la célèbre question métaphysique « Pourquoi y a-t-il quelque chose plutôt que rien ? » – cette question la plus vaste, profonde et finalement originaire[1] –, le quelque chose ne renverrait pas à la déréliction du *Dasein*, à l'existence nue de ce qui est, comme énigme de l'être, mais bien plutôt au cours funeste des choses telles qu'elles vont leur train dans l'histoire offrant au nihiliste la satisfaction amère de déclarer que le rien serait encore le meilleur. Mais celui qui pose la question, le métaphysicien ou tout « être de question » se mettant à l'écoute de la question, à l'égard de laquelle Adorno ne manque jamais d'user d'une ironie portant tout autant sur l'emphase du questionnement lui-même, n'est pas un tel rien quand bien même il prétendrait la poser en droit, comme à l'origine anhistorique de toute chose, en dehors de toute genèse. La structure du rien suppose le quelque chose, un indéterminé socialement déterminé ; en aucun cas, pour Adorno, elle ne serait scellée dans un destin comme Prométhée enchaîné à son rocher. Ce rocher, la nature qui devient en lui la marque de l'inéluctable, le destin sont les noms du mythe par lequel les hommes d'hier et d'aujourd'hui acceptent de renoncer à leur liberté substantielle, déposent les armes devant le décret souverain du « c'est ainsi » et considèrent qu'au mieux il faut jouir des quelques libertés privées concédées et réglées par la sphère de la consommation. Mais la ruse de la loi de l'échange, sociale, pourrait-on dire, s'invite à la table des hôtes. La ruse de la raison est celle de « la raison [*Vernunft*] industrielle[2] » du capitalisme tardif. Voilà cette faculté la plus haute de l'homme par laquelle il se fait esprit, puisqu'Adorno n'hésite pas à employer le concept de *Vernunft* et pas simplement de rationalité, au sens wébérien de rationalité instrumentale, dégradée en simple production et ingénierie sociales. Quelle conséquence, même provisoire, peut-on tirer de cette négation de la raison et du sujet qui en est le substrat, devenu lui-même son propre ennemi (*Subjekt als Feind des Subjekts*[3]) ? Il faut nommer ce qui, dans une société dominée par les rapports de production, concept marxien improprement traduit à de nombreuses reprises

1 Heidegger, 1967, p. 15.
2 « Reflexionen zur Klassentheorie » (Adorno, 1972, p. 373-374).
3 Adorno, 1992, p. 17.

par « conditions actuelles », résiste à la loi de l'échange. C'est, dans la terminologie marxienne, la valeur d'usage. Mais on devra en même temps extraire ce terme de sa gangue marxiste, de son noyau rationnel, hostile à toute idée d'utopie. Ce geste consiste, selon l'intention d'Adorno, à briser la réification des concepts à partir de la langue même où ils opèrent en recourant au mot étranger. La valeur d'usage devient ainsi « l'ineffable de l'utopie » (*das Ineffabile der Utopie*). Cet ineffable dit sans doute ce qui ne peut être nommé et représenté, comme l'interdit biblique des images, puisque l'idée d'utopie s'oppose en même temps à toute anticipation déterminée positivement d'un futur, mais il est exigible au sens où, comme Adorno le répète, il faut faire parler le plus simple et ce qu'une pensée positive, inféodée à ce qui est, veut taire. Si l'utopie trouve une impulsion dans la langue, elle ne peut cependant se satisfaire du seul acte de nomination, elle renvoie par nécessité à des possibilités concrètes par rapport à un certain état (*Zustand*) de ce qui est, quand bien même cet état est faux puisqu'il est dominé par la valeur d'échange, la loi de la marchandise : « Elle [l'utopie] passe [*reicht hinein*] dans ce qui conspire [*verschworen*] contre elle afin qu'elle ne se réalise pas. Au regard de la possibilité concrète de l'utopie la dialectique est l'ontologie de l'état faux [*falschen Zustandes*]. Elle pourrait libérer un état juste [*richtiger*], aussi peu système que contradiction[1]. » Le terme d'ontologie pourrait ici surprendre puisqu'Adorno dit par ailleurs que la dialectique négative ne peut en aucun cas se présenter comme une nouvelle ontologie après l'échec de celles qui la précèdent, dans la mesure où toutes se fondent sur un principe premier et postulent par conséquent l'identité. Mais nous devons comprendre l'usage de ce terme, sa fonction critique, à partir de la logique de la dislocation qui fait son travail souterrain de sape : parler la langue de l'adversaire pour lui faire avouer ce qu'il dénie. L'ontologie, en ce passage, a déposé son nom de doctrine de l'être, du « il y a de l'être » comme le disent de savants « ontologues[2] », pour

1 *Ibid.*

2 S'il y a de la clownerie dans la philosophie, comme l'écrit Adorno, on nous permettra ce néologisme comme un clin d'œil à cette maladie existentielle appelée « ontalgie » par l'un des personnages du roman *Loin de Rueil* qui, par la référence à Rueil où il habitait, évoque la figure de Kojève : « Qu'est-ce que vous avez ? demanda Lulu Doumer à des Cigales. – Une ontalgie, répondit Thérèse. – Une quoi ? – Une ontalgie. – Qu'est-ce que c'est que ça ? – Une maladie existentielle, répondit Thérèse, ça ressemble à l'asthme mais c'est plus distingué. » (Queneau, 1944, p. 14.)

devenir une pensée du négatif à laquelle non seulement il n'est pas donné préalablement quelque chose comme « l'être », quand bien même ce ne serait que sous la forme du voilement et dévoilement – en quoi l'on reconnaît la détermination cardinale de la vérité par Heidegger –, mais le réel moins noble de l'état social concret ne s'exprimant lui-même que par de multiples médiations. L'utopie se réfugie dans les noms modestes relatifs aux besoins des individus. L'idée qu'il faut penser à partir du besoin – le matérialisme d'Adorno, s'il est possible de le dire en un mot – est sans doute l'un des motifs essentiels de la *Dialectique négative*, comme le montre le paragraphe final « Autoréflexion de la dialectique » auquel nous ne faisons que renvoyer tout d'abord, et rend compte aussi bien du point de départ de la critique de l'ontologie que ce dernier introduit précisément à partir de la question du besoin ontologique (*das ontologische Bedürfnis*) dans la première partie consacrée à la critique de Heidegger. Un tel besoin, dont le syntagme figé, la question de l'être (*Seinsfrage*) – qu'Adorno ne craint pas de qualifier de « dégoûtant », en français dans le texte et pourtant traduit par « repoussant[1] » ! – exprime le désenchantement dans le monde dominé par une rationalité abstraite où le dispositif technique ferait de l'homme une matière exploitable, cède en même temps devant cette volonté de puissance irrésistible de telle sorte qu'il ne resterait plus à la pensée, comme tâche, que de se laisser appeler par une parole plus originaire de l'être : la figure masquée de ce désenchantement dissimule en fait une approbation de ce qui est dans un geste autoritaire se transformant lui-même en une approbation de la puissance[2] (*Bejahung der Macht*). Au mauvais désir métaphysique de transcendance et d'absolu, cette mauvaise infinité dénoncée par Adorno[3], il faut opposer le besoin et la possibilité de sa satisfaction et de son apaisement : la loi du manque comme structure de l'être ne fonde rien, ne légitime aucune détresse (*Not*) ni envoi destinal de l'être soumettant tout à sa puissance obscure de décision[4], mais

1 Adorno, 1992, p. 95.

2 *Ibid.*, p. 108.

3 *Ibid.*, p. 19 : « Une philosophie transformée devrait casser [*kassieren*] cette prétention, ne plus faire croire à elle-même et aux autres qu'elle dispose de l'infini. »

4 On reconnaîtra la langue de Heidegger qui multipliera les usages de ces termes dans les années 1930-1945, comme le montrent les *Cahiers noirs* récemment parus en Allemagne et qui attendent encore leur interprétation rigoureuse au-delà des polémiques médiatiques réduisant la question à celle de l'antisémitisme de Heidegger. Il nous semble, et nous nous proposons de chercher à le montrer dans un autre travail, que ces textes constituent

dessine en creux ce qu'il faut réconcilier. La critique du besoin doit devenir, en termes marxiens, celle des conditions et des rapports sociaux qui produisent le besoin, critique politique en ce sens des rapports sociaux où les forces productives déchaînées produisent de façon contradictoire aussi bien l'indigence que l'étalage insolent voire obscène des marchandises.

LA PENSÉE N'EXCLUT PAS LA THÉORIE

Pour justifier une telle critique une pensée désarrimée ne suffit pas, il faut une théorie à l'écart de tout système mais irréductible à un simple point de vue. Le concept d'expérience spirituelle devra sa consistance à la rigueur de cette théorie libérée d'une part de l'exigence et des normes des sciences positives, d'autre part de la naïveté à l'égard de ses propres forces, comme si elle pouvait se satisfaire d'elle-même en se pensant comme un absolu. C'est ainsi qu'Adorno introduit la corrélation – leur action réciproque (*Wechselwirkung*) – entre théorie et expérience spirituelle, à partir de deux arguments essentiels. D'une part, écrit-il, « C'est justement cette exigence [rendre compte de la théorie comme un point de vue] qui est incompatible avec l'expérience spirituelle. Si on veut à tout prix qu'elle ait un point de vue [*Standpunkt*], alors ce serait celui du mangeur de rôti. Elle en vit en le dévorant : c'est seulement s'il disparaissait en elle que ce serait de la philosophie. » D'autre part il convient de dénoncer la prétention de l'esprit à ne compter que sur lui-même : « La théorie empêche cela. Elle corrige la naïveté de sa confiance

un document historique, philosophique et politique qui excède de loin, sans pouvoir bien évidemment les rapporter à de simples propos opportunistes de circonstance, les réflexions à caractère explicitement antisémite. En un mot, nous pourrions émettre l'hypothèse que c'est l'interprétation de cette unité-totalité de l'histoire occidentale déterminée par la métaphysique qui devrait appeler les objections les plus résolues lorsque Heidegger interroge les possibilités d'une transformation radicale de l'essence de l'homme et de l'essence de la vérité dans les années 1931-1945. Mais ce travail reste « un chantier », et nous nous abstiendrons de faire un usage par trop précipité de ces *Cahiers noirs* et des passages trop souvent cités au détriment d'autres dont les implications politiques pèsent d'un poids qui va au-delà d'une simple blessure de la pensée, comme on l'écrit pour conclure alors que c'est peut-être à partir de là que commencent les véritables questions.

en soi [celle de l'esprit] sans qu'il doive pourtant sacrifier la spontanéité à laquelle la théorie pour sa part veut accéder[1]. » Double exigence à laquelle il faut répondre pour sauver la possibilité de l'expérience spirituelle, la pensée et le moment de la théorie comme construction d'une connaissance objective du tout social qui ne se donne jamais dans aucune expérience immédiate. Il est nécessaire de limiter sans cesse l'une par l'autre afin d'éviter leur tendance inhérente à une prétendue autonomie, à l'autosuffisance, et d'opposer à la positivité, à la prétendue autorité des faits le moment autoréflexif du concept. D'un côté la théorie comme science, revendiquant pour elle seule la validité objective de la connaissance au moyen d'hypothèses vérifiées expérimentalement, renverrait la pensée à l'expérience subjective de l'individu, à un jugement de valeur que la neutralité axiologique, selon l'expression de Max Weber, réduit à un point de vue ou à une vision relativiste du monde ; de l'autre côté la pensée philosophique, sous la forme du système, que ce soient la logique au sens hégélien ou la philosophie transcendantale, ne verrait dans la théorie scientifique qu'une forme restreinte voire réductrice de l'essence de la raison et du réel dont elle seule dévoilerait la vérité dans des concepts et des catégories purs, dans des essentialités échappant par principe à la rationalité scientifique. Une dialectique, rigoureuse et sans cesse recommencée – propre au mouvement de la pensée conçu comme une pratique de la connaissance (*Erkenntnispraxis*) –, entre le macrologique et le micrologique peut seule échapper à ces deux écueils : la dialectique négative est « un ensemble d'analyses de modèles », c'est-à-dire la construction de constellations qui, au moyen de concepts toujours généraux se tenant à distance du particulier – moment macrologique –, doit sauver le singulier dont la dissolution et résolution (*Auflösung*) n'aboutit pas à le supprimer, à le résoudre dans le concept en abandonnant ce qui en lui est précisément l'indissoluble (*Unauflöslichen*) – moment micrologique. C'est en ce sens qu'une pensée par modèles s'oppose au système tout en se distinguant non seulement de la théorie traditionnelle, mais d'une reprise par trop mécanique de la Théorie critique telle qu'elle a été tout d'abord élaborée dans les années 1930 et dont les principes ont été formulés par Max Horkheimer dans l'essai intitulé *Théorie traditionnelle et Théorie critique* de 1937. La spécificité de ce qu'Adorno nomme

1 *Ibid.*, p. 31.

la pensée dialectique négative ne consiste pas à rejeter la Théorie critique, dont l'une des impulsions était la critique de la domination impliquant la raison elle-même et non pas seulement les formes économiques de la société, mais se rapporte plus essentiellement à son moment utopique qu'il faut aller déchiffrer jusque dans la métaphysique. C'est pour cette raison qu'une telle pratique de la connaissance doit sans cesse se tourner vers la philosophie pour soumettre le concept et la logique qu'il présuppose à une critique, puisque ce sont l'individué, le singulier ou encore l'indissoluble qui le brisent dans sa prétention à totaliser en lui tous les moments de l'expérience. Mais cette forme de pensée dialectique ne cède rien ni sur l'exigence de rigueur là où il n'est plus possible de la fonder dans un système ni sur le caractère d'obligation (*Verbindlichkeit*) du concept[1]. Ce terme d'« obligation » très fréquent chez Adorno aurait une valeur à la fois logique, celle d'une contrainte immanente au concept à laquelle cependant il ne faut pas faire crédit aveuglément, et une valeur éthique, celle d'une pensée en dette à l'égard de ce qu'elle doit penser. Les voies empruntées par une telle pensée semblent très étroites, se heurtant aux soupçons des sciences et des philosophies qui, dans leur rivalité et dans leur complicité, se partageraient les domaines d'un savoir objectif. Contre une telle suspicion, Adorno fait tout d'abord valoir ce qu'il nomme la liberté de l'esprit qui est en même temps l'esprit de liberté, en se plaçant ainsi sous l'autorité de l'héritage de l'*Aufklärung* française et « du penser comme encyclopédie », expression de « l'esprit d'autocritique de la raison[2] ». Mais une telle autorité doit être soumise à la critique, comme le montrait l'ouvrage écrit avec Horkheimer, *Dialektik der Aufklärung* (*La Dialectique de la raison*), où la raison émancipée, démythologisée engendre potentiellement, dans le cours de l'histoire, de nouveaux monstres en s'autodétruisant elle-même. La dialectique négative, comme entreprise de démythologisation, peut bien se réclamer de l'esprit de liberté, elle n'en doit pas moins accepter de se mettre à l'épreuve de la tradition philosophique qui entend sauver la raison, comme l'écrit par exemple Husserl en 1938 « contre le vieux rationalisme absurde, tout à fait incapable de saisir les problèmes de l'esprit qui nous touchent de si près » en précisant ainsi la forme de la raison et de l'esprit susceptible de répondre à la crise de l'humanité

1 *Ibid.*, p. 30.
2 *Ibid.*, p. 30-31.

européenne : « La *ratio* qui est maintenant en question n'est rien d'autre que l'opération de l'esprit qui se comprend lui-même de manière réellement universelle et réellement radicale ; cette compréhension prend la forme d'une science universelle, capable de répondre d'elle-même et qui inaugure un monde absolument nouveau d'activités scientifiques, où toutes les questions imaginables trouvent leur place : les questions d'être, les questions de norme, les questions dites d'existence. Ma conviction est que la phénoménologie intentionnelle a fait pour la première fois de l'esprit en tant qu'esprit le champ d'une expérience et d'une science systématique, et opéré par là le retournement total de la tâche de la connaissance[1]. » Une telle déclaration proche de la langue spéculative hégélienne, jusque dans l'aspiration à une systématicité et à une totalité à l'intérieur de laquelle seulement pourraient être posées et résolues méthodiquement les questions, quand bien même ce ne serait que d'un point de vue téléologique, justifie à elle seule, dans les termes d'Adorno, une tout autre critique radicale de la philosophie et de la crise de l'esprit. Le « retournement husserlien » n'est un tournant qu'à l'intérieur de l'idéalisme, aussi bien dans la manière de caractériser la tâche de la théorie de la connaissance que dans la méthode transcendantale. La logique de la dislocation, qu'il s'agira d'analyser dans une deuxième partie, devra en premier lieu exposer le caractère problématique des concepts de la tradition philosophique là même où ils sont prétendument pensés d'une façon radicalement nouvelle. Il importe par conséquent de comprendre en quoi la dialectique négative n'est pas un point de vue, comme une offre possible dans le marché de la concurrence des productions intellectuelles et philosophiques.

LA CRITIQUE DIALECTIQUE NE RÉFUTE PAS LE SYSTÈME

Dans le cours *Ontologie et Dialectique* de 1960, c'est contre l'ontologie heideggérienne, le culte et la mythologie de l'être, expression qui donne son titre à un paragraphe de la première partie de la *Dialectique négative*

1 Husserl, 1987, p. 99.

consacrée à la critique de l'ontologie, qu'Adorno cherche à établir la force critique de la dialectique en disqualifiant en même temps la philosophie comme vision du monde. Mais il faut tout autant retourner l'idée de point de vue contre Hegel lui-même. En effet, dans un passage célèbre fréquemment cité par Adorno où est exposé le principe de réfutation d'un système philosophique, notamment celui de Spinoza, Hegel critique l'idée selon laquelle le point de vue (*Standpunkt*) ne serait qu'une opinion ou une représentation subjective arbitraire propre à ne dénoncer que le ou les défauts d'une philosophie. Le point de vue désigne au contraire la position d'une philosophie dans le tout, dans le système et prouve ainsi sa propre nécessité. Mais il peut ne pas en être le point de vue le plus haut, de sorte qu'il appelle sa réfutation à partir d'un point de vue supérieur[1]. Il est bien évident que cette supposition dissimule une présupposition, celle du système comme totalité vraie contenant en droit tous les points de vue possibles, à laquelle s'oppose par principe une dialectique négative dont le rapport au système et à la vérité est transformé aussi bien pour des raisons immanentes à la philosophie que par une histoire de la raison devenue plus que suspecte dans sa prétention à l'autonomie et à son pouvoir de légitimation du réel effectif qu'elle produit, dans son universalité, comme sa propre vérité. Qu'il n'y ait pas d'extériorité au système spéculatif parce que celui-ci, clos sur lui-même, prétend pouvoir se tenir hors de la totalité sociale qui en est la présupposition historique, tout en la rassemblant en lui-même comme histoire de l'esprit objectif et absolu, n'est rien d'autre que la démesure de l'esprit spéculatif, le « fantasme d'un tout[2] », ne connaissant que ce qu'il produit par lui-même. La démesure de cette puissance est contredite par la puissance effective de l'esprit du capitalisme triomphant et les formes de rationalité historiques qu'il implique. La pensée dialectique, antisystème, fait front contre toutes les formes d'emprise totalisantes : si elle ne peut pas s'abstraire de la pensée conceptuelle sans craindre dans les appels à un « autre » de la raison une résurgence de l'irrationalisme, il lui faut recourir aux concepts et catégories sans prétendre ni réfuter le système qui les fonde, ni rechercher un point d'arrêt dans un principe dernier qui viendrait une fois pour toutes en régler le mouvement et l'ordonnancement.

1 Hegel, 1986b, p. 250.
2 Adorno, 1992, p. 19.

Dans le paragraphe « La dialectique n'est pas un point de vue » Adorno rapporte cette dégradation de la théorie en un point de vue à la forme totalisante d'une société dominée par le marché, la concurrence. C'est un processus extérieur à la théorie, la puissance disproportionnée du tout, qui décide des usages de la théorie, sans même avoir à se préoccuper de sa valeur de vérité. C'est pourquoi seuls le concept et la réalité de la contradiction, comme première caractérisation du négatif, peuvent s'opposer à l'uniformisation, au consensus et au conformisme social, par conséquent à l'illusion de l'identité abstraite du tout sous la forme de la loi de la valeur. Le négatif ou le contradictoire ne disent tout d'abord rien d'autre que la fausse identité de la totalité sociale sous l'emprise de laquelle l'esprit s'efforce en vain de défendre son autonomie. Il est facile de retrouver dans ces termes l'idée d'idéologie et de faire valoir que pour prétendre dénoncer ce qui est faux, il est nécessaire de posséder par avance une idée du vrai que seul un savoir extérieur au tout pourrait fonder. Adorno n'ignore pas une telle objection et y répond, comme nous le verrons ultérieurement. Mais ce qui doit retenir notre attention, c'est sa volonté de ne pas céder, si l'on défend le principe et la possibilité d'une pensée critique, sur le rapport à la vérité déterminée, en termes hégéliens, par l'objectivité du tout, quand bien même ce dernier est le non-vrai. Pour Adorno nous ne savons sans doute pas ce qu'est le vrai, comme un absolu immuable, mais nous *pouvons* très bien savoir ce qu'est le non-vrai comme injustice sociale se perpétuant toujours identique à elle-même, mythique en ce sens. Sans doute pourrions-nous contester cette conversion du vrai et du juste, ce passage du statut théorique du vrai à sa dimension pratique ou morale. Mais il est bien évident que cette distinction du théorique et du pratique est problématique pour une pensée dialectique qui ne refuse pas de se mettre à l'école de la sociologie, présupposant par conséquent que tout savoir théorique est aussi déterminé par la division sociale du travail et ses effets pratiques. En réduisant la théorie à un point de vue, sans en réfléchir la position par rapport à l'objectivité du tout, ceux qui participent à la domination et s'adaptent à l'ordre établi dénient *la possibilité* de toute résistance, pour eux-mêmes et pour les autres. Cette position, que l'on dira cynique, présuppose en même temps à son tour une instance du vrai, le monde tel qu'il est en son cours inéluctable. Non seulement elle recourt à une idée appauvrie de la vérité, celle d'une adéquation comme adaptation, mais plus encore elle en fait dogmatiquement, dans son contenu et sa forme, une valeur immuable. À cela il faut opposer le concept d'une vérité temporelle et historique, un noyau temporel de vérité (*Zeitkern der Wahrheit*) sédimenté dans les productions sociales et théoriques. Si cette dimension temporelle de la vérité paraît disqualifier la théorie traditionnelle, elle n'entre pas en contradiction avec la Théorie critique qui en fait au contraire une condition de son autoréflexion et de ses transformations. On pourrait alors s'étonner qu'Adorno parle, à propos du consensus scientifique, de la théorie comme d'un point de vue dont il faudrait justifier les présupposés. Mais cela correspond précisément, selon la Théorie critique telle qu'elle est d'abord exposée par Max Horkheimer dans *Théorie traditionnelle et Théorie critique*, à la conception du positivisme scientifique qui ne reconnaît qu'un caractère hypothétique à la théorie en considérant les faits et leur vérification expérimentale comme leur moment de vérité. La théorie et plus encore la pensée n'ont pas en elles-mêmes de valeur propre. Elles sont comprises comme un point de vue validé par l'expérience de même que les concepts sont réduits à des opérations d'enregistrement et de classification. Bien que l'on puisse de toute évidence contester cette réduction de la science à un positivisme des faits en faisant valoir que toute science, par principe, construit le donné[1] et discuter longuement le statut de la théorie scientifique, nous retrouvons dans l'argument d'Adorno, plus essentielle à notre propos, une reprise de la question adressée à la science par Nietzsche dans le paragraphe 344 du *Gai Savoir* : « Dans la science, les convictions n'ont pas droit de cité, voilà ce que l'on dit à juste titre : c'est seulement lorsqu'elles s'abaissent au rang modeste d'une hypothèse, d'un point de vue expérimental provisoire, d'une fiction régulatrice, que l'on a le droit de leur accorder l'accès au royaume de la connaissance et de leur y reconnaître même une certaine valeur [...] On voit que la science aussi repose sur une croyance, qu'il n'y a absolument pas de science "sans présupposés[2]". » Nous ne prétendons pas qu'Adorno ferait siennes les conclusions de Nietzsche à l'égard de la science et de la vérité, ne serait-ce que parce que là où ce dernier parle de fiction régulatrice il faudrait introduire l'idée de fonction idéologique. Ce qui importe, c'est

1 Il suffirait de renvoyer par exemple à Gaston Bachelard disant que dans les sciences rien n'est donné mais tout est construit.

2 Nietzsche, 2000, p. 286.

le caractère problématique de la science et donc de la théorie qui, face à l'épuisement de la philosophie ou à sa destitution en simple vision du monde, semblent s'imposer comme la seule forme possible de rationalité dans un monde où la raison glorifiée par les philosophes a sombré. Que reste-t-il d'une raison inféodée aux sciences, transformée en pure fonctionnalité ? C'est sans doute un tel reste que la pensée doit interroger afin de sauver l'expérience spirituelle dont la part subjective n'est en droit jamais éliminable puisqu'il n'y a pas, pour Adorno, de penser sans un sujet de la pensée, un moi empirique, acte d'un sujet qui se répète en même temps dans l'objectivité. C'est par l'intention utopique exprimée dans la curieuse image du mangeur de rôti que nous pouvons pressentir comment Adorno entend sauver l'idée de théorie.

CONNAISSANCE UTOPIQUE ET CONTENU

La comparaison de l'objet de la connaissance à une nourriture spirituelle que le sujet s'assimile en le dévorant est fréquente dans la littérature des mystiques chrétiens. On pourrait tout autant penser à ce cannibalisme dont parle Freud en soulignant que le primitif, en dévorant son ennemi, s'y identifie et en assimile ainsi la puissance. Le mangeur de rôti d'Adorno, prenant place au banquet entre le mystique et le sauvage, entre la pensée spiritualiste et la pensée magique, serait le représentant de la pensée utopique, là où la connaissance philosophique a encore quelque intérêt contre les fausses réconciliations avec le réel. Dans les dernières lignes de l'introduction, dont le fil conducteur est celui de la possibilité de la philosophie comme connaissance déterminée, quand bien même elle ne peut progresser qu'au moyen de la négation déterminée, où Adorno entend sauver, dans l'expression, le moment rhétorique de la langue comme organon de la pensée, le *telos* de la connaissance est expressément rapporté à l'utopie : « Une connaissance [*Erkenntnis*] qui veut [*will*] le contenu, veut [*will*] l'utopie[1]. » Si ce vouloir, dont le moment impulsif, spontané est mû par le besoin de réconciliation, s'exprime dans le moment mimétique, non conceptuel,

1 Adorno, 1992, p. 51.

de la connaissance, justifié par une affinité élective (*Wahlverwandtschaft*) entre celui qui connaît et le connu, seule susceptible de pénétrer au plus intime de l'indifférencié qui échappe au concept[1], il n'en demeure pas moins soumis à la contrainte du concept séparé, par définition, de la chose. Cette tension, insurmontable au niveau de la connaissance, s'exaspère et ne s'apaise dans un processus sans fin que par le travail du négatif, seul capable de briser toute détermination fixe, objectivée et finalement réifiée à la fois dans la langue et dans la réalité. Le mangeur de rôti, dans la civilisation, ne dévore sa nourriture que par la médiation de la fourchette et du couteau. Nul doute qu'il ne faille en aucun cas entretenir une quelconque nostalgie à un rapport prétendument naturel au besoin, comme Adorno l'écrit dans ses *Thèses sur le besoin* : « La faim, comme catégorie naturelle, peut être apaisée avec des sauterelles et un plat de moustiques que mangeaient les sauvages. Il appartient à la satisfaction de la faim concrète des hommes civilisés qu'ils reçoivent comme nourriture quelque chose qui ne les dégoûte pas : dans le dégoût et son contraire se réfléchit toute l'histoire … L'appel à la nature lorsqu'il est question d'un quelconque besoin ne fait que prendre à chaque fois le masque du rejet et de la domination[2]. » En tant que telle, ce n'est pas la société qui est une malédiction mais ce que les hommes en ont fait. Ainsi les possibilités concrètes de l'utopie s'entremêlent inévitablement aux conditions concrètes dans lesquelles elles sont pensées. Or pour les penser il faut être capable non seulement de faire l'expérience de ce qui est, mais tout autant d'élever cette expérience à la hauteur d'une théorie. Le besoin utopique et le besoin théorique se coappartiennent, de sorte que le renoncement à la théorie contient les ferments de l'irrationalisme et du mythe, de même que la prétention de faire de la pratique l'instance dernière d'une possible transformation radicale de la société établie est grosse d'une violence aveugle. La théorie exige elle-même, parce qu'elle se fonde tout d'abord sur une *ratio* qui, par la quantification, nie le différencié, l'individué et son moment qualitatif, une autoréflexion que seule une pensée critique dialectique peut accomplir afin de sauver le moment de rationalité de la science : « L'absolutisation de la tendance à quantifier de la *ratio* correspond à son manque d'autoréflexion. L'insistance sur le qualitatif, en se mettant au service de l'autoréflexion, ne consiste pas

1 *Ibid.*, p. 42.
2 Adorno, 1972, p. 392.

à invoquer l'irrationalité[1]. » Adorno refuse la sentence heideggérienne selon laquelle la science ne pense pas, même si on admet en quelque sorte ironiquement qu'elle n'a pas besoin de penser puisqu'elle se définit, comme recherche, par sa méthode opératoire et son efficacité. On pourrait au contraire considérer que c'est au moment où la science renonce à penser qu'elle devient aveugle à ses effets, s'accordant alors à l'idéologie de la domination et de l'adaptation, dont les traits irrationnels ne sont qu'une répétition des traces mythiques de la raison.

UNE PENSÉE SANS SOL CERTAIN, SANS FONDEMENT INDUBITABLE

On comprend qu'une telle idée de la pensée et de la théorie qu'elle implique, d'abord déterminée négativement, puisse dérouter et finalement provoquer le vertige. Adorno le reconnaît, qui intitule le paragraphe succédant à celui dont nous avons interprété les motifs associant dialectiquement la théorie et l'expérience spirituelle, « Ce qui provoque le vertige » (*das Schwindelerregende*). De même que le vrai est fragile, « l'absence de sol » (*Bodenlose*) pourrait faire penser à ces sceptiques que Kant comparait à des nomades « qui ont en horreur toute construction fixe et durable du sol [*allen beständigen Anbau des Bodens*] » et rompent « périodiquement l'association civile[2] ». Le nomade, figure de l'exilé et de l'apatride, menace la paix civile, l'ordre établi, ce que la société assurée de son droit, le penser administratif (*Verwaltungsdenken*), ne lui pardonnent pas. Dans l'exposition de l'argument, Adorno, peu soucieux en général de justifier son propos par des notes et des renvois, fait précisément référence à la *Critique de la raison pure* à propos du verbe *heften* signifiant attacher à, fixer à : « Une dialectique qui n'est pas plus longtemps fixée [*geheftet*] à l'identité provoque, si ce n'est l'objection d'absence de sol [*Bodenlos*] – reconnaissable à ses fruits fascistes –, du moins celle de donner le vertige[3]. » Ce renvoi à Kant, exemplaire de ce qu'Adorno

1 Adorno, 1992, p. 41.
2 Kant, 1980, p. 726.
3 Adorno, 1992, p. 32.

nomme le déchiffrage de l'expérience spirituelle sous la surface lisse de l'œuvre, constitue en lui-même, dans l'acte de faire parler la langue, une critique de l'aperception transcendantale comme principe d'identité et d'unité de toute connaissance que Kant formule ainsi : « L'unité synthétique de l'aperception est donc le point le plus élevé auquel on doit rattacher [*heften muß*] tout l'usage de l'entendement, même la logique entière, et, après elle, la philosophie transcendantale ; cette faculté est bien l'entendement même[1]. » Un tel sol s'est effectivement dérobé, pour Adorno, aussi bien du point de vue philosophique que social. Un fondement originaire, même acquis par une déduction transcendantale qui veut désubstantialiser le sujet de la connaissance, n'est qu'une fiction produite par la méthode. Par ailleurs la société administrée, tout en faisant de sa rationalité et de la loi de l'échange son principe inflexible, se révèle dans son fond irrationnelle, produisant, par ses contradictions – par exemple celle entre la loi de l'échange qui postule l'égalité des termes de l'échange et les rapports sociaux dominés par les inégalités –, les moyens de sa propre destruction. Ce qui provoque le vertige, c'est tout autant une pensée sans fondement, selon la philosophie traditionnelle, qu'un cours du monde aveugle où la raison semble impuissante à rendre raisonnables les hommes, c'est-à-dire à éviter qu'ils se nient en tant qu'humanité instituée. Plus concrètement il est possible de retrouver, dans la référence à Baudelaire introduite sans lien logique apparent avec un argument de nature théorique, l'interprétation par Walter Benjamin de sa poésie comme expérience du choc dans la société moderne où l'individu réagit de manière réflexe, mécanique aux excitations de la grande ville comme l'ouvrier, dans le processus de travail, à la machine : « À cette expérience vécue du choc [*Chockerlebnis*], telle que la vit le passant au milieu de la foule, correspond celle du travailleur aux prises avec la machine[2]. » Le penser administratif dont parle Adorno en serait devenu le principe dominant, principe abstrait et identifiant qui annule toute différenciation et toute liberté de l'esprit parce qu'il s'est assimilé tout esprit. Adorno conclut ainsi ce paragraphe : « Face à cela, la connaissance, pour fructifier, se jette à *fonds perdu* [en français dans le texte] dans les objets. Le vertige que cela provoque est un *index veri* ; le choc de l'ouvert, la négativité, apparaissent nécessairement comme

1 Kant, 1980, p. 854.
2 Benjamin, 1979a, p. 182.

tels dans ce qui est mis à couvert et toujours semblable, il n'est non-vérité que pour le non-vrai[1]. » La vertu et la force du vertige, destinées à intervenir dans l'intrication du réel historique et de la systématicité logique, sont mises au service de l'utopie comme négation déterminée.

Le choc de l'ouvert ne fait pas signe vers l'être et son supposé retrait, mais répond à la contrainte du concret qu'il faut penser à partir de lui-même : « Il ne s'agit pas de philosopher sur le concret [*über Konkretes*] mais bien plutôt à partir de lui[2] [*aus ihm heraus*]. » L'idéalisme au contraire – dans lequel l'ontologie fondamentale de Heidegger, malgré sa prétention de s'y soustraire, retombe au cours de l'analyse existentiale des structures du *Dasein*, « en lui-même ontologique » – pense, au moyen de catégories universelles apprêtées, au-dessus du concret réduit à la seule valeur d'illustration ou d'exemple. Pensée de survol qui plane (*schweben*) au-dessus de ce qu'elle saisit par le concept comme une proie dont elle fait son butin, ce qu'Adorno nomme « l'idéalisme comme rage ». Mais, en outre, le concret, c'est-à-dire la concrétion qu'il s'agit de penser et de déterminer, ne renvoie pas à l'expérience ou à l'attitude naturelle de l'empirisme qu'une philosophie transcendantale neutraliserait par la méthode de la réduction. Non seulement il est le fruit de l'expérience sociale, mais il n'est donné que dans de multiples médiations dont l'opacité semble le rendre indéterminable parce que tout d'abord indéterminé. Ce négatif résiste à une pensée procédant avec des concepts préétablis et socialement préformés faisant de la facticité de l'étant une positivité. Là où elle prétend se rapporter au détail, au singulier, elle l'a déjà réduit – fonction propre de l'*a priori* non seulement au sens kantien mais aussi husserlien selon Adorno – à un détail, c'est-à-dire à l'insignifiant, à la contingence comme « l'autre » logique de la nécessité et de l'universalité présupposées par la raison pour toute connaissance objective, valide. Une pensée se réclamant du primat de l'objet se doit de redéfinir cet objet de la connaissance posé, dans la théorie traditionnelle, face au sujet de manière fixe et statique, en montrant que son contenu social et historique est déjà présent dans les catégories qui lui sont appliquées. La théorie ne construit pas, ne produit pas l'objet comme s'il n'était que le résultat de l'activité de la pensée bien que, contre tout réalisme naïf, elle n'affirme aucunement qu'il y aurait quelque chose comme un

1 Adorno, 1992, p. 33.
2 *Ibid.*

donné immédiat susceptible de rentrer dans une table des catégories établie *a priori*.

Pour faire comprendre cette difficile dialectique Adorno recourt à une analogie avec la composition musicale : « En philosophie se confirme une expérience que Schönberg nota à propos de la théorie traditionnelle de la musique : on n'y apprend vraiment que la façon dont un mouvement commence et se conclut, rien sur lui-même, sur son développement. De manière analogue, la philosophie ne devrait pas se rapporter à des catégories mais, en un sens, commencer par composer. Il lui faut constamment se renouveler au cours de sa progression, aussi bien en partant de sa propre force qu'en se frottant à ce à quoi elle se mesure ; c'est ce qui se passe en elle qui décide et non la thèse ou la position ; le tissu et non le cours inductif ou déductif à sens unique de la pensée[1]. » Cette analogie peut surprendre dans la mesure où Adorno distingue la démarche philosophique de la création artistique. Cependant elle manifeste tout d'abord son affinité avec le principe de la dialectique hégélienne selon lequel la pensée ne se comprend que dans son développement et non dans son résultat nu, en acceptant, par le travail du concept, de se plonger et de séjourner dans le contenu. En quoi cependant la composition se sépare-t-elle de l'autodéveloppement du concept dès lors que l'idée de système doit être abandonnée ? Dans la composition musicale classique le système tonal prescrit des règles harmoniques précises pour commencer et conclure, par une cadence, une phrase ou un mouvement. Ces règles peuvent être apprises et connues. En ce qui concerne le développement de la phrase, on pourrait dire qu'il procède de l'invention immanente aux motifs mélodiques, harmoniques et rythmiques où jouent dialectiquement la liberté et la contrainte formelle. Mais dans la musique atonale il ne reste en quelque sorte que le moment d'invention, privé des « catégories » de l'harmonie classique, où dès lors les contraintes formelles apparaissent en chacun des moments de la progression dans leur rapport au contenu, au matériau sonore. Autant l'écoute, dans la musique classique, peut se rassurer et s'apaiser grâce aux cadences, autant, dans la musique atonale, elle semble perdre tout appui et par suite toute certitude quant au contenu. Seule une écoute de ses plus infimes articulations pourra en suivre le cours sans même pouvoir l'anticiper, à condition toutefois d'entendre en quelque sorte

1 Adorno, 1992, p. 34.

en même temps l'œuvre dans sa totalité formelle. Ce qui est vrai de l'écoute le sera de la composition, dialectique des parties et du tout où ce dernier est à chaque fois dans chacun des moments, sans qu'on puisse pour autant parler d'improvisation puisque c'est l'acte d'écriture qui en est l'impulsion, toujours soumis à la loi immanente de la forme. En rejetant en un même geste la démarche spéculative déductive, propre à l'idéalisme, et celle inductive de la science, Adorno retrouve la métaphore du texte comme tissu (*Gewebe*), terme de la biologie qui insiste en ce sens sur la vie propre du texte, bien qu'il faille toutefois se garder de considérer la langue comme un tout organique naturel puisque pour Adorno toute langue, pour l'homme entré dans l'histoire, est elle-même historique. Cette métaphore nous rappelle, s'il en est besoin, qu'Adorno fait de la langue et de l'écriture philosophiques ce mode d'expression qui suppose, comme il le dit dès les années 1930, que « toute critique philosophique n'est aujourd'hui possible que comme critique de la langue[1] [*Sprachkritik*] », d'une langue elle-même disloquée (*zerfallenen Sprache*) par l'histoire, et notamment par la langue de la communication, de l'échange généralisé sous l'emprise des injonctions du capitalisme[2].

RAPPORT CRITIQUE À LA TRADITION

Ce rapport au texte apparaît à l'occasion d'une autre occurrence du concept d'expérience spirituelle, dans le paragraphe intitulé « Tradition et connaissance ». L'idée de tradition est mobilisée par Adorno pour critiquer le processus de dé-historisation de la philosophie moderne et contemporaine. La tradition de la connaissance, que la pensée reçoit en héritage, sans qu'elle vaille pour autant comme argument d'autorité, « est elle-même immanente comme moment médiatisant de ses objets[3] ». Si dans la tradition est contenue « l'historicité interne du penser », alors la dialectique se doit de réfléchir cette tradition que l'on peut considérer comme un « quasi-transcendantal », constitutif à ce titre de la connaissance

1 Adorno, 1996b, p. 369.
2 Adorno, 2004, p. 151.
3 Adorno, 1992, p. 49.

comme sa condition de possibilité[1]. Quand on sait comment Adorno critique toute conception transcendantale d'un sujet constituant, on ne peut que souligner l'importance de ce motif transcendantal qui se démarque par ailleurs de celui de la phénoménologie husserlienne. Un tel transcendantal historique relève tout d'abord du paradoxe d'une pensée qui ne progresse qu'en métamorphosant ce qu'elle conserve : « Parmi les variantes des questions de départ par trop restreintes de la *Critique de la raison pure*, ne devrait pas manquer celle de savoir comment un penser qui doit s'extérioriser [*entäußern*] à partir de la tradition, peut en la métamorphosant, la conserver [*aufbewahren*] ; l'expérience spirituelle n'est rien d'autre[2]. » Adorno ne fait pas usage ici du concept hégélien d'*Aufhebung*, qui aurait pu s'imposer, et renvoie, dans une note, à un ouvrage d'histoire de la philosophie grecque de Zeller. Le « dépasser-conserver » hégélien présuppose le système et ne semble pas offrir de véritable possibilité de métamorphose, y compris dans la langue. Or c'est notamment à un écrivain, Marcel Proust, que fait référence Adorno pour justifier peu après la participation (μέθεξις) de la philosophie à la tradition des textes. Cette réminiscence de Proust faisant irruption dans le champ de la philosophie n'a rien de surprenant si on n'oublie pas que celui-ci disait de *À la recherche du temps perdu* qu'elle était ce livre de chevet accompagnant tout ce qu'il s'est efforcé de penser[3]. Dans l'écriture de Proust, dans l'usage qu'il fait du nom, se cristallise l'histoire de la société bourgeoise contre sa prétendue anhistoricité. La philosophie, qui use des noms comme des concepts, se doit alors d'appliquer aux textes de la tradition « la négation déterminée » en se transformant en une critique des textes, c'est-à-dire en interprétation (*Deutung*). L'expérience spirituelle suppose la médiation de la langue, non pas pour accéder à un sens absolu celé dans un texte sacré, mais comme contenu de vérité d'expériences historiques à déchiffrer. Ce rapport à la langue incarnée historiquement dans les œuvres n'est lui-même possible qu'en raison du processus de sécularisation propre, selon Adorno, à la métaphysique qui « est elle-même un phénomène de sécularisation de la pensée magique et mythique[4] ». Que cette sécularisation pose autant de problèmes

1 *Ibid.*
2 *Ibid.*
3 Adorno, 2004, p. 227.
4 Adorno, 2006a, p. 33.

qu'elle n'en résout, ce que nous discuterons dans la troisième partie, ne change rien au fait que pour Adorno elle autorise et plus encore rend nécessaire, à la manière de Nietzsche, une genèse de la philosophie à partir d'une perspective historique voire anthropologique comme un moment d'extériorité intériorisé dans les catégories de la pensée. Nous trouvons l'application d'une telle interprétation génétique, et ses excès qui en font la pointe acérée de la critique, dans le paragraphe mentionné ci-dessus, « L'idéalisme comme rage », où deviendront sensibles d'une part la résistance qu'y opposera une pensée sûre de son droit à s'abstraire de tout processus d'engendrement historique et d'autre part la probité de l'historien de la philosophie effrayé de telles spéculations outrées. L'esprit, transfiguré, sublimé dans le système, aurait son origine dans la vie animale de l'espèce et plus crûment dans la figure de la bête de proie affamée. Adorno part de la faim comme comportement impulsif du vivant. Il ne parle pas, cependant, d'un besoin naturel que l'instinct devrait satisfaire mais du rapport de l'animal à sa victime. Non content de la dévorer, il développe contre elle une rage (*Wut*) pour l'effrayer, la paralyser, la nier afin de pouvoir la consommer. La victime n'est pas seulement niée, elle doit être rabaissée moralement, considérée comme mauvaise. Cette rage serait l'expression violente de la loi de l'autoconservation de l'espèce et par suite de l'humanité primitive elle-même. À charge pour celle-ci de sublimer une telle rage en une raison qui en portera à jamais les traces, comme des stigmates d'une violence destructrice originaire. Ce « schéma anthropologique », dont il faut souligner le caractère hypothétique et la fonction critique, rendrait compte à la fois de l'origine de la forme théorétique de la connaissance, de l'idéalisme et de la dénégation qu'il implique, le ventre devenu esprit : « le système est le ventre devenu esprit, la rage est la caractéristique de tout idéalisme ; elle défigure même l'humanité de Kant, contredit le nimbe d'élévation et de noblesse dont elle savait s'entourer[1] ». S'il va de soi qu'une telle genèse peut laisser perplexe, tant du point de vue anthropologique que philosophique, elle semble occuper une place centrale dans le matérialisme d'Adorno qui adopte bien souvent le geste du fou pour faire entendre raison aux hommes. Dans une telle genèse où s'entremêlent les langues de Nietzsche et de Marx, l'interprétation prend la forme, et le risque, de ce

---

1 Adorno, 1992, p. 26.

qu'Adorno nomme un déchiffrement des textes philosophiques comme des écritures codées pour lesquels aucune clé n'est donnée par avance : même le moment matérialiste ne pourra suffire à déduire le tout de la connaissance puisqu'il faut comprendre à la fois son « devenir » dans les catégories de la pensée et le processus d'absolutisation immanent à la logique de la raison revendiquant ensuite, dans l'après-coup, son autonomie ou aussi bien son autofondation.

PREMIER ÉLÉMENT D'UNE LOGIQUE DE LA DISLOCATION

Cette méthode d'interprétation – de même que l'idée d'une logique de la dislocation – est exposée très tôt par Adorno, notamment dans un texte de 1931 intitulé « De l'actualité de la philosophie » dont il est nécessaire de citer longuement un extrait en ramassant les termes essentiels : « En clair : l'idée de la science est la recherche [*Forschung*], celle de la philosophie l'interprétation [*Deutung*]. Le grand paradoxe, peut-être le paradoxe permanent de la philosophie, reste le suivant : elle doit nécessairement, prétendant à la vérité, procéder continuellement de manière interprétative, sans jamais posséder de clef certaine pour l'interprétation ; il ne lui est rien donné de plus que des indications fugitives, évanescentes, dans les figures énigmatiques de l'étant et dans leurs étranges enchevêtrements. L'histoire de la philosophie n'est rien d'autre que l'histoire d'enchevêtrements de ce genre [...] c'est pourquoi elle ne peut laisser échapper le moindre fil que les époques passées ont tissé et qui complète peut-être justement le motif qui pourrait métamorphoser le chiffrage en un texte[1] ». Cette conception de l'interprétation qui semble devoir une part de son inspiration à la méthode d'interprétation du rêve élaborée par Freud ne peut cependant s'effectuer que de manière dialectique : « Ce n'est que si elle est dialectique que l'interprétation philosophique me semble possible[2] ». Que la figure de Marx soit ensuite convoquée pour établir une nécessaire corrélation entre théorie et pratique

1 Adorno, 1996b, p. 334.
2 *Ibid.*, p. 338.

ne fait qu'indiquer, de façon programmatique, la nécessité d'un matérialisme conséquent dans la mesure où une « pensée pure » ne peut suffire à une telle forme d'interprétation. Adorno, dès ce texte de jeunesse, refuse cependant de subordonner la théorie à la pratique au sens où celle-ci viendrait l'accomplir et la supprimer. Il ne faut sans doute pas s'empresser de faire de ce texte comme un germe d'où serait sortie toute la pensée d'Adorno puisque cela contredirait l'idée qu'il rappelle dans de nombreux cours des années 1960, à savoir que sa pensée d'une dialectique négative est comme un « *work in progress* » dont le déploiement est aussi essentiel que le résultat. Ce qui le traverse, comme son œuvre, c'est avant tout l'idée que l'interprétation, comme déchiffrage, ne peut se prévaloir ni d'un fondement, d'un principe premier au sens métaphysique, ni d'un sens transcendant qu'il faudrait dévoiler derrière et au-delà des phénomènes. Sans être infinie, l'interprétation pénètre sans cesse le détail et interroge les lacunes du texte historique de la philosophie dans son rapport à ce qui est, au risque d'y rencontrer la figure horrifiée de ses origines. La rage du philosophe qui veut les dissimuler n'est que la signature d'une raison décidée à se venger. À cela doit répondre l'autoréflexion du penser : « L'esprit qui rejette la rationalisation – son emprise – cesse, grâce à son autoréflexion [*Selbstbesinnung*], d'être le mal radical qui l'agace dans l'autre[1]. » Le mal radical – expression kantienne – ne serait-il donc rien d'autre que la rationalité appliquée au réel antagoniste de façon aveugle, la domination fatale de la nature, justifiée par le principe de la conservation de soi et de l'espèce, retournée contre l'homme ? Cette identification du mal radical à la domination, fait et tendance historique tout à la fois, s'oppose à l'idée d'un mal prétendument inhérent à la nature humaine, comme un péché originel que seule une rédemption dans l'au-delà pourrait racheter. Le mal est de part en part historique, comme une Malencontre que seule une organisation radicalement autre pourrait interrompre. La discontinuité historique appelle une discontinuité dans l'histoire comme un autre commencement possible en rien comparable à cet autre commencement que Heidegger exprime en multipliant les formulations – pour en appeler à une vérité plus originaire de l'être, toujours en retrait dans sa provenance initiale susceptible d'ouvrir l'avenir, et à une autre langue, celle de l'être lui-même dont seuls quelques rares penseurs entendront

1 Adorno, 1992, p. 26.

les signes – dont nous ne retiendrons, à titre exemplaire, que celle ainsi traduite dans le jargon heideggérien d'aujourd'hui afin d'y entendre, si ce n'est la langue de Heidegger, celle du traducteur autorisé : « Penser l'estre comme avenance [*Ereignis*], c'est la pensée initiale préparant l'autre commencement dans la mesure où elle entre en débat avec le premier. / Le premier commencement pense l'estre comme entrée dans l'éclat de la présence [*als Anwesenheit*] à partir du déferlement en venue de la pleine essence [*aus der Anwesung*] – déferlement qui représente [*darstellt*] rien de moins que la première lueur [*das erste Aufleuchten*] d'*un* déferlement [*Wesung*] de l'estre en sa pleine essence[1]. » Traduction qui, le moins que l'on puisse dire, est déjà par elle-même un exercice de surinterprétation et de surdétermination alors même que nos heideggériens prétendent qu'il faut laisser parler le texte lui-même, sans apport critique, comme l'aurait demandé Heidegger[2]. Mais un premier étonnement peut réserver encore d'autres surprises assez déroutantes. Le terme *Aufleuchtung*, qui signifie habituellement « éclat soudain », « flamboiement », prend des allures guerrières et dévastatrices en s'associant au déferlement que traduisent à la fois *Wesung* et *Anwesung* : le déploiement d'essence de l'être est cette lutte, cette discorde – dont parle bien souvent Heidegger

1 Heidegger, 2013, p. 49. « *Das Denken des Seyns als Ereignis ist das anfängliche Denken, das als Auseinandersetzung mit dem ersten Anfang den anderen vorbereitet. / Der erste Anfang denkt das Seyn als Anwesenheit aus der Anwesung, die das erste Aufleuchten einer Wesung des Seyns darstellt.* » (s 31). On pourrait d'ailleurs s'étonner de la traduction de « *darstellt* » par « représente » quand on sait, ne serait-ce qu'en s'en tenant à la lettre des textes, la critique constante de la représentation (*Vorstellung*) par Heidegger. Malencontreuse, elle trahit le minimum de rigueur conceptuelle exigible pour un lecteur français même quand Heidegger se prétend au-delà du concept. Si l'on veut un autre exemple de ce que l'on pourrait nommer un « faux », il suffit de se reporter à la traduction de « *Für die Seltenen* » du titre du § 5 qui devient étrangement « Pour les rares êtres libres », sans doute par un secret hommage à Nietzsche qui n'en demandait pas tant, quand bien même il ne fait guère de doute que Heidegger y fait écho ! Si M. Fédier entend commenter le texte là où il proteste de toute édition critique, il conviendrait alors qu'il explique au lecteur profane de quelle liberté il s'agit en ces pages. Mais sans doute cela reste-t-il en réserve dans la langue ésotérique des *Beiträge zur Philosophie.*

2 Voici, pour ajouter à l'ironie de sa propre remarque, ce qu'écrit J.-F. Courtine (2007, p. 8) : « L'interdit ici – la chose est assez cocasse pour mériter d'être signalée – s'appuie sur une disposition testamentaire de Martin Heidegger qui, à la lettre, stipule le contraire ! On aurait pu d'ailleurs s'en douter en consultant n'importe quelle traduction récente des volumes de la *Gesamtausgabe*, en Italie, en Espagne, au Portugal, aux États-Unis, en Argentine, au Chili, au Pérou [...] "Heidegger et la France" – quelle admirable exception culturelle qui aura presque réussi à marginaliser l'œuvre du penseur de Fribourg, pour la "réserver" à une petite secte à la "R. Guénon" ! »

en employant parfois aussi le terme de *Kampf*, notamment en référence au πὸλεμος d'Héraclite, pour le distinguer de celui de guerre (*Krieg*) – dans lesquelles le nazisme et l'extermination des Juifs ne seraient qu'un « symptôme[1] » ! Voilà pour le moins l'élégance d'une traduction qui se réfère volontiers à la langue des classiques, prétend « restituer sa légèreté native » à la langue, sans même préjuger de ce que peut bien signifier le déferlement de l'être pour sauver le monde de la dévastation. L'autre commencement d'Adorno, si l'on accepte de détourner le sens de cette expression des résonances heideggériennes, plus modeste et plus humble, et dont l'usage réfléchi et critique de la langue révèle une oreille rompue aussi bien à l'harmonie classique qu'à la dissonance de la musique dodécaphonique, trouve son impulsion dans la conscience de la possibilité que ce qui est soit autrement, forme d'une intention utopique « attachée au concret comme à ce qui n'est pas défiguré[2] ». Mais le concret n'est jamais un donné immédiat dès lors qu'il est historique et social. C'est la pensée abstraite qui dans l'acte de connaître le transfigure en une simple donnée empirique positive pour aussitôt l'abandonner tel un rebut insignifiant. Adorno y oppose « la couleur indissoluble », autre expression du qualitatif et du différencié, concluant ainsi la première partie de la *Dialectique négative* : « la philosophie est le prisme qui capte ses couleurs[3] ». Le négatif qualifiant l'utopie n'est pas le non-être mais le non-étant (*Nichtseiende*), plus exactement le quelque chose que la langue s'efforce de faire parler en le diffractant dans les mots. En ce sens seul un détour par le rapport d'Adorno à la langue permettra de préciser les contours du caractère utopique de cet indissoluble.

LA LANGUE NE PARLE PAS D'ELLE-MÊME

Lorsqu'Adorno expose les raisons de son retour en Allemagne, sans nier une possible nostalgie, c'est à la langue qu'il en attribue le motif essentiel : « Ma décision de revenir en Allemagne était à peine motivée

1 Arjakovsky, Fédier et France-Lanord, 2013, p. 18. Nous y revenons plus loin.
2 Adorno, 1992, p. 51.
3 *Ibid.*

par le besoin subjectif, par le mal du pays ; et pourtant je ne nie pas de tels sentiments. Il y avait aussi une motivation objective. C'était la langue[1]. » Sans doute l'un des arguments que l'on fait souvent valoir contre Adorno consiste à souligner que ce dernier parle d'affinité élective (*Wahlverwandtschaft*) de la langue allemande pour la spéculation, mais on omet trop souvent de remarquer que celui-ci ajoute aussitôt qu'un tel « privilège » est l'objet d'une critique nécessaire et légitime d'une spéculation pouvant être « dangereusement fumeuse et obscure », ce que le *Jargon de l'authenticité*, auquel il renvoie par la suite, s'est proposé de montrer par une analyse « des éléments de physionomie et de sociologie de la langue[2] ». Que des concepts hégéliens comme ceux « d'esprit, de moment, d'expérience » ne puissent être transposés dans une autre langue sans subir une violence, là où Adorno relevait tout d'abord une « difficulté presque prohibitive » de traduire les grands textes de Hegel comme la *Phénoménologie de l'esprit* ou la *Science de la logique*, en raison de « l'excédent métaphysique » (*metaphysischen Überschuß*) contenu dans le corps même de la langue, ne préjuge rien quant à la vérité d'une telle langue métaphysique, et en aucun cas qu'il y aurait des mots originaires, des sentences fondamentales, qu'une pensée méditative devrait laisser parler en répondant à leur appel. En outre cet « excédent » n'est pas dû aux seuls concepts mais peut-être plus encore, au sens où Adorno l'entend, à ce qu'il nomme les moments d'expression (*Ausdruck*) et d'exposition (*Darstellung*) qui rendent la langue allemande, dans son développement historique, capable « d'exprimer quelque chose dans les phénomènes qui ne s'épuise pas dans leur simple être-ainsi [*Sosein*], dans leur positivité et leur donation[3] [*Gegebenheit*] ». La vertu spéculative du concept ne suffit pas à exprimer les choses puisque celui-ci, par son pouvoir identifiant et universalisant, supprime la différence qualitative, la couleur indissoluble de l'étant que seul le nom, comme chez Proust, peut sauver. Mais la langue n'est pas plus un « en-soi » échappant au processus social et

1 Adorno, 1984a, p. 228.

2 Adorno (1989, p. 37) dit du jargon, « objectivement un système », qu'il emploie « comme principe d'organisation la désorganisation » en désintégrant la langue « en mots en soi » dont la puissance auratique de séduction, au-delà de tout contenu, attire d'autant plus que s'accroît le dépérissement de l'aura. C'est pourquoi le jargon parle une langue archaïque qui annihile toute historicité en se drapant du masque de l'authenticité. Sacralisation du mot, de ce que Heidegger nomme les paroles et les concepts fondamentaux, sans teneur sacrée (*ibid.*, p. 44-45).

3 Adorno, 1984a, p. 228.

historique menaçant sans cesse de la défigurer, de la réduire à des formes figées privées de toute historicité. Paradoxe de l'expérience de la langue qui participe elle-même à la réification d'autant plus qu'elle croit que « ce qui est dit est immédiatement ce qui est pensé[1] ». Cet argument, déjà impliqué dans la distinction entre la pensée philosophique et la poésie, suffirait à lui seul à rejeter l'emphase d'une langue dont les mots renverraient à une origine toujours plus en retrait, scellant une vérité de l'être encore impensée en réserve pour une langue de l'avenir, « notre langue » comme le dit Heidegger de l'allemand dans son affinité avec la langue grecque[2]. Que le retour soit motivé par la langue ne peut manquer de rappeler qu'Adorno, comme tant d'autres intellectuels juifs allemands, fut un exilé. Nous pouvons supposer que cet exil, cette situation d'exterritorialité, est en même temps un exil dans la langue allemande elle-même, langue blessée, mutilée que la pensée tente de réparer et de sauver de même qu'elle aspire à une société réconciliée. Cette idée est clairement énoncée dans un bref texte intitulé « La blessure Heine » qui n'est sans doute pas sans évoquer quelque trait de l'expérience qu'Adorno a pu faire de l'exil : « Mais aujourd'hui, après que le destin que Heine pressentait s'est accompli à la lettre, l'absence de patrie est aussi devenue celle de tous ; dans leur être et dans leur langue, tous sont mutilés comme l'était le proscrit. [...] La blessure Heine ne se refermera que dans une société qui aura accompli la réconciliation[3]. » S'il est à peine besoin d'insister sur le motif utopique contenu dans une telle citation, il paraît plus important de comprendre que ce thème de la langue blessée ne renvoie pas seulement à l'antisémitisme et au nazisme mais à un moment historique bien antérieur, déjà pressenti par Heinrich Heine et, dès le début du XXe siècle, par Karl Kraus. Pour autant que l'anticipation de Heine fasse signe, de toute évidence, dans l'idée d'Adorno, au nazisme, ses prémices remontent au commencement historique d'une modernité dominée de plus en plus par la langue du journalisme, de la communication où les mots se trouvent réduits à des

1 Adorno, 2004, p. 64.

2 On remarquera que jamais Adorno, en parlant de l'allemand, ne dit « notre langue » comme le fait très souvent Heidegger, par exemple dans *Qu'appelle-t-on penser ?* lorsqu'il « traduit » le grec dont l'affinité métaphysique avec l'allemand est maintes fois répétée et accentuée. On retrouve ce même geste dans le cours sur Parménide dès lors qu'il s'agit de traduire plus initialement le grec dans « notre » langue, l'allemand.

3 *Ibid.*, p. 41.

signes fonctionnels privés de toute expérience subjective médiatisée par l'objectivité sociale. Ce qu'Adorno nomme à plusieurs reprises la crise de la langue, ou encore la décomposition de la langue, notamment dans des textes consacrés à la poésie lyrique, telle celle de Rudolf Borchardt (1877-1945), serait d'abord dû à « l'embourgeoisement de l'esprit » et finalement au capitalisme[1].

C'est sans doute dans les réflexions sur l'usage des mots étrangers que l'on vérifiera le plus aisément l'importance de la dialectique de la langue dans son rapport à l'intention utopique. Les mots étrangers auraient, plus que d'autres, le pouvoir de briser la sédimentation historique du langage ou encore la réification sociale qui se nomme d'elle-même par la langue. Si la société, « en nommant les choses », se « nomme elle-même[2] », plus elle se rationalise et devient fonctionnelle, plus elle appauvrit la langue en la réduisant à des signes, tels des panneaux de signalisation auxquels on réagira de façon réflexe. Briser l'emprise de la société n'est possible qu'au moyen d'une langue soustraite à ses usages fonctionnels, formels. C'est pourquoi ce qu'Adorno dit des mots étrangers peut être étendu à son rapport plus général à la langue : « Ils tirent leur légitimité d'une conception transformée de la langue[3]. » Cette aspiration à une langue nouvelle se distingue de toute nostalgie d'une langue adamique ou naturelle puisqu'Adorno ne cesse de répéter que toute langue humaine est historique, en ce sens artificielle : « Les mots véritables, fragments de la vérité, ne sont pas les mots originels ensevelis et mythiquement invoqués. Ce sont ceux qui sont trouvés, forgés, artificiels – purement et simplement fabriqués[4]. » Sans doute ce pouvoir de nomination, moment expressif de la langue, ne se suffit pas à lui-même pour penser ces « fragments de vérités », véritable négatif au regard de la positivité de ce qui est, autre nom de l'intention utopique. Mais il constitue pourtant un moment de cette logique de la dislocation élaborée par Adorno dans la *Dialectique négative*, comme le montre la conclusion de la réflexion « Sur l'usage des mots étrangers », dont le texte français ne rend pas suffisamment compte en traduisant *Zerfall* par effondrement alors qu'il signifie d'abord, du point de vue de la pensée dialectique

1 *Ibid.*, p. 146 et 151.
2 *Ibid.*, p. 202.
3 *Ibid.*, p. 200.
4 *Ibid.*, p. 201.

négative, une dislocation qui présuppose l'intervention du concept : « La puissance d'une langue inconnue et propre [*eigentlich*], qui n'engage pas au calcul et s'élève, par fragments, à partir de la dislocation [*Zerfall*] de celle qui existe : cette puissance négative, dangereuse et néanmoins promise avec certitude est la vraie justification des mots étrangers[1]. » Cette langue inconnue ne serait rien d'autre que celle recherchée dans la *Dialectique négative*, langue désirée mais jamais définitivement donnée, langue cachée et positivement inconnue si, comme la pensée, elle se constitue, se multiplie, se féconde dans l'élan utopique qui est le sien. Ce mouvement de la langue vers son autre et vers soi-même, par la médiation du négatif, n'est pas mieux exprimé que par Beckett, dont on sait l'importance que lui reconnaissait Adorno, au tout début de *L'Innommable* : « Le fait semble être [...] non seulement que je vais avoir à parler de choses dont je ne peux parler [...] Cependant je suis obligé de parler. Je ne me tairai jamais. Jamais[2]. » Dire le plus simple, l'absurde de l'existence, tels sont les termes employés par Adorno dans des *Notes sur Beckett*. Dans une discussion télévisée sur Samuel Beckett en janvier 1968, Adorno répond à une citation de l'écrivain faite par l'un des intervenants où il est dit que « le destin de l'artiste est de n'avoir rien à exprimer, de n'avoir aucune raison de s'exprimer et de pourtant devoir le faire[3] », en citant la fin de *L'Innommable* : « Il faut continuer [...] je vais continuer. » Le défi, s'il y en a un, consiste à continuer à parler, philosophiquement, avec des concepts chargés d'un lourd et parfois inquiétant héritage. Or on pourrait dire que pour Adorno on ne peut hériter qu'en sachant déshériter, ce qui n'équivaut pas à un reniement mais à une réappropriation et à un sauvetage, celui de la langue, de la métaphysique. On sait que c'est par une telle affirmation qu'Adorno conclut la *Dialectique négative* : « Un tel penser est solidaire de la métaphysique à l'instant de sa chute[4]. »

---

1 *Ibid.*, p. 204.
2 Beckett, 2004, p. 8.
3 Adorno, 2008b, p. 140.
4 Adorno, 1992, p. 317.

LANGUE BLESSÉE ET NÉGATIVITÉ DU SENS

Ainsi sommes-nous à nouveau confronté à la question de l'expérience spirituelle et de la possibilité de la métaphysique dont l'impératif peut bien être identique à celui de l'artiste – ne pas se taire devant l'abjection historique du monde tel qu'il suit son cours en apparence inéluctable –, mais que le *medium*, quand bien même il est celui de la langue, distingue cependant puisque d'un côté il relève du concept et de l'autre du pouvoir de dire d'une langue résistant aux mirages de la communication immédiate et se heurtant sans cesse au paradoxe de la signification. Cette négativité du sens, chez Adorno d'une part et chez Beckett d'autre part, ne peut en aucun cas s'autoriser d'un saut vers la transcendance. Elle est immanente à une humanité dégradée, mutilée. Comme le répète bien souvent Adorno, il n'est sans doute pas possible de dire et de savoir ce qu'est l'homme, son essence, sa forme non défigurée comme figure nostalgique d'un passé immémorial, mais il est toujours possible de dire ce qu'il ne devrait pas être. La négation déterminée est bien en ce sens une utopie négative comme force de résistance contre toute résignation. Il est plus difficile de mesurer pratiquement les effets d'une telle pensée pour laquelle la discontinuité entre la théorie et la pratique devient en même temps la condition pour ne céder ni sur l'une ni sur l'autre. C'est aux critiques virulentes de ceux qui se sont retournés contre lui en dénonçant la prétendue impuissance de la Théorie critique que répond Adorno dans l'un de ses derniers textes intitulé « Résignation », de 1969. À la pseudo-activité de la gauche révolutionnaire – contre toute réduction de la pensée à un instrument de l'action, c'est-à-dire, en ses termes, contre l'interdit de penser (*Denkverbot*) –, Adorno oppose résolument un moment utopique (*utopische Moment*) de la pensée que comporte toute aspiration, ne serait-ce que comme des impulsions inconscientes, au bonheur (*Glück*) de l'humanité malgré un malheur universel (*universale Unglück*). Là encore l'usage d'un mot étranger, latin – *universale* –, alors même que la langue philosophique allemande et sa tradition solidement fondée possèdent le concept de *Allgemenheit*, sollicite le rapport entre l'utopie et l'exil tel qu'il est exposé dans les deux textes consacrés à l'usage des mots étrangers : « Les mots étrangers, utilisés de façon juste et responsable, devraient porter secours, comme les Grecs dans la Rome impériale, aux causes perdues, telles que la souplesse, l'élégance et le raffinement de la formulation, à ce qui s'est perdu et que les hommes s'irritent de s'entendre rappeler. Ils devraient les confronter à ce qui un jour serait possible pour tous, lorsqu'il n'y aurait plus de privilège culturel, pas même dans l'incarnation la plus récente de celui-ci, l'alignement de tous sur la demi-culture dispensée par l'enseignement. C'est ainsi que les mots étrangers pourraient sauvegarder quelque chose de cette utopie de la langue, l'utopie d'une langue sans terre, déliée du sortilège de ce qui est historiquement là et qui vit inconsciemment dans l'usage enfantin de la langue. Sans espoir, semblables à des têtes de morts, les mots étrangers attendent de ressusciter dans un monde meilleur[1]. » Véritable tableau allégorique qu'il nous fallait citer dans son entier pour faire entendre l'exil sans retour dans un monde non réconcilié, comme une cicatrice à jamais inscrite dans le corps de la langue et de l'homme par l'histoire déchirée. La pensée elle-même est peut-être une cause perdue, elle n'en demeure pas moins ce qui amarre l'homme à lui-même dans le flot de la tempête à laquelle Benjamin déjà comparait le progrès d'une histoire continue des vainqueurs amoncelant ruines sur ruines.

Parce que la philosophie s'écrit au présent, un bref détour, sondant le nouvel « esprit » du temps, comme le faisaient Luc Boltanski et Ève Chiapello du « nouvel esprit du capitalisme », nous invite à chercher aujourd'hui les noms du progrès irrésistible, qu'il serait facile de rassembler sous le terme d'emprise (*Bann*) technoscientifique dont l'utopie numérique constitue l'un des moteurs les plus puissants et les plus redoutables si l'on suit et partage le diagnostic dressé par Cédric Biagini dans *L'Emprise numérique, Comment Internet et les nouvelles technologies ont colonisé nos vies.* Déjà privés de terre, nous serons demain privés de cette part indécidable où se nouent inséparablement le besoin, le désir et la pensée dans leur plus extrême fragilité. Cette nouvelle forme d'expropriation ne consiste pas seulement à détruire la sphère privée de l'existence, comme un lieu possible de retrait, puisqu'elle abolit la distinction classique de l'espace privé et de l'espace public en s'appropriant d'abord les formes de vie collectives et notamment celles du travail. Le malheur, la mauvaise fortune

1 Adorno, 2004, p. 68.

(*Unglück*) ou encore la Malencontre, selon le terme de Pierre Clastres, obéissant au principe métaphysique de l'Un, ne sont pas cependant une catastrophe naturelle mais historique. Seuls les hommes historiques sont en pouvoir d'en changer le cours : le refus de la résignation tente, négativement, de résister, par une pensée qui apprend à penser contre elle-même, aux charmes ensorcelés, aux illusions d'un prétendu dépassement de l'homme devenu obsolète. Il y a là un beau risque comme le disait Socrate à propos de l'immortalité de l'âme puisqu'aussi bien il ne sied pas à « un homme de bon sens » de prétendre que le mythe de la destinée des âmes démontrerait irréfutablement ces choses[1]. Si la pensée critique mise en jeu dans la *Dialectique négative* se propose sans cesse de procéder à une démythologisation, fidèle à l'intention profonde des Lumières malgré ses contradictions qui menacent toujours d'engendrer de nouvelles formes de mythologie, elle doit cependant réfléchir aux antinomies du logos que la tradition philosophique a élevé jusqu'aux limites extrêmes qui le séparent du divin au risque de s'y confondre dans l'esprit absolu hégélien. La possibilité de l'expérience philosophique exige donc une reprise et une déprise de ce fantasme de toute puissance de la pensée, pensée dont les sciences prétendraient en même temps montrer l'inanité voire la honte prométhéenne dont parle Günther Anders dans *L'Obsolescence de l'homme*, en lui substituant des machines aux performances inégalables et indéfiniment augmentées. Le pire n'est donc pas impossible. Dans la mesure où il faut se garder de trop vite entonner le refrain de la catastrophe, terme devenu bien trop souvent un slogan propre à produire de la plus-value intellectuelle en le promenant de colloques en colloques, nous suivrons un chemin sans doute moins lucratif et en apparence moins prestigieux mais d'autant plus nécessaire que la langue de la critique ou encore les arguments humanistes obéissent aux injonctions de la communication. La patience du concept, titre que l'on sait d'un ouvrage de Gérard Lebrun sur Hegel, devra nous servir de fragile radeau au milieu d'un monde déchaîné, désarrimé, dont les fins semblent plus que jamais obscurcies, sauf à décider qu'elles se poursuivent sans l'homme. Les ruses de l'histoire n'ont pas épuisé leurs armes, loin s'en faut, au moins cette histoire dont Adorno disait qu'elle nous conduisait sûrement de la fronde à la bombe atomique : « Aucune

1 Platon, 1970, p. 97, 114 d-e.

histoire universelle ne conduit du sauvage à l'humanité civilisée, mais il y en a très probablement une qui conduit de la fronde à la bombe atomique. Elle se termine par la menace totale que fait peser l'humanité organisée sur les hommes organisés, soit l'essence même de la discontinuité[1]. » Afin de prévenir toute interprétation hâtive qui a fait les beaux jours de ceux qui voulaient enfermer Adorno dans les rets des philosophies de l'histoire, il est utile de souligner l'importance de l'idée de construction, en rapport avec le présupposé de toute connaissance historique formulé par Benjamin en termes concis, à savoir que « la politique prime désormais l'histoire[2] », construction dialectique qui fait jouer la discontinuité et l'histoire universelle : « L'histoire universelle doit être construite et niée[3]. » Construite parce qu'en elle s'affirme positivement un sens universel de l'histoire comme progrès dont il faut démasquer le principe, à savoir, du point de vue philosophique, le principe d'identité ; niée parce que ce progrès est précisément la destruction immanente de tout sens de sorte que seule une transcendance sauverait les hommes de la contingence, en les dépossédant paradoxalement, dans leur organisation même, de toute possibilité effective d'action et de transformation. L'histoire se rétracte alors dans la face mortelle d'un destin, qu'il soit progrès ou déclin, en un mythe comme répétition du même, d'une fatalité suivant prétendument des lois de la nature aux multiples visages, y compris, paradoxalement, les puissances technologiques les plus « artificielles » supposées nous émanciper de toute nature. Construire l'histoire consistera donc à briser, faire exploser en ce sens, cette illusion d'un sens continu de l'histoire, aveugle à lui-même, au moyen du concept et de la construction de configurations, dont les modèles sont des exemplifications, susceptibles de rendre lisible ce qui se dissimule sous la surface des évènements et dans la philosophie comme œuvre doctrinale figée. On voit par conséquent que seule l'analyse du chapitre sur les « catégories et le concept » de la *Dialectique négative* permettra d'accéder à une juste compréhension de cette prétendue philosophie de l'histoire d'Adorno. Ici, comme l'écrit Dante, nous entrons « dans le sentier sauvage et périlleux » où il nous faut laisser « toute espérance[4] ».

1 Adorno, 1992, p. 250.
2 Benjamin, 1993, p. 405.
3 Adorno, 1992, p. 250.
4 Dante, 1966, p. 20-21.

DEUXIÈME PARTIE

PENSER : JOUER LE CONCEPT CONTRE LE CONCEPT, DE LA CLOWNERIE EN PHILOSOPHIE

LOGIQUE DE LA DISLOCATION CONTRE LA DESTRUCTION HEIDEGGÉRIENNE

Si le sérieux de la philosophie, selon Hegel, exige le dur et long travail du concept, contre l'intuition et les secrets du cœur, contre la pensée ratiocinante et le mode de représentation commun capable seulement de formuler des vérités triviales, Adorno, non sans ironie, compare cette morale du travail de l'esprit qui voue toutes ses forces à la puissance productrice du concept croyant s'approprier et dominer le réel à une clownerie. Démasquant derrière cette gravité et solennité de la vocation philosophique un jeu de grimaces qui ne prête plus tant au sérieux, il maintient toutefois l'exigence d'une pensée qui ne peut renoncer à l'expression de ce qui se refuse au concept : « La pensée non naïve [*unnaive*] sait combien peu elle atteint ce qui est pensé bien qu'elle doive toujours parler comme si elle le possédait comme tout [*ganz*]. Ceci la rapproche de la clownerie. Elle a d'autant moins le droit de dénier [*verleugnen*] les traits de cette clownerie qu'eux seuls lui ouvrent l'espoir de ce qui lui est refusé. La philosophie, ce qu'il y a de plus sérieux, n'est pas non plus, une fois encore, si sérieuse que cela[1]. » N'est-ce pas là un autoportrait du philosophe Adorno que nous devrions garder en mémoire à l'approche de cette deuxième partie de la *Dialectique négative* ? La mise semble d'importance puisqu'elle fait le pari, après la *Logique* de Hegel, d'une philosophie transformée où le concept, malgré sa dislocation, ne se réduirait pas à une simple coquille vide, pur formalisme, n'offrant plus à la pensée, au milieu d'un champ de ruines[2], que la liberté douteuse de s'abandonner à quelque poème philosophique arbitraire. Ce deuxième chapitre, intitulé « Concept et catégories », doit être lu avec l'attention de celui qui renonce à y chercher

1 Adorno, 1992, p. 20.

2 Cette idée que l'effectivité (*Wirklichkeit*) ne serait plus accessible comme totalité mais comme des traces et des ruines qu'une raison dialectique devrait cependant penser afin de ne pas succomber aux appels d'une nouvelle mythologie est introduite par Adorno dès 1932 dans la conférence *L'Actualité de la philosophie*. Dette à l'égard de Walter Benjamin auquel cependant il objecte le plus souvent le caractère dissimulé, métaphorique des concepts dont celui-ci fait usage.

une nouvelle doctrine du concept, sans crier trop vite victoire par rapport à ce qu'Adorno nomme une logique de la dislocation (*Zerfall*), comme s'il s'agissait d'un énième enterrement de grande classe de la philosophie pour enfin en être quitte. L'expression figée « fin de la philosophie » apparaît à bien des égards, pour Adorno, comme un slogan voire un jargon dans lequel se reconnaissent volontiers ceux pour qui les hauteurs de la pensée ne peuvent perdre leur temps à s'humilier devant une réalité insupportable qui demeure pourtant le fait des hommes. Deux thèses nous serviront de fil directeur dans le labyrinthe de cette logique : d'une part il faut penser le concept contre le concept, c'est-à-dire sa fonction immanente d'identification et d'universalisation, d'autre part il est possible, en droit, en en brisant l'autosuffisance et la clôture, de retrouver en lui le potentiel utopique d'ouverture et de réconciliation d'une connaissance qui « veut » des contenus déterminés, quand bien même elle reste problématique en fait. Considérée sous cet angle, la pensée dialectique est dans un *même mouvement* une critique de l'idéologie conçue comme l'emprise de la répétition du même, véritable loi de la nature s'imposant jusque dans les structures sociales et historiques. Le passage du logique – ou encore de la théorie de la connaissance et ses problèmes de validité inhérents à sa structure logique – à l'historique s'avère, contre la division académique des savoirs, non seulement légitime mais nécessaire. Deux arguments essentiels serviront de boussole. D'une part une logique de la dislocation conséquente ne peut pas s'en tenir à la seule immanence du concept, à son automouvement dans la subjectivité. D'autre part elle récuse toute prétendue autonomie de la raison et de l'histoire de la philosophie que l'on pourrait ne réfléchir qu'à partir d'elle-même dès lors que le fait de la dislocation, menaçant la langue elle-même, atteste de l'état d'un monde historique sorti de ses gonds où il est devenu impossible d'affirmer une quelconque continuité et positivité du sens, s'ordonnant, au-delà du domaine empirique de la factualité, dans un système, quand bien même celui-ci enfermerait en lui le principe de son développement infini. Une nouvelle doctrine du concept réglée par la nécessité logique immanente, avec et après Hegel[1], pour lequel la science logique est la relève, comme pure philosophie spéculative, de la métaphysique, ne suffirait pas à sortir

1 Si pour Hegel la vraie subjectivité, distincte du sujet fini, est le concept, elle implique selon Adorno une négation de la subjectivité comme individualité déprise de cet universel qui la réduit, telle une citation, au titre d'exemple se jouant à côté et en deçà de l'essence.

de l'ensorcellement du concept. La logique de la dislocation engage un nouvel usage des concepts tel qu'ils n'entrent jamais en adéquation avec ce qu'ils visent : ce n'est pas seulement la détermination traditionnelle de la vérité comme adéquation, ou celle, hégélienne, fondée dans la proposition spéculative qui est contestée, mais plus encore l'idée d'une vérité reconduisant toujours à l'intemporel, à l'immuable aux moyens d'essentialités conçues comme pensée pure. C'est justement la prétention de l'idéologie de ne faire « qu'un » avec la réalité comme si elle en disait *la* vérité. Pour Adorno le concept est un entrelacement de réel et d'idéel qui rend opaques aussi bien le moment de la pensée que celui de la réalité : l'adéquation de ces deux moments est devenue idéologie, elle est adaptation à ce qui est, à un ordre prétendument naturel quand bien même il est transformé en seconde nature.

Cette première remarque nous conduit à établir une distinction tranchée entre la dislocation et la destruction au sens heideggérien. Dans le paragraphe 6 d'*Être et Temps* Heidegger affirme que la question de l'être (*Seinsfrage*) ne peut acquérir de véritable concrétion qu'au moyen d'une destruction (*Destruktion*) de la tradition ontologique consistant à remonter aux expériences originaires dans lesquelles ont été obtenues les premières déterminations directrices de l'être. Le sens et l'intention de la destruction ne sont pas négatifs mais positifs puisqu'il s'agit de rendre à nouveau possibles la question et l'interprétation de l'être, du sens de l'être à partir de l'horizon transcendantal du temps. Cette destruction a donc pour objet le tout de la tradition ontologique oublieuse de la question de l'être alors même que celle-ci serait la question originaire et l'unique énigme, voire abîme, de la philosophie. Que par la suite Heidegger parle de déconstruction (*Abbau*) de l'histoire de l'être afin de penser l'être sans l'étant – c'est-à-dire sans prendre en considération (*ohne Rücksicht*) la métaphysique incapable de se soustraire à la prééminence d'un étant dernier conçu comme fondement de la totalité du réel – au risque de s'y aliéner, pour préparer un autre commencement de la pensée[1], ne fera qu'aggraver,

1 Heidegger, « Temps et être », 1976, p. 225. Ce motif d'un autre commencement apparaît en fait très tôt, dès les années 1930, lorsqu'il s'agit d'aller au-delà de l'analytique existentiale du *Dasein* développée dans *Être et Temps*. On peut supposer que ce sont les apories de la question de l'historicité qui amèneront Heidegger à cette énigmatique pensée de l'*Ereignis* comme envoi destinal de l'être dont Françoise Dastur dit qu'il nomme la « coappartenance de l'homme et de l'être » de sorte qu'il serait possible de le considérer comme « anhistorique », intemporel : « je préfère quant à moi penser l'intemporalité de

aux yeux d'Adorno, l'idéalisme foncier d'une telle logique dont le concept d'être est par avance déterminé indûment, en tant qu'abstraction, comme objet d'une expérience originaire donnée par une intuition elle-même originaire, l'intuition catégoriale. À la mythologie de l'être s'associe celle de la fiction d'une méthode[1] qui prétend faire l'économie de la médiation, du négatif. Ce double mouvement présuppose, sans en rendre compte, une ontologisation du réel qui s'étendra à l'histoire elle-même pensée comme historicité de l'être (*Geschichtlichkeit des Seins*) déterminant *a priori* toute histoire concrète. Position idéaliste à l'égard de l'objectivité, dans la langue hégélienne, pour laquelle *l'histoire* de la philosophie est toujours histoire de *la philosophie*, comme développement d'un immense et continu jugement analytique où le même renvoie au même, où la philosophie, et plus encore l'être comme envoi destinal, est le seul et unique substrat souterrain, dissimulé sous la surface des évènements, de l'histoire. L'être et rien d'autre que l'être, véritable tautologie, dont il faudrait dire tout d'abord qu'il n'est qu'un immédiat indéterminé. On peut bien mettre à l'épreuve et mesurer toute la philosophie à partir de cet étalon, nommer des figures de l'être comme Idée, substance, subjectivité, esprit ou encore volonté de puissance, toujours la philosophie ne fera que se contempler dans un miroir qu'elle aura elle-même façonné, image spéculaire produite par sa propre imagination spéculative. Elle s'interdit de regarder au dehors, sauf à n'y reconnaître que l'attente de ce qu'elle anticipait par une décision préalable, son présupposé constitutif, la primauté du concept auquel l'être lui-même n'échappe pas. Pour Adorno ce dehors n'est pas seulement la contingence de ce qui lui résiste mais la violence de l'effectivité qui interdit tout repos de la pensée : l'inquiétude n'est pas uniquement celle du concept, encore moins la détresse de l'être qui attendrait patiemment sa langue et sa pensée en dépit de la dévastation du monde et de la terre, mais bien plutôt la dette et la douleur provenant d'une réalité historique rendue insupportable par une organisation

---

l'*Ereignis* » comme cette « proto-institution » qu'Husserl ne serait pas parvenu à établir (Sommer, 2014, p. 96-99).

1 Adorno (2011a, p. 223-230) renvoie par ailleurs, de façon critique, à la fiction husserlienne de la méthode de la réduction transcendantale comme l'élément vital de toutes sciences eidétiques. Mais on pourrait considérer que Heidegger redouble, en la déniant, cette fiction là où la question de l'être prend la forme d'une tautologie, ce qu'Adorno (2002, p. 258) dit d'une formule extraite de la *Lettre sur l'humanisme* : « *Doch das Sein – was ist das Sein ? Es ist es selbst.* » (« Mais l'Être – qu'est-ce que l'Être ? L'Être est Ce qu'Il est. »)

destructrice de toute individualité là même où elle fait de l'individu sa substance sociale. C'est une telle contradiction qui hante la pensée comme son autre, non pas simplement la contradiction entre le concept et le réel, ni même la contradiction immanente au concept, et moins encore la formule emphatique d'un impensé de l'être se dérobant par principe à toute détermination. La logique de la dislocation, dont il s'agit précisément de comprendre les ressorts, procède de deux présupposés inconciliables avec la destruction au sens heideggérien : d'une part la négativité sans dépassement affirmatif ou positif, à la fois avec et contre Hegel, d'autre part un moment matérialiste pour lequel les catégories de pensée sont en même temps et dialectiquement des catégories sociales et historiques concrètement réalisées dans les institutions juridico-politiques, dans la morale et dans les formes plurielles de la culture jusqu'à sa propre négation.

Cette distinction principielle établie, il convient de préciser la manière dont nous entendons interroger cette logique de la dislocation. Les auteurs de l'*Introduction à la lecture de la Science de la logique* de Hegel disent de leur méthode de lecture qu'elle consiste à « prendre l'esprit à la lettre » afin d'étudier « comment peut se déployer un tel discours nouveau » et non pas ce que Hegel « veut dire[1] ». Il s'agit bien de se demander si Adorno, au-delà des apories possibles de ce qu'on nomme la Théorie critique, au moyen d'une telle logique de la dislocation, introduit à une nouvelle discursivité philosophique, établit un nouveau rapport et un nouvel usage des concepts et du logos dans lequel ils se déploient, de même qu'il cherche à rendre possible une expérience spirituelle dans le passage au matérialisme (*Übergang zum Materialismus*), tout en voulant sauver la métaphysique. Cette nécessité de maintenir à flot la métaphysique peut à elle seule surprendre si, comme le dit Adorno, elle s'est d'un côté réfugiée dans de fausses restaurations académiques et de l'autre côté dégénère en de vagues conceptions du monde, susceptibles, les unes comme les autres, de tous les usages possibles. De quel besoin s'agit-il, dès lors qu'on se refuse à le rapporter à l'idée par trop générale et abstraite de la liberté de pensée ou encore au désir de l'inconditionné ? Quoi qu'il en soit de ce sauvetage et de cette nouvelle langue qui lui serait inhérente, la pensée critique ne peut faire abstraction du concept et des catégories par et dans lesquels s'est constituée la métaphysique

1 *Introduction à la lecture de la Science de la logique de Hegel*, 1981, p. 9.

et développée sa propre histoire jusqu'à son apogée hégélienne. Tout changement de paradigme, qu'il le veuille ou non, continuerait de parler cette langue de la métaphysique : le geste de dénégation ne ferait que le confirmer. Il est bien certain que la réflexion d'Adorno est polarisée par les deux grands noms de la tradition allemande dont on ne finit pas de commenter les œuvres, à savoir Kant et Hegel, ce que l'on n'a pas manqué de mettre en avant pour qualifier l'échec d'une telle pensée. Cette position montre l'ampleur et la difficulté de l'entreprise dans la mesure où il ne peut en aucun cas être question de réfuter et de dépasser un tel moment spéculatif comme s'il n'appartenait plus qu'au magasin des antiquités et curiosités. Difficulté redoublée dès lors qu'il faut chercher à comprendre si et comment la pensée d'Adorno requiert un nouveau rapport à la langue au moment où il maintient la nécessité du concept malgré les soupçons d'une hégémonie telle que sa nature et sa fonction dans la tradition philosophique s'en trouveraient définitivement disqualifiées. Cette attention à la langue ne concerne pas seulement le rapport au concept, au moment logique de la pensée mais aussi bien, voire plus encore, celui de l'expression, de l'affinité, immanente au nom, avec l'objet, comme son *telos*, moment de l'expression et de l'exposition qui ferait défaut à la langue philosophique dont il peut écrire, en revendiquant la méthode de l'excès que d'aucuns pourraient sanctionner comme une violence de l'interprétation, qu'elle est une langue contre la langue. Cela justifie par avance le souci de traduction voire de retraduction qui accompagnera la lecture de cette deuxième partie de la *Dialectique négative*, où nulle prétention à l'exhaustivité ne nous semble exigible puisqu'elle courrait le risque d'un commentaire par trop linéaire réduit à un point de vue historico-philosophique là où Adorno se défend d'adopter l'attitude de l'historien de la philosophie.

LE « QUELQUE CHOSE » ET NON PAS L'ÊTRE

Le présupposé d'une telle logique de la dislocation est annoncé par une formule lapidaire, « Pas d'être sans étant », qui fait entendre le refus catégorique de la question de l'être telle qu'elle est posée par Heidegger.

La critique de la possibilité d'une telle ontologie développée dans le chapitre « Rapport à l'ontologie » consistait notamment à montrer que le *Dasein*, compris comme une structure ontologique dont la constitution formelle devient la condition du sens de l'être présupposé dans tout rapport au monde, faisait perdre toute concrétion, celle exigée par la pensée existentielle de Kierkegaard et expressément revendiquée par Heidegger. Certes ce dernier écrit, dans *Être et Temps*[1], que « l'être est à chaque fois l'être d'un étant », mais Adorno anticipe, d'une certaine manière, à partir de la question de l'être (*Seinsfrage*) se répétant comme un syntagme figé, ce que Heidegger nommera ultérieurement l'expérience de la pensée, à savoir penser l'être sans l'étant, penser l'histoire de l'être (*Seinsgeschichte*) comme envoi de l'être[2] (*Geschick von Sein*). L'ontologisation de l'étant et celle de l'histoire s'appellent réciproquement, enfermées dans le cercle herméneutique assujetti à un projet, une décision arbitraires. Le quelque chose, abstraction la plus haute, résiste à toute réduction par le concept ou par l'intuition catégoriale de l'essence, de l'être : le mouvement d'abstraction inhérent à toute pensée, ce qu'Adorno nomme le moment idéaliste, rencontre son autre le plus indéterminé qu'on ne peut ni éliminer ni taire sans vouer la pensée à la tautologie, au pur silence. Le point de départ de la logique hégélienne tombe lui aussi sous les coups de la critique dialectique matérialiste d'une pensée pure, débarrassée, sous la forme d'essentialités, d'un reste de contenu hétérogène, irréductible au concept, qu'il faut cependant penser. En commençant par l'être, et non par le quelque chose, ce dont s'explique Hegel dans une remarque de la *Logique de l'être*, comme le rappelle Adorno dans une note, celui-là présupposerait, pour tout développement dialectique du concept, le « primat du sujet », une subjectivité absolue, celle de l'esprit certain de lui-même, se connaissant dans la production de toute réalité comme l'œuvre de sa liberté et de son activité infinies. Ce présupposé ne diffère en rien d'une identité absolue à la fois posée et produite par le sujet du savoir absolu, de même que l'immédiat et le particulier ne sont connus que comme des déterminations de et par l'universel : déterminer, selon le logos hégélien, ne consiste sans doute pas simplement à subsumer le particulier sous l'universel au moyen de la proposition prédicative puisque le contenu du savoir spéculatif, exposé dans la proposition spéculative,

1 Heidegger, 1986, p. 33.
2 Voir par exemple Heidegger, 1990, p. 203 *sqq.*

est toujours produit à partir de la négativité qui lui est immanente afin d'être dépassé et conservé dans le positivement rationnel. La méthode absolue de la connaissance est à la fois le mouvement spirituel qui se donne et produit les déterminations et « l'âme immanente du contenu lui-même[1] ». Mais cette position et détermination du contenu par la réflexion montrerait que Hegel, ne pouvant « supporter » la moindre trace de non-identité au point de départ de la *Logique*, rejette la possibilité de commencer par le « quelque chose » dont le nom lui-même évoque, par son indétermination, cette trace de non-identique. Dans le « quelque chose » il y a un renvoi à un autre, à une différence irréductible que le concept d'être nierait *a priori*. Partir du quelque chose, c'est en ce sens une manière de contester et de rejeter l'idée d'un *a priori* pur, propre à toute philosophie transcendantale dont Hegel resterait encore redevable au moment où, contre Schelling, il pose la question du commencement en philosophie. Le problème du commencement, et par conséquent celui de la condition de possibilité d'une théorie de la connaissance comme moment et point de vue dans le système, est immanent au mouvement du concept comme procès d'autofondation d'un savoir d'essentialités pures d'où toute concrétion serait finalement éliminée.

Mais cet autre du concept – qu'on le nomme le quelque chose, l'hétérogène, l'indissoluble, la différence, le non-identique ou encore, comme nous le montrerons, le moment somatique – ne doit pas être hypostasié puisque cela reviendrait à en faire un principe premier, un *archè* : « Une critique de l'ontologie ne veut pas aboutir à une autre ontologie, pas même à une ontologie du non-ontologique. Sinon elle ne ferait que poser un autre comme absolument premier (*schlechthin Erstes*) : cette fois non pas l'identité absolue, l'être, le concept, mais au contraire le non-identique, l'étant, la facticité. Ainsi elle hypostasierait le concept de non-conceptuel et agirait à l'encontre de ce qu'elle vise[2] [*was er meint*] ». On pourrait considérer qu'Adorno congédie ici tous les concepts auxquels se raccrochait vainement depuis Hegel la philosophie pour sauver la pensée, voire la raison. Pourtant il ne cesse de répéter que la pensée philosophique ne peut pas se passer du concept, pas plus d'ailleurs que d'un moment d'identification qui lui est inhérent. Le problème consiste à savoir d'une part de quelle pensée il faut faire le

1 Hegel, 2006b, p. 6.
2 Adorno, 1992, p. 112.

deuil, et d'autre part comment cette défiance à l'égard du concept et de ce qu'il présuppose ne légitime aucunement un renoncement à la pensée déterminante et à la construction théorique telle qu'elle a été formulée dans les premiers moments de la Théorie critique, quand bien même ses catégories doivent être réfléchies dans leur rapport aux transformations historiques des conditions de la connaissance et de la pratique. Il faudra donc se demander ce que signifie, comme cela a été dit d'Adorno après sa mort, l'échec d'une pensée – expression jugée par ailleurs problématique par ce dernier notamment quant au verdict souvent prononcé à l'égard de l'œuvre inachevée, fragmentaire de Benjamin – là où celle-ci se refuse non seulement au système mais à toute forme doctrinale. La logique de la dislocation ne peut être tenue pour une nouvelle doctrine du concept, après celle de Hegel, pas plus qu'elle ne suffit, à elle seule, à fonder une nouvelle théorie de la connaissance. Elle tenterait plutôt de répondre à la question : « Qu'est-ce que penser ? », à condition de comprendre cette question d'un point de vue objectif, ce qu'Adorno nomme le primat de l'objet, et non à partir d'une réduction à la subjectivité qui inévitablement, pour Adorno, reconduirait à la sphère du transcendantal comme lieu propre de l'activité de pensée ou bien, par un geste spéculatif, à la processualité conceptuelle comme substance-sujet de la pensée.

DIALECTIQUE MATÉRIALISTE ET CRITIQUE DE L'IDÉALISME HÉGÉLIEN

La tension inhérente à la logique de la dislocation témoigne en même temps, par son propre langage, de la nécessité de s'expliquer avant tout avec Hegel, de réinterroger la possibilité d'une Théorie critique[1] en faisant un long détour par ce qui lui semble le plus éloigné, à savoir le langage

1 C'est un tel détour par l'héritage de l'idéalisme allemand qui justifie tout au long de la *Dialectique négative* la nécessité de réinterroger la Théorie critique à partir d'une réflexion critique de la constitution de toute pensée en général : si la théorie, donc la science, pense, il lui faut cependant se retourner sur elle-même pour interroger le lieu de ses propres déterminations conceptuelles et de leurs applications. Ce geste a bien souvent été considéré comme un repli – et donc comme un échec – dans la tradition philosophique fondée sur les rapports entre le sujet et l'objet propres à la théorie de la connaissance depuis le tournant kantien.

spéculatif de l'idéalisme allemand. Au primat du concept il faudra opposer une dialectique matérialiste du primat de l'objet médiatisé par l'histoire et la société antagonistes. Le présupposé d'Adorno est double, et c'est sans doute à son articulation, celle du systématique et de l'historique, que l'on se heurte tout d'abord : d'une part la contradiction est immanente au concept et engendre par conséquent son développement logique comme une pensée en mouvement dont la catégorie du devenir invalide les concepts figés – fidélité à Hegel en ce sens –, d'autre part elle prend le nom d'antagonisme dans la société historique. Le rapport dialectique de ces deux moments suppose que la pensée se constitue et se déploie tout à la fois de façon génétique et structurelle. Il ne s'agit pas de faire de l'un de ces moments le seul et unique principe explicatif, mais au contraire de montrer comment ils se retrouvent dans toute formation de pensée qui est inséparable d'une formation sociale et historique. Là où Hegel parle, à propos de la logique objective, d'une exposition génétique du concept comme mouvement dialectique de la substance[1], Adorno postule, dans le langage du jeune Marx, que la véritable substance n'est pas l'activité de l'esprit mais le travail social empêchant l'autonomie et l'absolutisation de l'esprit en esprit absolu produisant, par sa rationalité immanente, toute réalité effective en tant que pensable et pensée. Le réel effectif, Adorno employant aussi bien le concept de *Real* que celui de *Wirklichkeit*, est cette différence irréductible, le « quelque chose », qui n'est ni un moment passif, ni la contingence abandonnée à elle-même par la raison, mais le jeu complexe, entremêlé, de forces sociales et spirituelles. Cette intrication se retrouve nécessairement dans la raison elle-même et plus fondamentalement dans la pensée comme mouvement produit par la négativité au cœur de toute contradiction. Or cette contradiction s'exprime aussi dans le langage de l'idéologie et de ce qu'Adorno lui oppose, le moment ou l'intention utopique de toute pensée. Dans la mesure où l'idéologie veut l'identité et l'universalité – trahissant ainsi sa complicité avec un penser identifiant qui reconduit et réduit toute singularité et toute particularité au « même » –, et l'utopie la différence, le singulier comme différenciation irréductible, seule susceptible, ne serait-ce que comme trace, d'indiquer ce qui ne doit pas être, la pensée est vouée à un travail d'autoréflexion (*Selbstbesinnung*) sans fin pour briser

1 Hegel, 1986b, p. 245.

la logique inhérente à la forme traditionnelle de la connaissance qui se répète dans la métaphysique. L'autoréflexion ne consiste pas à retourner à un fondement, qu'il soit ontologique ou gnoséologique, mais cherche à déchiffrer les traces sédimentées d'historicité dans les concepts que le sujet de la connaissance applique au donné, au fait dans sa prétendue positivité. Si elle se rapproche d'une forme de réminiscence et de recueillement, sens de *Besinnung*, en aucun cas elle ne peut avoir l'être pour objet, mais ce que précisément le concept laisse de côté dans le mouvement même de son abstraction, un « quelque chose » qui a toujours un nom historique possible.

Ce que montre le paragraphe « Logique de la dislocation » et ceux qui l'encadrent, dont on peut attendre quelque éclaircissement concernant le caractère « méthodique » de cette logique que ce terme évoque par lui-même, c'est la volonté de retourner Hegel contre lui-même, de retourner la force de la dialectique hégélienne contre elle-même[1]. Pourquoi, se demandera-t-on, Hegel s'impose-t-il comme le point de départ obligé – au sens notamment où on dit être l'obligé de quelqu'un – alors même qu'Adorno en a précédemment critiqué la logique qui, de l'être, reconduit nécessairement au sujet absolu parce que la subjectivité est déjà présupposée dans la possibilité du mouvement dialectique de la pensée, rappelant ainsi sa dette à l'égard de la méthode transcendantale kantienne dont il fait par ailleurs la critique en réfutant le dualisme qui la fonde ? On peut d'ailleurs remarquer que ce passage par Hegel et la question de la subjectivité sont en un sens devenus, dans les années 1950, un « lieu commun » des controverses de la philosophie, que l'on rencontre aussi bien chez Merleau-Ponty que chez Heidegger, ce qu'Adorno lui-même relève à propos du concept d'expérience et plus généralement de « l'expérience concrète des hommes[2] ». Mais il justifie ce « passage », en termes historico-philosophiques, pour reprendre l'expression d'Adorno lui-même, à partir d'une question qu'il formule ainsi dans *Trois Études sur Hegel* : « … savoir ce que signifie l'époque présente face à Hegel […] savoir si

1 Dès *Contribution à une métacritique de la théorie de la connaissance* Adorno soutient que c'est à partir de la logique même du concept, dans son développement immanent, qu'il est possible de retourner le concept contre le concept parce qu'il contient le négatif de lui-même sans postuler une quelconque identité de sorte que la « force de la contradiction [*Kraft des Widerspruchs*] se retourne contre elle-même » et par conséquent « contre l'idée du savoir absolu » (2011a, p. 26).

2 Adorno, 1979, p. 10.

cette raison à laquelle, depuis la raison absolue de Hegel, on s'imagine être parvenu, n'est pas en réalité retombée depuis bien longtemps en deçà de la raison hégélienne en s'accommodant du pur et simple état de fait, dont Hegel voulait ébranler la pesanteur en mobilisant la raison qui y est à l'œuvre[1] ». À lire cette déclaration liminaire on en déduira que ce n'est pas d'abord le nom de Hegel qui importe, comme s'il s'agissait d'en être un disciple infidèle, mais le devenir historique de la raison au regard duquel l'humanité contemporaine révèle son inhumanité. S'il y avait déjà chez Hegel, dans le système de l'esprit absolu, des promesses non tenues de la raison, on peut considérer que le siècle écoulé a ruiné, plus que tout autre, l'espérance d'une réconciliation avec la réalité et avec la raison qui la produit comme son œuvre. En d'autres termes cela signifie l'impossibilité d'une réconciliation de la raison avec elle-même dans et par le concept parce que le monde lui-même a pris la forme d'une catastrophe continue. Cette vérité, contre laquelle cependant il faudra maintenir un moment utopique de la pensée, doit être recherchée dans « l'exigence de vérité inhérente à sa philosophie », là où Hegel en même temps a renoncé. Comprendre la nature d'un tel renoncement ne sera sans doute possible qu'au terme d'une juste interprétation de ce qu'Adorno nomme la logique de la dislocation.

SE DÉMARQUER DE HEGEL AVEC ET CONTRE HEGEL ?

Si Adorno relève la difficulté, impliquée par le système hégélien lui-même, de se démarquer de Hegel par rapport à des moments, des déterminations particulières de sa philosophie comme tout, il revendique et cherche à légitimer la nécessité d'établir une ligne de démarcation (*Demarkationslinie*) par l'intention (*Absicht*)[2]. Il n'y aurait donc aucun sens à prétendre réfuter Hegel comme celui-ci le faisait des philosophies antérieures. Si le système ne se réfute pas, il ne reste qu'à lui faire front comme non-vrai pour autant que le tout, l'effectivité historique, est ce

1 *Ibid.*, p. 9.

2 Adorno, 1992, p. 120.

non-vrai qui affecte l'esprit. Cette non-vérité est celle d'une fausse réconciliation ou plus précisément celle de l'impossibilité d'une réconciliation avec son temps. Cela, dit à l'encontre de Hegel, vaut plus encore après la catastrophe du nazisme. Adorno le répète inlassablement, au point sans doute de détourner le regard d'un lecteur curieux mais pressé, irrité par une telle insistance dont on pourrait craindre qu'elle ne se veuille donneuse de leçons, dans la mesure où il juge que les conditions et structures sociales et historiques responsables du nazisme demeurent les mêmes après son effondrement. Cette répétition du même, forme de l'ensorcellement de la société, constitue ce poison de la pensée qui en devient l'aiguillon. Si la réconciliation est identité, alors aucune réconciliation n'est acceptable puisqu'elle en vient à pactiser avec le pire. Cette impossible réconciliation, déliée de toute invocation nostalgique, à laquelle ne peut cependant renoncer l'individu socialement déterminé, donne son impulsion, à n'en pas douter, non seulement au potentiel utopique de la pensée mais aussi bien à la tentative de sauvetage de ce qui dans l'individuation peut résister à l'emprise totale de l'individu contre lui-même, accomplissant sa propre négation dans l'adaptation aveugle qu'il conteste tout en y participant. Le paradoxe d'une telle réconciliation déconcerte : c'est le prix à payer pour une pensée privée de tout système et de toute prétention à la totalité, de tout apaisement dans l'identité. Mais puisqu'on ne peut penser sans un moment d'identification il faut y contredire dans l'acte même de la pensée, il faut transformer qualitativement l'identité en en brisant le caractère mortifère. Le principe d'identité, comme celui de non-contradiction, n'a pas seulement une signification logique ou théorique, il est immanent au principe d'échange[1], au travail réduit à sa forme abstraite comme temps de travail moyen, au tout du processus social qu'Adorno, en ces lignes, rapporte à l'échange : « C'est dans l'échange que ce principe a son modèle social et l'échange n'existerait pas sans ce principe ; par l'échange, des productions et des êtres singuliers non-identiques deviennent commensurables, identiques. L'extension du principe rapporte le tout du monde à de l'identique, à la

1 *Ibid.*, p. 119. Adorno parle plus précisément d'une affinité originaire (*urverwandt*) entre le principe d'échange et le principe d'identité qui justifie par suite la nécessité de la critique de l'idéologie comme critique de la conscience constitutive préformée par l'échange lui-même. On ne comprendra le sens de cet « originaire » qu'à partir du concept d'histoire-nature que nous analyserons par la suite (troisième partie, deuxième chapitre), afin de le distinguer radicalement de ses usages heideggériens.

totalité[1]. » Sans doute est-il possible d'interpréter cet argument à partir du concept de rationalité instrumentale comme raison calculante subsumant toute réalité sous la quantité abstraite et le principe d'équivalence. Mais cela ne suffit pas à rendre compte de la critique de la raison qu'on peut y lire. Si l'on dit que la métaphysique est cette forme de pensée qui conçoit la totalité du réel sous l'unité et l'identité d'un principe, alors la société devient elle-même une entité métaphysique : le passage si souvent dénoncé du logique au réel, du systématique à l'historique, se justifierait en lui-même par cette détermination métaphysique de la totalité sociale. En ce sens, c'est, pour Adorno, Hegel qui, dans le concept d'esprit objectif, fonde cette thèse et la légitimité du passage d'un genre à un autre : la rationalité de l'effectivité, laquelle ne renvoie pas à la simple réalité empirique, contingente, est tout autant celle de la raison devenue esprit que la réalité matérielle, l'ordre social institué par la morale, l'éthicité, le droit, l'État. La structure d'*a priori* de la connaissance encore présupposée par Hegel recouvre abstraitement la totalité du réel en l'absorbant dans la contrainte de l'identité logique qui prédétermine en retour aussi bien les individus que les rapports sociaux par lesquels ils acquièrent une substance sociale. La logique de la dislocation doit non seulement briser l'emprise du concept mais tout autant celle qui s'empare des individus en leur faisant croire que le tout qui les détermine est le vrai. Contre l'identité elle fait valoir ce qu'Adorno nomme l'« *Individuum inneffabile* », un moment de « préformation subjective » résistant à la figure apprêtée du sujet par l'objectivation conceptuelle. L'expression, latine, d'*Individuum inneffabile*, renvoie à un paradoxe qu'il est possible de formuler ainsi : dans le principe d'individuation il y a quelque chose qui résiste à toute identification, que ce soit par le nom ou le concept, trace de ce qui ne peut pas être exprimé – tel est le sens du mot *inneffabile* – autrement que comme la traduction d'une division constitutive, structurelle du sujet-individu et de la pensée elle-même que pourtant la langue doit chercher à nommer là où l'individu est construit théoriquement et socialement. En ce sens cette division se dérobe à toute substantialisation, à la tentation d'en faire un *archè*. Briser l'objectivité qui réduit ce moment de division par le travail du négatif, sans reconduire à une identité supérieure, définit l'intention dialectique retournée contre Hegel et toute forme d'ontologisation du réel, dont la

1 *Ibid.*, p. 119.

« méthode » est la logique de la dislocation : « dislocation de la figure apprêtée et objectivisée des concepts, que tout d'abord le sujet connaissant a immédiatement face à lui. L'identité de cette figure avec le sujet est la non-vérité[1] ». Afin d'éviter un contresens, en considérant qu'Adorno ne ferait qu'opposer une autre logique à celle de Hegel, il est essentiel de rappeler que cette objectivation des concepts reste inséparable de l'objectivation des catégories sociales sédimentées, comme des dépôts refoulés par l'idéalisme, dans les catégories logiques elles-mêmes.

DISLOCATION DU CONCEPT ET MOTIF UTOPIQUE

Ces premiers éléments d'analyse suffisent à justifier l'hypothèse d'une logique de la dislocation animée en permanence par le motif de l'utopie dont on peut se servir comme une clé pour en interpréter les différents moments. La critique des catégories traditionnelles se fait dans la langue de ces catégories conçues comme des couches historiques de signification déposées et réifiées au cœur de toute pensée et de toute praxis. Une telle réification s'empare de la pensée en raison de l'oubli de sa propre provenance, oubli que toute puissance affirmative ne fait qu'accroître, telle cette histoire des vainqueurs dont parle Walter Benjamin qui, écrivant leur propre histoire, refoulent hors du champ de la conscience historique les morts de la Commune de Paris enterrés dans les catacombes dont le roman de Gaston Leroux, *Le Fantôme de l'opéra*, ferait entendre les cris. Disloquer ces catégories, c'est rompre le charme d'une fausse identité avec ce qu'elles nomment, c'est briser la fausse continuité d'un sens afin de redonner une chance au langage et aux choses, donc aux hommes et à leur histoire. Il s'agit par conséquent de comprendre pourquoi et comment il est nécessaire de mesurer la force de cette intention à la puissance conceptuelle de la philosophie, et plus particulièrement celle de Hegel, si le refuge dans le seul moment de l'expression esthétique est illusoire. Ce qui est susceptible d'en décider, ce n'est rien d'autre que l'explication avec la philosophie critique et l'idéalisme allemand, Kant et Hegel respectivement, qui cristalliseraient

1 *Ibid.*, p. 118.

tous les problèmes que la philosophie peut encore formuler dans un monde où l'esprit, le concept d'esprit, paraît n'être plus qu'un fragile alibi contre la démesure d'une société totalement socialisée, administrée par une rationalité fonctionnelle aveugle. Adorno, de ce point de vue, resterait prisonnier de ce double héritage jusque dans sa langue elle-même, fasciné en quelque sorte par la puissance productive du concept qui arracherait au réel ce qu'il veut taire. Sa volonté de faire voler en éclats le système, la clôture de la philosophie sur elle-même, trahirait une affinité secrète avec ce qu'elle entend renverser. La critique ne se nourrissant que de ce qu'elle critique finit par s'y aliéner. Voilà, dit de bien des manières, l'argument sans cesse repris pour sanctionner l'échec de la pensée dialectique comme pensée critique[1]. L'esprit des Lumières et son désir d'émancipation s'est obscurci à tel point que seul un changement radical de lieu de la pensée, ou encore un changement de paradigme permettant de sortir de la dialectique du sujet et de l'objet[2], pourraient revivifier la pensée et ouvrir de nouvelles perspectives pour la philosophie. Mais n'est-ce pas justement cet autre lieu que cherche Adorno sous le nom d'une utopie de la connaissance qui doit vouloir un contenu, une teneur de vérité (*Wahrheitsgehalt*) en n'absolutisant ni la positivité en soi ni la négativité comme simple néant ? Cette forme de pensée n'est-elle pas l'effort d'une réflexion se reprenant sans cesse afin de dénoncer quelque fatale illusion à croire que la pensée pourrait avoir dépassé définitivement toute présupposition métaphysique au moyen d'une rationalité scientifique destinée à cartographier le monde en l'ordonnant à ses propres fins ? La mythologie d'une telle scientificité ne vaut pas mieux que celle, irrationnelle, d'une histoire destinale de l'être. Ce qu'on nomme généralement théorie et doctrine s'accorderaient, en dépit de leur distinction, sur la nécessité d'accompagner, au moyen de catégories apprêtées, le cours irréversible de l'histoire au risque sinon de perdre tout crédit. Contre un tel impératif Adorno tente d'élaborer

---

1 Jean-François Lyotard oppose ainsi, dans sa lecture de *L'Anti-Œdipe* de Gilles Deleuze et Felix Guattari, l'oubli à la critique dialectique qui « s'installe dans le champ de l'autre », impuissance de la critique là où l'oubli se place « ailleurs » que dans le champ de l'adversaire (« Capitalisme énergumène », Lyotard, 1994, p. 24).

2 On reconnaîtra ici la critique de Jürgen Habermas qui, pour sortir de la philosophie du sujet, a introduit le paradigme du langage, afin d'opposer à la rationalité instrumentale et à la catégorie idéaliste de raison ce qu'il nomme la raison communicationnelle. Voir par exemple Habermas, 1988, p. 348-397.

une topique qui dessinerait non seulement une nouvelle carte de la pensée, malgré son recours inévitable aux catégories traditionnelles de la philosophie, mais introduirait un autre déchiffrage du réel, plus exactement de l'effectivité, c'est-à-dire d'un réel historique advenu, dont les tendances souterraines minent le processus de civilisation. Il reste que cette forme de connaissance ne peut plus habiter une demeure fixe dont les fondations résisteraient à toutes les tempêtes de l'histoire. La conviction d'Adorno serait assez proche sur ce point de l'affirmation de Günther Anders selon laquelle nous vivons désormais non plus dans une époque de l'être mais dans un délai, comme suspendus au bord de l'abîme[1]. Seule l'anticipation de cet abîme empêcherait l'homme de s'y précipiter. Si la condition de cette anticipation fait appel au travail de l'imagination, elle requiert l'autoréflexion et l'autocritique de la philosophie (*Selbstkritik der Philosophie*) sans lesquelles l'imagination se ferait elle-même illusion en croyant créer du « nouveau ». Une telle attitude ne se mesure pas à l'aune de résultats positifs, recourant à des déclarations édificatrices propres à une philosophie des valeurs, mais consiste à mettre en mouvement la pensée dans un accomplissement (*Durchführung*)[2] en acte où le sujet cherche à se déprendre de la réification de la conscience corrélative de l'objectivation figée des concepts. Si nous supposons que l'idée de réconciliation dans son paradoxe même anime une telle connaissance nous pourrons mieux comprendre à quel point Hegel en constitue le contrepoint obligé après les échecs des promesses révolutionnaires marxistes. Il y a comme un renversement copernicien – Adorno ne veut-il pas renverser le renversement kantien, dont il dit qu'il n'est qu'une métaphore, en partant du primat de l'objet – dans la catastrophe de la seconde nature qu'est Auschwitz. Penser à partir de « cet objet » rend non seulement impossible toute réconciliation avec un monde fondé, matériellement et socialement, sur les mêmes structures idéologiques potentiellement totalitaires qui ont engendré le nazisme et le stalinisme, mais fait apparaître comme suspecte toute réconciliation de l'esprit avec lui-même. À cet égard cette histoire déchirée est sans commune mesure avec le présent dont parle Hegel : « le présent a dépouillé sa barbarie et son arbitraire contraire au droit, et la vérité a dépouillé son caractère d'au-delà et sa violence contingente, de sorte que

1 Anders, 2011, p. 20.
2 Adorno, 1992, p. 125-126.

la véritable réconciliation est devenue objective, elle qui déploie l'État jusqu'à être l'image et l'effectivité de la raison[1] ». Il importe peu que l'on distingue ici un Hegel de la maturité du jeune Hegel pour lequel la scission du monde contraignait au dur travail du concept. Le présent contemporain, ce qui contraint en même temps la pensée à ne pas se renier elle-même, si l'on suit l'interprétation de *Fin de partie* de Beckett, est une « catastrophe permanente » qui pèse d'un fardeau insupportable sur le sujet, l'esprit, l'âme, de sorte que « l'organisation naturelle du vivant est devenue un déchet organique », que les « poubelles chez Beckett sont les emblèmes de la culture reconstruite après Auschwitz[2] ». L'absurdité, le non-sens de l'existence ne sont pas naturels, comme cette condition de la nature humaine vouée à la vanité d'un sens lorsqu'on ne peut plus le soutenir par une transcendance divine, mais ils sont historiques, le fait de la société organisée et administrée selon un principe immanent de destruction. Jamais cependant Adorno n'en conclut à un destin fatal, à une abdication face à la démesure du réel. Il ne faut ni se taire ni renoncer à penser : la conscience doit s'efforcer « de regarder en face son propre naufrage, comme si elle voulait lui survivre[3] ».

Un tel état des lieux semble cependant succomber aux reproches d'une vaine déploration et d'une mélancolie qui n'a plus lieu d'être un demi-siècle après Auschwitz. Ce temps ne serait plus le nôtre et la pensée aurait devant elle bien d'autres tâches plus enthousiasmantes à accomplir en se mettant ainsi au service de l'avenir. Pourtant ce caractère insupportable du monde, de la perte du monde fait l'objet de réflexions actuelles dont l'intention consiste, véritable travail de Sisyphe, à repenser les conditions de réappropriation du monde contre la logique d'expropriation du capitalisme. Ainsi Franck Fischbach, partant d'une analyse de l'idée de Deleuze selon laquelle « nous ne croyons plus en ce monde », écrit-il : « Nous ne croyons plus ni en un autre monde au-delà de celui-ci, ni en la possibilité de transformer ce monde-ci. Et la perte de ces deux formes de croyance au monde est incontestablement vécue par nous comme l'épreuve douloureuse d'une impasse, d'une absence d'issue possible : sans croyance ni en un autre monde, ni en la transformation de celui-ci, il n'y a manifestement "plus rien à faire",

1 Hegel, 1998, p. 423.
2 Adorno, 1984b, p. 212-229.
3 *Ibid.*, p. 237.

sinon se résigner au règne de l'intolérable[1]. » Contre la tentation d'une telle résignation, quelles qu'en soient les formes, Adorno lance une bouteille à la mer, idée qui, selon Hans-Günter Holl, le fascinait[2]. On peut bien, dans ce cas, s'interroger sur la nécessité d'un sauvetage de la métaphysique affublée, dans ses prétentions spéculatives, des oripeaux de la ruse de la raison dans la mesure où aujourd'hui même on peut lire çà et là, dans le monde des philosophes, comme nous le montrerons par la suite, des appels à une reviviscence de la métaphysique comme expérience de pensée profondément enracinée dans l'existence humaine. Peut-être, comme le formule Adorno, faut-il user d'une ruse qui dévoile les masques et les ruses d'une raison, téléologiquement et contre elle-même, assujettie aux fins de domination de la nature hostile et de la nature intérieure de l'homme colonisée par un univers où les sciences et le déferlement technologique s'emparent peu à peu du vocable de l'utopie pour s'en faire les seuls véritables dépositaires au-delà même des utopies apparues au XIXe siècle dans le cercle des saint-simoniens. Peut-être aussi faut-il raison garder, c'est-à-dire une raison capable d'interroger sa propre histoire et donc son historicité, face aux entreprises de relégitimation de métaphysiques encourant toujours le risque de n'être rien d'autre que de généreuses visions du monde non dénuées cependant d'implications politiques abandonnées à l'ordre établi ou à ce que l'on nomme aujourd'hui les experts d'une politique de la gouvernance, de la bonne gestion.

CE QU'IL FAUT ENTENDRE PAR IDÉALISME

Sans chercher à exposer de façon détaillée ce qu'implique, dans toute sa complexité, le concept d'idéalisme sous lequel Adorno subsume la philosophie, quelle qu'elle soit dès lors qu'elle est une pensée par concept, il peut être opportun d'en préciser la signification, ainsi que celle d'idéalité, à partir d'un ouvrage récent d'Olivier Tinland, *L'Idéalisme hégélien*, qui cherche justement à le démarquer de ses usages multiples où son extension

1 Fischbach, 2009, p. 11.
2 Adorno, 1992, p. 327.

perd en détermination rigoureuse. Lorsqu'Adorno déclare qu'en toute philosophie il y a une décision idéaliste préalable, c'est-à-dire la nécessaire médiation par le concept comme fonction de la pensée, irréductible même dans l'empirisme, il ne fait, semble-t-il, que reprendre l'affirmation de Hegel selon laquelle « toute vraie philosophie est un idéalisme ». Afin d'éviter les classifications trop faciles d'une vague histoire de la philosophie distinguant par exemple réalisme, empirisme, idéalisme, nous faisons nôtre l'hypothèse de lecture de l'ouvrage précédemment cité parce qu'elle nous paraît la plus propre à servir nos analyses en montrant comment Adorno entend faire chuter l'édifice hégélien sans pour autant le réfuter comme système : « si le hégélianisme est à comprendre comme un idéalisme, l'idéalisme lui-même est à entendre non par référence à une instance présupposée dont les capacités théoriques et pratiques s'assortiraient d'une idéalisation nécessaire du monde réel, mais en étroite corrélation avec le concept d'*idéalité*, concept au moyen duquel Hegel entend rendre compte, d'un *même* geste, du statut de la réalité, de la manière dont nous nous rapportons à elle et de la manière dont le savoir se rapporte à la question de sa propre possibilité et validité[1] ». Il est bien évident que l'idéalisme hégélien s'est explicitement compris lui-même comme un dépassement de tout idéalisme subjectif incapable de saisir conceptuellement l'effectivité. Adorno, de ce point de vue, ne laisse subsister aucune ambiguïté, comme le montre sa reprise du concept d'esprit objectif qui représente à ses yeux le moment de dépassement nécessaire de tout repli dans la sphère prétendument pure de la subjectivité, que ce soit sous la forme de la philosophie transcendantale kantienne ou de la phénoménologie husserlienne. D'une certaine manière, c'est la nature de ce geste qui est en cause puisque, quand bien même l'identité est médiatisée par la différence, elle est cependant impliquée par l'idée d'une pensée pure revenant à elle-même après l'épreuve de la scission. Il est clair que cette présupposition d'une pensée pure constitue le point aveugle de l'idéalisme, auquel il faudrait opposer une pensée impure dans laquelle se feraient entendre les ruines et déchets de l'histoire, « l'insoutenable douleur physique à laquelle les individus sont exposés même après que l'individualité comme forme spirituelle de la réflexion ait été mise en demeure de disparaître[2] ».

---

1 Tinland, 2013, p. 9.
2 Adorno, 1992, p. 286.

La dénonciation du présupposé remontant inévitablement à un principe premier sous la forme d'un sujet et d'une pensée purs s'applique aussi bien au sujet transcendantal kantien qu'au concept hégélien d'esprit « comme pensée de son essence » : « La conscience, en tant qu'elle est l'esprit qui apparaît, qui se libère sur son chemin de son immédiateté et concrétion, parvient au niveau du savoir *pur* qui a pour ob-jet ces essentialités *pures* elles-mêmes, telles qu'elles sont en et pour soi. Elles sont pensées *pures*, l'esprit qui pense son essence. Leur mouvement est leur vie spirituelle, il est ce par quoi la science se constitue et ce dont elle est la présentation[1]. » Savoir plus que compromis, comme le dit Adorno de l'idée d'un sens positif, d'une continuité et d'un progrès de l'histoire. Jouer cartes sur table, c'est d'une part reconnaître, à travers cette citation, que la philosophie de Hegel, tout en interrogeant le plus radicalement l'idée de présupposition pour la distinguer, par le discours spéculatif, de la représentation d'entendement qui en fait un principe premier fixe, reposerait cependant sur le présupposé irréductible d'une telle pureté de la pensée en dépit de tous ses déchirements, d'autre part comprendre qu'Adorno fait porter sa critique sur le postulat d'une identité pure, quelque nom qu'on lui donne : « Seul transgresse le cercle de l'emprise idéaliste ce qui est encore inscrit dans sa figure, ce qui après l'accomplissement de sa propre démarche déductive l'appelle par son nom, en démontrant ce qu'il y a de scindé et de non-vrai [*Unwahres*] dans la totalité déployée dans l'ensemble de son contenu [*am entfalteten Inbegriff der Totalität*]. L'identité pure est ce qui est posé [*das vom Subjekt Gesetzte*] par le sujet et dans cette mesure apportée de l'extérieur. C'est pourquoi la critiquer de façon immanente signifie aussi, assez paradoxalement, la critiquer de l'extérieur. Le sujet doit donner au non-identique [*Nichtidentischen*] réparation de la violence qu'il lui a faite[2]. » L'emprise (*Bann*), concept d'une pensée critique indissociable d'une critique de l'idéologie – s'appliquant aussi bien à la tendance totalisante idéaliste du concept qu'à la puissance de la société administrée –, est d'abord celle d'une pensée qui croit à sa pureté, c'est-à-dire à son pouvoir de revenir s'apaiser en elle-même, chez soi, comme le lieu de la liberté certaine d'elle-même, selon Hegel, conquise après le long calvaire de l'effectivité. Autosuffisance qui n'est que mythe, rétorque Adorno. La

1 Hegel, 2006b, p. 7. Nous soulignons le terme « pur » pour en relever l'insistance répétitive.

2 Adorno, 1992, p. 119.

pensée, déchirée, est dans un exil *a priori*, pourrait-on dire, à condition de préciser que cet *a priori* n'a rien de transcendantal puisqu'il est historique, social – Adorno emploie l'expression « *gesellschaftliche Apriori* » –, puisqu'il contient en lui-même les conditions de son devenir et de ses transformations. Il est bien certain que la détermination de cet *a priori* historique fait l'objet de nombreuses controverses, notamment dans les rapports complexes de la phénoménologie à l'historicité[1]. Chez Adorno il ne nous paraît intelligible qu'à partir du concept de constellation que nous analyserons par la suite. Mais il est inséparable par ailleurs de la forme dialectique de cette pensée paradoxale comme le montre le passage cité précédemment où l'expérience de cet exil ne peut se faire que dans le pays de l'idéalisme – critique immanente – afin d'en fissurer l'édifice pour retrouver les strates les plus profondes où s'enracine la pensée – à partir d'un dehors, d'un u-topos désarrimé de tout lieu transcendantal comme de toute absoluité de l'esprit. L'*a priori* est toujours un *a priori a posteriori*, comme il le répète dans sa critique de Husserl, de Heidegger ou encore de Hegel. Expression discutée depuis Aristote qui ne se réduit pas aux rapports entre une connaissance inductive et un savoir déductif puisqu'elle vaut comme une contestation de droit de toute prétention à un fondement de nature métaphysique. En ce sens il ne faut même pas dire que la pensée est privée de sol (*Boden*), car cela impliquerait la présupposition d'un enracinement perdu de la pensée, mais qu'elle est animée par un dehors d'elle-même qui lui est en même temps intérieur, intime. L'exil intérieur ne peut aspirer à aucune origine perdue comme à ces racines d'un quelconque arbre métaphysique : « La catégorie de la racine, de l'origine elle-même est une catégorie de maître, confirmation de ce qui passe en premier parce qu'il était là en premier ; l'autochtone face à l'immigré, ce qui est sédentaire face à ce qui est en mouvement [*Mobilem*][2]. Ce qui séduit, l'origine, parce qu'on ne peut pas l'apaiser à partir de ce qui est déduit, l'idéologie – est de son côté, principe idéologique[3]. » Voilà bien, dira-t-on, soit une facilité de langage soit une transgression illégitime du théorique au sociologique. De manière quasi nietzschéenne il serait possible d'y objecter la nécessaire généalogie des

1 Voir de ce point de vue l'ouvrage de Dominique Pradelle (2013, p. 275-317).

2 Le terme *Mobil*, d'origine à la fois latine (*mobilis*) et française, fait entendre l'écho du mouvement dialectique (*beweglich*).

3 Adorno, 1992, p. 126.

catégories de la pensée dès lors qu'il n'y a ni lieu transcendantal, ni concept pur, ni ciel des Idées. Mais l'analyse généalogique est en quelque sorte rétroactive, elle voit l'origine dans le but. Adorno fait cependant un pas de plus pour soustraire le concept d'origine à toute illusion d'immuabilité : « Il n'y a pas d'origine hors de la vie de l'éphémère[1]. » L'idéalisme et l'idéalité du concept veulent nier ce qui les nie, procès de l'identité comme identité médiatisée pour exhausser le concept à l'intemporel. Si la pensée présuppose un moment d'identification, que répète la conception traditionnelle de la vérité comme adéquation[2], il faut en renverser le cours : « Secrètement [*insgeheim*], la non-identité est le *telos* de l'identification, ce qu'il faut sauver en elle ; l'erreur du penser traditionnel est de considérer l'identité comme son but[3]. » Il y a dans l'adjectif *insgeheim* un écho de cette inquiétante étrangeté dont parle Freud qui consonne avec l'inquiétude du négatif irréductible dès lors qu'on conteste d'une part toute positivité et possibilité de réconciliation, c'est-à-dire en même temps d'adaptation, avec une réalité antagoniste destructrice des rapports sociaux qu'elle prétend produire et instituer en intégrant les individus malgré eux, d'autre part toute certitude et assurance de la pensée se retrouvant libre et apaisée en elle-même. La pensée dialectique conséquente doit être capable de regarder en face ce négatif sans s'y dérober, c'est-à-dire sans renoncer à jamais le nommer : la négation déterminée reste en ce sens le moteur de ce mouvement de la pensée où le moment d'expression, de nomination, tente de s'approcher au plus près de ce qui résiste à la pensée sauf à le dissoudre dans le concept universalisant.

---

1 *Ibid.*

2 L'équivalence entre adéquation, moment logique de la vérité, et adaptation, moment idéologique, est constamment sollicitée par Adorno qui la justifie par la transgression légitime et nécessaire des genres, du philosophique au sociologique, ou encore par le passage dialectique du systématique à l'historique, mouvement propre de la pensée critique.

3 *Ibid.*, p. 121.

RAISON ET DÉMYTHOLOGISATION

Ce qui rend nécessaire et légitime une telle pensée n'est rien d'autre que la contradiction de l'effectivité qui se répète dans les catégories. En d'autres termes, c'est le mythe comme répétition du même, emprise aveugle de la totalité du réel, par lequel ce qui est historique est transfiguré en nature, éternisé. C'est pour cette raison que la logique de la dislocation ou la pensée dialectique est un processus sans fin de démythologisation : « Dans le processus de démythologisation, la positivité doit nécessairement être niée jusque dans la raison instrumentale [*instrumentale Vernunft*] qui se charge de la démythologisation[1]. » Si le concept de démythologisation renvoie à ce qu'Adorno nomme l'esprit de liberté des Lumières, on voit par là que cet « esprit » critique peut lui-même se réifier en oubliant ce dont il procède : non pas seulement une volonté d'émancipation mais l'aspiration à une transformation sociale telle que serait brisée la forme instrumentale de la raison tendant inévitablement à une domination de la nature et de l'homme, à la répétition et reproduction de la domination mobilisant des instruments et des puissances engendrés par des rapports sociaux et des forces productives nouvelles. Adorno n'emploie pas en effet, ici, le concept wébérien de rationalité instrumentale (*Zweckrationalität*) mais le concept de raison (*Vernunft*) conçue comme faculté ou pouvoir critique. Les contradictions de la raison ainsi comprise tendent à la réduire à un rôle fonctionnel qui finit par la nier. Ce pouvoir critique de la raison contre elle-même prend la forme de l'autoréflexion, non pas simplement d'un sujet faisant retour sur lui-même comme sujet de la connaissance, mais d'une autoréflexion – c'est-à-dire une dialectique de l'intérieur et de l'extérieur – des concepts et catégories qui prescrivent autoritairement leur propre logique dont il faut par conséquent analyser les contradictions. Mais ce qui est vrai de toutes les catégories de la réflexion s'applique au concept de contradiction : il ne doit pas être hypostasié, réifié en une catégorie en soi et immuable d'une raison anhistorique. Cela reviendrait à en faire un principe premier, par conséquent à la fonder dans une identité première qui serait non-contradiction et contredirait une pensée arc-boutée contre

1 *Ibid.*, p. 119.

tout *archè*, contre tout absolu. L'hypostase est toujours, selon Adorno, le geste par lequel l'idéalisme croit pouvoir s'acquitter de sa dette à l'égard du réel. Si l'on s'en remet d'abord à la langue, ce terme d'hypostase[1] appartient à un double registre supposé par ce dernier dans sa critique : d'une part il relève du vocabulaire théologique et philosophique, désignant la substance et plus précisément chacune des trois personnes de la Trinité en tant que substantiellement distincte des deux autres, d'autre part, linguistiquement, il sert à nommer la substitution d'une catégorie grammaticale à une autre, par exemple un adjectif employé en fonction de substance. Dans ce concept, dont l'usage critique peut se réclamer de Kant, se conjuguent donc les formes du langage et du spirituel par lesquelles s'accomplissent un processus de substantialisation et de spiritualisation – comme dénégation de ce dont il procède – et la réification de l'objet de la connaissance dans l'acte synthétique d'objectivation : l'hypostase conduit nécessairement, du point de vue spéculatif, à l'essentialisation des catégories, par conséquent, dans les termes de Hegel, à des essentialités pures comme la forme propre de l'idéalité se déployant dans la pure immanence du concept jusqu'à l'Idée absolue. L'hypostase impose subrepticement sa contrainte logique, telle une ruse de la raison où le particulier n'est rien d'autre que le moyen terme et le prétexte de l'universel, captif de la logique d'exposition d'une pensée présupposant l'identité de l'être et de la pensée dans le concept autosuffisant. Sans principe premier, impure, la pensée doit composer et résister à ce qui veut toujours la rapporter à l'unité et à l'identité avec elle-même, ce qu'Adorno nomme synthèse : c'est pourquoi elle est un penser contre soi-même, sans appui fixe, sans fin téléologiquement présupposée. On pourrait ériger cette expression en une maxime des Lumières, celle du siècle de la critique, en reprenant la célèbre formule kantienne : « Notre siècle est le siècle propre de la critique, à laquelle tout doit se soumettre[2]. » La difficulté, cependant, consiste à en montrer l'efficace lorsqu'il n'y a plus aucune architectonique pour la fonder, lors même que le négatif et la contradiction, bien réels, ne constituent pas le

1 Le verbe hypostasier est notamment employé par Kant dans les paralogismes de la *Critique de la raison pure* à propos de la critique de la psychologie rationnelle ou encore dans la critique de l'idéalisme des Idées platoniciennes comme choses en soi. C'est à l'occasion d'une telle critique que Kant se définit comme un idéaliste transcendantal qui est en même temps un réaliste empirique (Kant, 1980, p. 1445).

2 Kant, 1980, p. 727.

dernier mot. Mais justement il n'y a pas de dernier mot pour Adorno : au fantasme d'une maîtrise du réel, à la figure du maître comme puissance souveraine soumettant tout ce qui est à son propre désir, il faut opposer un nécessaire dessaisissement de la pensée sans croire cependant que celle-ci ne ferait que se mettre à l'écoute de ce qui se donne pour mieux l'accueillir comme un hôte étranger dans le libre foyer de la raison[1]. Pas de dernier mot, cela signifie qu'il faut justement se méfier grandement d'une philosophie qui veut avoir le dernier mot, celui d'esprit absolu ou encore celui d'« être », à la fois provenance et fin comme dispensation à laquelle doit condescendre la pensée : geste autoritaire complice de l'idéologie comme permanence de la domination, quelles qu'en soient les formes historiques.

DE L'USAGE DE LA CONTRADICTION QUI NE DOIT PAS ÊTRE HYPOSTASIÉE

Il en résulte un statut et un usage complexes de la contradiction. Sans doute chez Hegel la contradiction, comme tous les concepts, est dialectisée de telle sorte qu'elle paraît ne plus retenir en elle ni substantialité ni l'idée d'un fondement métaphysique transcendant. Plus encore la contradiction, en tant que détermination, « serait à prendre comme le plus profond et le plus essentiel » par rapport à l'identité immédiate simple tel un « être mort ». La contradiction n'est pas, comme détermination elle-même dialectique, la simple condition de la pensée formelle ou encore de la pensée d'entendement, elle est dans les choses, elle est, comme « détermination absolue de l'essence », dans « toute expérience », « dans tout ce qui est effectif comme dans chaque concept ». La contradiction est ainsi « la racine de tout mouvement et

1 Bernard Mabille, pour contester le geste heideggérien reconduisant la logique hégélienne à une forme de maîtrise et de domination, écrit (2004, p. 255) : « La conception hégélienne n'est ni "calculante" ni dominatrice. Elle cherche à recueillir le sens de ce qui est comme on discerne la rose dans la croix du présent. La raison n'est pas imposée à l'étant, elle recueille sa rationalité immanente. » Mais pour Adorno, c'est la genèse d'une telle rationalité qui devient problématique dès lors qu'on récuse l'idée d'une autofondation de la philosophie et par là même la présupposition et donc la possibilité d'essentialités pures.

vitalité », elle gît au cœur de toute pulsion et activité[1]. N'y a-t-il pas là, selon Adorno, une hypostase de la détermination de la contradiction, hypostase qui ne porterait pas tant sur la réalité de la contradiction elle-même – donc sur l'effectivité du réel – que sur sa *détermination* et en ce sens son *concept* ? Dialectiquement une telle hypostase réintroduirait subrepticement l'identité, non pas l'identité simple mais l'identité devenue à travers toutes les médiations et donc les contradictions qui la meuvent. Ce pourrait être la frontière la plus ténue de la ligne de démarcation avec Hegel, ce qui interdit à la pensée critique, à une dialectique négative, d'entrer dans le système au risque de s'y perdre et l'oblige, contre la prétendue immanence et autosuffisance de la raison ou de l'esprit, à intervenir de l'extérieur : « La dialectique le médite [l'aveuglement naturel comme histoire hétéronome] de façon critique, réfléchit son propre mouvement ; sinon la prétention fondée en droit de Kant contre Hegel demeurerait imprescriptible. Une telle dialectique est négative. Son idée nomme la différence avec Hegel. Chez ce dernier, identité et positivité coïncidaient ; l'inclusion de tout le non-identique et objectif dans la subjectivité étendue et élevée à l'esprit absolu devait produire la réconciliation[2]. » Quand bien même on soulignera à juste titre que l'idée de réconciliation hégélienne ne s'enferme pas dans une subjectivité monadologique mais se heurte à une réalité qui la contredit, que l'optimisme spéculatif du vieux Hegel « ne peut être qu'un optimisme métaphysique, contre-intuitif » face à la « souffrance sociale », qu'il faut donc y renoncer puisque « nous ne nous tenons plus à la hauteur de l'esprit absolu[3] », l'essentiel, selon l'intention utopique d'Adorno, consistera malgré tout à se demander d'une part si l'idée d'un tel esprit absolu n'était pas déjà elle-même idéologie, en raison de la présupposition d'une subjectivité absolue produisant toute réalité comme universalité du sens, d'autre part quelle forme peut prendre un tel sacrifice dès lors qu'on ne se résigne pas à la fatalité du cours du monde. Une pensée se mesure aussi à ses effets de pensée dont on peut entrevoir qu'ils sont aussi des enjeux politiques relatifs aux questions de la nature du pouvoir, dont la forme moderne dominante est l'État, mais aussi à la transformation possible ou non de ce qui est dès lors que le pouvoir institué tend à se

1 Hegel, 2010, p. 67.
2 Adorno, 1992, p. 116.
3 Kervégan, 2007, p. 14-15.

perpétuer sous la forme d'une domination, autoritaire ou bureaucratique[1], sauf à se satisfaire d'un retrait dans l'édifice d'une métaphysique dressé solitairement au milieu d'un champ de ruines, ce qu'Adorno nomme des « restaurations » impuissantes d'un esprit sans esprit et sans histoire. Il est bien évident qu'une telle position ne ferait que redoubler l'idéalisme, l'affirmant une première fois dans le système, une seconde fois comme le seul geste philosophique possible et résigné par rapport au réel impossible. Reconnaître et « aller chercher » la contradiction jusque dans l'effectivité, dans l'antagonisme social, peut tout aussi bien revenir à l'éterniser et donc à la justifier : conscience malheureuse en quelque sorte, dénoncée par Hegel lui-même mais retournée par Adorno contre ce dernier : « C'est justement l'insatiable principe d'identité qui éternise l'antagonisme en opprimant ce qui le contredit. Ce qui ne tolère rien qui ne soit tel que lui-même fait échouer la réconciliation sur laquelle il se méprend. L'acte de violence de l'égalisation [*Gleichmachen*] reproduit la contradiction qu'elle élimine[2]. »

Il s'agit cependant de comprendre ce qu'Adorno nomme « objectivité de la contradiction » dans la mesure où, en accord avec Hegel, la contradiction ne repose pas sur la seule défaillance d'une pensée subjective, pas plus qu'elle ne se réduit à une simple règle formelle. L'objectivité dont il est ici question ne concerne pas le rapport du sujet connaissant à un objet possible d'une connaissance universelle, c'est-à-dire la seule validité de la théorie de la connaissance, mais, proche en ce sens du concept d'esprit objectif hégélien, qualifie l'effectivité de la réalité sociale, historique se manifestant par la médiation de ce qui est institué. Elle est l'objectivité de l'expérience de l'individu, de l'étant dans la mesure où celle-ci est en même temps expérience de la société en lui. Il y a une objectivité de l'étant dans sa particularité, comme étant particulier irréductible au concept que l'on ne peut pas cependant

1 Il est certain qu'il faudrait interroger plus précisément ces rapports entre pouvoir et domination, termes qui ne sont pas réductibles au même. De nombreuses analyses d'anthropologie politique ont montré que s'il n'y a pas de société sans pouvoir, celui-ci ne se réduit pas à la catégorie de domination. Ces questions devraient être posées et développées chez Adorno dans son rapport à Max Weber, par exemple à partir du cours de 1964 intitulé *Philosophische Elemente einer Theorie der Gesellschaft*. Sur les rapports entre les concepts d'autorité et de domination, notamment concernant leur usage dans l'analyse politique du national-socialisme, voir notamment l'ouvrage de Katia Genel (2013, chapitre 3, p. 221-308).

2 Adorno, 1992, p. 117.

rabaisser à la pure contingence, à « l'existence paresseuse ». Dans le paragraphe intitulé « Objectivité de la contradiction » l'effectivité est nommée au moyen des concepts marxiens les plus fréquents chez Adorno, au risque de succomber, comme la critique a pu lui en être faite, à un marxisme schématique et réducteur : « principe d'échange », « forces productives », « antagonisme objectif ». Cependant si l'on cherche à nommer cette objectivité de l'ordre social jusque dans les strates les plus profondes de l'individu, ce sera de la souffrance qu'il faudra dire les noms, à l'encontre de ce que refoule la philosophie : « la honte exige de la philosophie qu'elle ne refoule pas [*verdrängen*] ce dont Georg Simmel prit note en s'étonnant de ce que l'histoire de la philosophie remarque si peu les souffrances de l'humanité[1] ». S'agit-il d'un pathos confinant à un humanisme bienveillant, à un « *a priori* de la douleur » comme l'écrit Peter Sloterdijk[2] ou bien du motif utopique voire messianique d'une rédemption, d'un sauvetage et d'un rachat de la souffrance des opprimés, des vaincus de l'histoire ? Sans doute n'est-il pas possible de déterminer positivement l'utopie, de dessiner idéalement le plan d'une société future, mais il est toutefois nécessaire de ne pas faire crédit à la contradiction comme si elle fondait une fois pour toutes l'ordre social. Il n'y a pas d'être en soi de la contradiction, pas d'ontologie qui en ferait un principe premier et ultime : « La contradiction dialectique n'"est" pas purement et simplement mais a son intention – son moment subjectif – dans le fait de ne pas s'en laisser détourner [les souffrances de l'humanité] ; par cette intention la dialectique s'ouvre au différencié [*aufs Verschiedene*]. Philosophiquement, le mouvement dialectique se maintient comme autocritique de la philosophie[3]. » Mais renoncer à l'intention utopique de la pensée, c'est-à-dire à la fois penser ce qui ne doit pas être et ce qui n'est pas encore, revient à réifier non seulement l'activité de l'esprit mais aussi les expériences dans lesquelles il se réalise. Même indéterminée, l'idée d'une transformation radicale du cours du monde est inéliminable d'une pensée autoréfléchie. C'est cela que nomme le

1 *Ibid.*, p. 124.

2 Sloterdijk, 1987, p. 19. « En vérité, Pasolini, est un vaincu, comme Adorno. C'est l'*a priori* de la douleur – qu'on vous rende dures même les choses les plus simples de la vie – qu'on lui ouvre les yeux de la critique. Pas de grands critiques sans grands défauts. Ce sont les grands mutilés de la civilisation qui par de grands efforts trouvent quelque chose de salutaire et continuent à faire tourner la roue de la critique. »

3 Adorno, 1992, p. 125.

divers (*Verschiedenes*), le différencié, qui ne peut pas être seulement une pensée du différent retirée en elle-même, mais doit toujours supposer une petite différence qualitative irréductible au règne d'une rationalité qui réduit les individus à des êtres de laboratoire. Lieu fragile de résistance d'abord indéterminé dont la langue porte des traces inaliénables.

L'AUTRE DE LA SUBJECTIVITÉ REQUIERT EN MÊME TEMPS LA CRITIQUE DE L'OBJECTIVITÉ

Adorno soutient, envers et contre tout, que si l'on ne peut pas taire ce différent, pas plus que l'on ne peut renoncer à le penser, il ne s'offre jamais comme un donné immédiat mais requiert toujours la médiation du concept et de l'objectivité. Même ce qu'on nomme le « donné » n'est pas un immédiatement donné puisqu'il contient toujours en lui des formes sociales sédimentées s'exprimant, de façon voilée, dans les catégories elles-mêmes, il est toujours un immédiat médiatisé, en bonne leçon hégélienne, préformation sociale dans les termes marxiens. Mais il est bien certain qu'Adorno ne renvoie pas tout uniment au « donné » de l'expérience sensible, que ce soit celle de l'empirisme, de la philosophie transcendantale de Kant ou encore de la certitude sensible de la *Phénoménologie de l'esprit* de Hegel. Le donné est d'abord un état de chose (*Sachverhalt*) socio-historique : en ce sens même la perception présuppose une histoire de la perception, comme l'écrit par exemple Walter Benjamin : « La manière dont on opère la perception – le *medium* dans lequel elle s'effectue – ne dépend pas seulement de la nature humaine, mais aussi de l'histoire[1]. » Cela suffit à justifier la nécessité d'une théorie critique ne s'appliquant pas seulement aux objets traditionnels de la théorie de la connaissance philosophique, et tout autant une forme d'autoréflexion interrogeant les concepts et les principes à partir desquels la théorie traditionnelle fondait en même temps sa méthode comme forme d'objectivation. Dans le paragraphe intitulé « Médiation par l'objectivité », c'est le concept de subjectivité qu'il faut soumettre à la logique de la dislocation afin de montrer que, s'il n'est pas possible de renoncer à

---

1 « L'œuvre d'art à l'époque de sa reproductibilité technique », Benjamin, 2000, p. 277.

l'idée d'un sujet de la pensée, à un moi empirique sans lequel l'idée même de sujet transcendantal serait inconcevable, le concept abstrait de subjectivité ne s'explique que par la médiation de l'objectivité. Si cela correspond à l'autoréflexion du concept, ce n'est en aucun cas une méthode réflexive reconduisant, par une réduction du moi empirique, à un sujet transcendantal comme condition de la constitution de l'expérience. La substance du sujet est sociale, on le sait, mais ce qui importe, c'est plus encore de montrer comment les mécanismes de contrainte altèrent jusqu'aux possibilités du sujet de se penser comme sujet afin de résister à l'hétéronomie de l'objectivité qui l'aveugle : « L'hégémonie [*Übermacht*] de l'objectivité dans les sujets, qui les empêche de devenir sujets, empêche tout autant la connaissance de l'objectif; c'est là ce qu'il est advenu de ce qu'on appelait autrefois "facteur subjectif[1]". » Cette hégémonie est en même temps pensée comme une disproportion sans mesure commune entre la puissance sociale et l'esprit de sorte que l'idée de sauver une quelconque substantialité du sujet semble désespérée. On est cependant en droit de se demander ce que peut signifier le « devenir sujet » dès lors que tout sujet vient se briser contre les façades fermées de l'objectivité. Un tel devenir, il va de soi, est dialectique, interdisant ainsi l'opposition figée entre l'intériorité et l'extériorité de même que celle entre l'essence et l'apparence qui reconduirait à un fondement de l'objectif dans le subjectif. Hégélien en ce sens, ce devenir médiatisé est mû par le négatif : le sujet n'est pas ce qu'il est, non seulement parce qu'il n'a pas d'être au sens ontologique, mais parce qu'il est sans cesse nié par ce qui le détermine. Le « sans cesse » n'est plus, pour Adorno, uniquement temporel, mais structurel, c'est-à-dire qu'il renvoie à la non-vérité d'une société déchirée, mutilée qui préforme le sujet. L'opposition statique entre le sujet et l'objet, postulée par la théorie traditionnelle de la connaissance, est d'emblée invalidée dans la mesure où toute subjectivité est le résultat d'un processus de subjectivation dont seule une dialectique de sa genèse et de sa structure peut rendre compte. Le tout comme non-vrai, parodie qu'Adorno, à la manière d'un mime, retourne contre Hegel, atteint jusqu'à la subjectivité en quelque sorte irréconciliable avec elle-même pour autant que la société n'est pas réconciliée avec elle-même. Ce « devenir sujet » est ainsi à comprendre d'un point de vue utopique, sur

1 Adorno, 1992, p. 137.

fond d'une impossible réconciliation. Dans le paragraphe « Médiation par l'objectivité » il est permis d'approcher et de nommer cet impossible lorsqu'Adorno retourne contre Hegel l'immédiat médiatisé en affirmant qu'il y a dans la médiation elle-même un immédiat, un reste irréductible, un « quelque chose » (*etwas*) qui ne relève pas de l'acte subjectif du connaître mais du primat de l'objet : « Dans l'immédiateté ne se trouve pas de la même manière son être médiatisé, comme dans la médiation un immédiat qui a été médiatisé. Hegel a négligé cette différence. La médiation de l'immédiat concerne son mode : son savoir, et la limite d'un tel savoir. L'immédiateté n'est pas une modalité, n'est pas une simple détermination du comment pour une conscience, mais au contraire, objectivement, son concept, celui d'immédiateté, désigne ce dont on ne peut se débarrasser par son concept[1]. » Lorsque Hegel défend la nécessité de commencer par l'être et non le « quelque chose » il fait valoir que celui-ci est déjà déterminé, qu'il est « un étant déterminé qui se différencie d'un autre quelque chose[2] » : or la logique, pour être absolument fondée, position métaphysique et idéaliste par rapport à l'objectivité, a besoin d'un absolument premier indéterminé qui, pris en lui-même, est sans relation à un autre. Cette pureté de l'être est en réalité posée et produite par l'Idée ou l'esprit, elle n'est donc pas ce qu'elle présuppose, pure immédiateté indéterminée. La critique d'Adorno porte en ce sens sur ce qu'il dénonçait déjà dès le paragraphe intitulé « Indissolubilité du quelque chose », et vise plus précisément la présupposition ou le primat du sujet, c'est-à-dire d'une subjectivité absolue sans laquelle le système ne pourrait pas s'accomplir comme autodéploiement du sujet-concept. Ce qu'il faudra y opposer, geste de cette antiphilosophie matérialiste, c'est le primat de l'objet. La réminiscence de l'esprit dans son autre consiste toujours à produire cet autre comme autre de l'esprit, comme il en est de la nature, « présupposition de l'esprit dont il est la vérité, et, par là, le principe absolument premier[3] ». Adorno y oppose l'idée d'un autre qui n'est ni le produit de l'esprit, ni une simple extériorité naturelle que l'on pourra réduire par l'abstraction spéculative se présentant comme la forme de pensée la plus concrète, selon les termes employés par Hegel pour renverser les rapports naïfs

1 *Ibid.*, p. 138.
2 Hegel, 2006b, p. 62.
3 Hegel, 2012, p. 430.

entre le concret et l'abstrait que l'opinion commune fait valoir contre la philosophie. Si ce dont on ne peut se débarrasser est le quelque chose, dans la mesure où penser signifie toujours penser quelque chose, tautologie dit Adorno, la fin du paragraphe tente de nommer cet irréductible au moyen de la figure de l'étranger, de l'exilé, de « ce qui est autrement[1] ». C'est la dialectique de l'aliénation qui est remise sur ses pieds, non pas à partir de l'opposition entre l'essence et l'apparence, mais de celle de la différence par rapport à ce qui est intégré et nié, incorporé et persécuté, écrit Adorno. L'intégration à la puissance sociale, par une « rationalité totalitaire et pour cette raison particulière » (*totalitäre und darum partikulare Rationalität*), se fonde sur le principe d'identité et sur le processus d'identification rapportant toute chose au même, afin, dans un même mouvement, de le connaître en l'universalisant, de l'apprêter au moyen du concept et de le dominer. On pourra sans doute s'étonner de l'usage de l'expression « rationalité totalitaire », mais il faut cependant se rappeler qu'elle renvoie aux analyses développées antérieurement dans *Dialektik der Aufklärung* (*La Dialectique de la raison*) et qu'Adorno la qualifie ici de « particulière » pour signifier, paradoxalement, qu'elle n'est pas le tout de la raison qu'elle prétend cependant être. Comment le comprendre autrement si l'on n'oublie pas qu'Adorno répète que ce dont souffrent l'individu et la société n'est pas d'un « trop » de raison mais d'un manque de raison (*Vernunft*), c'est-à-dire d'un pouvoir effectif d'autoréflexion contre l'hétéronomie. Ce pouvoir qui s'exerce dans l'actualisation d'un jugement doit se comprendre en même temps comme une critique des tendances irrationalistes qu'Adorno ne cesse de dénoncer non seulement dans l'ontologie mais aussi dans toutes les formes de « retour à » un passé perdu idéalisé. On pourrait dire que la rationalité *veut* être le tout (*das Ganze*) à la fois de la connaissance et de l'effectivité sociale comme processus de socialisation parce qu'elle obéit à la logique de l'identité supposée au principe – comme *archè* qui est au fondement, à l'origine et de ce fait commande, selon les différentes acceptions de ce terme grec – de la domination de la nature hostile de sorte que, dans son mouvement propre, elle désigne et réduit cet autre ou cette différence qui lui résistent. Mais l'identification totale n'a pas le dernier mot, écrit Adorno, ni au moyen d'une dialectique reconduisant à une subjectivité absolue, ni dans les formes de domination par lesquelles les hommes

1 Adorno, 1992, p. 139.

prétendraient s'approprier totalement la nature pour la faire servir à leurs propres fins. La connaissance qui *veut* l'utopie constitue de ce point de vue un lieu de résistance contre l'emprise de cette rationalité instrumentale : un tel vouloir, expression, comme nous le montrerons dans la troisième partie, d'une liberté toujours menacée mais immanente à tout processus de subjectivation indissociable des formes d'institution de l'individu par lesquelles précisément il devient sujet, interdit de renoncer à ce qu'Adorno nomme la force du sujet, dont la constitution ne peut en aucun cas se fonder dans une philosophie transcendantale qui ne fait au contraire qu'emprisonner encore plus l'individu dans son égoïté comme une monade totalement fermée sur elle-même. Le moment utopique de la pensée exprime donc une double intention de sauvetage : celui du sujet contre sa réduction soit à la sphère subjective soit à l'individu empirique préformé socialement, celui de la raison comme pouvoir critique contre sa tendance à se transformer en une rationalité abstraite et calculante, « raison irréfléchie [*Besinnunglose Vernunft*] [...] aveuglée jusqu'à l'égarement face à tout ce qui se dérobe à sa domination[1] ». La difficulté et les écueils possibles d'un tel sauvetage de la raison sont en quelque sorte rendus manifestes par le jeu dialectique permanent entre les concepts de rationalité (*Rationalität*) et de raison (*Vernunft*) : plutôt que d'imputer à Adorno une éventuelle indétermination ou confusion conceptuelles il serait préférable de comprendre cette dialectique comme la tendance historique de ce que la philosophie nomme le logos occidental. Il est dans ce cas plus que légitime de considérer que le travail opéré sur les catégories philosophiques traditionnelles dans la deuxième partie de la *Dialectique négative* œuvre à un tel sauvetage sans autre boussole que l'intention utopique.

ADORNO, UN HÉGÉLIEN TARDIF ?

Le sauvetage de la raison ne peut pas s'accomplir par une dialectique transformant la métaphysique en une logique spéculative, ni prendre la forme d'une quête d'un impensé originaire remontant en deçà de

1 *Ibid.*, p. 138.

l'invention grecque du logos comme commencement d'un déclin dont seule une pensée de l'être conjointe à l'annonce du dieu ultime, tel un signe pour un avenir possible d'un « peuple de l'être », pourrait prendre la relève[1]. Il doit se faire au moyen des catégories produites par la raison, catégories à la fois philosophiques et socio-historiques dont l'entrelacement et la prétendue autonomie ont trouvé leur justification, au regard de la nature et de l'individu socialisé, dans une nécessaire maîtrise et domination de ce qui lui est autre. Or il est bien évident que, pour Adorno, c'est à partir de Hegel, comme ponctuation et clôture des possibilités spéculatives de la raison, que l'on doit indiquer le lieu d'une nouvelle raison possible. À cet égard il serait tentant de faire d'Adorno, au-delà de ses propres affirmations, un tardif hégélien qui se méconnaît comme tel. Pourtant il paraît nécessaire de prendre à la lettre la critique du système hégélien, de sa dialectique idéaliste non seulement fondée sur l'identité mais aussi sur l'idée d'origine : « En tant qu'idéaliste, la dialectique était aussi philosophie de l'origine. Hegel la comparait à un cercle[2]. » L'idéalisme serait poursuivi par son ombre, le fantasme d'une unité dernière, bloc figé d'éternité, malgré la fluidité des concepts qu'il met en œuvre. Si la philosophie hégélienne semble rejeter, contre Kant, l'idée d'une unité synthétique comme fondement de la connaissance dans un sujet transcendantal, elle faillit cependant à son impulsion de reconnaître dans l'identité le non-vrai, et succombe au poids de la tradition : « Pourtant Hegel, comme Kant et toute la tradition, Platon y compris, prend parti pour l'unité[3]. » Il

---

1 C'est dans les *Beiträge zur Philosophie, Vom Ereignis* de Heidegger que l'on trouvera les développements d'une telle pensée, que l'étude suggestive de Jean-François Courtine caractérise comme une « a-théologie post-métaphysique » en concluant sur « des perplexités » dont on peut supposer qu'elles sont loin d'être exemptes d'implications politiques (Courtine, 2013, p. 191-215).

2 Adorno, 1992, p. 126.

3 *Ibid.*, p. 128. Sans doute Adorno rapporte-t-il très et trop vite l'unité à l'identité. On peut cependant supposer que pour penser ces deux concepts hors du champ de la métaphysique classique, il faut tout d'abord montrer que l'Un comme principe premier et l'identité sont convertibles. C'est en tout cas ce qu'Adorno soutient dans l'introduction de *Contribution à une métacritique de la théorie de la connaissance* lorsqu'il écrit (p. 31) : « La métaphysique des nombres réalise exemplairement l'hypostase de l'ordre, ce voile à l'aide duquel l'esprit recouvre si totalement les choses qu'il maîtrise le mieux, qu'on finit par confondre le voile avec ce qu'il cache [...] Le nombre et la possibilité même de dénombrer sont déjà présents dans le concept d'*archè* qui règne sur les textes originaires de la philosophie occidentale même s'ils ne furent thématisés qu'avec le concept d'être dans la métaphysique aristotélicienne. L'*archè*,

faut sauver Hegel contre Hegel puisque seul il s'est approché de l'idée d'une dialectique négative : « La synthèse hégélienne prend toujours en considération l'insuffisance de ce mouvement, à prix coûtant pour ainsi dire. Il parvient au plus près de la conscience de l'essence négative de la logique dialectique développée par lui et ceci dès *l'Introduction à la Phénoménologie*. Son précepte d'examiner purement tout concept jusqu'à ce que de par son propre sens, donc son identité, il se meuve et devienne non-identique à soi-même, est celui de l'analyse, et non pas synthèse[1]. » Voilà sans doute à nouveau une expression de la ligne de démarcation qui sépare à la fois Hegel de lui-même et d'Adorno. Ce que Hegel pressentait mais devant lequel il reculait, Adorno le nomme en en faisant la règle d'une pensée critique qui, comme autoréflexion, est légitime à rappeler le moment de l'*Aufklärung* : lutter contre la domination mythique du même que renforce un usage non critique des concepts non pas en abandonnant à eux-mêmes ces concepts mais en leur faisant subir l'épreuve du multiple, de l'autre qui ne cessent de se rappeler en eux. Pour Adorno l'idéalité du concept, inéliminable, finit toujours par oublier son substrat non conceptuel en raison de la puissance du principe d'identité qui fait retour là même où elle est dialectisée par la négativité : Hegel ne parviendrait pas à « arrêter » le mouvement dialectique au moment de la raison négative et dialectique parce qu'il subsume la raison, dans sa scission entre une raison d'entendement et un entendement de raison sous le concept d'esprit absolu, vérité supérieure d'une positivité dernière pensée comme réconciliation. Ce qu'Adorno dit de la science dans un fragment de *Dialektik der Aufklärung* (*La Dialectique de la raison*) intitulé « Le prix du progrès », à savoir « [l]a perte du souvenir comme condition transcendantale de la science[2] », pourrait tout aussi bien s'appliquer ici à la philosophie, à la dialectique idéaliste poursuivie, comme son ombre, par la positivité. Le positif, « fétichisé en soi », produit de l'objectivation, est présupposé : « Seul celui qui déjà présuppose [*präsupponiert*] dès le commencement la positivité comme le tout de la conceptualité [*Allbegrifflichkeit*] est capable de défendre l'idée que la négation de la négation est la positivité[3]. » Le

ce qui est premier, appartient par essence à la série des nombres ; là où il est question d'un *proton*, il faut qu'il y ait un *deuteron* et qu'ils se laissent dénombrer. »

1 Adorno, 1992, p. 127.

2 Horkheimer et Adorno, 1974, p. 248.

3 Adorno, 1992, p. 129.

fétichisme, concept qu'il ne faut pas par ailleurs hypostasier, est aussi bien celui du fait que du concept : à cela s'oppose l'idée qu'en chacun il y a toujours plus que ce qu'ils sont. Ce que refoule et dénie la dialectique idéaliste, le moment du « ψεῦδος » qu'elle enveloppe, dans les termes d'Adorno, est ce « toujours plus » qui ne se rapporte pas simplement à la catégorie de la contingence, laquelle, pensée comme le contradictoire du nécessaire, présuppose encore l'identité et reste ainsi dépendante des catégories métaphysiques. La contingence, pourrait-on dire en une formule paradoxale, est le décret de la raison, de la nécessité. L'excès de toutes les catégories, l'hétérogène ou la différence irréductible, sont le « ce qui n'est pas encore » pensé à partir de la négation déterminée qui s'exprime en quelque sorte dans cette expression elle-même sans faire de l'indétermination le reste d'une pensée qui n'aurait plus de nom pour ce qu'elle tente d'approcher. Le « toujours plus » qualifie, du point de vue du sens, ce à quoi le travail de déchiffrement doit rendre justice comme un excès de sens en attente de son interprétation, sans prétendre se rapporter cependant à la présupposition d'une quelconque transcendance, d'un *telos* inscrit par avance dans l'histoire. Peut-être serait-il possible de la rapprocher de l'Idée esthétique au sens kantien, comprise comme « une représentation de l'imagination qui donne beaucoup à penser, sans pourtant qu'aucune pensée déterminée, c'est-à-dire sans qu'aucun *concept* ne puisse lui être approprié et, par conséquent, qu'aucune langue ne peut exprimer complètement ni rendre intelligible[1] ». Mais il faut insister sur l'écart tout aussi important concernant le rapport à l'imagination qui, devenant dialectique chez Adorno, exige le mouvement de la négation déterminée contre l'affirmation d'une indétermination de droit, et l'idée selon laquelle l'excès de sens est immanent à la langue comme langue historique. L'analogie avec l'œuvre d'art concluant le paragraphe où Adorno s'emploie à sauver l'individuel est certes frappante, mais ne doit pas faire oublier que celui-ci se refuse à en faire un paradigme de la pensée dialectique puisque c'est au contraire l'interprétation de l'œuvre qui requiert le travail de médiation par le négatif : « Alors que l'individuel [*Individuelle*] ne se laisse pas déduire du penser, le noyau de l'individuel serait comparable à ces œuvres d'art individuées à l'extrême, échappant à tous les schémas, dont l'analyse, à l'extrême limite de leur individuation, retrouve des moments de l'universel, participation à la

1 Kant, 1985, p. 1097.

typologie dissimulée à elle-même[1]. » La dialectique de l'universel et du particulier – du moment de l'individuation comme différence tout à la fois irréductible à l'universel mais qu'on ne peut cependant interpréter, dans son contenu de vérité, en niant en lui des traces d'universalité parce que, en raison même de la langue et de la nature du concept, il ne serait même plus possible de le faire parler, contredisant la visée d'une vérité objective – nous reconduit vers les terres hégéliennes et le problème, une fois encore, du statut de la dialectique comme langue.

C'est sans doute le concept de constellation indissociable du *rapport* à la langue qui permet de rendre compte de la possibilité d'approcher ce lointain, cette singularité qui se dérobe comme si elle était un pur bloc d'immédiateté, ineffable voire mythique. Il s'oppose, comme concept critique et comme méthode (*Verhalten*), au mode de pensée classificatoire propre, selon Adorno, à tout idéal de scientificité, que ce soit dans les sciences positives ou encore dans une tradition philosophique s'y référant comme à un modèle de rigueur et d'objectivité, puisque celle-ci remonte, en hiérarchisant, du particulier au concept générique, oublieuse par suite de ce dont elle s'abstrait, ce à quoi Hegel n'échapperait pas, malgré la dialectique vertigineuse du négatif. Ce qui paraît ne s'appliquer qu'à la démarche inductive vaut tout autant pour la déduction dans son résultat : déduire, en ce sens, c'est ordonner et classer *a priori* en présupposant que le réel se plie au découpage et à l'apprêtement des catégories parce que sa rationalité, ce qu'il y a de pensable en lui, y compris sa contingence, est le produit de l'activité libre de la raison. Ainsi l'exemple n'est-il qu'un cas particulier déjà prédéterminé par des concepts dont la logique immanente n'a en droit jamais besoin : il n'est rien d'autre qu'une image, une métaphore du concept pur. Mais la critique de la réduction à la positivité ou à l'autonomie du concept tire son impulsion du rapport à la langue et à l'historicité qu'introduit ce concept de constellation, rapport comme comportement et méthode (*Verfahren*) par lesquels la philosophie devient un art de l'interprétation, un savoir historique de l'objet que le concept autarcique éternise en niant son historicité réduite à la contingence : « Percevoir la constellation dans laquelle se trouve la chose [*Sache*] signifie aussi bien déchiffrer l'histoire qu'elle porte en elle en tant que devenue. Le *Chorismos* de l'intérieur et de l'extérieur est de son côté conditionné historiquement. Seul un

1 Adorno, 1992, p. 131.

savoir pour lequel est aussi présente la valeur historique de l'objet dans son rapport aux autres objets est capable de faire accoucher [*entbinden*] l'histoire dans l'objet ; actualisation et concentration d'un déjà su qui le transforme. La connaissance de l'objet dans sa constellation est celle du processus qu'il accumule en lui. Comme constellation, la pensée théorétique circonscrit le concept qu'elle voudrait ouvrir, espérant qu'il saute, à peu près comme les serrures des coffres-forts bien gardés : non pas seulement au moyen d'une seule clef ou d'un seul numéro mais d'une combinaison de numéros[1]. » On peut lire dans cette citation dense le programme de la dialectique négative anticipé pour une part dès les années 1930, dans le dialogue avec Walter Benjamin, exposé ici à partir d'une nécessaire confrontation avec Hegel, donc en rapport avec une conceptualité devant laquelle Benjamin, selon Adorno, aurait reculé, de même qu'il manquerait à la dialectique déployée dans son travail sur Baudelaire la « médiation[2] ». Adorno ne serait-il donc qu'un crypto-hégélien, prisonnier, à son corps défendant, de l'emprise de la pensée conceptuelle qu'il entend disloquer ? Il nous semble que ce qui est précisément mis en jeu dans cette question, c'est le statut possible d'une nouvelle discursivité philosophique où l'usage des concepts, critiqués, préserve à la fois de l'hermétisme d'une langue s'avançant masquée et de la tentation d'une prose philosophique poétique forgeant, pour rompre avec la langue de la communication, des mots magiques, des néologismes réservés à quelques initiés auxquels fait défaut toute détermination.

Mais l'hégélianisme d'Adorno paraît pour le moins retors, comme si, une fois éliminés le système et les tours et détours de la négativité, il n'en restait que le principe d'une négation déterminée applicable, mécaniquement, à toute chose. On ne pourra tout d'abord que s'étonner de cette affirmation au ton apparemment dogmatique où Hegel se voit qualifié du mot peu glorieux, voire calomnieux, d'adepte, pire encore, accusé de la plus grave inconséquence : « Mais la dialectique de Hegel était une dialectique sans langue alors que le sens le plus simple du mot dialectique postule la langue ; Hegel resta dans cette mesure adepte

1 *Ibid.*, p. 132.

2 Benjamin, 1979b, p. 269. Adorno déplore tout autant le manque de médiation à partir du tout dans la dialectique de Benjamin que la substitution de la « métaphore à l'expression obligatoire », c'est-à-dire le défaut de rigueur conceptuelle et l'absence d'une théorie explicite justifiant les analyses du contenu historique.

[*Adept*] de la science courante[1]. » Il importe tout d'abord de retrouver ici, dans l'usage du terme *Adept*, ce qu'Adorno nomme la force explosive des mots étrangers qui par son excès arrête la pensée, lui fait perdre pied quelques instants. On peut supposer que c'est la nature même de l'esprit au sens hégélien qui rend compte de ce défaut de langue, l'esprit conçu comme rapport et comme cohésion (*Zusammenhang*), comme structure fermée. Si tout est esprit, même ce qui est tu, ce qui est sans langue, l'est *a priori*, de sorte qu'il n'y aurait pas même besoin de le faire parler. Le concept, issu des noms, oublierait sa propre origine, réduisant ainsi la langue à un simple moyen de communication, d'extériorisation de la pensée ayant pour fin « l'accord mutuel » dans « la communauté instituée des consciences[2] ». Il serait cependant facile d'objecter que Hegel porte une attention soutenue à langue, à ce qu'il y aurait en elle de spéculatif, notamment, comme cela est bien connu, dans les remarques relatives au concept d'*Aufhebung* : « Cela devrait frapper qu'une langue en soit venue à utiliser un seul et même mot pour deux déterminations opposées. Il est réjouissant pour la pensée spéculative de trouver dans la langue des mots qui ont en eux-mêmes une signification spéculative[3]. » Cette remarque qui ne figure pas dans la première édition de 1812 se trouve confirmée dans la *Doctrine de l'essence* à propos de l'essence comme vérité de l'être : « C'est seulement en tant que le savoir se ressouvient à partir de l'être immédiat que par cette médiation il trouve l'essence. La langue a conservé dans le verbe *sein* le *Wesen* dans le participe passé : *gewesen* ; car l'essence est l'être passé, mais intemporellement passé[4]. » L'idée d'une remémoration dans et par la langue est en outre formulée par Hegel à propos de termes étrangers, latins, plus réfléchis là où font défaut les mots de la langue maternelle[5]. Souci du sens et de l'expression qui témoigneraient, contre Adorno, du pôle décisif de la langue comme *medium* de la pensée. Mais à se reporter au chapitre de la certitude sensible de la *Phénoménologie de l'esprit*, où le langage, en disant le vrai de ce qui est simplement visé, contredit en même temps l'immédiat et le

---

1 Adorno, 1992, p. 131.

2 « Préface », Hegel, 1939, p. 59. Nous retenons la traduction de Jean Hyppolite là où Bernard Bourgeois traduit : « et son existence ne se rencontre que dans l'avoir-en-commun réalisé des consciences » (Hegel, 2006a, p. 110).

3 Hegel, 1986a, p. 114.

4 Hegel, 2010, p. 3.

5 Hegel, 1986a, p. 114-115.

particulier en l'élevant à l'universel, on peut considérer que la « nature divine » du langage en fait un moment de l'esprit au-delà même de son historicité, comme si l'esprit était le dépositaire d'une langue pure, originaire, celle des essentialités. Or Adorno s'oppose fermement à toute idée d'une langue première, originelle et anhistorique que la pensée spéculative n'aurait plus qu'à dégager de la langue de la représentation. La dialectique sans langue de Hegel est d'abord et avant tout celle d'une langue que ne viennent pas affecter les sédimentations historiques et sociales, au risque patent de la réduire à des formes figées, réifiées qui se retournent contre la pensée elle-même[1]. Adorno refuse tout autant le formalisme de la langue, conçue comme simple système de signes, critiquant ainsi le caractère représentatif du langage dans la mesure où la représentation reste extérieure à ce qui est représenté, faisant de la langue une simple convention. La langue est présentation, exposition (*Darstellung*) d'un contenu pour autant que le sens est immanent au développement, jamais donné par l'immédiateté des concepts et de leur possible définition. De même, pourrait-on dire, qu'il faut faire parler les choses, de même il faut faire parler les mots de la langue, c'est-à-dire leur rendre justice. Sauver les phénomènes et sauver la langue participent d'un même geste, d'un même comportement (*Verhalten*[2]) ou encore d'un même rapport à la langue. Toutefois ce n'est pas tant le moment subjectif de la langue qui est ici mis en avant que son pôle objectif : « Là où elle apparaît essentiellement comme langue, là où elle devient présentation, elle ne définit pas ses concepts. Leur objectivité, elle la leur assure à travers le rapport dans lequel elle place les concepts centrés sur une chose. Elle sert ainsi l'intention du concept : exprimer entièrement ce qui est visé[3] [*das Gemeinte*]. » L'idée que la pensée philosophique ne procède pas à partir de définitions, maintes fois rappelée par Adorno, autorisait déjà Kant à distinguer la connaissance philosophique comme

1 Dans *Trois études sur Hegel* Adorno développe une critique semblable de ce défaut de langue de la logique spéculative, bien qu'il n'ignore rien des « déclarations enthousiastes » de Hegel concernant la langue, tout en cherchant à montrer que ce dernier n'a pas fait entrer la langue « dans la sphère de l'esprit objectif » (1979, p. 129-131.)

2 Le terme *Verhalten* pose par lui-même des problèmes de traduction qui ne reçoivent pas de solution univoque : s'il désigne aussi bien le comportement, la méthode, il faut comprendre que pour Adorno il se démarque d'une part du subjectivisme et d'autre part de la méthode positiviste des sciences. Ainsi faut-il le comprendre comme un *rapport* qui implique ce que Hegel nomme « position par rapport à l'objectivité ».

3 Adorno, 1992, p. 131.

connaissance rationnelle par concept et la connaissance mathématique procédant par construction de concepts selon le modèle de la géométrie. Mais il y manquait précisément l'historicité des concepts comme *a contrario* le prouve la nature des catégories de l'entendement considérées comme immuables parce qu'en quelque sorte, malgré le renversement copernicien, elles resteraient écrites dans « une nature ». Ce n'est qu'au moyen des constellations qu'un tel comportement de la langue pourra se retourner contre l'idée d'une langue naturelle qu'il suffirait d'apprendre à bien parler, la langue philosophique notamment dont se prévaut par la suite ce qu'on nomme la rigueur conceptuelle, pour connaître objectivement la nature et le monde donnés, comportement dialectique où la production d'un sens est toujours en même temps négation de ce qui se donne immédiatement comme signification figée.

CONSTRUCTION DE L'OBJET, LE PICHET D'ERNST BLOCH

Pour comprendre cette insistance de la langue, jusque dans les concepts les plus abstraits, il ne faut pas oublier qu'Adorno ne cesse de poser, certes de façon labyrinthique, la question de la possibilité d'une connaissance dont le *telos* demeure la vérité objective soustraite à la détermination traditionnelle de la vérité comme adéquation de la pensée et du réel, détermination statique se coupant du mouvement progressif de la pensée vers une vérité temporelle par principe fragile, c'est-à-dire susceptible d'être refoulée, perdue. Formulé au plus près de ces termes, il s'agit de savoir comment la philosophie peut se tenir à la hauteur de son concept en rendant justice au contenu concret, au champ de l'expérience élargi bien au-delà des limites fixées par Kant. Pour signifier une telle intention Adorno n'utilise pas le concept classique d'objet (*Gegenstand*) comme ce qui fait face à la conscience, au sujet, mais le terme plus indéterminé encore de « *Objekt* », ce quelque chose qui s'ouvre, bien qu'il puisse rester fermé, à la connaissance, par et dans le concept. D'une certaine manière il importe peu, dans ce cas, de poser la question de la constitution de l'objectivité dans la subjectivité, antinomie dont par ailleurs Adorno montre qu'elle reste non résolue y compris dans la phénoménologie husserlienne. Les trois termes essentiels qu'il faut articuler sont ceux d'objet (*Objekt*), de concept et de constellation. L'objet est tout à la fois l'ouvert et le concret dans sa singularité. Mais il n'est pas réductible, comme matière, à l'intuition sensible. Sa concrétion est historique, sédimentation, en lui, d'une histoire effective. Dans un texte consacré à Ernst Bloch, où Adorno, sur le ton de l'autobiographie, affirme « avoir jamais rien écrit qui ne se souvienne, de manière latente ou manifeste », de *L'Esprit de l'utopie*, paru en 1918, il souligne le moment de rupture qu'a pu constituer cette œuvre en ces termes : « Philosophiquement, c'est la marque d'un changement de position par rapport à l'objet[1] [*Objekt*] ». Il est vrai que Bloch lui-même critiquait en des termes sévères l'étroitesse du champ de l'expérience kantien – « c'est à partir d'un cercle bien étroit que sa pensée prend son essor » – même s'il tenait à sauvegarder la grandeur de la question d'un savoir universellement valable[2]. Dans l'interprétation qu'Adorno donne de ce qu'il nomme à la fois la description d'un pichet et la spéculation aventureuse du regard de Bloch se trouve condensée l'idée même qu'il faut se faire de l'objet, ici le pichet, à savoir « ce que celui-ci a accumulé comme devenir et comme histoire, ce qui y a disparu, ce que le regard du penseur, aussi tendre qu'agressif, y fait vivre[3] ». Dialectique où la force de la pensée réveille ce qui a été oublié dans l'objet devenu alors lettre morte, sans destinataire, moment utopique de la connaissance comme l'indiquent clairement les dernières lignes de l'essai : « Ce n'est pas une ontologie qu'il s'agit d'extraire de ce ventre. Le but visé est celui-ci : si on savait exactement ce que le pichet dit et dissimule tour à tour dans son langage de chose, on saurait ce qu'il importe de savoir, ce que la discipline de la pensée civilisatrice, culminant dans l'autorité de Kant, a interdit à la conscience de demander. Ce mystère serait le contraire de ce qui a toujours été et sera toujours ainsi, de l'invariance : c'est ce qui pourrait enfin être un jour autrement[4]. » Lorsque l'on interroge la forme concrète de ce savoir micrologique partant du primat de l'objet qu'Adorno reprend de Benjamin dans son rapport au concept

1 Adorno, 1984b, p. 391.
2 Bloch, 1977, p. 213-214.
3 Adorno, 1984b, p. 392.
4 *Ibid.*, p. 395.

de constellation, la lecture attentive de ces quelques lignes suffirait à montrer en même temps que la force de l'expression et de l'exposition par laquelle est rendue présente, de manière presque phénoménologique, l'histoire latente de l'objet, procède de l'intention utopique qui, par principe, excède le nom et le concept. Dans le détail, le plus petit, parle une vérité historique humble au vu des grands problèmes philosophiques, vérité dont il y a cependant beaucoup à réapprendre pour une humanité oublieuse d'elle-même. Bloch déjà concluait ainsi sa description du pichet : « Tout ce qui autrefois fut ainsi fait avec amour et par nécessité, possède sa vie propre, accède à des hauteurs nouvelles, inconnues, et nous revient marqué, comme nous vivants ne saurions l'être, orné d'un certain signe, si léger soit-il, d'un sceau de nous-mêmes [...] le vieux pichet n'a rien d'artistique, mais pour mériter ce nom, une œuvre d'art devrait lui ressembler et ce serait déjà beaucoup[1]. » Il n'est pas question d'une vague nostalgie antiquaire déplorant la perte de l'ancien monde : ce qu'il faut chercher est un « signe », un renvoi ou encore l'indice que quelque chose d'autre aurait pu et peut encore advenir de ce qui a été. C'est à partir du présent, le regard tourné vers le futur, que le déchiffrage micrologique fait parler les objets que le passé tend à réifier alors qu'il y a en eux un langage muet qui attend son interprétation. On peut sans doute considérer qu'Adorno est resté dépendant des catégories métaphysiques de sujet et d'objet, ainsi que de leur rapport dialectique, mais c'est passer bien vite sous silence la manière même par laquelle il procède dans son déchiffrement de la littérature, de la poésie ou encore de la musique : non seulement la langue, l'expression y sont décisives mais elles présupposent plus encore que ce qu'on nomme objet est déjà, dans sa configuration historique, pétri de langage, qu'il est fait d'une langue historique dont les mots eux-mêmes, faits, fabriqués et façonnés par l'histoire, sont comme des fragments de la vérité, fragiles mais promis aux hommes. Or ce qui est vrai de l'art, des œuvres, l'est tout autant de la réalité dont la philosophie dit avoir le souci. Les catégories de sujet et d'objet, telles qu'Adorno les maintient, sont justement brisées tant dans leur contenu que dans leur forme métaphysiques par la langue qui a sa propre dialectique. Si l'on accepte de lire les interprétations d'Adorno comme des essais phénoménologiques, comme l'écrit Jean

1 Bloch, 1977, p. 17.

Lauxerois en affirmant qu'Adorno reprendrait à son compte la formule husserlienne de la « chose même[1] », il faut y objecter le moment de la dialectique, du négatif qui fait dire à Adorno que la « chose même » de la phénoménologie husserlienne est niée par la méthode, « véritable acte de violence[2] » où la chose est dissoute par et dans la subjectivité transcendantale.

LES VICISSITUDES DU CONCEPT SAUVÉES PAR LES CONSTELLATIONS

C'est précisément cette intention de faire de la négativité le mouvement propre de la pensée qui conduit Adorno à maintenir la nécessité du moment logique du concept et sa contrainte objective de sorte qu'il est possible de dire que l'objet, du point de vue de la connaissance, ne s'ouvre, en dépit de sa différence de nature, que par le concept. Cette insistance s'explique notamment par les multiples rappels d'Adorno contre la tentation de ce qu'il nomme la mauvaise poésie philosophique où la métaphore vient se substituer au concept : le moment expressif du nom ne suffit jamais à la langue philosophique parce qu'il y manque dans ce cas l'autoréflexion qui passe nécessairement par les concepts. Non pas qu'il faille appliquer de l'extérieur une dialectique à l'objet, mais il faut au contraire faire surgir cette dialectique de l'objet lui-même, ce qui est rendu possible par le non-identique qu'il enferme en lui comme une trace historique excédant son individualité empirique. Ce geste le rapproche de la dialectique hégélienne de l'être à condition de partir d'un étant déterminé, donné dans sa concrétion historique : dans l'objet et son concept il y a toujours plus que ce qui est d'abord donné. Mais l'objet ne parle pas encore de lui-même, il reste fermé, opaque aussi bien à l'interprétation qu'à la pensée. Si l'objet est une monade, close

1 Adorno, 2013, p. 8. Dans « Husserl et le problème de l'idéalisme », Adorno parle à plusieurs reprises du « *slogan zu den Sachen* » pour montrer que, malgré une « attaque anti-idéaliste », Husserl reste dépendant d'un « désir idéaliste ». Un slogan, dans la langue d'Adorno, correspond déjà, par lui-même, à une réification de la langue et de la pensée, à un oubli de ce à quoi se rapporte le concept (Voir Adorno, 2011a, p. 288).

2 Adorno, 2011a, p. 34.

sur elle-même, il n'en est pas moins historique et une pensée abstraite qui s'y rapporte du dessus avec des catégories apprêtées s'empêche de lui rendre justice : « La conscience de la constellation dans laquelle il se trouve » consiste à l'ouvrir en lui restituant son contenu historique concret[1]. Le concept de monade ne désigne plus seulement la substantialité de l'étant mais à la fois le devenir et le « devenu » historiques par lesquels l'étant est en même temps un présent et un passé, ouvert sur l'indétermination du futur. On peut voir dans l'usage du terme de monade une discrète référence à Benjamin et notamment, au-delà des analyses développées dans l'*Origine du drame baroque allemand*, à sa conception de l'historien matérialiste qui « ne s'approche d'un objet historique que lorsqu'il se présente à lui comme une monade[2] ». Si la question de la dialectique à l'arrêt et le motif de l'interruption révolutionnaire comme paradigme d'un penser monadique par constellations ne sont pas discutés dans ces lignes, l'intention utopique est le lieu d'une affinité entre Benjamin et Adorno bien que cette forme utopique de la pensée développée par ce dernier se démarque du messianisme utopique de Benjamin même là où il est pensé dans les catégories du matérialisme historique. Le terme de constellation peut lui aussi, sans doute, être à nouveau repris de Benjamin, mais il faudra alors insister sur le fait qu'Adorno tente de le penser comme une structure organisée de concepts dans laquelle est saisi le singulier, mixte de concept et d'histoire, là où Benjamin élabore une pensée en images, comme dialectique à l'arrêt capable de briser le continuum historique. Adorno une fois encore se tourne vers Hegel pour mieux le retourner contre lui-même, comme le montre la dialectique de l'intérieur et de l'extérieur : « L'intérieur du non-identique est son rapport à ce qu'il n'est pas lui-même et à ce que lui refuse son identité avec lui-même, arrangée, solidifiée et bloquée. Ce n'est que dans son extériorisation qu'il parvient à lui-même et non dans son endurcissement ; il est encore besoin de l'apprendre de Hegel, sans lui concéder les moments répressifs de sa doctrine de l'extériorisation[3] [*Entäußerung*]. » Ce moment répressif correspond à ce qu'Adorno nomme bien souvent le moment idéologique de la dialectique hégélienne, ce moment de l'esprit objectif qui, dans le mouvement de l'extériorisation,

---

1 Adorno, 1992, p. 132.
2 « Sur le concept d'histoire », Benjamin, 2000, p. 441.
3 Adorno, 1992, p. 132.

subordonne les moments de l'individualité, celle de l'individu particulier et celle de l'esprit des peuples à sa propre fin comme accomplissement de l'esprit du monde. Selon la doctrine hégélienne l'extériorisation a un sens positif, contrairement au concept d'aliénation (*Entfremdung*) : elle est l'expression adéquate de l'intériorité où l'esprit revient à lui-même après cette extériorisation dans le monde comme ce qui lui fait face, comme l'objectivité qu'il produit, dans un mouvement dialectique complexe de scission où ce qui est étranger à l'esprit en l'expulsant d'abord de lui-même est réactualisé et finalement reconquis dans la certitude d'une subjectivité dont le véritable « sujet » est le concept. Dans ce mouvement d'extériorisation la conscience de soi se rend conforme à l'universel (*sich dem Allgemein gemäss gemacht zu haben*) qu'elle présuppose comme la condition d'un savoir philosophique devenu science (*Wissenschaft*). C'est une telle universalité, sous l'emprise de l'esprit, qui correspond au moment répressif, de même que l'État est un faux universel, masque de la domination. Adorno prend à la lettre le terme « conforme » (*gemäss*) en le traduisant ainsi, comme il le fait bien souvent, par les idées d'adaptation, de nivellement. Le paragraphe 381 de la « Philosophie de l'esprit » a le mérite, à cet égard, de concentrer en lui tous les termes trahissant, aux yeux d'Adorno, la domination de l'esprit, comme identité et premier absolu, sur ce dont il provient, la nature : « *Pour nous*, l'esprit a dans la *nature* sa *présupposition*, dont il est la vérité, et, par là, le [principe] *absolument premier* [*absolut Erstes*]. Dans cette vérité la nature est disparue [*verschwunden*], et l'esprit s'est produit comme l'Idée parvenue à son être-pour-soi, dont l'*objet* [*Objekt*], aussi bien que le *sujet*, est le *concept*. Cette identité est *absolue négativité*, parce que, si, dans la nature, le concept a son objectivité extérieure accomplie, cette sienne extériorisation [*Entäußerung*] séparant d'avec soi-même est supprimée, et il est, en celle-ci, devenu pour lui-même identique à lui-même. Il n'est, par conséquent, cette identité qu'en tant qu'acte de faire retour à lui-même à partir de la nature[1]. » Certes il serait possible d'affirmer qu'une telle détermination de l'esprit n'est intelligible qu'à la lumière du développement du tout de la philosophie hégélienne. Mais si l'on est attentif à la langue dans son usage spéculatif, on pourra reconnaître là d'une part les concepts présupposés par la dialectique hégélienne en

1 Hegel, 1988, p. 178.

tous ses renversements, d'autre part ces mêmes concepts soumis à la logique de la dislocation par Adorno. L'activité de l'esprit s'accomplit par l'emprise du concept et de l'Idée sur la nature dont ils sont la vérité, cette nature présupposée n'apparaissant plus que comme une provenance à la fois disparue, supprimée et finalement oubliée dans le processus dialectique d'abstraction. La synthèse spéculative se retourne contre l'esprit et la nature : domination perpétuée comme mythe, répétition du même. Elle est une activité absolue identique à la pure noésis noéséos d'un Dieu créateur séparé de l'histoire[1]. Là où Bernard Mabille écrit que « pour Hegel, la “puissance absolue” est moins domination de l'autre que maîtrise de soi conduisant à la libération conjointe de soi et de l'autre[2] », Adorno cherche à montrer que la dialectique hégélienne vient se briser en son milieu parce qu'elle présuppose une identité à soi qui devient positivité : « La qualification de la vérité comme comportement négatif du savoir qui pénètre l'objet – qui supprime donc l'apparence de son être-ainsi [*Sosein*] immédiat – résonne comme le programme d'une dialectique négative, comme programme du “savoir correspondant à l'objet” ; néanmoins l'établissement du savoir en positivité abjure ce programme. Dans la formule de “l'égalité avec soi” [*Gleichheit mit sich*], de la pure identité [*reinen Identität*], le savoir de l'objet se révèle comme un tour de passe-passe parce que ce savoir n'est plus du tout celui de l'objet mais au contraire la tautologie d'une noésis noéséos posée absolument. D'une façon irréconciliable, l'idée de réconciliation interdit son affirmation dans le concept[3]. » Si le savoir de l'objet transforme et le savoir et l'objet, selon le concept d'expérience hégélien, Adorno soutient au contraire que dans la dialectique comme système, ce sont et le savoir et l'objet qui sont perdus. Mais cette double perte est en même temps traduite en termes de répression et de domination de l'autre parce qu'une connaissance réconciliée, c'est-à-dire en ce sens utopique, veut déchiffrer le contenu dans sa différence, dans son écart sans prétendre le réduire

1 Dans le paragraphe « Activité pure et genèse » Adorno multiplie les termes grecs en rattachant ainsi l'idéalisme allemand à la tradition platonicienne et aristotélicienne, ce qu'il fait par ailleurs à propos de la phénoménologie husserlienne (Adorno, 1992, p. 159, et 2011a, « Introduction »). Mais Husserl serait avant tout un « réaliste platonicien » qui aurait en quelque sorte coupé l'herbe sous le pied de ses successeurs en laissant l'idéalisme dans un état paradoxal (*ibid.*, p. 223 et 269).

2 Mabille, 2004, p. 284.

3 Adorno, 1992, p. 130.

à sa rationalité réfléchie par l'esprit se pensant lui-même. Il ne s'agit pas simplement de donner un sens à la contingence de l'individué mais de faire parler dans l'objet, dans la non-identité de sa singularité irréductible au concept et à la logique, une langue historique que la raison n'aurait pas par avance condamnée à l'inexistence au nom de l'absoluité de l'esprit. À l'*a priori* comme condition d'une logique spéculative présupposant l'unité et identité d'une vérité intemporelle il faut opposer l'*a priori* historique d'un noyau de vérité temporel toujours menacé de tomber dans l'oubli : la genèse, le devenir et le devenu historiques pénètrent le système jusque dans ses présuppositions, que ce soient celles d'un commencement ou d'une autofondation. C'est en ce sens que tout *a priori* est toujours un « *a priori a posteriori* », selon une expression maintes fois reprise par Adorno dès qu'il s'agit de mettre en évidence les antinomies de l'idéalisme : ce qui vaut de façon privilégiée pour une dialectique de l'intérieur-extérieur contenue en tout objet et en tout concept, et notamment pour le « singulier » (*Einzelnes*) dont seule l'abstraction en fera un terme dernier (*Letztes*) auquel se heurterait la connaissance comme son autre irréductible. Dans l'expression « critique de la domination », en prenant en considération la multiplicité de ses formes sociales, culturelles et politiques déchiffrables dans le noyau de l'individualité, il faut toujours entendre une révolte contre l'oubli de cette singularité que l'histoire universelle, celle de l'esprit, ne fait que renforcer en en confirmant la nécessité, sans méconnaître que même l'extrême individualité est toujours médiatisée en elle-même : le malheur des peuples et plus encore des individus est certes un spectacle désolant, comme le disait déjà Kant, mais la confiance dans la raison exige de s'en détourner pour le progrès et donc le bien de l'humanité considéré du point de vue de l'Idée universelle du genre humain. L'espérance ne peut faire autrement que d'accepter et d'endurer le sacrifice de l'individu qui œuvre à son insu pour des lendemains incertains.

Pour répondre au paradoxe d'une telle espérance dont on sait qu'elle suppose chez Kant les postulats de la raison pratique, l'Idéal d'un devoir-être suspecté de ne renvoyer qu'à une transcendance vide, il faut se demander comment il est possible de sauver le singulier, dans l'effectivité de ce monde, dont le contenu immanent est toujours en même temps de l'universel historique. Ce singulier n'a de réalité, au sens de ce qui existe comme tel et excède le concept d'existence par lequel la philosophie tente d'approcher sa concrétion, que dans des constellations qui lui sont à la fois extérieures et intérieures, ce dont en quelque sorte il n'a pas de savoir, comme s'il était déterminé par des strates inconscientes constitutives aussi bien de l'histoire individuelle que collective. C'est pourquoi il est impossible d'en rester à de simples intuitions dont une visée intentionnelle, par un acte de conscience, remplirait le sens : le concept comme sujet du savoir est nécessaire à condition d'être lui-même réfléchi dans ses moments pour en faire exploser (*sprengen*), en la disloquant, la prétention à une totalité des déterminations d'essence de ce qui est. Sans doute Adorno reprend-il d'une certaine manière la présentation dialectique du savoir de l'introduction à la *Phénoménologie de l'esprit*, ne serait-ce que dans le concept d'expérience, comme nous l'avons précédemment montré. Le savoir de l'objet, médiatisé par le concept, transforme et l'objet et le concept de l'objet : « mais, dans le changement du savoir, change, en fait, pour elle [la conscience], aussi l'objet lui-même, car le savoir présent était essentiellement un savoir de l'objet ; avec le savoir, l'objet lui aussi devient un autre, car il appartenait essentiellement à ce savoir[1] ». Mais là où, selon Adorno, Hegel clôture ce savoir par la présupposition de l'esprit absolu comme son origine et sa fin, ce *telos* d'une histoire universelle réconciliée, l'histoire réelle, et d'abord celle de l'injustice faite aux hommes par les hommes, vient briser de façon irréconciliable l'assomption du contenu dans le concept. Si, comme le Dieu de Nietzsche, l'esprit absolu est mort, quand bien même les hommes continuent de l'ignorer, s'il s'est consumé dans Auschwitz comme paradigme de la contemporanéité, alors il n'y a plus de principe transcendant pour fonder le sens historique. Seules restent des clés et des combinaisons qui obligent à tâtonner pour sauver des fragments de vérité. Cette métaphore du déchiffrage au moyen de clés, présente dès les années 1930 chez Adorno, conduit à mettre en relief la fonction dialectique du verbe *sprengen* – faire sauter, faire exploser – pour autant que toute interprétation exige le travail de la langue dans la langue elle-même, comme le montre l'usage des mots étrangers revendiqué et pratiqué par Adorno, dont l'une des vertus, contenue dans leur « force explosive » consiste à « harceler le corps de la langue[2] ». Ce qui peut

1 « Introduction », Hegel, 2006a, p. 127 (traduction B. Bourgeois).
2 Adorno, 2004, p. 200.

apparaître comme une violence de l'interprétation offre au contraire un lieu fragile de résistance à la violence de l'idéalisme hégélien, plus généralement à tout idéalisme, lorsqu'il se heurte à l'autre de l'identité : « Alors qu'incontestablement la construction de son système s'effondrerait sans ce principe [l'identité à soi comme pure identité], la dialectique possède son propre contenu d'expérience non pas dans ce principe mais dans la résistance de l'autre à l'identité ; d'où sa violence[1]. » La constellation, aussi bien celle des concepts que du singulier comme noyau de toute individualité, qui trouve son modèle dans le comportement (*Verhalten*[2]) de la langue, dans son moment de présentation (*Darstellung*), consiste en ce sens à reconfigurer l'histoire refoulée afin de montrer que ce qui est pourrait être autrement. Si les Lumières ont leur face monstrueuse, celle d'une rationalité aveugle devenue irrationnelle, elles contiennent en germe les ferments d'une pensée critique où seul l'esprit de liberté peut convaincre les hommes de leur pouvoir d'autodétermination.

Cette élaboration d'une pensée dialectique négative ne peut pas, cependant, rompre tout rapport avec la science, avec la théorie et les questions de validité de la connaissance qu'elle implique, comme si elle établissait une division abstraite entre la pensée et la raison, proclamant la supériorité métaphysique de l'une sur l'autre, comme si toute science ne pouvait prendre que la forme positive de la rationalité instrumentale qui calcule, classe, ordonne à des fins d'adaptation et de domination. Pour Adorno, déterminer les conditions de la pensée exige en même temps une compréhension nouvelle de la théorie, y compris de la Théorie critique confrontée aux échecs de l'émancipation susceptibles de l'invalider, tant dans ses principes que dans ses moyens, contre le positivisme scientifique dominant. Non seulement le refus de céder à la division académique des savoirs est propre à la Théorie critique telle que Horkheimer en a formulé le principe, mais il est une condition de l'émancipation de la société elle-même puisqu'il consiste à mettre en cause la division sociale du travail, c'est-à-dire en même temps la forme générale du travail abstrait et de l'échange dans la société capitaliste, les rapports de production, de

1 Adorno, 1992, p. 130.

2 Ce verbe substantivé constamment employé par Adorno, comme nous l'avons noté précédemment, désigne d'une part la méthode, la manière de procéder mais d'autre part un rapport aux choses qui n'est pas simplement subjectif puisqu'il s'enracine dans la langue elle-même dont le sujet pensant n'est jamais l'heureux propriétaire, comme nous l'avons déjà montré à propos du motif de l'exil dans la langue.

circulation et de consommation des marchandises, tant dans leurs formes matérielles qu'intellectuelles auxquels n'échappent ni la philosophie ni les sciences, y compris la sociologie ou ce qu'on nomme aujourd'hui, dans la tradition française, les sciences humaines. Si cette émancipation est « en panne » rien ne justifie de céder sur l'exigence d'autoréflexion de la théorie dans son rapport à sa propre historicité afin de réinterroger les conditions d'une nouvelle praxis, quand bien même Adorno dit de façon téméraire mais sans doute aussi sceptique que la praxis est ajournée pour un temps indéfini, cette praxis qui ne semble capable de se penser, à l'époque où il écrit, que dans les termes marxistes d'une transformation révolutionnaire de l'ordre établi, comme le terme de praxis lui-même l'indique. En précisant la signification et l'usage du concept de constellation dans son rapport à la théorie, Adorno, dans le paragraphe intitulé « Constellation dans la science » (*Wissenschaft*), oppose à la tendance métaphysique de Walter Benjamin la méthode sociologique de construction d'un idéal-type[1] de Max Weber, plus proche et plus appropriée au déchiffrage des individualités historiques objectives contre leur déduction spéculative. En ce sens la constellation est l'analogue de l'*a priori* historique tel que le conçoit Adorno, si ce n'est qu'il faut en faire un usage dialectique, dont le mouvement est la négation déterminée, absent chez Max Weber. Dans la notice de l'éditeur de la *Dialectique négative* on le vérifierait à propos de la critique de la rationalité en finalité (*Zweckrationalität*), concept irrationnel dont témoigneraient les rapports entre les moyens et les fins qui y sont inhérents dans la mesure où il légitime l'usage rationnel de moyens de destruction pour des fins destructrices devenant elles-mêmes rationnelles. Adorno conclut cette notation en écrivant que la rationalité des moyens et des fins est « pure idéologie », d'abord dirigée contre le marxisme[2]. C'est au moyen d'une analogie avec l'écriture musicale qu'il interprète ce rapport entre l'idéal-type et la constellation, à partir de la langue même de Weber lorsque ce dernier emploie le verbe « composer » (*das Komponieren*), acte d'écriture auquel il faut associer l'idée de relation et celle d'un ensemble et d'un contexte cohérents – ce qui recouvre une part du large champ sémantique du substantif allemand

1 Rappelons simplement que ce concept méthodique, heuristique de Weber doit permettre de forger des concepts singuliers afin d'accéder à la connaissance d'individualités historiques et qu'il s'oppose à toute conception déductive de l'histoire présupposant une loi et une nécessité immanentes aux processus historiques.

2 Note non traduite que l'on trouvera dans l'édition allemande (Adorno, 1996a, p. 530).

Zusammenhang – qui implique une construction dans et par la langue dont le concept de constellation ne peut être séparé comme pure catégorie de l'esprit : « Mais pour les compositions en question [celles de Weber au moyen d'un idéal-type] il devrait en être de même que pour leur analogon, les compositions musicales. Produites subjectivement, ces dernières ne sont réussies que là où la production subjective disparaît dans celles-ci. La relation [*Zusammenhang*] qu'elle instaure – celle de la "constellation" précisément –, devient lisible comme signe de l'objectivité : du contenu spirituel. Ce qui dans de telles constellations ressemble à l'écriture, c'est le renversement au moyen de la langue de ce qui est pensé et rassemblé [*Zusammengebrachten*] subjectivement en objectivité[1]. » Là où la théorie de Weber succomberait au subjectivisme voire au relativisme, selon la critique d'Adorno qu'il faudrait sans doute soumettre elle-même à la critique tant les controverses restent vives encore, c'est la question de la langue qui permet de retrouver les traces de l'objectivité sédimentées dans les couches matérielles et spirituelles de l'histoire humaine. Si c'est précisément ce que Weber n'aurait pas réfléchi comme tel, cherchant une voie moyenne entre le nominalisme et le substantialisme pour déterminer des concepts historiques, problème hérité de Kant, de Hegel et de Nietzsche, on peut supposer qu'Adorno fait porter son analyse et sa critique sur le langage scientifique en général, considéré en ce sens, à nouveau, comme une langue sans langue. Qu'il s'agisse du formalisme, de l'usage nominaliste des concepts, la science, et ici la sociologie, s'en tiendrait à une conception instrumentale de la langue comme moment d'exposition de contenus où les concepts réduits à des signes resteraient extérieurs à ce qu'ils nomment, alors que la pensée dialectique se doit de réfléchir, en le pénétrant et en l'ouvrant dans sa dialectique propre, le contenu historique et objectif de la langue qu'elle parle afin de neutraliser son moment subjectif et de prévenir la réification de ses concepts. Il reste qu'Adorno reconnaît à Weber le mérite de ses constructions permettant de soustraire le concept de constellation à « la vieille question de l'origine toujours plus précaire[2] », c'est-à-dire à la métaphysique, et d'ouvrir un tiers (*Drittes*) au-delà de l'alternative entre positivisme et idéalisme[3]. Que signifie ce tiers, ne correspond-il pas à cette voie

1 Adorno, 1992, p. 133.
2 *Ibid.*, p. 134.
3 *Ibid.*

recherchée par Weber, ne renvoie-t-il pas à la dialectique négative qui n'est ainsi liée, en termes juridiques sollicités implicitement par l'usage du terme de « tiers », par aucun contrat tacite, prétendument garant de l'objectivité, la rattachant soit au positivisme, c'est-à-dire au modèle dominant de la science pour Adorno, soit à l'idéalisme, c'est-à-dire à la philosophie comme système, seule susceptible de penser et de construire le tout à partir d'une méthode déductive fondée sur un principe premier ? Il est bien certain que la dialectique négative ne peut penser le particulier qu'à partir du tout, notamment le tout de l'ordre social, la « société » qui n'est jamais la simple somme des moments et des relations qui la constituent. Adorno une fois encore fait appel à Hegel dans une note de bas de page relative au concept métaphysique de raison suffisante. Voici tout d'abord ce qu'il écrit : « Effectivement, le concept est la raison suffisante de la chose dans la mesure où l'investigation, du moins celle d'un objet social, devient fausse là où elle se limite à des interdépendances à l'intérieur de son domaine [...] et ignore sa détermination par la totalité[1]. » Pour dénoncer l'insuffisance d'un nominalisme non réfléchi dans la sociologie, il faut donc mobiliser ce qu'il y a de plus spéculatif – accroître la tension entre la positivité et le moment de la pensée –, à savoir le concept et la médiation dans leur sens hégélien où toute relation ne peut être appréhendée que dans le « tout comme unité essentielle[2] ». La ligne de démarcation, autre nom de ce « tiers » dont il faut faire le pari, passe toutefois par l'affirmation répétée d'Adorno selon laquelle le tout est le non-vrai, renversement nécessaire si on accepte de se placer du point de vue du potentiel utopique de la pensée, renversement toujours paradoxal puisque cette totalité prend l'apparence nécessaire du vrai. Mais le passage par le spéculatif, devant lequel tout sociologue s'empressera de reculer en poussant de hauts cris, se justifie par ailleurs par le refus de faire de la dialectique une sociologie du savoir ou de la connaissance (*Wissenssoziologie*). Sans la thématiser explicitement, Adorno interroge la distinction entre les concepts de savoir (*Wissen*) et de science (*Wissenschaft*) que l'on peut reconduire aux controverses propres à l'idéalisme allemand qui cherchait à dépasser le simple point de vue de la théorie de la connaissance, c'est-à-dire le point de vue d'un savoir d'entendement limité, fini, privé de son propre fondement. Hegel, après Fichte, revendique, dans un

1 *Ibid.*, p. 133.
2 Hegel, 2010, p. 87.

passage célèbre de la « Préface » de la *Phénoménologie de l'esprit*, le nom de science pour la philosophie rattachée depuis ses origines à l'idée par trop abstraite de sagesse : « Travailler avec d'autres à ce que la philosophie s'approche de la forme de la science [*Wissenschaft*], du but consistant, pour elle, à pouvoir déposer son nom d'*amour* du *savoir* [*Wissen*] et à être *savoir effectif*, c'est cela que je me suis proposé[1]. » Ce concept de science (*Wissenschaft*) est de nouveau revendiqué par Husserl en un autre sens alors même qu'il s'oppose à toute forme d'idéalisme spéculatif, lorsqu'il s'agit de fonder la phénoménologie à la fois contre le psychologisme, l'historicisme et le relativisme qu'il implique. Quelle que soit la détermination de l'essence et donc du réel, de la « chose même », comme ce qui doit être pensé, dialectique ou phénoménologique, la science (*Wissenschaft*) a pour *telos* la vérité objective, intemporelle ou omni-temporelle, et se doit de produire positivement une fondation pour tous les savoirs régionaux, pour toutes les formes d'objectivités réelles et idéelles. En ce sens le savoir (*Wissen*), lié et comme enchaîné à la positivité, à « ce qui est le cas » (*Was der Fall sei*), ne portant que sur des objets particuliers, est incapable de se fonder en totalité : on peut retrouver là l'impulsion donnée par Platon lorsqu'il fait de la dialectique la seule épistémè véritable puisqu'elle seule parvient à penser l'essence et plus encore à s'élever à ce qui est au-dessus et au-delà de l'être et de l'essence, l'Idée du Bien, cette « merveilleuse transcendance » comme il est dit dans *La République*. Cette antique tradition, malgré toutes les différences essentielles qui partagent les doctrines philosophiques historiques, reste inscrite dans l'idée de science qu'Adorno juge nécessaire de conserver pour en contester cependant l'idéalisme, et notamment la prétention de se rapporter à la totalité en l'unifiant sous un principe, qu'il soit dit esprit absolu ou ego transcendantal. Poursuivant en apparence – mais en apparence seulement puisque les présupposés de la Théorie critique constituent déjà, en eux-mêmes, une discontinuité essentielle – une telle tradition, c'est d'abord le positivisme et ses effets idéologiques qu'Adorno critique dans un essai de *Prismes* intitulé « La sociologie du savoir, forme de la conscience », écrit en 1937 et publié en 1953 : « La tendance est "positiviste" : les phénomènes sociaux sont acceptés "en tant que tels", puis classés selon des concepts généraux[2]. » Dirigés contre Mannheim, fondateur et

1 « Préface », Hegel, 2006a, p. 60.
2 Adorno, 1986b, p. 24.

principal représentant de la sociologie de la connaissance, les arguments développés par Adorno s'appliquent de façon générale à la nature et à la fonction de la théorie traditionnelle fondée sur une séparation dogmatique entre les concepts, la méthode qu'elle met en œuvre et la réalité sociale qui est son objet. Implicitement, parce que non réfléchie, une telle théorie reste indifférente à l'égard de la réalité en justifiant tout autant son impuissance que l'intégration à un ordre social faux. Ce qu'il faut lui opposer, c'est, en accord avec le matérialisme historique, la nature antagoniste de la société et de l'histoire et la thèse selon laquelle toutes les productions intellectuelles sont en même temps des productions sociales indissociables de la division sociale du travail. Argument classique qui devra par la suite nous conduire à une analyse du matérialisme d'Adorno puisque ce dernier ne manque pas de se démarquer de ce qu'il reste d'idéalisme dans le matérialisme marxien. La critique de la sociologie de la connaissance, placée sous le signe de l'idéologie, est sans appel, comme le fait entendre la conclusion de l'attaque menée contre Mannheim dans l'essai de 1937 : « La sociologie de la connaissance crée pour les intellectuels sans abri des camps de rééducation destinés à leur apprendre à s'oublier eux-mêmes[1]. » La virulence du propos doit se comprendre à partir de l'idée de compromission comme composante de l'idéologie, de ses usages et de ses fonctions. Adorno emploie fréquemment le terme de compromission pour désigner le caractère problématique et aveugle d'une pensée incapable de se situer par rapport à la réalité historique et politique, d'abord face à la barbarie nazie et ses potentialités toujours présentes, sauf à affirmer un sens positif d'une tendance historique conçue implicitement comme naturelle et donc irréversible. Ainsi en est-il d'un savoir qui continue de présupposer l'idée d'un progrès de l'histoire, ou encore d'une réconciliation possible avec une rationalité qui administre les individus comme de simples exemplaires nécessaires à la reproduction de la domination perpétuée. Tout cela est fortement compromis, y compris les catégories susceptibles de trouver une légitimité philosophique et théorique, que ce soient celles de sens, de progrès, de rationalité. Seule une autoréflexion, comme mouvement d'une pensée toujours appelée à se reprendre elle-même et contre elle-même, libérera la pensée d'une telle emprise. Le passage par la philosophie s'avère à nouveau nécessaire : « Philosophiquement, on ne peut passer aux catégories sociales que par

1 *Ibid.*, p. 36.

le déchiffrage du contenu de vérité [*Wahrheitsgehalt*] de celles de la philosophie[1]. » On pourrait voir dans cette formulation une simple tautologie : pour penser philosophiquement un objet, des concepts, il faut philosopher ! Mais Adorno opère en même temps un renversement dans le rapport entre la philosophie et les sciences qui semble reconduire à l'ancienne forme d'une philosophie conçue comme théorie de la connaissance garantissant le fondement de la possibilité de toute connaissance objective. En réalité la véritable difficulté provient plus certainement de la volonté d'Adorno de ne pas céder sur le concept de vérité, en affirmant que la vérité, objective mais non pas transcendante et immuable, demeure en ce sens le *telos* de la pensée philosophique et des sciences elles-mêmes. En effet on pourrait considérer qu'après Nietzsche, c'est l'idée même de vérité qui est fortement compromise, quand bien même on la déclinerait au pluriel. L'idée de vérité objective ne serait au mieux qu'une fiction utile, une perspective fondée, souterrainement, sur des pulsions obscures, voire sur une volonté de puissance comme jeu de forces et de différences. Pourtant Adorno, malgré ses emprunts à Nietzsche lorsqu'il s'agit de penser la genèse des concepts, ne veut pas renoncer à l'objectivité de la vérité, rejetant par ailleurs toute idée de vérité de l'être comme voilement et dévoilement au sens de Heidegger, conception qu'il appelle au mieux mystique, au pire mythologique et idéologique. Si le concept de « contenu de vérité », hérité notamment de Benjamin, est présupposé par toute pensée critique, il est certes évident qu'aucune fondation dernière n'est possible à partir d'une doctrine philosophique constituée comme système, qu'il soit celui d'une architectonique au sens kantien ou celui d'une logique spéculative au sens hégélien. D'une part un tel contenu de vérité est historique, d'autre part il ne s'atteint que dans le développement d'une pensée médiatisée par la langue sédimentée dans les choses. Enfin et surtout cette objectivité du vrai n'est déchiffrable que de manière lacunaire, comme moments et fragments d'une totalité qui n'apparaît comme telle, close sur elle-même et consistante, qu'au regard d'une rationalité bornée et soumise à l'autorité des faits : la fonction critique de ce concept de vérité consiste avant tout, négativement, à démasquer ce qui se fait passer pour le vrai comme adéquation à ce qui est. Mais une telle critique repose sur une logique de la dislocation paradoxale puisqu'elle doit faire voler en éclats une réalité elle-même brisée de

1 Adorno, 1992, p. 157.

l'intérieur : d'une part la société disloquée ou encore désintégrée, d'autre part l'individu mutilé, privé de son pouvoir et de son moment d'individuation. L'idée métaphysique de vérité absolue comme tout de l'étant et complétude d'un sujet revenu à lui-même est une illusion métaphysique dont l'idéologie se nourrit puisque les contenus de vérités ont le caractère de l'éphémère, ces fragments de l'histoire qu'il faut sauver de l'oubli, histoire sociale certes mais pas seulement dans la mesure où l'intention de sauvetage vaut tout autant de la métaphysique et de la raison, de l'expérience spirituelle, comme nous aurons l'occasion de le montrer dans une troisième partie. L'idée de vérité objective désigne en ce sens le lieu du réel opaque à la pensée que seule la négation déterminée peut venir briser. Le rapport à la vérité – l'idée de rapport est évidemment essentielle pour prévenir toute substantialisation – est dialectique et historique et c'est négativement qu'il se détermine, c'est-à-dire à partir du non-vrai. Ce qui pourrait apparaître comme un artifice se comprend mieux, cependant, si on applique cette dialectique à l'idée de justice. Quand bien même nous ne savons pas ce qu'est dans l'absolu la justice, le juste en soi dans le langage platonicien, nous pouvons toujours donner des noms à l'injustice majeure faite aux hommes, dans le génocide, dans la torture. Nier cela est le propre de l'idéologie. D'une certaine manière Adorno est un platonicien anti-platonicien : le vrai et le juste sont convertibles à condition de les penser à partir du non-vrai et du non-juste puisqu'aucun ordre idéal n'est même projetable par le simple logos. C'est bien, une fois encore, le moment utopique de la pensée qui permet de sauver, même sous une forme négative, la vérité et la justice. Adorno n'ignore pas, par ailleurs, combien le concept d'idéologie est devenu, après tous ses usages, problématique, comme le montre un essai de 1953 intitulé *Contribution à la doctrine des idéologies* où il rappelle que, comme tous les concepts en général, celui d'idéologie est un concept historique dont la fonction critique oblige sans cesse à de nouvelles déterminations : « Ce que signifie "idéologie" et ce que sont les idéologies – voilà qui ne se laisse discerner qu'à condition de rendre justice au mouvement du concept, qui est en même temps un mouvement de la chose même[1]. » Ce qui pourrait tomber sous le coup de la critique n'est pas tant l'analyse qu'en fait d'abord Adorno mais une fois encore le passage par le langage spéculatif hégélien qu'attestent sans fard les termes utilisés par celui-ci.

1 Adorno, 2011c, p. 132.

S'il ne s'agit pas d'un simple procédé ou d'un repli dans le prestige de la tradition philosophique, alors nous pouvons supposer que le concept de vérité objective qu'il faut opposer à l'idéologie ne reçoit sa légitimité que de Hegel, mais contre lui, contre la possibilité de la philosophie comme système. Parler la langue de Hegel ne signifie pas justifier le contenu de la philosophie hégélienne, mais relève bien plutôt d'une implacable nécessité dès lors que tout savoir implique à sa manière une certaine métaphysique non réfléchie dont la conceptualité doit tout à Hegel. L'idéologie du savoir, mais aussi de la philosophie, repose d'abord sur ce déni. C'est pourquoi la pensée critique est toujours en même temps critique de l'idéologie et rapport à la vérité : « Car le concept d'idéologie n'a de sens que par rapport à la vérité ou à la non-vérité de ce sur quoi il porte ; on ne peut parler d'apparence sociale nécessaire qu'en prenant en considération ce qui ne serait pas une apparence et qui trouve bien sûr son signe [*Index*] dans l'apparence. C'est à la critique de l'idéologie qu'il revient de porter un jugement sur la part du sujet et de l'objet et sur sa dynamique[1]. » Mais par ailleurs il est également faux de dire que tout est idéologie ou bien que l'idéologie ne serait qu'un moment séparé de l'être social : elle est au contraire immanente au tout de sorte que seule une critique qui prend en considération ce tout peut contribuer à en briser le voile : « L'idéologie aujourd'hui, c'est la société telle qu'elle apparaît dans son immédiateté. Elle est médiatisée par une totalité où domine l'intérêt particulier, mais sans y être réductible ; c'est pourquoi elle est en quelque sorte en tout point également proche du centre[2]. » L'idéologie serait à l'image du cercle hégélien du système et de son emprise de sorte qu'une critique de l'idéologie prend nécessairement la forme d'une dislocation de cette figure fermée qui s'apparaît à elle-même comme le vrai. La sociologie du savoir, idéologique dans la mesure où elle se rend aveugle à la position qu'elle occupe dans le tout, nie aussi bien « la structure objective de la société » que « l'idée d'une vérité objective et de sa connaissance[3] ».

1 Adorno, 1992, p. 156.
2 Adorno, 1986b, p. 19.
3 Adorno, 1992, p. 157.

MOMENT MATÉRIALISTE COMME CRITIQUE DE L'IDÉOLOGIE

Si l'idéologie doit faire l'objet d'un déchiffrage des concepts qui la soutiennent, celui de subjectivité, et plus précisément de sujet transcendantal, semble occuper une place privilégiée dont l'interprétation, en retour, nous faisant mieux comprendre ce qu'Adorno nomme critique de l'idéologie, nous conduira au « passage au matérialisme », expression propre à rappeler le mouvement d'une pensée qui ne peut faire l'économie de la critique de l'idéalisme. C'est tout d'abord le rapport au matérialisme qui justifie l'expression d'« antiphilosophie » par laquelle Adorno caractérise la forme utopique de sa pensée dialectique, comme le montre la remarque suivante : « Dialectique, elle l'est encore de par sa propre essence, philosophie et antiphilosophie[1] ». Mais si cette dernière trouve sa présupposition dans le matérialisme dialectique auquel renvoie Adorno, un tel matérialisme ne pourra pas toutefois se soustraire à la critique de ses traits idéalistes persistants, dans lesquels se reproduit la domination politique sous la forme d'une vision du monde, comme nous le montrerons dans l'analyse du chapitre consacré à Hegel. Si le matérialisme et l'idéalisme se heurtent, chacun à leur manière, aux apories de la détermination du sujet, il est nécessaire de partir de sa conception la plus abstraite et épurée afin d'en déchiffrer les contradictions indépassables puisque c'est en elles qu'on pourra anticiper à la fois sa non-vérité et ce qui résiste à sa totale dissolution. « Comme extrême cas limite d'idéologie, le sujet transcendantal approche de très près la vérité » : ainsi commence le paragraphe intitulé « Sur l'interprétation du sujet transcendantal[2] ». Curieusement Adorno utilise ici le terme français *Interprétation* et non le terme allemand *Deutung* par lequel il caractérise le plus souvent toutefois le travail de déchiffrement d'un sens « refoulé » propre à une pensée dialectique n'ignorant rien de ce que Freud a mis en jeu dans *L'Interprétation des rêves*. Il faudrait en quelque sorte quitter la terre et la langue philosophiques allemandes pour s'attaquer, dans l'esprit des Lumières hostile au système, telle *L'Encyclopédie*, à l'un de

1 *Ibid.*, p. 158.
2 *Ibid.*, p. 143.

ses plus hauts sommets, le sujet transcendantal, que le concept d'esprit présuppose encore dans le moment spéculatif de la synthèse conçue comme activité infinie de l'esprit. La thèse générale est bien connue : « Par-delà le cercle magique de la philosophie de l'identité, on peut déchiffrer le sujet transcendantal comme la société inconsciente d'elle-même. Il est même possible de déduire ce caractère inconscient[1] [*Unbewußtheit*]. » Thèse dans laquelle s'entremêlent des éléments d'une interprétation généalogique nietzschéenne, des renvois plus ou moins explicites à Freud et des moments matérialistes marxiens, thèse en quelque sorte à haut risque puisque susceptible de tomber sous la double critique du réductionnisme et du syncrétisme. Adorno reconnaît sa dette à l'égard d'Alfred Sohn-Rethel qui « a été le premier à faire remarquer qu'en lui, dans l'activité générale et nécessaire de l'esprit, se dissimule nécessairement du travail social[2] ». Ce qui est une remarque doit cependant être justifié par l'interprétation. Pourquoi le sujet transcendantal représenterait-il le cas limite de l'idéologie permettant d'en relever les soubassements ? À la lecture du paragraphe cité nous voyons clairement qu'il rassemble en lui tous les éléments constitutifs de l'idéologie : l'abstraction, l'identité, la maîtrise transformée en domination, le principe de conservation de l'espèce, l'apparence, l'emprise retournée contre l'individu et le mythe comme répétition du même. Il serait ainsi facile de reprocher à Adorno non seulement un manque de rigueur dans l'analyse mais surtout une mauvaise foi consistant à ne pas vouloir prendre en considération les questions de méthode posées par Kant et toutes les philosophies liées à la présupposition d'un tel sujet, y compris celle de l'esprit absolu hégélien. Mais on se demandera dans quelle mesure Adorno n'adopte pas la position du bouffon qui vient dire que le roi est nu, comme le suggère le développement ironique sur le rhinocéros. Ce geste, où se répète l'idée que si la philosophie est sérieuse il ne faut pas la prendre trop au sérieux, à plusieurs reprises revendiqué par Adorno, dès *Minima Moralia* où il est dit que « seul le "fou" dit à la domination sa vérité[3] », est justifié dans la *Dialectique négative* en ces termes : « Aux sots je préfère les fous [en français]. La folie est la vérité, elle est la forme sous laquelle les hommes en sont frappés dès qu'ils ne

1 *Ibid.*, p. 142.
2 *Ibid.*
3 Adorno, 1991b, p. 71.

veulent pas y renoncer au milieu du non-vrai[1]. » Certes il faut élever cette folie à la conscience de soi, afin qu'elle ne sombre pas ou ne finisse par se résigner à l'ordre inhumain du monde. Cette folie mimétique, s'approchant au plus près des choses, là où la raison souveraine détourne son regard, n'est pas une fascination pour la déraison mais bien davantage ce qu'Adorno nomme une morale de la pensée où la lucidité critique ne doit pas conduire à un endurcissement de la pensée tel que plus rien ne pourrait venir l'inquiéter dans ses propres certitudes. L'image du rhinocéros, préhistoire de l'humanité, est comme une allégorie de l'histoire-nature pour rappeler aux hommes que ce qu'ils nomment la fatalité de la domination a une histoire cachée, oubliée où ce sont les individus eux-mêmes qui ont forgé leur propre cuirasse, leur condition aliénée. Le déni, loin de les libérer, ne fait qu'accroître leur inhumanité et leur incapacité à la penser. Ce qui est vrai de l'individu, comme sujet, l'est tout autant de sa forme transfigurée dans le sujet transcendantal puisque pour Adorno celui-ci garde toujours les traces du sujet empirique qu'il ne veut plus être. La fiction théorique d'un sujet transcendantal n'est jamais simplement théorique, elle implique le processus social qui la rend possible. Si un tel processus est sous l'emprise de l'identité comme principe de domination – identité logique et réelle, objective, dont doit pouvoir rendre compte, par l'interprétation réfléchie dans le concept, l'objectivité conçue comme la forme dans laquelle se donne l'*a priori* historique de toute société[2] –, cette emprise se répètera nécessairement dans le mouvement d'abstraction cherchant à déduire un sujet pur de la pensée à partir d'une méthode transcendantale qui pose la question de la possibilité de toute connaissance valide en présupposant des concepts purs de l'entendement et une synthèse pure, absolument indépendants de l'expérience, dont la « déduction » fera « paraître le droit ou la légitimité d'une telle prétention[3] ». Même ce qui est prétendument fondé en droit, *a priori*, et reçoit la qualité de « pur », conserve les stigmates de l'histoire par laquelle s'est instituée l'humanité. Ce

1 Adorno, 1992, p. 315.

2 C'est pour Adorno la présupposition de la possibilité de toute pensée critique et la justification du passage d'un genre à un autre, du philosophique au sociologique et inversement, au sens dialectique, comme il le rappelle très souvent aux oreilles endurcies d'une philosophie académique qui ne veut rien en savoir.

3 Kant, 1980, p. 842.

moment d'institution n'a rien de transcendantal, il se rattache bien plutôt au principe trop humain de la conservation de soi : « Le primat de la subjectivité poursuit, spiritualisé, la lutte darwinienne pour l'existence[1]. » Seuls un matérialiste vulgaire, borné ou un fou privé de la raison raisonnable peuvent, semble-t-il, proférer une telle affirmation au ton dogmatique. Aucune prétendue héroïsation de la philosophie ne pourra surmonter cette nécessaire parodie de la folie afin de lui faire entendre un air « matérialiste » qu'on ne lui a pas chanté dès le berceau[2]. Adorno ne manque pas en effet de parodier la « mythologie linguistique de Heidegger » qui fait de la « détresse » (*Not*) un appel[3] (*Anruf*) de l'être pour une pensée méditante. Le fétichisme du mot et par conséquent ce qu'il refoule renvoie plus prosaïquement à « la carence des moyens de subsistance par le travail organisé », aux besoins humains produits et reproduits socialement, non pas à quelque oubli originaire d'une déréliction de l'homme. Cette déraison dialectique face à la raison dominante use nécessairement de l'exagération, de l'hyperbole, non pas pour faire le saut vers l'irrationnel mais pour une autre raison : « La raison dialectique est déraison, par rapport à la raison dominante : c'est en démasquant cette dernière et en la dépassant qu'elle devient raisonnable[4]. » C'est en ce sens qu'il est possible de déterminer une morale de la pensée où la dialectique, réglée elle-même par le jeu des médiations dont elle ne décide pas, refuserait aussi bien la soumission à ce qui est que la distance souveraine et hautaine d'une raison satisfaite d'elle-même. Contre le rappel à l'ordre des philosophes professionnels Adorno fait du « geste du Baron de Münchhausen, qui prétend se tirer lui-même par les cheveux hors du marécage où il est embourbé » le paradigme de

---

1 Adorno, 1992, p. 143.

2 *Ibid.*, p. 58. Opposant à la question de l'être comme besoin et détresse de l'homme jeté dans l'existence la nécessaire satisfaction des besoins matériels de toute existence, Adorno écrit : « Le besoin ontologique garantit aussi peu ce qu'il veut que les affres des affamés ne garantissent le repas. Mais aucun doute d'une telle garantie ne tourmente un mouvement philosophique auquel on n'a pas chanté cet air-là au berceau. Ce n'est pas là la dernière des raisons pour lesquelles il est tombé dans l'affirmation non vraie [*unwahr Affirmative*]. "L'obscurcissement du monde n'atteint jamais la lumière de l'être." » Adorno cite cette « sentence » de *L'Expérience de la pensée*, que Heidegger écrit en 1947 et ne publie qu'en 1954.

3 Ce sont là des mots-slogans propres au jargon de l'authenticité dont Adorno dit qu'ils opèrent comme de simples signaux refermés sur eux-mêmes, c'est-à-dire abstraits de tout contenu historique effectif (1989, p. 43).

4 Adorno, 1991b, p. 70-71.

toute connaissance qui sait qu'elle ne peut consister en une simple relation des faits ou encore en un projet existentiel annulant les effets de l'histoire[1]. Sans doute l'antiphilosophie se nourrit-elle de la philosophie qu'elle critique, mais ce n'est pas à la manière d'un parasite dont l'existence n'est que l'envers de la soumission la plus basse puisqu'au contraire elle tente de sauver le royaume de la philosophie de sa fausse maîtrise et domination en lui montrant, cartes en main, qu'elle n'est pas le propriétaire qu'elle croit être, ni de la nature ni de l'existence individuelle. Plus au contraire elle s'approprie par l'abstraction ses objets, et notamment celui de sujet transcendantal, plus ceux-ci lui échappent, appauvrissant ainsi toute expérience, expropriant l'individu particulier, sujet présupposé de l'expérience : « Le plus du sujet transcendantal est le moins du sujet empirique, lui-même réduit à l'extrême[2]. » Que ce soient la déduction transcendantale kantienne ou la réduction de la méthode phénoménologique, elles sont, prises à la lettre, une réduction au terme de laquelle les contenus de l'expérience deviennent indifférents. Sans doute la réduction phénoménologique et tout ce qu'elle implique philosophiquement peut elle-même être convertie en thème pour la réflexion, après avoir quitté l'attitude naturelle, mais une telle démarche ne fait que transformer la philosophie, selon Adorno, en une discipline académique de spécialistes qui oublient les conditions et le monde, « la chose même », dont ils prétendent tirer leur légitimité. Cet oubli est loin d'être naïf, sans même dire qu'il est un calcul intéressé, il se retrouve dans une réflexion qui refuse jusqu'à ses conséquences extrêmes : « Le fait que la philosophie, travaillant jusqu'à aujourd'hui à une autoréflexion [*Selbtsbesinnung*] défectueuse, oublia la médiation dans le médiatisant, le sujet, n'est pas plus méritoire – pour ce qu'il serait plus sublime – que n'importe quel autre oubli. Comme en châtiment, le sujet est pris au dépourvu par l'oublié[3]. » Là où la fourmi travailleuse amassait ses provisions de l'hiver, la cigale, qui « Se trouva fort dépourvue / Quand la bise fut venue », reçut pour salaire de son chant sublime le châtiment de la famine : le philosophe est cette cigale qui oublie les rigueurs de l'hiver et le labeur des hommes. L'autoréflexion dont parle Adorno n'est pas simplement la capacité du sujet de réfléchir les catégories de la

1 *Ibid.*, p. 72.
2 Adorno, 1992, p. 143.
3 *Ibid.*, p. 141.

pensée qui le déterminent, mais une autoréflexion remémorante d'une histoire effective sédimentée dans toutes les activités humaines. Cette sédimentation peut prendre les noms d'objectivation et de réification, selon la terminologie marxienne, mais là encore Adorno met en garde contre toute hypostase de tels concepts répétant à son insu l'idéalisme : « La dialectique ne doit pas plus porter sur la réification que sur aucune autre catégorie isolée, aussi polémique soit-elle. En attendant, le lamento sur la réification glisse plutôt sur ce dont souffrent les hommes qu'il ne le dénonce. Le malheur réside dans les rapports [*Verhältnisse*] condamnant les hommes à l'impuissance et à l'apathie et qui devraient cependant être transformées par eux ; et non pas, primitivement, dans les hommes et dans la manière dont ces rapports leur apparaissent. Face à la possibilité d'une catastrophe totale, la réification est un épiphénomène ; l'aliénation qui l'accompagne, l'état de la conscience subjective qui lui correspond, le sont tout à fait. La réification est reproduite par l'angoisse ; la conscience, réifiée dans la société déjà constituée, n'est pas son constituant[1]. » L'accent polémique est sans doute dirigé contre Lukács mais plus encore contre tous ceux qui s'en vont répétant mécaniquement, depuis le chapitre de *Histoire et Conscience de classe* intitulé « La réification et la conscience du prolétariat », le refrain de la réification et de l'aliénation. Cet usage de concepts toujours menacés de fétichisme malgré leur fonction critique initiale, notamment dû à l'oubli de leur forme et contenu historiques, obéit à la logique de la dislocation : ni censure ni interdit de sorte que la pensée devrait se résoudre à abandonner tels de vieux vestiges les concepts d'une longue tradition critique, mais un mouvement et un retour de la pensée sur elle-même qu'Adorno nomme autoréflexion dont le seul élan toujours recommencé est la négation déterminée. Si les concepts de réification et d'aliénation souffrent d'une insuffisance critique, c'est parce qu'il y a en eux des restes d'idéalisme inaperçus et par conséquent non réfléchis, compromettant par là même leur usage.

Le paragraphe intitulé « Objectivité et réification » (*Verdinglichung*) met à nouveau en jeu les arguments de la critique de l'idéalisme qui prétend sauver l'autonomie du sujet par rapport à la réalité sociale et considère à ce titre que le primat de l'objet, caractéristique d'une pensée matérialiste, est

1 *Ibid.*, p. 151.

une régression au stade d'une pensée précritique. La réponse qu'Adorno commence par donner, contre le subjectivisme de l'idéalisme issu de Kant, pourrait sembler céder à un marxisme orthodoxe par trop dogmatique : « Un tel subjectivisme accompagne de façon idéologique, comme étant son fondement, l'émancipation du moi bourgeois[1]. » Cet argument n'est pas sans faire écho à la critique de Marx dans *L'Idéologie allemande* où il écrit que « l'état de l'Allemagne à la fin du siècle dernier se reflète intégralement dans la *Critique de la raison pratique* » et que le sujet de la bonne volonté est le sujet particulier de la bourgeoisie allemande, sujet résigné face à la domination politique. Mais on pourrait objecter qu'Adorno récuse la théorie du reflet, mécanique et artificielle, présupposée dans les lignes précédentes. Non seulement la subjectivité n'est jamais immédiatement le sujet social, mais en outre elle ne s'explique pas en totalité par la société. Ce qui rapproche Adorno de Marx est plutôt, souterrainement, l'idée critique d'émancipation, dont l'interprétation est cependant, nécessairement, différente, ne serait-ce qu'en raison de la dimension historique de l'émancipation et de ses échecs répétés. Après avoir stigmatisé le subjectivisme comme idéologique, y compris Fichte malgré une impulsion le conduisant à rejeter l'idée de chose en soi, il poursuit son interprétation en interrogeant les concepts provenant à la fois de Marx et de Lukács, à savoir ceux de chosification (*Dinghaftigkeit*) et de réification (*Verdinglichung*). Si le premier terme désigne l'objectivation du sujet disparaissant dans l'objet, le second qualifie d'abord l'état du sujet, de la conscience dans l'univers dominant de la marchandise où les rapports entre les individus ne sont plus que des rapports entre des choses. Ces deux concepts correspondent ainsi aux pôles subjectif et objectif du processus de négation du sujet. C'est une dialectique, présupposant la médiation sociale, qu'il faut opposer à la prétendue autonomie du sujet théorique tout autant que pratique. Partir du sujet ou de la conscience revient à prendre acte de ce qui est réifié comme si c'était naturel alors qu'il s'agit d'un processus historique dominé, dans les termes marxiens repris par Adorno, par la loi de l'échange, par la marchandise. Si celui-ci rappelle l'importance du chapitre du fétichisme de la marchandise du *Capital* de Marx, il est plus important de relever la critique des usages encore idéalistes voire théologiques qui en ont été faits. Tout en cherchant à dévoiler la réification dans l'immanence de la conscience, cette

1 *Ibid.*, p. 150.

prétendue « pierre philosophale », forme ironique pour en dénoncer le côté mystique voire mystificateur, présuppose en effet une séparation entre la conscience et l'être social telle qu'une critique simplement théorique de la conscience réifiée suffirait à la libérer de l'emprise de la société en dissolvant (*Auflösung*) en elle la réification et donc le caractère fétiche de la marchandise. Au contraire Marx a « déduit objectivement l'*a priori* social » du caractère fétiche de la marchandise pour montrer comment les rapports sociaux réifiés se répètent dans la conscience à son insu. Il ne suffit pas de purifier la conscience de la souillure de son autre social comme si ce dernier en était le péché originel puisque la réification de la conscience est en même temps objective, et plus précisément fausse objectivité : « Mais la réification elle-même est la forme de réflexion de la fausse objectivité ; centrer la théorie sur la réification – une figure de la conscience – rend d'un point de vue idéaliste la théorie critique acceptable pour la conscience dominante et l'inconscient collectif[1]. » Adorno raisonne ici encore en hégélien : la conscience réifiée devient une nouvelle figure de la conscience dans l'odyssée de l'esprit à condition de la comprendre, selon la logique du concept, à partir de la réflexion conçue comme retour à soi procédant de l'objet. S'il faut dépasser cette figure, ce ne sera plus, cependant, dans la forme de l'assomption hégélienne de l'esprit absolu. La critique de l'idéalisme, enjeu essentiel de ce paragraphe, est redoublée ici par celle de la sociologie – Durkheim sans doute – et l'idée d'inconscient collectif qui relève d'une construction théorique et idéologique obéissant subrepticement aux mêmes catégories et à la même logique de l'identité que l'idéalisme. Faire de l'inconscient collectif un sujet social comme tout unifié ne fait qu'en répéter les présupposés – métaphysique dissimulée jusqu'au cœur de la pratique scientifique – malgré la prétention de positivité affirmée du point de vue méthodologique : « traiter les faits sociaux comme des choses[2] ». Mais il est tout aussi important de comprendre qu'Adorno n'entend pas s'en tenir à la critique marxienne du fétichisme. Cela signifie notamment qu'il n'est pas possible de reprendre l'argument dogmatique faisant de l'économie, de l'infrastructure, un invariant historique tel qu'il deviendrait une véritable loi de la nature : « Ce n'est que de façon sardonique que le caractère naturel et spontané [*Naturwüchsigkeit*] de la société d'échange est loi naturelle [*Naturgesetz*] ;

1 *Ibid.*, p. 151.
2 Durkheim, 1988, p. 77.

l'hégémonie [*Vormacht*] de l'économie n'est pas un invariant[1]. » Le rictus grinçant et froid du matérialiste et du capitaliste s'accorderait ici pour faire du principe d'équivalence une loi naturelle alors même qu'elle contredit l'égalité présupposée dans sa formulation : « L'échange a, en tant que processus [*Vorgängiges*], une objectivité réelle bien qu'il soit en même temps objectivement non-vrai, il pèche contre son principe, celui de l'égalité[2] [*Gleichheit*]. » Le concept de *Naturwüchsigkeit* – difficile à traduire puisqu'il a pour fonction critique de dénoncer la fausse apparence d'un développement naturel de la société et semble à chaque fois appeler un commentaire ou une périphrase[3] – implique, pour sa compréhension chez Adorno, au-delà de ses usages marxistes, la dialectique de la nature et de l'histoire telle qu'elle sera exposée au moyen du concept d'histoire-nature (*Naturgeschichte*). Nous conviendrons de traduire par « histoire-nature » ce concept afin d'éviter les possibles équivoques de l'expression « histoire naturelle ». Si, comme nous le montrerons dans la troisième partie, il est possible d'extraire ce concept de *L'Idéologie allemande* et du *Capital* de Marx, c'est à l'usage qu'en fait Walter Benjamin qu'il faudra se référer pour comprendre l'interprétation spécifique développée par Adorno : il faut montrer dialectiquement ce qu'il y a d'historique dans la nature et de naturel dans l'histoire en partant de la médiation de l'éphémère, d'un noyau temporel de vérité dont il s'agit de déchiffrer les traces. Concept critique, il permet de récuser aussi bien toute loi de l'histoire pensée comme loi naturelle que l'idée de formation sociale comme expression de relations naturelles, règne d'une nécessité aveugle hétéronome auquel les hommes seraient fatalement soumis jusque dans les formes de barbarie les plus monstrueuses.

---

1 Adorno, 1992, p. 151.
2 *Ibid.*, p. 151.
3 Voir les remarques de Ladmiral, 1994, p. 218-219.

PENSER À PARTIR DE LA CATASTROPHE DE SECONDE NATURE

C'est sous le signe historique de la catastrophe totale qu'il faut donc prolonger l'analyse, inséparable, entre 1960 et 1966, aussi bien pour des motivations philosophiques et culturelles que pour des enjeux politiques relatifs au processus de démocratisation problématique de l'Allemagne, de ce qu'on peut nommer la « contemporanéité » d'Auschwitz. En effet Adorno fait d'Auschwitz – ce qu'il est nécessaire de rappeler pour accepter le défi d'une telle pensée dialectique – le « paradigme » historique, idéologique et politique du XXe siècle comme ce qui a eu lieu et se perpétue dans ses possibilités structurelles de destruction. L'anticipation du pire ne relève pas d'un pathos de l'abîme mais sert ici d'avertissement, fidèle à la construction philosophique de l'histoire de Benjamin qu'Adorno considérait comme essentielle : « Il s'agit de la dernière conception de Benjamin. Sa mort rend vains les scrupules engendrés par son caractère provisoire. On ne peut douter de la grande classe de l'ensemble. Bien plus : aucune autre œuvre de Benjamin ne le révèle si proche de nos propres intentions. C'est le cas surtout pour sa conception de l'histoire comme catastrophe permanente, sa critique du progrès et de la domination de la nature, et son attitude face à la civilisation[1]. » Il y a en effet une correspondance manifeste avec Benjamin dans l'idée selon laquelle la réification, épiphénomène par rapport à la catastrophe totale, est inscrite dans les rapports (*Verhältnisse*) sociaux. Une première remarque sur la traduction s'impose : traduire *Verhältnis* par condition va d'une certaine manière à contresens du vocabulaire marxien utilisé par Adorno. Celui-ci ne manque pas de caractériser comme idéologique l'expression de « condition humaine » : « Ce qui est génial chez Beckett, c'est qu'il a capté le caractère d'apparence de ce qui est sans histoire, de la condition humaine [...] À la place de l'idéologie de la condition humaine, ce sont des images dialectiques qui apparaissent[2]. » Le concept de condition reste en ce sens abstrait et idéaliste, anhistorique par opposition au concept

1 Wiggershaus, 1993, p. 298. L'auteur cite une lettre d'Adorno à Horkheimer du 12 juin 1941.

2 Adorno, 2008b, p. 27.

marxien de « rapports » qui présuppose qu'on ne peut parler de la société historique qu'en termes de rapports sociaux, contre toute idée d'une substantialisation de la société. Ainsi le terme de catastrophe doit lui-même être compris en un sens historique et social, catastrophe d'une seconde nature qui n'implique aucune nostalgie d'un état antérieur de l'humanité, d'une nature première non défigurée que les hommes pourraient voire devraient restaurer, ou bien, dans les termes d'un messianisme naïf auquel s'oppose Adorno, restituer. Cela reviendrait à projeter dans le passé une totalité figée d'où serait exclue toute historicité : de même qu'il n'y a pas de langue pure originaire, de même n'y a-t-il pas de nature pure et première précédant la chute et le déclin de l'humanité. Rapporter l'intention utopique d'Adorno à un tel schéma va à contresens de la dialectique négative dont les motifs utopiques sont le corrélat nécessaire. Ce terme de catastrophe, qu'on hésitera à qualifier de concept sans pour autant le réduire à une simple métaphore puisqu'il se rattache à la conception benjaminienne de l'histoire, renvoie à une blessure plus profonde de l'humanité qui aurait suivi un cours fatal dont la contingence ne s'expliquerait par aucune déduction rationnelle, mais par une Malencontre – si on accepte de reprendre le terme introduit par Pierre Clastres dans son analyse du concept de servitude volontaire de La Boétie –, qu'Adorno expose ainsi : « On ne succombe pas à des spéculations oiseuses en se demandant si, à l'origine de la société humaine, l'antagonisme, morceau d'histoire-nature [*Naturgeschichte*] prolongée, est hérité sous la forme du principe *homo homini lupus*, ou s'il est seulement advenu, θέσει ; et au cas où il se serait effectivement soudainement produit, s'il résultait des nécessités de survie de l'espèce et non, de façon pour ainsi dire contingente, d'actes arbitraires archaïques visant une prise de pouvoir[1]. » Dans le paragraphe « Objectivité et réification », cet antagonisme à la fois contingent et devenu en apparence nécessaire est rapporté au processus de réification et à sa répétition aveugle par la médiation de l'angoisse. Si l'on peut facilement supposer qu'il ne s'agit pas d'une angoisse existentielle éprouvée dans l'intériorité subjective ou par un prétendu *Dasein* heideggérien, alors il faut la comprendre à partir du rapport de l'individu à la nature et au principe de conservation de soi, plus précisément, comme le laissent entendre les lignes suivantes, à partir

1 Adorno, 1992, p. 251.

d'un rapport à ce qui est autre, étranger et hostile, résistant par conséquent à son identification au « même » : « Celui pour qui le chosifié est le mal radical, celui qui voudrait dynamiser tout ce qui est en pure actualité, tend à l'hostilité à l'égard de l'autre, de l'étranger [*Fremd*] dont le nom ne résonne pas par hasard dans le terme d'aliénation [*Entfremdung*] ; cette non-identité en laquelle non seulement la conscience mais au contraire une humanité réconciliée pourrait être libérée[1]. » En ce sens le chosifié entre lui-même dans cette catégorie de l'autre de sorte que prétendre le dissoudre dans le concept consiste une fois encore à accomplir le geste idéaliste qui renvoie l'altérité à une simple contingence, à un accident de l'histoire. Contre cela il faut sauver les choses par « amour des choses », plus exactement, en elles, les fragments assujettis et niés. Sauvetage et démarche micrologique, liés par l'affinité avec les choses, rappellent, s'il en est besoin, ce qu'Adorno doit à Benjamin : il y a dans le détail un noyau de vérité temporel que seule une dialectique de l'histoire-nature peut faire surgir, ouvrir (*aufgehen*) au moyen de clés qui ne sont jamais données par avance et définitivement. Chez Adorno ce sauvetage ne peut pas cependant s'accomplir seulement dans des images dialectiques, trop redevables encore à un moment d'intuition et d'immédiateté que le langage vient démentir, mais par et dans le concept qui requiert dans le même mouvement un sauvetage du concept lui-même, au moyen d'une dialectique dont la force d'expression consiste à en briser le pouvoir identifiant et universalisant. Ainsi en est-il de la dialectique du proche et du lointain : de même que dans la proximité il faut préserver ce qui est différent afin de ne pas l'assimiler au même, pareillement il faut à la fois reconnaître l'étranger sans vouloir l'intégrer, l'assimiler à une fausse humanité subsumée sous un concept universel. Il y a dans cet argument deux motifs qui excèdent l'analyse philosophique : d'une part un écho au statut de l'exilé, une tension entre l'intégration ou encore l'assimilation, dans le contexte historique de l'Allemagne par rapport à la question juive, d'autre part un renvoi à ce moment utopique de la connaissance comme aspiration à un état réconcilié dans lequel l'angoisse ne serait plus qu'un résidu subjectif, voire névrotique : « L'état réconcilié [*der versöhnte Zustand*] n'annexerait pas ce qui est étranger avec un impérialisme philosophique, mais trouverait son bonheur à ce que dans la

1 *Ibid.*

proximité qu'on lui confère, il demeure le lointain et le différent, par-delà l'hétérogène et le propre[1]. » Tout autant qu'aux hommes cela s'applique aux choses, au cœur même de la chosification : « Dans le chosifié [*Dinghaften*], ces deux éléments sont réunis : le non-identique de l'objet et l'assujettissement des hommes aux rapports de production [*Produktionsvehältnisse*] dominants, leur propre ensemble fonctionnel [*Funktionszusammenhang*] méconnu d'eux-mêmes[2]. » Le chosifié est en fait de l'universel abstrait déposé, coagulé dans les choses, comme un précipité figé dans et par les catégories que la pensée prétend produire à partir d'elle-même. Le passage au matérialisme est impliqué par l'insuffisance des concepts qu'une pensée idéaliste juge au contraire autonomes, indépendants du processus social, il est justifié par la nécessité de faire exploser (*aufsprengen*) cette répétition de la réification de la société dans la conscience qui se voudrait une conscience constituante, origine absolue du sens de toute expérience. Mais si ce passage constitue un moment de critique immanente de l'idéalisme, il se prolonge par une critique du matérialisme historique orthodoxe transfiguré en un idéalisme non conscient de lui-même. L'antiphilosophie d'Adorno, indissociable d'un matérialisme singulier, ne cesse de se faire des ennemis empressés de s'en débarrasser comme d'une non-philosophie.

L'IMPULSION CORPORELLE, POINT DE DÉPART D'UN ÉTRANGE MATÉRIALISME

L'intitulé du paragraphe « Passage au matérialisme » rappelle à lui seul le mouvement d'une pensée dialectique dont la progression a pour moteur le négatif immanent au concept lui-même, au sens hégélien où le concept a – mais, devrait-on dire dans la mesure où il est la substance-sujet, « est » – en lui-même son propre devenir. Le cas limite du sujet transcendantal révèle dans cet « être » du concept hégélien son « ψεῦδος » puisque l'être du concept contient un noyau social inaliénable. Il faut donc passer au matérialisme, par le concept et le primat de l'objet, après

1 *Ibid.*, p. 152.
2 *Ibid.*

la critique des apories de l'idéalisme : « Par le passage au primat de l'objet, la dialectique devient matérialiste[1]. » Adorno parle du primat (*Vorrang*) de l'objet et non pas d'un substrat dernier, de même qu'il ne cesse de rappeler à notre mémoire oublieuse, fascinée par la logique toute puissante d'une pensée se pensant elle-même, qu'il faut partir (*Ausgang*), paradoxalement, du concept sans en faire un principe premier et absolu au sens métaphysique : dans les deux cas il s'agit toujours d'opposer à l'idéalisme son besoin d'un *archè*, d'un absolu même médiatisé. La pensée ne peut être arrimée à rien de tel. Si le matérialisme ne renvoie pas à une doctrine constituée, s'il est, comme tout concept, un concept historique exposé aux difficultés de sa définition, nous devrons nous demander de quel matérialisme il s'agit, au regard de la tradition philosophique et plus précisément du matérialisme historique dialectique. La critique porte tout d'abord sur le concept d'objet (*Objekt*). Terme le plus général, le plus indéterminé, « expression positive du non-identique » en raison même de son indétermination – comme le quelque chose qui résiste tout d'abord au processus d'objectivation –, il est cependant déterminé et conçu comme objet (*Gegenstand*) pour un sujet du point de vue de la théorie de la connaissance. Plus exactement il est apprêté, préparé, c'est-à-dire constitué pour se régler sur la logique de l'identification et de l'universalisation immanente à l'acte de penser philosophique, que ce soit dans l'unité originairement synthétique de l'aperception transcendantale chez Kant, celle du « Je pense », ou bien dans l'activité synthétique de l'esprit qui s'accomplit et réalise sa liberté dans l'Idée pure chez Hegel. Mais s'il y a dans l'objet un moment matériel, et plus spécifiquement corporel, un moment somatique irréductible dit Adorno, alors l'acte de connaissance, par anticipation[2], spiritualise ce moment corporel et nie son altérité, refoule la différence qui vient troubler la certitude de ce sujet connaissant croyant, en bon propriétaire, posséder ce qui lui est d'abord étranger. Ce schéma général vaut pour la phénoménologie husserlienne, notamment sa méthode de réduction et son « primat de l'idéal scientifique » revêtant la forme d'un « absolutisme logique[3] », dont il faut rappeler qu'Adorno considère la critique comme acquise depuis

1 *Ibid.*

2 Cette anticipation est le ressort même de ce qu'Adorno nomme une décision préalable (*Vorentscheidung*) constitutive de tout idéalisme mais aussi bien de toute pensée irréductible au simple enregistrement des faits.

3 Adorno, 2011a, p. 73.

la publication en 1956 de *Contribution à une métacritique de la théorie de la connaissance*[1]. Dialectiquement, ce qui résiste dans l'objet, son côté objectif, est en même temps rapporté au sujet, désigné comme matière de la connaissance au sens où Kant dit que la matière correspond dans le phénomène à la sensation. Pour désigner ce processus de recouvrement de ce qui échappe au sujet de la connaissance et dont cependant il a besoin, Adorno utilise les métaphores de l'habillement, parlant à propos des catégories d'une coupe, d'une façon (*Zuschnitt*), ou encore d'habillement (*kleiden*), au moyen des concepts d'objet et de sujet, de l'antagonisme réel. L'idéalisme, pourrait-on dire, et toute théorie de la connaissance, taille le réel à sa mesure et le revêt de ses catégories, comme d'un voile, pour mieux dénier ce qui se refuse à elles, la matière et plus encore le moment somatique contenu dans tout ce qui est appelé sensation. Adorno caractérise ce qui reste irréductible à l'objectivation dans la sensation par le terme de sentiment ou « senti » corporel (*Körpergefühl*), proche en ce sens de l'auto-affection du corps antérieur à tout dualisme, qui ne serait pas tant accessible par l'intuition que par la langue lorsqu'elle fait usage des mots comme « sensible » (*sinnlich*), « sensuel » (*sensuell*) et même « sensation » (*Empfindung*). Cette langue, en nommant, qualifie une différenciation, comme le nom pour les couleurs[2], à la manière de Marcel Proust, que la théorie de la connaissance réduit nécessairement et par conséquent méconnaît en raison d'une méthode fixe déterminant *a priori* ce qui est « objet » du concept. Le passage au matérialisme commence par la reconnaissance de ce moment somatique irréductible à la pensée afin de faire valoir « la dignité du corporel » comme une objection de fait au dualisme du sujet et de l'objet, à l'opposition statique de l'activité et de la passivité. Cette antériorité du corporel ne peut prétendre au statut d'un principe métaphysique en faisant de la sensation, de la matière un substrat premier, absolu, puisque seule la médiation conceptuelle la fait accéder au langage, mais elle est le

1 Rappelons simplement, si l'on peut le dire ainsi, la pointe critique par laquelle Adorno conclut son ouvrage : « On ne pourra dépasser [*Aufhebung*] le fondement de ce paradoxe [*celui que Husserl aurait lui-même "fiché" au cœur de son idéalisme*] – la constitution monadologique de l'homme – que lorsque la conscience régnera enfin sur l'être dont elle n'a cessé de soutenir, par sa non-vérité [*mit Unwahrheit*], qu'il a son fondement dans la conscience. » (*Ibid.*, p. 269.) La parenthèse, en italiques, est une précision que nous apportons afin de rendre intelligible le sens lui-même paradoxal de la logique et de la conclusion critiques d'Adorno, dont on voit cependant qu'elles impliquent ce qu'il nomme matérialisme.

2 Adorno, 1992, p. 153.

souvenir, même inconscient, de ce qui interdit à la pensée l'autarcie dont elle se prévaut pour garantir au sujet de la connaissance sa pleine maîtrise de l'objet. L'individuation de et dans l'objet, ce qui le singularise, commence dans ce moment en apparence indécidable du corps, à condition de préciser qu'elle ne procède pas d'un principe subjectif mais au contraire d'une objectivité déjà constituée, historique : le corporel n'est jamais seulement un « morceau » de nature mais toujours en même temps un fragment d'histoire. Mais cette objectivité est en même temps, pour Adorno, l'état de non-réconciliation avec les âges du monde selon une expression de Schelling. On peut sans doute s'étonner d'une telle expression puisque l'ouvrage de Schelling auquel elle renvoie, intitulé *Les Âges du monde*, semble représenter une tentative inaboutie de porter au plus haut l'idéalisme allemand. Peut-être cependant cette remarque de Schelling vaut-elle comme l'indice d'une pensée à la recherche de l'histoire de l'humanité : « J'ai intitulé ce livre Âges du monde. Ou encore système des parties ou des époques de la révélation divine [...] Pourquoi ? Que cherche la philosophie depuis toujours ? La science, c'est-à-dire l'histoire[1] ? » Une note de bas de page, dont la parcimonie, dans la *Dialectique négative*, souligne l'importance, renvoie à Schelling pour lequel l'impulsion de la nature à devenir consciente constitue la source vivante de toute « pure spiritualité ». Le moment somatique de la nature, intérieur et caché dans l'étant, est interprété par Adorno comme une force de résistance à la positivité de ce qui est tout autant qu'à l'antagonisme qu'on ne peut ni rapporter à un fait originaire ni éliminer, ce dont doit à chaque fois rendre compte une dialectique matérialiste : « En lui se montre autant ce qui aurait le primat par rapport au sujet et s'y dérobe que la non-réconciliation [*Unversöhntheit*] des âges du monde [*Weltalters*] avec le sujet, en quelque sorte la figure renversée du primat de l'objectivité[2]. » On peut donc pressentir dans ce moment somatique et le plaisir qui l'accompagne une dimension utopique en négatif : le refus de renoncer au corporel pour une philosophie de l'esprit prétendument pur. La spiritualité purifiée dont parle Schelling est en même temps contredite non seulement par une nature retournée contre elle-même en raison du processus de domination fondé dans la raison instrumentale mais aussi par l'historicité enchevêtrée dans cette nature.

1 Schelling, 2012, p. 11, citation de P. Cerutti.
2 Adorno, 1992, p. 154.

Ni pensée pure ni mythe d'un corps pur non dénaturé : le corporel est déjà par lui-même cette impureté qui divise la pensée d'avec elle-même, impureté et division qu'elle tend à refouler.

Cette première justification d'un matérialisme remontant jusqu'à l'impulsion somatique tout en refusant d'en faire un principe métaphysique, fort éloigné tout d'abord du matérialisme historique pour lequel le travail est la première présupposition et détermination des formes d'existence sociale, pourrait tomber sous l'objection d'une philosophie qui ferait du donné la matière de la connaissance à la fois irréductible et immédiate. Mais cela revient d'une part à considérer qu'il peut y avoir un donné immédiat et d'autre part que ce donné prend la forme de faits de conscience. Une telle position à l'égard de l'objectivité, selon l'expression hégélienne assumée par Adorno, reste idéaliste, comme il l'écrit dès le début du paragraphe « Matérialisme et immédiateté » : « La critique idéaliste du matérialisme se sert volontiers, dans la mesure où elle procède de façon immanente et ne se contente pas de prêcher, de la doctrine de l'immédiatement donné[1]. » Afin de répondre à cette objection en se démarquant d'un matérialisme caricatural prétendant réduire les faits de conscience à des processus cérébraux, Adorno se place sur le terrain où se discute la validité de la théorie de la connaissance, à savoir le champ de la science et son idéal d'objectivité des propositions dites scientifiques. Nous retiendrons deux arguments essentiels susceptibles de disqualifier aussi bien l'idéalisme, les sciences positives et le matérialisme vulgaire évoqué par Adorno. D'une part la science, entendue au sens large comme théorie de la connaissance, malgré sa prétention à dépasser toute métaphysique, est ontologisée et donc réifiée. D'autre part le geste kantien consistant à faire de la réflexion la fondation objective du jugement, à retomber dans le subjectivisme là où elle veut fonder l'objectivité de la connaissance, constitue « l'acte manqué [*Fehlleistung*] le plus fatal de l'histoire de la philosophie moderne[2] ». Arguments d'une grande portée pour rendre compte d'une pensée dialectique engagée à la fois contre toute ontologie et contre la philosophie transcendantale, y compris ce qui chez Hegel peut s'y rattacher. L'ontologisation de la science procèderait d'abord et avant tout de la méthode de vérification du contenu objectif de la connaissance. Que recouvre le terme de science dans cet argument qui paraît par trop général ? On peut supposer qu'il s'agit de l'idéal de

1 *Ibid.*
2 *Ibid.*, p. 155.

scientificité, de l'idéalité même de la science au principe de toute théorie de la connaissance, jusque dans la phénoménologie husserlienne, qu'à tort ou à raison Adorno inscrit dans la *continuité* de l'idéalisme depuis le platonisme là où l'idéalisme de la subjectivité transcendantale prenant la forme d'une science eidétique prétend à sa singulière originalité. Cet idéal consiste à rapporter, à vérifier et à fonder tout contenu de connaissance dans le sujet en faisant de la méthode la pierre angulaire de toute théorie au détriment du contenu : « La réduction [*Reduktion*] à des processus de conscience est tenue en bride [*gängeln*] par l'idéal de la connaissance scientifique, par le besoin de corroborer méthodiquement, sans laisser de lacunes [*lückenlos*], la validité des propositions scientifiques[1]. » Ce besoin de la preuve, cette vérification, en faisant passer l'objectif du côté de l'évidence subjective, reviendraient ainsi à faire de la conscience un être, une région d'être qui seule validerait les actes de connaissance, et, de façon privilégiée, les actes de jugement, de synthèse, comme effectuation de la connaissance. Cette critique pourrait sembler ne mettre en cause que le moment psychologique de la connaissance, dans le cas par exemple de l'erreur de fait du jugement, mais Adorno l'étend au transcendantal dans la mesure même où il récuse le dualisme d'un sujet empirique et d'un sujet transcendantal pur parce que ce dualisme présuppose un primat de la méthode, du moment subjectif de construction de l'objet d'où est absente toute relation dialectique impliquant nécessairement dans l'acte de connaître le moment de l'historicité des concepts. Ainsi se comprend mieux l'enjeu du second argument et le renversement matérialiste opéré par Adorno. C'est au moyen du terme freudien d'acte manqué (*Fehlleistung*) que celui-ci caractérise le tournant réflexif de la philosophie transcendantale dominant toute la philosophie moderne : comme tout acte manqué il dit la vérité de ce qu'il refoule, la vérité du non-vrai. Interprétant l'amphibologie des concepts de la réflexion dans un sens subjectiviste, il s'agit de montrer qu'après l'échec d'un fondement transcendant de la vérité en Dieu, c'est la raison qui s'est instituée comme garante de toute objectivité scientifique. Ce qu'Adorno présente comme un « point de vue philosophico-historique » embrassant la philosophie de Kant à Husserl constitue en même temps le lieu propre du différend irréductible entre l'idéalisme et le matérialisme : repli sur une doctrine de la constitution subjective d'une part, que ce soit sous la forme d'une subjectivité absolue comme chez Hegel ou celle d'un sujet

1 *Ibid.*, p. 154.

transcendantal pur, primat de l'objet d'autre part. Le point de départ du matérialisme, qui permet de mettre en avant sa fonction critique contre la représentation d'une doctrine toute faite et dont on dispose à l'avance pour apprêter le réel, contre un idéalisme farouchement hostile à ce qui vient troubler l'ordre de ses raisons, nomme le moment nécessaire de dissolution de cette subjectivité constituante avec la force du sujet, comme l'annonce Adorno dans l'« Avant-propos » de la *Dialectique négative*, c'est-à-dire son pouvoir d'autoréflexion critique sans recours à un fondement, à un sol absolument et intemporellement sûr et certain : « Le matérialisme n'est pas le dogme que ses adversaires avisés et roués [*gewitzig*] l'accusent d'être mais dissolution [*Auflösung*] de quelque chose que pour sa part il a percé à jour comme dogmatique ; d'où son droit de cité dans la philosophie critique[1]. » Si l'on suppose que la philosophie critique commence avec Kant, on comprend alors pourquoi ce matérialisme recherché ne peut pas se passer d'une confrontation, sous la forme d'une logique de la dislocation, avec l'idéalisme, plus précisément ce reste d'idéalisme qu'on retrouve jusque dans le matérialisme marxien lui-même. Cela n'est pas affaire de doctrine mais relève de la nature même des concepts et donc de la pensée comme acte synthétique identifiant[2]. Sur le chemin de ce matérialisme on rencontre ainsi nécessairement le concept d'esprit dans la mesure où il constituerait le sommet indépassable de l'idéalisme mais aussi son abîme. Il y a chez Adorno ce geste proche de ce que dit Freud au moment où il s'agit, après avoir examiné l'insuffisance des conceptions reçues du rêve, d'en exposer le principe, à savoir l'accomplissement d'un désir : « Lorsqu'on a parcouru un étroit chemin creux et qu'on est arrivé soudain sur une hauteur d'où les chemins se séparent et d'où se dégage, en diverses directions, la plus riche des perspectives, on peut bien s'attarder un moment et se demander de quel côté on doit d'abord se tourner[3]. » Le matérialiste doit s'attarder, avant de les franchir, dans les hauteurs nimbées de l'esprit pour redescendre dans la plaine féconde de l'expérience historique.

1 *Ibid.*, p. 156.

2 Dans le cours de 1965-1966, *Vorlesung über Negative Dialektik*, Adorno parle de son aversion profondément enracinée contre le concept de synthèse, aversion associée à une logique de la dislocation qui a animé toute sa pensée (2003, p. 16).

3 Freud, 2010, p. 157.

PROBLÉMATIQUE CONCEPT D'ESPRIT

Après cette première détermination du matérialisme critique Adorno poursuit son exposition en analysant le concept d'esprit hégélien à partir de la dialectique du maître et du serviteur, chapitre auquel par ailleurs il fait rarement référence – contrairement à une tradition d'interprétation française initiée par Alexandre Kojève dont on a pu critiquer l'interprétation anthropologique voire idéologique – là où les paragraphes de l'*Encyclopédie des sciences philosophiques* consacrés à l'esprit subjectif, objectif et absolu pourraient être davantage sollicités puisqu'ils rassemblent les arguments essentiels de sa présentation dialectique la plus achevée. Est-ce un rapport implicite à la critique marxienne des *Manuscrits de 1843*, ou bien plus généralement une manière d'en approcher l'analyse par l'idée de genèse ? Ces deux hypothèses ne sont sans doute pas séparables, comme nous allons le montrer, à condition de se rappeler qu'Adorno développe et justifie cette genèse en faisant usage de concepts marxiens et nietzschéens, voire freudiens, sans jamais en faire les dépositaires de doctrines qu'il ne suffirait plus que d'appliquer pour rendre compte de la totalité du réel. Postuler une genèse de l'esprit à partir de ce qui lui est autre revient à contredire toute pureté et simplicité de l'esprit, même au terme d'une dialectique de l'aliénation comme perte et de l'extériorisation comme retour à soi par les médiations de la nature, de l'histoire. Si le concept d'esprit ne peut se comprendre sans ce qu'Adorno nomme un « matérialisme sans fard », il ne s'agit pas d'une décision arbitraire ou d'une posture existentielle mais de ce qui est advenu dans l'histoire : « Ce n'est que dans un motif matérialiste sans fard que survit la morale. Le cours de l'histoire conduit nécessairement au matérialisme ce qui traditionnellement était son opposé médiatisé, la métaphysique[1]. » Dans la mesure où ce cours de l'histoire a basculé dans l'horreur absolue d'Auschwitz, des esprits éclairés s'empresseront d'objecter à Adorno son repli dans un catastrophisme lui-même transformé en absolu, contredisant ainsi l'esprit d'une pensée dialectique hostile à toute synthèse identifiante, à tout principe premier. Mais le travail souterrain de la genèse

1 Adorno, 1992, p. 286.

de l'histoire de l'humanité, et donc celle de l'esprit, doit justement contribuer à ébranler les fondations des forteresses de l'idéalisme, quels qu'en soient les noms. Il faut souligner qu'Adorno tente de sauver le concept d'esprit, contre sa figure idéaliste, sans toutefois prétendre écrire une histoire de l'esprit comme on le dirait d'une histoire des idées. Sauver le concept par la dialectique consiste à faire jouer l'idéalité et ses présuppositions, comme subreption et résorption de son autre dans la pensée et l'esprit revenu à lui-même, contre elle-même. C'est le principe d'une critique immanente reconduisant par le concept à ce qui l'excède, en tous les sens. Appliqué au concept d'esprit, cela revient à reconnaître dans l'idéalisme un moment de vérité lorsqu'il comprend l'esprit comme activité tout en récusant l'idée d'activité pure, en soi, de la pensée, abstraite de son origine sociale et plus précisément du travail social comme forme de production et de reproduction de la vie. Cette abstraction, ou hypostase, dévoile son envers, l'exploitation ou la domination de l'esprit contre ce dont il provient, du rapport de l'homme à la nature dont l'origine historique perdue repose sur le principe de la conservation de l'espèce. C'est un tel argument, qu'on qualifiera d'anthropologique et qui irrite et agace la pensée comme ce « dard d'un insecte jaloux » inquiétant « le col des belles sous les branches[1] », qui permet de comprendre l'ouverture du paragraphe « Sur le concept d'esprit » par la référence à la dialectique du maître et du serviteur jusqu'à son renversement matérialiste : « Le chapitre de Hegel sur le maître et serviteur développe, comme on sait, à partir du rapport de travail [*Arbeitsverhältnis*], la genèse de la conscience de soi et à vrai dire dans l'adaptation du moi au but déterminé par lui aussi bien que dans le matériau hétérogène. C'est encore à peine si, par là, l'origine du moi dans le non-moi est dissimulée. Elle est recherchée dans le processus de vie réel, dans les lois naturelles de la survie du genre, de ses soins à satisfaire les moyens de subsistance. C'est en vain que Hegel hypostasie par suite l'esprit[2]. » Adorno critique non seulement une prétendue autonomie de l'esprit mais aussi la dialectique hégélienne faisant de l'esprit, au terme de l'odyssée de la conscience orientée téléologiquement par l'Idée, la totalité et l'identité absolues dans lesquelles tous les moments, y compris ceux du travail et de la nature, sont subsumés sous le concept de subjectivité

1 Verlaine, 1986, p. 86.
2 *Ibid.*, p. 157.

absolue ou d'esprit. Là où Hegel n'était pas loin de reconnaître et de « tolérer[1] », par la médiation, l'autre de l'esprit, le « non-esprit », il se détourne de cette vérité parce que l'identité reste présupposée comme principe logique et ontologique rassemblant par le dépassement dialectique (*Aufhebung*) le tout de l'être. Mais Adorno retrouve ce même geste chez Marx et Heidegger qu'il rapproche tout d'abord : « L'expression être signifie chez Marx et chez Heidegger quelque chose de tout à fait différent bien que n'étant pas sans point commun : dans la doctrine ontologique de la priorité de l'être par rapport au penser, de sa "transcendance", résonne dans le profond lointain, l'écho matérialiste[2]. » Il est bien certain qu'une telle compréhension de l'être comme primat de l'objet, moment matérialiste, semble méconnaître le fait d'une part que Heidegger tente d'opposer à la doctrine ou à la théorie de la connaissance une pensée plus originaire – ce qu'Adorno ne cesse en fait de contester en qualifiant une telle pensée de régression dans le mythe – et d'autre part que la différence ontologique entend remonter en deçà de toute détermination de l'objet présupposant un processus d'objectivation fondé dans la subjectivité. Mais la critique répétée de Heidegger consiste avant tout à montrer que ce dernier, en ontologisant l'étant, et tout d'abord le *Dasein*, au lieu d'en retenir le « quelque chose » indéterminé, contredit son point de départ et renoue avec l'idéalisme philosophique et son mouvement d'abstraction qui oublie ce dont il procède. Que l'être puisse être donné dans l'intuition catégoriale ne diffère pas d'un tournant subjectif comme fondement de la pensée de l'être, quand bien même on raye les concepts de conscience ou de sujet pour y substituer le concept indéterminé de *Dasein* : « le démenti de l'idéalité devient proclamation d'une sphère idéale[3] ». Que l'être, ou plus exactement son expression, renvoie plus concrètement chez Marx, contre Heidegger, à ce langage de la vie effective qu'est l'activité matérielle des hommes, c'est ce qu'exprime ce célèbre passage de *L'Idéologie allemande* : « La production des idées, des représentations et la conscience est tout d'abord

1 Nous employons ce terme pour rappeler que toute pensée, selon Adorno, reste toujours en dette par rapport à ce qu'elle prétend concevoir afin d'en devenir le propriétaire attitré. En ce sens un tel droit de jouissance de son bien est une usurpation, voire une expropriation de l'étranger comme ce qui résiste, dit dans un vocable récent datant de 1911, à l'acculturation.

2 *Ibid.*, p. 158.

3 *Ibid.*, p. 159.

immédiatement entremêlée à l'activité matérielle, au commerce matériel des hommes, elle est le langage de la vie effective[1]. » Mais Adorno refuse de faire le saut dans un matérialisme historique dont les présupposés suffiraient à eux seuls à disqualifier voire à dépasser toute philosophie parce qu'elle présupposerait toujours et nécessairement un renversement idéaliste qui ferait perdre la base concrète de la vie sociale des hommes. La dialectique matérialiste ne peut donc être une philosophie que si elle pense contre elle-même, que si elle se fait en même temps antiphilosophie dans la mesure où elle porte sur ses épaules, comme un fardeau, le long héritage des catégories de la métaphysique dont elle ne peut se débarrasser par le geste dédaigneux voire méprisant de l'ignorance. Chez Marx la critique de l'idéalisme, le renversement de la métaphysique, menace de faire de la vie matérielle un « en-soi », répétant à son insu, dans la théorie, un moment idéaliste[2] : « L'affirmation selon laquelle la conscience dépendrait de l'être n'était pas une métaphysique inversée mais était la pointe critique aiguisée contre l'imposture de l'esprit affirmant qu'il serait en soi, au-delà de la totalité du processus [*Gesamtprozesses*] alors qu'il ne s'y trouve que comme moment [*Moment*]. Même ses conditions, sur ces entrefaites, ne sont pas un en-soi[3] [*An sich*]. » La négation déterminée comme pratique de l'antiphilosophie est ce moment critique de l'autoréflexion des concepts et des contenus qu'ils enferment permettant d'arrêter la tendance inhérente au mouvement de la pensée d'identifier son objet en le transformant en un principe explicatif à partir duquel il deviendrait possible de déduire la totalité. Geste en apparence le plus simple mais en réalité le plus difficile puisqu'il contrarie subjectivement le sujet de la pensée et objectivement l'idée d'un tout ordonné rationnellement, que ce soit selon des lois naturelles ou celles d'un monde de l'esprit.

1 Marx, 2012, p. 20.

2 Marx ne méconnaît pas cette forme d'abstraction idéalisante du langage et du concept comme le montre la réflexion suivante (2012, p. 363) : « Dans le langage, tout rapport ne peut s'exprimer que sous forme de concept. Si ces concepts généraux prennent valeur de puissances mystérieuses, c'est la conséquence nécessaire du fait que les rapports réels dont ils sont l'expression, sont devenus autonomes. »

3 Adorno, 1992, p. 158.

L'OBJECTIVITÉ DE LA SOUFFRANCE N'EST PAS LE PATHOS DU PENSEUR SUBJECTIF

L'impulsion corporelle et le travail, comme moments du matérialisme, ont cependant une détermination commune, négative, plus enfouie, qu'Adorno nomme la souffrance physique. Est-ce là cet « *a priori* de la douleur » dénoncé par Peter Sloterdijk comme épuisement et aporie de la pensée critique où « l'élément masochiste a surpassé l'élément créateur[1] » ? Sloterdijk, qui reviendra plus tard sur son propos en faisant remarquer que « chez les gens capables de juger rien n'est resté du malentendu qui tendait à réduire la critique à une pantomime[2] », associe cet *a priori* de la douleur à une forme de sensibilité traduisant « une attitude en quelque sorte utopique[3] ». Si, en accord avec le matérialisme marxien, la critique de la souffrance converge vers une « praxis socialement transformée », c'est effectivement le motif utopique qui réapparaît à la fin du paragraphe « La souffrance est physique » : « Une telle organisation [des forces productives] aurait son *telos* dans la négation de la souffrance physique du moindre de ses membres et dans les formes de la réflexion, intérieures à cette souffrance[4]. » Utopie négative certes qui, sachant ce qui ne doit pas être, renvoie à la capacité d'autoréflexion et d'autodétermination des individus organisés socialement, immanente à une pensée inséparable d'une impulsion corporelle, mais en même temps très concrète dès qu'on la rapporte au besoin et à sa nécessaire satisfaction pour tout homme, comme l'indique la citation de Benjamin : « Tant qu'il y aura encore un mendiant, il restera du mythe[5]. » Le mendiant, rebut de la société, est la figure allégorique de l'indigence que le mythe, la déraison d'une histoire qui se fait passer pour nature, comme le capitalisme du XIXe siècle, reproduit socialement alors même que se développent des forces productives rendant possible une émancipation de tous les individus par rapport au règne des besoins. Adorno reprend et prolonge, dans l'usage qu'il fait du terme d'antagonisme, cette contradiction développée

1 Sloterdijk, 1987, p. 17.
2 Sloterdijk, 2003, p. 13.
3 Sloterdijk, 1987, p. 17.
4 Adorno, 1992, p. 161.
5 *Ibid.*

par Benjamin, afin de dénoncer le caractère absurde de « la plus petite trace de souffrance » dans un monde où « les forces productives ici et maintenant » permettraient d'y mettre fin[1]. Il ne s'agit en aucun cas de faire de la souffrance physique un principe métaphysique sublimé, héroïsé, mais de montrer qu'en elle, la pensée dialectique, mue par le négatif, trouve son impulsion vers le bonheur : « Toute douleur et toute négativité, moteur de la pensée dialectique, sont la figure médiatisée de façon multiple et parfois devenue méconnaissable du physique, de même que tout bonheur vise à l'accomplissement [*Erfüllung*] sensible et gagne son objectivité en elle[2]. » Le sensible, « le quelque chose de corporel » s'exprime dans la « dimension du plaisir et du déplaisir » : Adorno se défend de reprendre l'expression freudienne de *principe de plaisir* qui pourrait apparaître par trop métaphysique, comme recherche d'un principe explicatif dernier obéissant à la logique de l'identité, enracinée dans ce cas dans les strates souterraines d'un inconscient dont on peut être tenté de faire un sujet-substance, à la manière d'un principe « transcendantal ». L'idée de dimension fait davantage songer à un plan d'immanence du somatique dans lequel l'esprit lui-même est présent de sorte qu'on ne pourra jamais accéder ni à des faits de conscience purs réduits et soustraits au moment corporel ni, immédiatement, à des forces pulsionnelles inconscientes comme substrat dernier et déterminant, tel un processus naturel aveugle. Aussi ne peut-il y avoir nul rachat de la souffrance par une spiritualisation, une transfiguration dans un au-delà transcendant ou un *a priori* transcendantal, en un sens théologique d'une part ou métaphysique d'autre part : seule une société effectivement transformée dans ses structures les plus profondes peut délivrer de l'emprise qui engendre historiquement cet état d'indigence et de douleur, notamment le capitalisme industriel tardif et sa toute-puissance, selon l'expression d'Adorno dans l'introduction de la *Dialectique négative.* Si le corps individué est en même temps corps social, alors la souffrance dite subjective est toujours objective. La pensée critique, contrainte de se tourner vers l'organisation sociale, de se constituer en théorie de la société, devient une critique du travail : là où la philosophie prétend se fonder sur une division entre l'activité de pensée et le travail matériel, il faut au contraire contester et transgresser cette séparation érigée en principe : « Mais que pourtant

1 *Ibid.*
2 *Ibid.*, p. 160.

l'esprit ait besoin [*bedarf*] dans ce qu'il est de ce qu'il n'est pas, et alors le recours au travail ne peut plus être ce que les apologistes de la rubrique philosophie répètent comme leur ultime sagesse : une μετάβασις εἰς ἄλλο γένος[1]. » Sans doute ne trouve-t-on pas de développements consacrés à une telle critique du travail dans la *Dialectique négative* – dont l'énoncé minimal consiste cependant à postuler une nécessaire diminution du temps de travail – puisqu'Adorno cherche à dégager ici le matérialisme de la gangue spéculative qui risque toujours de le faire rechuter dans l'idéalisme. Mais cela peut avoir une valeur programmatique pour le renouvellement d'une Théorie critique si l'on fait l'hypothèse que le travail social, en dépit de toutes ses contradictions, reste un déterminant problématique de nos sociétés contemporaines. Il faut de ce point de vue rappeler qu'Adorno dit explicitement dès l'avant-propos qu'il n'y a pas à attendre des applications pratiques immédiates d'une telle pensée dialectique comme si elle avait pour tâche de formuler des normes en se prévalant d'un pouvoir de prescription et de décision *a priori*, qu'il n'y a pas de continuité immédiate entre la théorie et la praxis parce que cela reviendrait, contre ses propres intentions, à subordonner celle-ci à celle-là, comme si elle pouvait être déduite d'une doctrine préfabriquée : au contraire, à chaque fois qu'il s'agit de l'organisation sociale il renvoie à la capacité de réflexion et d'autodétermination des individus organisés socialement, au moment d'autonomie dans la pratique elle-même, lequel n'est pas sans se heurter à chaque fois aux questions d'organisation et de décision dans un groupe, comme en témoignent ses prises de positions politiques et ses conflits avec les comités, les groupuscules de la gauche révolutionnaire des années 1960. À ceux qui ont reproché à Adorno d'abandonner les visées émancipatrices de la Théorie critique, nous pourrions faire remarquer que la critique de la domination, indissociable de l'intention utopique qui forme le fil conducteur de notre lecture de l'ouvrage, suffirait au moins à interroger les mécanismes complexes et souterrains par lesquels les individus socialisés participent eux-mêmes le plus souvent à l'assujettissement qu'ils dénoncent aussi bien individuellement que collectivement, y compris, aux yeux d'Adorno, ceux qui prétendent à la plus extrême radicalité dans l'action et la revendication de liberté.

---

1 *Ibid.*, p. 158.

CRITIQUE DU POINT AVEUGLE IDÉALISTE DU MATÉRIALISME MARXISTE ET RAPPORT AUX BESOINS

La nécessité de repenser la Théorie critique passe par une analyse des fourvoiements fatals et des contradictions d'un matérialisme dogmatique conçu comme la seule voie possible de l'émancipation : « Le matérialisme parvenu à la puissance politique ne s'est pas moins adonné à une telle praxis que le monde qu'autrefois il voulut changer ; il continue à assujettir la conscience au lieu de la concevoir [*begreifen*] et, pour sa part, de se transformer[1]. » En critiquant le dogme de la dictature du prolétariat comme administration de l'assujettissement, Adorno ne fait rien d'autre que dénoncer le système stalinien « qui dure depuis bientôt cinquante ans » dans les mêmes termes que ceux qu'il applique au nazisme, à savoir « des machineries étatiques terroristes » se perpétuant elles-mêmes. Mais une telle réalité politique trahit en même temps un point aveugle du matérialisme hérité de Marx, ce qu'il nomme « une base apocryphe », relatif à la culture et à l'esprit. Loin de n'être seulement qu'une trahison de la Révolution, selon les termes bien connus de Trotski, on devrait dire que le ver était déjà dans le fruit, ce que vérifie le rapport du matérialisme à la culture. Tout en professant une haine de la culture, répétant l'attitude de la bourgeoisie, il révèle en lui un moment idéaliste dans la manière de faire de l'esprit son adversaire. C'est pourquoi il est nécessaire de « travailler » contre un matérialisme emboîtant le pas de l'histoire de la barbarie sous la forme d'une continuité de la domination. On peut comprendre cette haine comme une sublimation ratée, refoulée qui persiste à faire de la culture, des œuvres de l'esprit un privilège auquel ne peut accéder une part de l'humanité placée de fait dans une position d'exterritorialité. Mais dialectiquement cela revient à nier la culture elle-même. Adorno reprend sans doute ici un argument classique formulé contre l'explication causaliste de la culture par le marxisme la réduisant, comme reflet des rapports sociaux aliénés, à une forme idéologique de domination de la classe bourgeoise, ce que Walter Benjamin exprimait déjà en ces termes à propos de l'art et que l'on peut étendre au concept plus général de culture : « La théorie

1 *Ibid.*, p. 161.

marxiste de l'art : tantôt fanfaronne et tantôt scolastique[1]. » Le concept d'exterritorialité, forgé par Siegfried Kracauer pour désigner la situation intellectuelle et politique spécifique de l'exilé, rend compte cependant d'une double négation de la culture, d'une part dans le Quart État, c'est-à-dire le lumpenprolétariat, et d'autre part, dans l'industrie culturelle, de la culture elle-même en tant que forme de l'esprit se singularisant dans ses œuvres qui sont comme en exil par rapport aux prétendues valeurs culturelles dominantes. Mais il prolonge sa critique d'une manière spécifique en revenant sur le rapport à la conscience que le marxisme avait cru liquider une fois pour toutes. Le moment de la conscience, qu'il faut s'interdire de penser comme simple immanence ou plus encore comme un fondement subjectif défini par des actes de conscience, est nécessaire à une dialectique réfléchie, inéliminable par un simple décret autoritaire, forme masquée de l'idéologie : « La dialectique est dans les choses, mais elle n'existerait pas sans la conscience qui les réfléchit ; pas plus qu'elle ne se laisse fluidifier [*verflüchtigen*] dans la conscience[2]. » Le rapport entre les choses et la conscience suppose des médiations qu'aucune doctrine du reflet (*Wiederspiegelung*) n'est en mesure d'interpréter objectivement puisqu'elle obéit elle-même à la réification de la théorie de la connaissance. Contre cela Adorno fait valoir d'une part la « spontanéité » du sujet et d'autre part l'autoréflexion des concepts, condition de toute théorie : « sans réflexion, pas de théorie[3] ». La doctrine du reflet (*Wiederspiegelung*) qu'Adorno attribue, du point de vue de ses présuppositions théoriques idéalistes inaperçues, au marxisme, est interprétée comme une théorie et une critique naïves de la représentation (*Vorstellung*), d'images (*Abbilden*) conçues comme des copies de la réalité dans la conscience : « Une conscience qui introduirait entre elle et ce qu'elle pense un troisième terme, des images, reproduirait subrepticement l'idéalisme ; un corpus de représentations se substituerait à l'objet de la connaissance et l'arbitraire subjectif de telles représentations est celui de ceux qui décrètent[4]. » Cette critique de la représentation – justifiée par une logique du concept et le moment de l'expression dans lequel le nom, en raison de son affinité avec ce qu'il vise, ne se réduit

1 Benjamin, 1993, p. 482.
2 Adorno, 1992, p. 162.
3 *Ibid.*, p. 163.
4 *Ibid.*

pas à un signe extérieur à la chose, impliquant tout autant un nominalisme qu'un dualisme de la forme et du contenu – fait appel, paradoxalement, à « l'interdit théologique des images[1] ». On pourrait s'étonner d'un tel argument dès lors que l'histoire de la raison, de la métaphysique, procède, d'un point de vue génétique, pour Adorno, d'un processus de sécularisation des catégories théologiques. Mais c'est précisément le défaut de réflexion de ce processus de sécularisation qui conduit à réintroduire subrepticement de telles catégories dans la théorie matérialiste. L'autoréflexion critique telle que la conçoit Adorno se doit d'abord de substituer à l'idée d'intuition par laquelle les choses nous seraient données immédiatement, « comme des images », le concept, *medium* et médiation de la pensée. Mais ce *medium* n'est pas déterminé par la seule logique du concept puisqu'il implique au contraire la langue comme pouvoir de nomination, moment d'expression (*Ausdruck*), « phénomène originel et énigmatique » présupposé dans tout acte de connaissance[2]. Dans la mesure où toute langue est historique, où il n'y a pas de langue pure susceptible de révéler de façon immédiate la vérité, de dire l'absolu, toute connaissance sera médiatisée par l'histoire et les sédimentations de la langue telles des traces refoulées par l'abstraction généralisante du concept. De manière différente, et par un rapprochement paradoxal, c'est ce que disent l'interdit biblique de l'image et le matérialisme historique restitué à sa vérité. Mais s'il y paraît y avoir un fond eschatologique commun aux deux, il ne peut cependant renvoyer à aucune positivité, geste qui ne serait rien d'autre qu'idéaliste en présupposant l'identité dernière d'une réconciliation. Il n'y a pas d'image des fins dernières de l'humanité, pas plus que celle d'une rédemption comme sauvetage consistant à retrouver l'unité perdue. L'interdit de la représentation sert à nommer cette impossibilité d'une figuration de ce que devrait être l'humanité à venir, rachetée, de même qu'aucune théorie matérialiste ne peut prétendre déterminer et déduire le cours de l'histoire et sa fin à partir d'une prétendue connaissance de la loi naturelle de l'évolution de la société, comme le soutenait encore Marx dans la « Préface » à la première édition allemande du *Capital*. Si l'essence de la dialectique est « critique et révolutionnaire », comme il est dit dans la seconde « Préface », elle ne peut anticiper que négativement la société

1 *Ibid.*
2 Adorno, 2004, p. 201.

à venir en énonçant ce qu'elle ne doit pas être. C'est en ce sens que le contenu de l'utopie est négatif : « La nostalgie matérialiste de saisir la chose veut le contraire : ce n'est que sans image qu'il faudrait penser l'objet dans son intégrité. Une telle absence d'images converge avec l'interdit théologique des images. Le matérialisme le sécularisa en ne permettant pas qu'on figure positivement l'utopie ; c'est la teneur [*Gehalt*] de sa négativité[1]. » On voit que ce matérialisme entre cependant en contradiction avec l'hypostase idéaliste consistant à faire de la loi naturelle un principe d'identité censé rendre compte des contradictions de l'évolution historique. Pour comprendre la position d'Adorno, peu préoccupé de discuter précisément ici l'héritage controversé du matérialisme historique, il faut reprendre le terme de nostalgie qui pourrait paraître contredire l'idée d'une impossibilité de retrouver une unité première. « Sa nostalgie, écrit-il, serait la résurrection de la chair[2]. » Motif théologique qu'Adorno oppose à l'idéalisme pour lequel la spiritualisation du corps supprime d'elle-même une telle nostalgie et la question qu'elle pose. Dans le royaume de l'esprit absolu il n'y a plus ni corps ni chair. Le terme de chair, qui ne fait l'objet d'aucune analyse précise, doit en fait se comprendre à partir du « primat des besoins matériels » et de leur satisfaction. La chair, à la fois impulsion corporelle et besoin, non pas corps glorieux ressuscité, est comme le substrat matériel de l'esprit, à condition de s'interdire de faire d'un tel substrat un principe explicatif toujours voué à s'affirmer comme principe d'identité. Ainsi seulement la réconciliation par la satisfaction des besoins sera la réconciliation de la chair et de l'esprit : « C'est seulement avec l'impulsion corporelle apaisée que se réconcilierait l'esprit et qu'il deviendrait ce que si longtemps il n'a fait que promettre, alors que sous l'emprise des conditions matérielles il refuse la satisfaction des besoins matériels[3]. » Si les termes de réconciliation et de promesse – bien que dans le texte ils n'apparaissent pas à proprement parler comme des concepts – traduisent une intention utopique, celle-ci se heurte aux contradictions d'une société dont le développement des forces productives, alors qu'il a atteint un degré suffisant pour satisfaire tous les besoins humains, maintient au contraire la majorité des hommes sous l'emprise de

1 Adorno, 1992, p. 163.
2 *Ibid.*, p. 164.
3 *Ibid.*

l'indigence, d'une misère matérielle dont la faim serait comme le paradigme : cette contradiction, fondée dans l'antagonisme social, ne pourrait être dépassée que dans la transformation radicale des conditions produisant et reproduisant les besoins. Adorno est bien conscient, comme le montre un texte de 1942, *Thèses sur le besoin*, « des difficultés considérables » auxquelles s'expose une théorie des besoins, notamment parce qu'il semble périlleux de déterminer un critère établissant une distinction entre les bons et les mauvais besoins, entre ceux qu'une philosophie de l'existence qualifierait d'un côté d'authentiques et de l'autre de factices. Toute théorie dialectique devra rapporter le besoin à la totalité du processus social et à la forme de perpétuation des besoins dans une économie capitaliste monopolistique. Dès ce texte il justifie la nécessité d'une telle théorie par la souffrance infligée « à l'énorme majorité des hommes sur la terre », dont le paradigme, comme chez Günther Anders, pourrait en être la faim, premier existentiel en quelque sorte, bien qu'historique, contre la préoccupation soucieuse – la *Sorge* – heideggérienne[1]. Mais s'il conclut ces *Thèses* par l'idée d'une société sans classes, le soupçon à l'égard de la révolution est entretemps venu assombrir les perspectives : l'utopie négative, cherchant à nommer les impasses de l'histoire politique et économique contemporaine, y compris dans ce qu'il fustige comme pseudo-activité révolutionnaire dans les années 1960, prend d'abord la forme d'un sauvetage micrologique des œuvres, des choses que l'humanité tend à vouer au rebut, considérant que la page est tournée, que la civilisation est enfin entrée dans une nouvelle ère, que d'aucuns, aujourd'hui, toujours plus nombreux, se plaisent à nommer par exemple l'ère numérique, pouvoir conjugué des technosciences et de l'économie capitaliste qui n'a rien à y perdre et tout à y gagner. Mythe comme reproduction du même où les prétendus moyens

1 Anders, 2006, p. 33-34. Il s'agit là de la traduction de l'anglais de l'article paru en 1948 sous le titre *On the Pseudo-Concreteness of Heidegger's Philosophy*. On trouve le texte en allemand dans un volume intitulé *Über Heidegger* sous le titre : « Die Schein-Konkretheit von Heideggers Philosophie », p. 72-115. Voici ce qu'écrit Anders qui montre, s'il en était besoin, tout ce qui le sépare de l'ontologie fondamentale de Heidegger et par suite de sa conception de l'historicité : « Pourtant, en ce qui concerne le fait que le *Dasein* a faim ou, en termes plus habituels, que *les hommes ont faim*, on cherche en vain. Si Husserl n'a pas pris en considération la "faim", il a eu raison à l'intérieur de sa région volontairement limitée. *Mais pas Heidegger*, car toute sa critique de la philosophie est centrée sur ce problème [...] En fait, ce n'est pas seulement la *Sorge* que cette *omission rend incompréhensible, mais avec elle bien d'autres aspects fondamentaux* du *Dasein* heideggérien. » (Nous soulignons.)

de l'émancipation de l'humanité ne libèrent que pour mieux les aliéner les progressistes de toute obédience. Sans doute la pensée dialectique est-elle difficile à entendre dans ses controverses avec la philosophie spéculative, mais peut-être tout autant dans la reprise, à sa manière, de la critique du progrès irrésistible développée par Walter Benjamin, où l'idée d'une nécessaire interruption du cours des choses, présenté comme naturel et donc nécessaire, a partie liée avec une conception messianique de l'histoire que ne partage pas Adorno. Pour accéder à une compréhension de ce geste original où s'invente un nouveau discours philosophique nous devons vérifier l'efficace de la logique de la dislocation en l'appliquant à la question de la métaphysique et de l'utopie telle qu'elle est posée et déployée dans la troisième partie de la *Dialectique négative* intitulée « Modèles ».

TROISIÈME PARTIE

MÉTAPHYSIQUE ET UTOPIE

PRÉAMBULE

LA PENSÉE UTOPIQUE N'EST PAS UNE UTOPIE

Quelles que soient les significations que l'on prête au *concept* d'utopie, on peut aisément constater que ce *terme*, c'est le moins que l'on puisse dire, n'a pas bonne presse dans la littérature abondante qui se présente comme une réflexion politique et historiographique depuis plus d'un quart de siècle. Les utopies ne seraient au fond rien d'autre que des idéologies révolutionnaires menant inéluctablement au totalitarisme, inversant ainsi les promesses d'émancipation en un enfer sur la terre. Toute pensée utopique comme contestation de l'ordre établi, en appelant à une transformation radicale de la société, contiendrait en germe, comme fantasme d'un homme parfait libéré d'une loi supérieure, transcendante, un pouvoir démoniaque d'autodestruction. Plutôt se résigner au dur règne de ce qui est établi et de la loi qui l'ordonne que de nourrir quelque aspiration révolutionnaire à une société autre, non pas sans lois mais désarrimée de la Loi qui seule garantirait l'ordre social. Thierry Labica, dans son introduction à *Thomas Münzer, théologien de la révolution*, d'Ernst Bloch, réédité en 2012, résume ainsi ce qui s'écrit depuis des décennies : « Dans l'environnement du néolibéralisme triomphant des années 1990, cette trajectoire en vient à passer par le filtre d'une historiographie visant à recatégoriser les grandes expériences révolutionnaires en termes de phénomènes criminels et terroristes. En France, le moment "antitotalitaire" puis les célébrations du bicentenaire marquèrent cette évolution avec une force particulière. La Révolution russe tout entière devait bientôt suivre avec *Le Livre noir du communisme* (1997). Puis vint un nouveau *Livre noir de la Révolution française* (2008) dans un genre néo-gothique, politico-historiographique, à ce stade assez bien établi, voire relevant du plus pur opportunisme éditorial[1]. » En ce sens on pourrait dire que la société close sur elle-même, le néocapitalisme traçant le cercle de cette clôture au-delà duquel on franchirait les portes de l'enfer, a achevé là son histoire quand bien même elle continuerait de charrier avec elle un lot de catastrophes nécessaires. Aspirations révolutionnaires et utopies n'auraient de droit et de titre que comme genre littéraire propre à nourrir l'imaginaire d'un monde impossible. S'il est bien évident que l'idée de révolution est plus que jamais problématique au regard de l'histoire du XXe siècle qui l'a revendiquée, il n'en reste pas moins qu'il n'y a *a priori*, à qui prétend penser, aucune raison de la réduire à ces dimensions historiques comme si elle ne pouvait pas être porteuse, tout d'abord comme idée, de promesses d'émancipation effective. Parce que certains jugent qu'il est préférable de ne pas trop accorder de liberté aux hommes, faut-il renoncer à l'idée, au concept de liberté pour en penser sa réalisation sociale et politique ? Que les utopies aient été dénoncées comme simple critique abstraite de l'ordre établi et finalement comme des idéologies ne fait d'abord que renvoyer à la tradition marxiste se réclamant de *L'Idéologie allemande* et du *Manifeste du parti communiste*. Mais il existe tout un courant de penseurs qui chercheront précisément à dégager l'idée d'utopie, pensée notamment à partir du messianisme juif, de la rédemption, de ce carcan lui-même idéologique. Il suffirait de nommer Franz Rosenzweig, Walter Benjamin ou encore Gerschom Scholem en renvoyant à l'ouvrage de Stéphane Mosès montrant que l'idée d'une utopie messianique conduit à une nouvelle conception de l'histoire susceptible de penser autrement les bouleversements du XXe siècle et les menaces qu'ils continuent de faire peser[2]. Ou encore, et bien sûr cet auteur joue un rôle important dans la manière dont Adorno va tenter de concevoir l'intention utopique comme structurellement constitutive de la pensée, en dehors cependant de l'horizon messianique, on renverra à Ernst Bloch dont l'œuvre tout entière est consacrée à l'esprit de l'utopie et à l'espérance comme forme d'anticipation. Sans doute les polémiques autour de cette conception d'une utopie concrète où le sujet demeurerait la conscience de classe accédant de l'en-soi au pour soi ont conduit à suspecter Bloch d'être un penseur stalinien enfermé dans l'héritage hégéliano-marxiste, comme le

1 « Préface » (Bloch, 2012, p. 7).
2 Mosès, 2006.

rappelle Gérard Raulet[1]. Mais une telle réduction ne rend pas justice à ce qui dans l'œuvre constitue, sous la forme d'anticipations, des promesses d'émancipation. Accuser Bloch, en un procès digne des pires tribunaux révolutionnaires, de nourrir un imaginaire totalitaire ne fait que trahir l'indigence de ceux qui l'affirment tant il faut, pour en comprendre la complexité, toujours selon Raulet, mettre au jour les rapports que Bloch entretient avec la philosophie hégélienne, la nature du système, de la méthode et de son rapport dialectique à la totalité qu'Adorno, pour en tirer des conséquences différentes, ne cessera lui-même d'interroger.

Cette constellation de penseurs, et sans aucun doute, de façon privilégiée, Walter Benjamin et Ernst Bloch, dessine l'horizon à partir duquel Adorno, qui distingue sans ambiguïté les utopies comme des doctrines préfigurant l'avenir de la pensée utopique – ce que nous nous contentons de rappeler ici puisqu'il s'agira précisément d'interpréter les motifs essentiels de cette distinction –, tente d'articuler, dialectiquement, une pensée négative et son noyau utopique. Comme le remarquent justement Michael Löwy et Max Blechman dans la présentation de la revue *Europe* consacrée à Adorno et à Bloch, « le négatif chez Adorno présuppose la dimension utopique » de sorte qu'il est possible d'affirmer que « l'espérance utopique n'a jamais disparu de l'horizon politique et philosophique d'Adorno » et qu'elle « est, au contraire, au fondement de sa pensée critique[2] ». Sous réserve que l'on puisse parler de « fondement », puisque ce terme reste empreint d'un idéalisme qu'Adorno s'emploie à rendre impossible, nous montrerons que la *Dialectique négative*, dans sa troisième partie, vérifie parfaitement ce propos, à condition de distinguer cette intention utopique immanente à la pensée de toute aspiration révolutionnaire y compris dans ses formes messianiques.

Mais le geste d'Adorno peut apparaître, à certains égards, comme un repli dans la sphère de la spéculation, notamment dans son rapport complexe à la dialectique hégélienne dont il veut sauver le « travail du négatif » au-delà de toute positivité, puisque c'est à partir de l'idée de sauvetage de la métaphysique et plus généralement de la possibilité de la philosophie que l'idée d'un moment utopique structurel de la pensée est interrogée. Si Auschwitz a paralysé « la capacité métaphysique »,

1 « La mélancolie de l'exaucement », *Europe*, mai 2008, p. 160-163.
2 *Ibid.*, p. 4.

dans la mesure où elle serait devenue incompatible avec l'expérience[1], on peut à bon droit se demander ce que signifie l'idée d'un sauvetage de la métaphysique hostile à toutes ses restaurations idéalistes dans une situation politique et idéologique d'adaptation voire de résignation au nouvel ordre établi. Avant d'engager l'interprétation, il n'est pas inutile de rappeler brièvement le contexte politique dans lequel Adorno écrit pas à pas la *Dialectique négative* en mettant à l'épreuve ses réflexions et ses analyses dans de nombreux cours tenus entre 1958 et 1966. En effet, dès son retour en Allemagne, s'il consacre une part importante de son travail philosophique et sociologique à l'élaboration d'une forme de pensée critique qui interroge le présent dans son rapport à des tendances historiques indissociables du capitalisme et d'une rationalisation de la société toujours plus contraignante, il refuse de céder aux appels insistants d'un humanisme abstrait se prévalant de valeurs prétendument immuables telles que la dignité humaine pour mieux effacer les traces du passé. Mais le soupçon d'impuissance de cette morale empreinte d'une culpabilité refoulée et indicible ne détournera pas Adorno de l'espoir que la catastrophe du nazisme pourrait et devrait être rendue impossible, quelles que soient les formes historiques imaginables de nouvelles catastrophes universelles. Il ne cessera, mû par une véritable vocation pédagogique, d'intervenir en répétant ce « nouvel impératif catégorique », plus immédiat pour « une conscience triviale » que tout énoncé théorique, impératif qu'il formule ainsi dans la *Dialectique négative* : « penser et agir en sorte que Auschwitz ne se répète pas, que rien de semblable n'arrive[2] ». Une telle déclaration pourrait relever d'une conscience naïve pleine de bonnes intentions à l'égard d'un monde qui n'en témoigne guère, d'une vague morale ne portant pas à conséquence, politiquement, ce qu'Adorno n'ignore pas là même où il fait remarquer que jamais la philosophie morale n'a trouvé ni fondé d'argument absolument rationnel de l'interdit du meurtre.

1 Adorno, 1992, p. 354.
2 *Ibid.*, p. 286.

PENSER À PARTIR DU PRÉSENT

De retour d'exil où il s'installe à Francfort en novembre 1949 pour y occuper les fonctions d'enseignant à la faculté de philosophie de la Johann Wolfgang Goethe Universität, Adorno se trouve rapidement confronté à une situation politique qui, dès l'instauration de la République fédérale d'Allemagne et l'élection de Conrad Adenauer comme chancelier, n'est pas dénuée d'ambiguïtés à l'égard du passé nazi et de la question de la responsabilité collective dans le processus d'extermination. Ainsi Adenauer, dans sa première déclaration gouvernementale, en septembre 1949, n'évoquera à aucun moment la culpabilité des Allemands dans le meurtre des Juifs et très rapidement le gouvernement intégrera des personnalités actives à l'époque nazie dans l'administration, la justice et la politique. Processus de normalisation qui ne brise pas radicalement la continuité avec le régime nazi face auquel, en 1985 encore, Jürgen Habermas en appelle à une conscience intellectuelle et politique[1]. Pour Adorno l'héritage nazi ne persiste pas seulement au niveau politique, dans le mouvement de démocratisation contre les courants réactionnaires mais aussi culturellement, intellectuellement et philosophiquement. Comme Horkheimer, il constate que la question de la culpabilité est refoulée et que beaucoup d'intellectuels, d'hommes de lettres, compromis à divers degrés avec le régime nazi, préfèrent se rapporter à une prétendue continuité ininterrompue de la tradition et de la culture nationale allemande en célébrant la table des anciennes valeurs éternelles de la raison, tels des idéaux inexpugnables inlassablement répétés par une philosophie scolaire et dogmatique, cette *philosophia perennis* du vrai, du bien et du beau. Quant à la philosophie qui prétend rompre avec son héritage en le déconstruisant, elle est dominée, à ses yeux, par la figure de Heidegger et ses épigones jusque dans les universités. Climat politique et intellectuel qui ne cesse de dénier en ce sens la césure de l'extermination et semble rendre illusoire un véritable tournant démocratique auquel aspire Adorno. Ces quelques brèves indications n'ont pour but que de situer ce qu'on nomme les excès de la pensée d'Adorno, qui ne sont pas

1 « Contre la normalisation du passé », Habermas, 1999.

seulement le fruit d'une méthode dialectique mais aussi une colère visible face à l'inertie de la société allemande des années 1950-1960 à laquelle cependant une jeunesse étudiante avide de philosophie commencerait à poser des questions susceptibles de l'ébranler. C'est dans un tel contexte qu'Adorno travaille des années durant à développer aussi bien une nouvelle sociologie critique qu'une forme de pensée capable de résister aux démons refoulés mais toujours agissants du passé où l'intention utopique se révèle être le véritable fil directeur de sa pensée. On pourrait dire que si pour Heidegger il n'y a qu'une seule question philosophique, celle de l'être, pour Adorno le véritable ressort, l'impulsion et le *telos* de la philosophie ne peut être autre que cette intention utopique inscrite au cœur de toute pensée véritablement critique. Cela explique notamment la manière très libre d'interpréter les « monuments » de la philosophie dont les commentaires infinis ne seraient pas susceptibles de faire valoir, en eux, des contenus de vérité à sauver contre leur aspect systématique réifié. S'il est certain qu'Adorno se défie plus que tout des utopies comme des projections fantasmatiques d'une humanité parfaite et achevée promises dans un futur à portée de main, résistant de ce point de vue aux figures d'anticipation de Bloch, s'il est vrai qu'il suspecte dans les aspirations révolutionnaires d'une gauche étudiante la répétition d'une violence politique fatale, il n'en reste pas moins que le motif de l'utopie de la connaissance traverse non seulement toute la *Dialectique négative* mais l'ensemble de son œuvre, et particulièrement les écrits sur l'art et la littérature. Le terme d'utopie, dont le sens originaire renvoie à l'absence de lieu, deviendrait en ce sens un *a priori* de la connaissance d'une pensée dialectique qui tente de déterminer le « lieu » de la pensée où le contenu, historique et social, ne serait pas qu'un supplément voué à illustrer par quelques exemples les catégories de la réflexion sans les modifier elles-mêmes. Si on comprend ce terme comme une catégorie et donc un moment structurel de la réflexion, il sera nécessaire d'en faire un *a priori* historique déterminé et déterminable simplement négativement : nous ne savons pas, comme sujet historique, ce que serait une humanité rachetée, juste, mais nous savons ce qu'est l'extrême indicible de l'inhumain. Ce savoir, trop vite refoulé, et qui pourtant paraît s'imposer à toute conscience historique, rend nécessaire la reprise, la répétition de la question métaphysique, non pas parce que l'horreur se serait immédiatement accomplie en son nom mais parce que c'est l'organisation, la structure de la société où se lit l'intrication des catégories de la métaphysique qui a produit cette catastrophe historique. La question qui taraude continûment Adorno, dans une Allemagne pressée d'annuler son passé récent, comme une page blanche, est la suivante : pourquoi les hommes comme individus historiques et socialisés, sachant ce qu'ils sont devenus capables de faire, continuent-ils de répéter aveuglément une vie menacée d'autodestruction alors même qu'ils ne cessent de la justifier par le principe de conservation de l'espèce et de l'individu ? Contradiction de la raison qui de pouvoir d'émancipation se renverse en puissance d'anéantissement, mais tout autant paradoxe de la liberté et du pouvoir d'autodétermination – d'autonomie contre l'hétéronomie – présupposés pour toute société juste. Ce qu'Adorno nomme mythe[1] correspond à cette emprise qui ne peut que répéter l'histoire comme triomphe des vainqueurs – et paradoxalement pour Adorno du nazisme vaincu – ne laissant sur leur passage qu'un champ de ruines. C'est dans l'immanence de ce champ, non dans quelque transcendance ou retour vers une prétendue pensée de l'originaire, en deçà des Grecs dont la figure philosophique tutélaire et fatale serait Platon, qu'il faut déchiffrer et sauver les fragments de vérité propres à interrompre la tendance aveugle qui pousse irrésistiblement les sociétés et les hommes vers un futur compromis. Le concept d'utopie ne peut être en adéquation avec une société qui se présente à la réflexion comme une totalité fermée incapable de penser son « autre », sauf à le projeter dans une extériorité qui libérerait prétendument la pensée de ses conditions historiques. Il n'y a sans doute pas *une* clé certaine pour déchiffrer cette fausse totalité, mais il est nécessaire de supposer, en multipliant le travail d'interprétation, comme pour le rêve, qu'il y a en elle des traces, des signes enfouis de l'espérance que « les choses ne continuent pas ainsi », ce que professe triomphalement l'idéologie du progrès attirant vers elle, autoritairement, toutes les forces sociales dans la mesure où seul le progrès, la marche en avant forcée, quels qu'en soient les moyens, serait un remède aux maux qu'il engendre.

---

1 Ce concept a chez Adorno de multiples significations qui valent d'abord par leurs fonctions critiques, mais on peut considérer qu'elles se rapportent toutes, comme à leur unité, à la négation de la liberté. Dans le cours *Ontologie und Dialektik* il écrit, de façon paradigmatique, contre l'idée mythologique de destin de Heidegger, que « le recours à la mythologie signifie proprement la révocation de la liberté » (2002, p. 247).

Le concept d'utopie se comprendrait ainsi comme une tentative de sauvetage hostile à toute fausse restauration d'un passé idéalisé, témoignant en même temps de sa dette à l'égard de Walter Benjamin, y compris dans son rapport à l'idée d'expérience métaphysique que ce dernier a très tôt interrogée à partir d'une réflexion sur Kant. La conclusion de la *Dialectique négative* est à cet égard une sorte de boussole pour orienter la pensée : « Les traits intramondains les plus infimes auraient leur importance pour l'absolu car le regard micrologique déchire les enveloppes de ce qui, selon le critère du concept générique subsumant, reste désespérément [*hilflos*] isolé, et fait éclater son identité, l'illusion selon laquelle il serait un simple exemplaire. Un tel penser est solidaire de la métaphysique à l'instant de sa chute[1]. » Sauver ce qui se refuse à toute dégradation en une pure quantité abstraite par la rage aveugle du pouvoir d'identification et d'universalisation du concept revient à « démonter » pièce à pièce les mécanismes enchevêtrés de la domination d'un universalisme abstrait et des formes et institutions sociales qui réduisent les individus à une fonctionnalité aveugle. Celle-ci, les transformant toujours plus en des moyens de moyens, les rend semblables à ce qu'ils ne cessent par ailleurs de produire sous l'injonction d'un travail déchaîné soustrait à la question réflexive de ses fins.

CONSTRUCTION DU CONCEPT DE MÉTAPHYSIQUE

C'est dans la troisième partie intitulée « Modèles » qu'Adorno, reprenant la question de la possibilité de l'expérience philosophique à partir de celle de l'expérience métaphysique, met en jeu l'idée de sauvetage. Les modèles ne sont pas de simples exemples mais la construction de configurations historiques dans lesquelles sont étroitement imbriquées l'effectivité sociale et les catégories dans lesquelles elle s'exprime de la même façon que la société se nomme elle-même à travers son langage[2]. Si l'idée d'expérience philosophique conduit à une nouvelle logique du concept, celle de la dislocation exposée dans la deuxième partie,

1 Adorno, 1992, p. 317.
2 Adorno, 2004, p. 202.

l'expérience métaphysique serait la nécessaire confrontation avec l'autre absolu comme ce qui vient hanter toute pensée finie, conditionnée. Le rapport, dialectique, entre ce qui est nommé « philosophique » et « métaphysique », au niveau de l'expérience du sujet comme sujet de la pensée, n'est déterminable que comme autoréflexion sans fondement dernier, ce par quoi, de fait, Adorno conclut, dans l'ultime paragraphe, la *Dialectique négative*. Les modèles vérifient la logique de la dislocation à condition de maintenir l'écart, la discontinuité entre l'autoréflexion des concepts destinée à briser le système et la totalité, et l'autoréflexion d'une expérience métaphysique conditionnée non pas seulement par la finitude de la pensée mais plus encore par la césure historique irréversible d'Auschwitz.

Un rapide parcours des trois chapitres développés par Adorno dans la dernière partie de la *Dialectique négative* suffit à constater qu'on y retrouve les concepts qui orientent la question de la possibilité de la métaphysique à partir de Kant et dans l'idéalisme allemand : la liberté, la nature et l'histoire. En un sens la question ontologique de l'existence de Dieu s'y trouve déployée comme le nœud aporétique de toute philosophie qui ne renonce pas à l'idée de vérité et de l'absolu qu'elle implique traditionnellement. Ainsi serait-il possible de rapporter ces modèles aux trois grandes questions de la métaphysique spéciale – *metaphysica specialis* –, Dieu, la nature et l'homme, ce qui implique l'histoire, distincte de la métaphysique générale, l'ontologie – *metaphysica generalis* –, dont l'objet est l'être de l'étant. De façon significative, jamais Adorno ne fait de la question de l'être la première et ultime question de la métaphysique. Mais c'est bien évidemment d'une manière radicalement transformée qu'il reprend ces questions et ces concepts en opérant des déplacements décisifs afin de montrer les apories de la philosophie contemporaine – Husserl ou Heidegger – là où elle prétend reformuler radicalement la méthode et l'horizon de sens rendant possible de poursuivre de telles questions, quand bien même ce serait indéfiniment, s'il est vrai que la philosophie ne cesse de se reprendre dans un mouvement toujours recommencé. Pour Adorno il faut commencer par dissoudre (*Auflösung*) de telles questions dans ce qui leur est autre et résiste, l'histoire concrète d'un monde des hommes interrompue par Auschwitz. Si, comme l'écrit Hegel, la philosophie est nécessairement de son temps, si elle ne peut sauter au-delà de son présent, ni dans l'avenir pas plus que dans le passé, cette tentation toujours réelle de restauration dissimulant des intérêts politiques ou idéologiques, cette césure irréversible de l'histoire exige pour la pensée une autoréflexion non plus seulement dans les termes d'une théorie de la connaissance supposée autonome mais par rapport à une effectivité historique, objective où est devenu possible un tel « évènement ». Le titre du premier paragraphe du dernier chapitre, « Après Auschwitz », doit nous servir de boussole : la catastrophe de la seconde nature – sociale – qu'Adorno oppose au tremblement de terre de Lisbonne comme catastrophe de la première nature, bouleverse toutes les catégories de la pensée au risque même de paralyser la possibilité de penser elle-même. Cette présupposition, non plus tant métaphysique que politique, n'est pas propre à Adorno si on se rend attentif, malgré tout ce qui les oppose, aux conditions de l'interprétation par Hannah Arendt du totalitarisme dont elle considère que le caractère inédit dans l'histoire requiert de nouvelles catégories de pensée politiques.

S'il n'y a pas de continuité entre la logique de la dislocation comme méthode et les modèles, la troisième partie pourrait cependant se rattacher aux précédentes par le fil ténu, souterrain mais essentiel, d'un matérialisme conservant en lui un motif utopique tel qu'il apparaît dans le dernier paragraphe de la deuxième partie, « Matérialisme sans image ». Les modèles, présentés comme des exemplifications, sont des interventions (*Eingriffen*) dans les concepts fondamentaux de la philosophie qui ne deviennent intelligibles qu'au moyen d'une construction des constellations historiques permettant de mettre en évidence les champs de forces dans lesquels se sont posées les questions de la liberté, de l'histoire et de la métaphysique. Qu'il s'agisse de Kant ou de Hegel, ce n'est pas tant de leurs doctrines respectives qu'il faudra partir que des questions historiques, des expériences spirituelles auxquelles ils ont tenté de répondre[1]. On peut bien interroger la structure d'une pensée

1 Dans *Trois études sur Hegel*, Adorno consacre une deuxième partie au concept d'expérience hégélien, en commençant par invalider la prétention de Heidegger de le rapporter à l'expérience de l'être, dans l'essai intitulé « Hegel et le concept d'expérience » des *Chemins qui ne mènent nulle part*, en précisant ainsi sa méthode d'interprétation : « Ce qui est ici thématique ce sont les contenus d'expérience de la philosophie hégélienne et non pas les contenus d'expérience dans la philosophie hégélienne. » (1979, p. 64.) Peut-être serait-il possible de suspecter dans cette distinction un manquement à la dialectique présupposant l'enchevêtrement complexe de la genèse et du systématique, selon l'expression habituelle d'Adorno, mais on objectera alors que ce dernier n'interroge pas les philosophies comme

dite métaphysique, la séparer de toute genèse, mais c'est au prix d'un oubli de la question du besoin de la métaphysique comme Adorno le dit aussi bien du besoin ontologique. Il ne s'agit en aucun cas, par cette expression, de réduire la philosophie à une dimension subjective, psychologique : Hegel ne posait-il pas cette question du besoin de la philosophie en la rapportant à celle de la vérité et de la position du sujet fini à l'égard de l'absolu, scission ou déchirement que la pensée doit surmonter[1] ? Qu'il y ait dans la métaphysique depuis Platon un désir d'absolu, Adorno est loin de l'ignorer puisqu'il en fait précisément un mauvais désir, une mauvaise infinité, un inconditionné comme fuite hors du monde, par rapport aux dimensions concrètes, sociales et anthropologiques du besoin. Mais dans la mesure où un tel besoin n'est ni naturel ni immédiat, il doit être interrogé à travers les médiations qui le constituent, médiations non seulement sociales mais aussi sédimentées dans la pensée elle-même chargée d'une longue tradition spirituelle. Cela suffirait à justifier contre toute théorie sociale du besoin, fondée en elle-même, la nécessité de passer par Kant et Hegel dès lors que l'on fait de l'expérience métaphysique une expérience qui embrasse le tout de l'existence.

Il est possible, et sans doute plus aisé, afin de retrouver une première détermination du concept de métaphysique et corrélativement d'expérience métaphysique, de partir d'un cours de 1965 intitulé *Métaphysique, Concept et problèmes*. Comme d'autres cours de cette période il constitue l'atelier et la mise à l'épreuve de ce qu'Adorno nomme son *work in progress*, l'élaboration et l'exposition d'une pensée dialectique à contre-courant des sciences et des philosophies qui, chacune à leur manière, dénient ce mouvement d'effondrement de l'histoire et ses implications dans le présent. On pourrait être tenté, de ce point de vue, de prendre Adorno

---

des doctrines refermées sur elles-mêmes appartenant à un passé mort dont il faudrait laborieusement reconstruire l'édifice pour en faire un monument de la pensée. Dans l'expression « contenus d'expérience de la philosophie hégélienne » il faut entendre un génitif subjectif et objectif qui suppose que l'interprétation est celle de la position de la pensée de Hegel par rapport à l'objectivité comme Hegel l'expose lui-même dans son « Introduction au Système de la philosophie » (*Ibid.*).

1 Dans l'écrit sur la « Différence des systèmes philosophiques de Fichte et de Schelling » Hegel écrit : « La *scission* est la source du *besoin de la philosophie*, et, en tant que culture de l'époque, l'aspect nécessaire et donné de la figure concrète [...] Le besoin de la philosophie peut être exprimé comme sa *présupposition*, si la philosophie, qui commence par elle-même, peut comporter une sorte de parvis [...] ». (Hegel, 1964, p. 86 et 89.)

en défaut dans la mesure où, ne cessant de récuser toute continuité d'un sens historique, il semble lui-même en réintroduire un sous la forme d'une catastrophe possible inhérente à la structure de la société, au tout de ses tendances. Mais il faudrait alors répondre que non seulement il n'y a aucune positivité d'un tel procès de l'histoire mais que, plus encore, ce sens serait précisément la négation de tout sens puisqu'il implique comme sa fin la destruction de l'humanité, quand bien même ce ne serait pas sous la forme d'une catastrophe totale. Le cours cité de 1965 comprend dix-huit leçons dont le mouvement reconduit là encore au rapport entre la possibilité de la métaphysique et Auschwitz. Après une succession de leçons consacrées au concept de la métaphysique en général et une détermination plus précise de ses concepts chez Platon, Aristote et Heidegger, Adorno, soulignant, par une rupture de construction, la nécessité d'un changement de méthode requérant que l'on parte de « choses extrêmes », introduit les leçons suivantes en ces termes : « Cette intégration du contenu [temporel et historique] signifie que l'expérience métaphysique, ou le concept de métaphysique, ou les deux à la fois se présentent aujourd'hui d'une façon totalement différente. Et j'en prends pour *signe* [*Zeichen*] – le mot symbole serait parfaitement ignominieux pour désigner ce dont il s'agit puisque c'est la moins symbolique de toutes les choses – Auschwitz, et par là je ne pense pas seulement à Auschwitz mais au monde de la torture qui se poursuit après Auschwitz, ce monde qui se perpétue et dont nous ne cessons de recevoir les plus horribles comptes rendus en provenance du Viêt Nam », de sorte que « le concept de métaphysique s'est effectivement transformé au plus profond de lui-même[1] ». L'usage du terme de signe (*Zeichen*) n'est pas sans faire penser à ce que dit Kant du rapport entre la Révolution française comme signe historique (*Geschichtszeichen*) et la tendance du genre humain vers le progrès[2], à condition, pour Adorno, d'en inverser le sens du positif

1 Adorno, 2006a, p. 154. On notera que dans l'édition allemande il n'y a pas de découpage par chapitres tel qu'il apparaît dans la table des matières de la traduction française. La 13ᵉ leçon, intitulée « Athènes et Auschwitz », sert de transition sans le titre indiqué par le traducteur « La métaphysique après Auschwitz ». Sans doute est-ce fait pour éclairer le lecteur confronté aux aléas d'un cours dont la continuité pourrait ne pas toujours paraître évidente ? Mais le « et » qui nous fait passer de façon vertigineuse d'Athènes à Auschwitz suffit-il peut-être à provoquer cet arrêt, ce moment de suspension de la lecture dont nous avons montré qu'il était inhérent à la forme de pensée philosophique d'Adorno, notamment dans son usage des mots étrangers.

2 Kant, 1990, p. 210-211.

au négatif sans toutefois user du langage du déclin. Le signe comme indice ne prescrit rien en termes de causalité mécanique, aveugle, comme s'il s'agissait d'un destin inéluctable : l'humanité organisée a en droit un pouvoir d'autodétermination par lequel elle peut agir sur le cours de l'histoire, et d'abord sur l'organisation sociale qui l'institue. C'est en même temps la conception qu'Adorno se fait de la dialectique qui le conduit à « partir des extrêmes », comme il en fait la remarque afin de préciser sa méthode[1], méthode dont on peut lire la justification, en référence à Walter Benjamin, dans *Philosophie de la nouvelle musique*, où il s'agit d'interpréter l'essence de la nouvelle musique, son contenu de vérité, dans l'opposition entre les deux extrêmes que seraient Schönberg et Stravinsky, dont la pratique, y compris celle de l'excès ou de l'hyperbole, revendiquée déjà par Benjamin, se vérifie dès *Dialektik der Aufklärung* (*La Dialectique de la raison*).

La conviction sans cesse réaffirmée par Adorno que « le monde dans lequel Auschwitz a été possible ne sera plus jamais comme avant » et que cela « joue un rôle décisif jusque dans nos plus secrètes réactions » peut sans doute relever de l'excès mais tout autant d'une conscience aiguë, en 1965, dans l'Allemagne reconstruite, de ce qu'un tel passé n'a pas encore été suffisamment réfléchi dans ses implications et ses conséquences sur la civilisation. Dans une conférence de 1966 intitulée *Éduquer après Auschwitz* Adorno continue de s'inquiéter de la perte de capacité de résistance des hommes à la domination et à la monstruosité rendue possible par la structure de la société : « D'un point de vue sociologique, je me permettrai d'ajouter que notre société, tout en intégrant de plus en plus, engendre des tendances à la dislocation [*Zerfallstendenzen*]. Juste sous la surface d'une vie civilisée et organisée, ces tendances ont progressé à l'extrême. La pression d'une universalité dominante sur tout ce qui est particulier, sur les hommes et les institutions individués, a tendance à briser le particulier et l'individuel, y compris leur force de résistance. En même temps que leur identité et leur force de résistance, les hommes perdent les qualités qui leur permettraient de s'opposer à ce qui, à un moment quelconque, les entraînerait [dans le sens en même temps de séduire et leurrer, *locken*] de nouveau à commettre des monstruosités. Peut-être seront-ils encore à peine capables de résister

1 Adorno, 2006a, p. 152.

lorsque des pouvoirs établis leur en donneront l'ordre, tant que cela se passera au nom de quelque idéal auquel ils croiront à moitié ou pas du tout[1]. » Non seulement nous ne pouvons interpréter cette inquiétude comme l'attitude pathétique d'un catastrophisme qui se délecte de sa noire mélancolie, mais nous considérons qu'un tel propos conserve plus que jamais son actualité si on accepte de se placer du point de vue de « l'idée d'une histoire universelle » où l'univers médiatique nous a peu à peu habitués à regarder les horreurs du monde dans un petit écran tout en nous adonnant, comme si rien ne se passait réellement, à nos petites affaires quotidiennes, où « l'expérience du monde » a été transformée, par avance, au-dessus de nos têtes, comme l'écrit Günther Anders en 1956, en des « fantômes » que nous offrent, comme produits de consommation, la radio et la télévision[2]. La force de moindre résistance consisterait sans doute à ne pas même supporter de telles modalités d'information sur le monde, quand bien même un discours tout apprêté se précipite pour justifier ce prétendu pouvoir de l'information, auquel il participe, à intervenir dans le cours des choses. Il y a là comme une obscénité à dénier que ce pouvoir, tel qu'il est de façon générale institué en ne ménageant pas ses forces pour faire taire les autres sources critiques d'information, ne fait à sa manière que perpétuer l'ordre établi : compter et déplorer les morts des guerres et autres catastrophes ne vaut au mieux que pour se donner bonne conscience si l'on ne cherche pas à penser concrètement les conditions qui les produisent. Le mérite d'Adorno, qui n'est bien évidemment pas le seul, est de nous interdire cette bonne conscience s'exprimant soit sous la forme d'un fatalisme suspect, soit dans le retrait d'une réflexion convaincue par avance que la pensée est impuissante à intervenir dans le réel. Contre de telles attitudes il faut donc faire le long et coûteux détour par la question de l'expérience métaphysique après Auschwitz dans la mesure où une telle expérience ne relève pas simplement d'une connaissance et d'une discussion des multiples thèses controversées sur la métaphysique mais d'un rapport social, historique et politique au monde où les mêmes structures profondes imposent aux hommes une marche forcée vers l'avenir qualifiée *a priori* de progrès qui paraît à Adorno pleine de menaces latentes.

1 « Éduquer après Auschwitz » (Adorno, 1984a, p. 207-208).
2 Anders, 2002, p. 15.

FIGURES CONTEMPORAINES DU RETOUR DE LA QUESTION DE LA MÉTAPHYSIQUE

Alors que la métaphysique était, il y a quelques décennies, tombée en désuétude, il semble que les questions concernant sa possibilité occupent à nouveau, il est vrai avant tout dans les lieux académiques, notamment en France, une place significative sur la scène philosophique. Pour en rendre compte, sans souci d'exhaustivité, nous nous reporterons à quatre ouvrages de la littérature philosophique française. L'impulsion provient en premier lieu de la contestation de la thèse heideggérienne du dépassement (*Überwindung*) de la métaphysique dès lors que la philosophie est parvenue à l'achèvement de toutes ses possibilités sous la forme de l'onto-théo-logie. La fin (*Ende*) de la philosophie est sa clôture par et dans le logos occidental totalisant institué depuis Platon, dont les effets historiques seraient la domination planétaire de la technique, ultime figure de la métaphysique, voire la catastrophe du nazisme comme révélation de l'essence de l'Occident. Mais Heidegger ne cesse de rappeler que le dépassement de la métaphysique ne signifie aucunement qu'on en a fini avec elle : toute position qui prétend dépasser, renverser la métaphysique en se maintenant à l'intérieur de sa propre langue, de son logos comme logique déterminant les conditions de toute pensée rationnelle, échouerait nécessairement parce qu'elle continuerait de subordonner la pensée méditante à une rationalité mettant en demeure l'homme de répondre à l'appropriation totale de la terre par des dispositifs techniques qui gouvernent et ordonnent les fins de l'existence. Si le « diagnostic » heideggérien ne concerne qu'*une* détermination historique de la métaphysique et non pas son essence dont la logique, de Platon à Hegel, commanderait toutes les figures de la raison, alors il devrait être possible d'en réanimer l'idée et peut-être d'en faire valoir la nécessité.

Dans un ouvrage intitulé *Inventio analogiae, Métaphysique et ontothéologie* de 2005, Jean-François Courtine en appelle à une archéologie, à un examen historico-critique voire micrologique de la construction du concept de métaphysique pour « historiciser » résolument la détermination heideggérienne de la métaphysique comme ontothéologie et la doctrine de l'*analogia entis* qui lui appartient essentiellement. Après « la fin de la "fin" de la métaphysique », la pertinence du modèle heideggérien de la constitution onto-théo-*logique* de la métaphysique doit faire l'objet d'une remise en cause telle qu'il n'aurait de valeur opératoire que pour un moment déterminé de l'histoire de la métaphysique – « une époque très déterminée de la scolastique latine[1] » – et par suite de l'histoire de la pensée occidentale. Il ne serait pas juste de soutenir avec Heidegger que la métaphysique, comme constitution de la pensée occidentale déterminée par le logos et comme pensée de la totalité, méconnaît la question de l'être et la différence ontologique. La clôture de la métaphysique ne serait pas le fait de la métaphysique elle-même et de l'impensé la poursuivant comme son ombre dès l'aurore de la pensée mais le geste de Heidegger et les apories du chemin tracé. Jean-François Courtine conclut son ouvrage par une référence et une invitation on ne peut plus claire à rompre avec Heidegger, sans que l'on sache jusqu'à quel point il fait sienne cette affirmation tranchée où il s'agirait de récuser l'unité destinale-historiale de la constitution ontothéologique en remettant en cause, selon O. Boulnois alors cité, « avec l'histoire de la métaphysique brossée par Heidegger, toute sa pensée, dans son cheminement, comme dans son résultat[2] ». Sans prétendre discuter l'idée que Heidegger n'aurait somme toute fait que brosser l'histoire de la métaphysique, on peut donc en conclure qu'il n'y a plus qu'à jeter le bébé avec l'eau du bain. Olivier Boulnois, dans un ouvrage récent, remet explicitement en cause l'idée que la destruction de la métaphysique, au sens heideggérien, impliquerait son dépassement, quelles qu'en soient les « variantes », par exemple celle de Derrida qui aurait « popularisé » l'expression de déconstruction[3] (*Abbau*). Il n'y a pas une métaphysique, celle dont l'essence serait onto-théo-logique, mais des métaphysiques rebelles dont témoignerait le Moyen Âge, de sorte qu'au-delà de leur caractère historique il serait possible de refonder une ou des métaphysiques parce qu'elles répondent aux questions fondamentales et aux expériences de l'être pensant, parce que la métaphysique est tout d'abord un genre de vie, « un exercice spirituel[4] ». Cette analyse archéologique et critique entend mettre en évidence la structure de la pensée métaphysique, son essence, en en

1 Courtine, 2005, p. 13 et 364.
2 *Ibid.*, p. 365.
3 Boulnois, 2013, p. 9-11.
4 *Ibid.*, p. 18.

reconstruisant à chaque fois la genèse historique, suggérant qu'après tout chacun pourrait faire son propre marché dans les métaphysiques offertes à l'étalage.

L'idée que la métaphysique est tout sauf moribonde est partagée par un autre auteur, quoiqu'avec des présupposés provenant de la philosophie analytique, Frédéric Nef, dans son livre paru en 2004 *Qu'est-ce que la métaphysique ?* Celui-ci défend le caractère vivant de la métaphysique dans la pensée contemporaine contre « l'opinion philosophique actuelle et ordinaire » pour laquelle la métaphysique ne serait plus qu'une « discipline purement historique[1] ». Là encore nous ne nous interrogerons pas sur cette notation quelque peu vague voire condescendante de ce que l'auteur nomme une opinion philosophique, qui plus est ordinaire, mais nous relevons l'intention clairement revendiquée de montrer que la métaphysique n'est pas morte, qu'elle n'a que faire des déconstructions et annonces nécrologiques dont elle a pu être l'objet depuis près d'un demi-siècle. Nous y apprenons que la question de la métaphysique, comme ontologie, n'est pas l'être mais un « réseau de concepts : le possible, l'essence, l'objet, l'évènement… ». Que soit mise hors d'état de nuire la conception heideggérienne de la métaphysique et de son onto-théo-logie introuvable (voir quatrième partie), ainsi pourrait se formuler l'impératif d'une réflexion placée sous le signe d'une philosophie du langage, de la sémantique, permettant de passer « d'une mystique de l'être (Habermas), d'une "extase ontologique" (Sloterdijk) à une ontologie de l'essence et de la possibilité[2] ». Le paradigme de la constitution onto-théo-logique de la métaphysique n'a plus force de loi quand il s'agit de la réveiller et de la sortir de la poussière des caveaux où l'avaient trop vite enfermée de beaux esprits. La charge est massive et ne s'embarrasse guère de nuances, mais affirme avec assurance que la métaphysique serait encore bien vivace comme une plante que rien ne peut déraciner.

Dans un ouvrage détaillé, minutieux et attentif à la complexité de la question de la possibilité de la métaphysique, Bernard Mabille discute précisément le philosophème heideggérien de la constitution onto-théologique de la métaphysique en le mettant en dialogue avec Hegel : « Le but de cet ouvrage est d'ouvrir à nouveau une réflexion sur

1 Nef, 2004, p. 19.
2 *Ibid.*, p. 16-17.

la signification de la métaphysique moins en termes de définition que de constitution et appuyée sur un "dialogue" entre Hegel et Heidegger[1]. » Ce dialogue (*Gespräch*) instauré par Heidegger avec Hegel ne peut porter que sur l'affaire (*Sache*) de la pensée, sur ce qui en est la cause propre : soit la pensée est pensée d'elle-même, sous la forme d'une logique spéculative, soit elle est pensée de l'être. Hegel représenterait en ce sens l'accomplissement le plus haut de la métaphysique mais aussi sa clôture. Le « pas en arrière » (*Schritt zurück*) de Heidegger, contre le négatif et le dépassement (*Aufhebung*) dialectique hégélien consisterait, une fois établie la constitution ontothéologique de la métaphysique, à penser la vérité de l'être à partir de l'envoi de l'être lui-même, en sortant du champ de la subjectivité et de la toute-puissance du concept. Bernard Mabille montre ainsi que le rapport de Heidegger à Hegel met en jeu « deux logicités du Logos[2] », la proposition spéculative, logos déterminant, d'une part et une « parole » dont « la vertu [...] est d'être in-déterminante » d'autre part : « vertu hégélienne qui consiste à chercher une expression déterminée de ce qui est. Vertu heideggérienne qui consiste à dé-lier ou à in-déterminer l'indifférence de l'étant pour laisser advenir la différence entre être et étant[3] ». Heidegger ne resterait-il pas lié, en un sens dialectique, au logos tel qu'il fut inventé philosophiquement par Platon, quand bien même il cherche à en interroger l'impensé ? Cela permet à l'auteur de soutenir qu'il est possible de se délivrer « de l'obsession du dépassement de la métaphysique, puisque le dépassement fait partie de sa constitution[4] » et qu'au-delà de l'opposition entre une métaphysique de l'Un, d'origine plotinienne, et d'une métaphysique de l'Être, il faut poser la question d'une « refonte » possible de la constitution à partir de ces deux types de logique en conflit, soit celle d'un logos déterminant qui cherche à « dire quelque chose de quelque chose », soit un logos in-déterminant « qui cherche à se délier de la détermination et de l'étance pour nous conduire au-delà et s'effacer ». Ce geste de l'auteur – le terme de geste est lui-même appliqué par ce dernier à Hegel et à Heidegger – reviendrait en ce sens à faire de l'invention du logos philosophique le point de départ d'une nouvelle constitution de la métaphysique prise

1 Mabille, 2004, p. 7.
2 *Ibid.*, p. 374.
3 *Ibid.*, p. 375.
4 *Ibid.*, p. 377.

dans la figure du même. Pour prévenir une telle objection l'auteur réintroduit la dimension de l'autre en soutenant l'idée que la possibilité de la métaphysique consiste à soumettre cette constitution à « l'épreuve de la contingence », afin de « déterminer cette contingence », afin de « stabiliser logiquement son sens pour penser ce qui est[1] ». Penser la contingence au moyen du concept serait inhérent à la constitution de la métaphysique et deviendrait comme un appel à une métaphysique possible future ! Énoncé éminemment hégélien qui laisse ici le concept de contingence dans l'in-déterminé. Il est vrai qu'il faudrait sans doute se reporter à l'ouvrage de l'auteur de 1999 intitulé *Hegel, l'épreuve de la contingence*. Mais nous nous étonnerons plutôt que Bernard Mabille, malgré quelques brèves références à la *Dialectique négative* pour souligner une certaine proximité avec Hegel, comme « paradigme » d'une critique de la déconstruction heideggérienne du logos, n'envisage pas d'interroger plus précisément la possibilité de cette autre forme de discursivité philosophique déployée par Adorno. L'idée de la constitution (*Verfassung*) de la métaphysique en serait alors invalidée dans les termes où elle est formulée à l'intérieur du champ de l'histoire de la philosophie incapable de se mettre à l'épreuve d'une autre histoire que celle de son autoréflexion présupposant une autofondation. Pour ce faire il faudrait sans doute commencer par rendre compte de « la méthode » de la pensée négative d'Adorno de la même manière que l'auteur s'emploie minutieusement à établir les conditions d'un dialogue formulées par Heidegger à l'égard de Hegel. Or les renvois à Adorno semblent plutôt servir de contre-feu pour montrer que le geste consistant à faire de la raison l'instrument de la violence et de la domination n'est rien d'autre qu'un « combat de parade[2] » insuffisant pour affronter la question de l'affaire de la pensée. Au mieux Adorno n'est pertinent que dans sa fidélité à Hegel et son exigence de détermination contre l'irrationalité d'une parole incantatoire et prophétique qui parle, c'est-à-dire laisse parler l'être[3]. Et pourtant on ne pourra que regretter de ne pas rencontrer sous la plume de l'auteur l'idée proprement adornienne d'une tentative de sauvetage de la métaphysique telle qu'elle est expressément formulée à la fin de la *Dialectique négative* dans un ouvrage qui affirme à juste titre que la

1 *Ibid.*, p. 376.
2 *Ibid.*, p. 250.
3 *Ibid.*, p. 284.

solution paresseuse consistant à déclarer la métaphysique obsolète est certes facile mais tout à fait insuffisante. Si la question de la possibilité de la métaphysique n'est pas seulement académique, ce que de toute évidence présuppose cet ouvrage, de même que ceux précédemment rappelés, nous restons cependant perplexe devant des commentaires savants qui jamais ne cherchent à se confronter aux questions posées par Adorno dans toute leur complexité là où il est à chaque fois rappelé qu'il faut précisément faire droit à une telle complexité lorsqu'il s'agit de Heidegger, de Hegel ou d'autres encore. Tout au moins faudrait-il rendre compte non pas du dialogue au sens heideggérien entre Adorno et Hegel mais de la figure somme toute paradoxale d'un Adorno à la fois hégélien et anti-hégélien.

L'ENVERS DE LA MÉTAPHYSIQUE ET LE THÈME DE LA SÉCULARISATION

Ce trait hégélien d'Adorno est caractéristique de sa manière d'interpréter la question de la métaphysique dans le cours de 1965 *Métaphysique, Concept et problème*. Ainsi, se plaçant sous l'autorité relative d'un historien de la philosophie membre de l'école hégélienne, Eduard Zeller, fait-il du rapport entre le particulier et l'universel le thème central de la *Métaphysique* d'Aristote[1] et ne consacre-t-il jamais un chapitre à la question de l'être pour en faire le fil conducteur, la seule question qu'ait jamais posée la métaphysique. Il est bien évident qu'il y a dans une telle présupposition une critique de Heidegger par la médiation de Hegel. Si on se reporte à l'introduction du cours, Adorno joue encore une fois cartes sur table puisqu'il indique explicitement que ce cours s'inscrit dans son « propre travail dialectique[2] », c'est-à-dire en vue d'une logique de la dislocation. Le trait hégélien apparaît cependant plus clairement encore lorsqu'Adorno déclare que la métaphysique « s'occupe toujours de concepts », que ses « objets sont les concepts[3] ». Comme pensée du

1 Adorno, 2006a, p. 58.
2 *Ibid.*, p. 31.
3 *Ibid.*, p. 35.

concept elle serait ainsi une logique du concept : la métaphysique comme logique est alors rapportée à sa forme hégélienne qui viendrait l'achever quant à ses possibilités. Mais Adorno prolonge cette exposition du concept de métaphysique par la nécessité d'une double analyse, génétique et structurelle. Le point de vue génétique montrerait en quoi la métaphysique est un phénomène de sécularisation (*Säkularisationsphänomen*) de la pensée mythique et magique, c'est-à-dire de formes de pensée religieuses proches de représentations superstitieuses[1] (*abergläubischen Vorstellungen*). Le point de vue structurel consiste à dégager la conceptualité propre à la pensée métaphysique dans l'ensemble et la connexion des concepts, comme une logique immanente dans laquelle se déploie la raison.

Le thème de la sécularisation sur lequel nous reviendrons par la suite peut sans doute faire l'objet de multiples controverses, mais il importe de relever tout d'abord le surprenant détour par l'occultisme qui actualise la question de la métaphysique dans ses rapports avec le phénomène de croyance, comme le montre cette parenthèse d'Adorno pouvant conduire « extraordinairement loin » : « On peut toujours citer en guise d'explication la formule de cet adepte de l'astrologie que nous avons soumis à des tests dans le cadre de notre enquête sur la personnalité autoritaire et qui nous a déclaré qu'il croyait en l'astrologie parce qu'il ne croyait pas en Dieu[2]. » Dans les « Thèses sur l'occultisme » de *Minima Moralia*, Adorno, en une formule ramassée, écrit : « L'occultisme est la métaphysique des imbéciles[3]. » Forme de régression de la conscience, seconde mythologie substituée aux religions révélées, l'occultisme, continuation du fétichisme de la marchandise, révèle, comme un symptôme, la face cachée de la terreur totalitaire en puissance dans le capitalisme avancé. En cela il partage avec le fascisme et l'antisémitisme une même violence aveugle dont la fin ne peut être rien d'autre que « la catastrophe totale ». Puisque ces thèses sont placées sous le principe méthodique de l'excès, on ne s'étonnera pas de lire que l'idéologie de l'occultisme est « l'idéalisme revenu à lui-même[4] ». Faux esprit, l'occultisme nie l'esprit en le contaminant, notamment par la langue, et transforme ainsi la spéculation philosophique en un

1 *Ibid.*, p. 33.
2 *Ibid.*, p. 34.
3 Adorno, 1991b, p. 225.
4 *Ibid.*, p. 224 et 227.

charlatanisme qui rend les individus incapables de réfléchir leur propre aliénation et les rapports sociaux qui les produisent comme des fonctions : relation d'aveuglement propre à l'idéologie dont un idéalisme subjectif emboîte avec empressement le pas. Cette emprise correspond au cercle magique de la société capitaliste, à ce que Benjamin analysa sous le terme de fantasmagorie. On est en droit de se demander en quoi le détour par l'occultisme se justifie dans une introduction à un cours sur la métaphysique dès lors qu'il ne peut être question de réduire celle-ci à celui-là pour se débarrasser de la question de la possibilité de la métaphysique. Peut-être cela correspond-il à ce qu'il y a de faux, d'apocryphe dans la philosophie, dans le logos inventé par Platon ? Une formulation du début du cours irait dans ce sens en évoquant la « phraséologie [de la] philosophie » ; il s'agit tout d'abord de prévenir les usages trop précipités du concept de métaphysique, ses équivoques mais aussi bien le prestige douteux attaché à une tradition apparemment dépassée[1]. Cette expression peut sans peine se justifier par un renvoi à *L'Idéologie allemande* de Marx lorsqu'il parle de « charlatanisme philosophique » ou encore de « phrases creuses sur la conscience[2] », mais elle présuppose une compréhension et une attention différentes de la langue qui obligent à considérer la nature et l'usage des concepts, donc la logicité du discours philosophique.

La difficulté à définir la métaphysique, à en préciser l'objet, le fait qu'elle soit, dans le monde non allemand, une injure (*Schimpfwort*) et la cause de tous les scandales, conduit Adorno à forcer le trait en passant par ses masques grotesques mais bien réels dans la mesure où ceux-ci parlent en apparence la même langue, notamment lorsqu'il s'agit de convoquer l'esprit. Mais plus encore il n'est pas impossible de supposer qu'au moment où Adorno parle, il vise ce qu'il nomme par ailleurs le jargon de l'authenticité dont on sait qu'il porte tout autant sur les épigones fleurissants de Heidegger que sur Heidegger lui-même. Ce jargon, comme idéologie, ne serait pas si éloigné de la charlatanerie de l'occultisme et sa persistance représenterait ainsi une menace pour tout sauvetage de la métaphysique. L'analyse du jargon se présente comme un travail de démythologisation de la langue qu'il parle en refusant de se soumettre à l'injonction d'une pensée qui a élevé l'être à la hauteur

1 Adorno, 2006a, p. 31.
2 Marx, 2012, p. 14 et 21.

d'un culte. En ce sens il contribue à une reprise de la question de la métaphysique libérée du joug de l'ontologie. Dans le cours de 1965 Adorno reprend ce qu'il nomme « une expression plus objective » de la métaphysique, une fois distinguée de toutes ses contrefaçons, à savoir qu'elle est la science (*Wissenschaft*) de ce qui est transcendant, en opposition à la sphère de l'immanence. Son objet peut aussi bien être les causes premières, l'absolu, l'inconditionné, dans tous les cas il renverrait à une réalité immuable, anhistorique. Ce *telos* de la pensée métaphysique, déterminé à la fois par son objet et son intention, devient en même temps le problème fondamental de la métaphysique, le cœur du problème (*Kernproblem*) qu'Adorno expose de la manière suivante : « une pensée qui, en raison de son caractère conditionné, doit se contenter de ne connaître que le conditionné, s'érige en organe voire même en origine de l'inconditionné[1] ». Usant du langage kantien, il met en relief une contradiction qu'il nomme une tension au cœur de la métaphysique, comme son noyau (*Kern*) dont le caractère problématique se rattache non seulement à la prétention d'accéder à un absolu comme principe premier mais tout autant à l'oubli du contenu historique des catégories de la pensée. Il ne suffit pas de dire que les thèmes de la métaphysique peuvent changer : qu'on parle par exemple de l'être, du rien, de Dieu, de la liberté ou encore du devenir, il faut les interpréter dans leur dimension historique (*historischen Dimension*). Mais contre Heidegger et tous ceux pour lesquels l'histoire de la métaphysique ne serait qu'une histoire immanente de ses thèmes et concepts, sans d'ailleurs nullement privilégier la question de l'être, l'histoire est celle matérielle et sociale des hommes, elle est objective en un sens d'abord marxien. La tension propre à la métaphysique proviendrait en ce sens d'une volonté de sauver la pensée pure à la fois du dogmatisme et de son caractère conditionné. Cette tension correspond à une contradiction entre le moment critique compris comme dissolution (*Auflösung*) des idées dogmatiques et un moment qui devient lui-même dogmatique lorsque la métaphysique prétend fonder la pensée pure à partir d'elle-même. Cette structure de la métaphysique, construite par Adorno, permet de retrouver l'une de ses intentions lorsqu'il s'agit de la sauver contre elle-même : il ne s'agit plus de sauver la pensée pure mais le moment à la fois critique et utopique là où le dogmatisme prend la forme de l'idéologie, proche en ce sens de

1 Adorno, 2006a, p. 39.

l'apparence transcendantale analysée par Kant. Tel est le programme d'une pensée dialectique soumettant la métaphysique à l'épreuve de l'histoire réelle dont, comme nous l'avons déjà rappelé, Auschwitz forme le « signe » sans nom : la condition de la possibilité de la métaphysique est d'abord celle d'un sauvetage possible de la métaphysique jusqu'à son nom lui-même là où la parole a été confisquée par la déchirure de l'histoire. Si cette position par rapport à la métaphysique, dit en termes hégéliens, porte les stigmates de l'histoire, il reste à se demander ce qui aujourd'hui encore justifie une telle manière de poser la question d'un sauvetage. Les modèles devraient apporter des réponses différentes de la prétendue reviviscence de la métaphysique dans les cercles académiques et les diverses tentations théologiques qu'on ne manquera pas de pressentir par exemple chez Olivier Boulnois dans l'ouvrage cité auparavant.

Nous devons comprendre comment cette tentative de sauvetage de la métaphysique demeure indissociable d'un sauvetage de la raison et d'un « plus de sujet », mais d'une raison libérée du joug de l'identité qui, tant du point de vue théorique ou épistémologique qu'historique, s'impose comme une forme de domination rationnelle réduisant toujours l'autre au même, répétant les contradictions la transformant, dans ses tendances, à un pouvoir autodestructeur où la rationalité en finalité (*Zweckrationalität*), devenue moyens et fins, n'autorise plus d'instance critique et de lieu de résistance du sujet au principe d'adaptation à « tout prix ». Cela rendrait compte du fait qu'Adorno considère que seule une confrontation avec Kant et Hegel, faisant jouer tour à tour l'un contre l'autre, peut rendre encore légitime le concept de métaphysique malgré ses avatars. Deux affirmations tendent à le montrer. D'une part, dans *L'Essai comme forme*, il est dit qu'il y a chez Kant, « dans le contenu de ses écrits » « une finalité de la raison, l'instauration de l'humanité, l'utopie » que cependant la forme, c'est-à-dire la théorie de la connaissance, interdit[1], d'autre part il cherche auprès de Hegel à repenser la raison qui depuis lors n'a cessé de régresser. Les apories de la raison chez l'un et l'autre, dans cet idéalisme opiniâtrement disputé par Adorno, ne justifient jamais un renoncement à la raison comme pensée critique face à l'irrationalité du présent. La difficulté consiste cependant à mettre la raison à l'épreuve de l'histoire, puisqu'elle n'est jamais seule avec elle-même, sans pour autant opérer une réduction historicisante.

1 Adorno, 1984b, p. 26.

PEUT-ON SAUVER LA LIBERTÉ ?

Les analyses développées dans le premier modèle intitulé « La liberté, pour une contribution à une métacritique de la raison pratique » peuvent être comprises comme une réflexion morale au cours de laquelle Adorno, à partir des contradictions et des apories de la construction kantienne de la question de la liberté dans les antinomies, tente de sauver non seulement le concept de liberté mais sa réalité effective dans l'emprise d'une société totalement socialisée. Ce sauvetage, fragile et incertain, ne serait possible, comme pour la morale, que sous une forme paradoxale dont la dernière phrase formule l'impératif déconcertant, qu'on ne peut tout d'abord qu'opposer à celui de Kant : « tenter de vivre de sorte qu'on puisse croire [*glauben*] avoir été un bon animal[1] ». Comment peut-on justifier un tel moment de l'animalité, de la nature dans la liberté alors même qu'il faudrait en déchiffrer les traces dans le caractère intelligible kantien, c'est-à-dire dans ce lieu transcendantal le plus purifié de toute nature, où la spontanéité de la liberté serait « libre » de toute impulsion naturelle ? Afin de suivre les multiples détours d'Adorno reconduisant à ce sauvetage de Kant contre Kant lui-même il est nécessaire de commencer par une explicitation du sous-titre, « Contribution à une métacritique de la raison pratique ».

1 Adorno, 1992, p. 233. Il faut conserver le verbe croire (*glauben*) dans la traduction afin de percevoir l'ironie à l'égard de la célèbre formule de Kant : « Je devais donc supprimer le savoir [*Wissen*] pour trouver une place à la foi [*Glauben*]. » (Kant, 1980, préface de la seconde édition, p. 748.)

PRINCIPE D'UNE MÉTACRITIQUE : RAPPORT DIALECTIQUE ENTRE L'HISTOIRE ET LE SYSTÈME

Adorno a introduit ce terme de métacritique dans sa critique de l'idéalisme transcendantal husserlien, dès 1934, pour justifier la légitimité d'une critique dialectique de la phénoménologie qui ne voit dans la contradiction et la négation que des présupposés spéculatifs et finalement dogmatiques, ce que Heidegger, en 1923, reprenait à son compte en affirmant que la dialectique, celle de la *Logique* de Hegel, ne pense pas mais vit simplement aux dépens d'autrui[1]. Le terme de métacritique caractérise, dans l'esprit de la méthode dialectique développée par Adorno, une analyse critique philosophique qui d'une part conteste la légitimité du système et de l'autonomie de la raison, et d'autre part cherche à dépasser la distinction rigide et dogmatique entre le systématique et l'historique telle qu'elle se répète dans l'idéalisme en général. Si la critique reste en un sens proche de la question kantienne de la méthode transcendantale, celle des conditions de possibilité de la connaissance objective, de la morale fondée de façon universelle, le préfixe « méta » caractériserait cependant une inflexion essentielle où le transcendantal, en supposant que l'on conserve le terme, renverrait à l'*a priori* historique et social des catégories de pensée, de la logique elle-même et des principes qui la fondent, requérant par suite une analyse dialectique de la genèse et de la structure de toute pensée. Comme le rappellera sans cesse Adorno, une telle méthode, considérée par toute philosophie qui prétend sauver l'autonomie de la raison comme un réductionnisme sociologique, consiste à déchiffrer les champs de forces historiques sous la surface lisse des textes ou encore, comme il le dit à propos de la *Critique de la raison pure* de Kant pour l'appliquer aux autres doctrines refermées sur elles-mêmes, à concevoir la philosophie comme

1 Heidegger, 2012, p. 70. Nous reprenons la traduction de *Faktizität* dans le titre par factivité bien qu'elle nous paraisse relever d'un maniérisme que rien ne justifie sauf à réserver la langue de Heidegger à quelques initiés qui doivent se le tenir pour dit. Ironiquement, on pourrait émettre l'hypothèse que c'est une faute de frappe qui en est à l'origine puisque sur un clavier le « v » se trouve juste à droite du « c ». Ruse de l'appareillage technique auquel n'échappe pas le traducteur heideggérien.

expression d'expériences spirituelles inscrites en quelque sorte dans les marges des textes devenues les pages blanches de l'histoire.

Appliquée de façon conséquente à la connaissance et à la morale, cette méthode se doit de faire droit au moment empirique, à un moment « impur[1] », contre l'hypostase des concepts prétendument purifiés de cet autre qui les hante, sans toutefois faire des données immédiates, du caractère donné de faits (*Gegebenheit*), que ce soit comme donné sensible ou comme état de chose (*Sachverhalt*), le point de départ légitime de la connaissance. Si une réflexion métacritique doit faire place, accuser réception de l'empirisme, ce ne peut être qu'à partir des médiations immanentes à l'immédiat lui-même : on reconnaîtra sans peine dans ce rapport au donné le commencement de la *Logique* hégélienne de l'être. Mais il est nécessaire de rappeler que ce moment empirique, quand bien même il désigne un moment de la nature et l'expérience qui s'y rapporte, est toujours médiatisé socialement : il n'y a en ce sens ni nature pure, ni expérience pure comme celle qu'une conscience ferait de son objet pour dépasser dans un mouvement négatif l'objet et la connaissance de cet objet. L'histoire et l'*a priori* historique à partir duquel il faut la penser ne sont déterminables et déterminés qu'à partir de contenus eux-mêmes sociaux-historiques. L'idée d'une histoire de la philosophie, de la raison, pour laquelle l'extériorité historique effective, matérielle ne serait que contingente est un présupposé idéaliste que la métacritique doit précisément invalider ; présupposé qui, du point de vue plus général de la Théorie critique telle qu'elle est opposée par Horkheimer à la théorie traditionnelle, oublie la division sociale du travail par laquelle s'institue le savoir théorique en découpant et en séparant arbitrairement les champs de disciplines qui ont en réalité à chaque fois, par leur forme d'objectivation – par exemple la distinction de la nature et de l'histoire renvoie à deux formes d'objectivation construites et séparées en droit par les sciences de la nature et la science historique –, des fonctions sociales de légitimation. Là où Heidegger cherche à montrer que la séparation ontologique d'objets et de régions

1 Adorno, 1992, p. 184. « *metakritische Reflexion hätte den Empirismus zu rezipieren* ». Le verbe *rezipieren* indique un moment de réceptivité dont la traduction par « reprendre à son compte » ne restitue pas le double sens : à la fois prendre en considération l'empirisme comme position par rapport à l'objectivité et le moment de réceptivité qui présuppose une extériorité du concept, un « quelque chose » qui est toujours plus que le concept et qu'il n'est pas possible de réduire à la simple contingence du fait.

requérant des principes et des méthodes de la connaissance de l'étant distincts oblige à remonter, en deçà, à la question de l'être et du sens de l'être de l'étant, la Théorie critique et la métacritique d'Adorno objectent que c'est la division sociale du travail et la rationalité qu'elle implique qui rendent compte des « décisions » théoriques constituant leurs objets en déterminant l'organisation sociale des sciences dans le tout de la société. Contre l'ontologie qui, à partir d'une différence entre l'être et l'étant dont l'absence de rapport dialectique trahit sans cesse le geste de l'idéalisme, mais aussi contre toute prétendue activité pure de l'esprit, Adorno fait valoir, avec une persistance jamais démentie, qu'il n'y a pas de discontinuité, de différence de nature ou d'essence entre l'activité de la pensée et le travail social, par conséquent pas de pensée autonome et pure faisant des essentialités son bien propre, son titre de propriété libéré des contradictions de la société : « Aucun abîme [*Abgrund*] ontologique ne s'ouvre entre le moment de la réalité en elle et celui de l'activité des sujets réels ; et de ce fait aucun entre esprit et travail[1]. »

Cette métacritique ne s'applique pas seulement au savoir théorique mais aussi à la pratique, c'est-à-dire au sens kantien à la question de la liberté dans son rapport à la morale. Cette intention critique se justifie du seul fait que la doctrine kantienne de la liberté, tout en distinguant la raison dans son usage théorique et pratique, présuppose une unité problématique de la raison prétendument pure fondée sur la distinction et séparation de droit de l'empirique et du transcendantal. Ce dualisme est gros de toutes les contradictions et apories rencontrées dans la question de la liberté en raison de l'idéalisme subjectif kantien cherchant un fondement de la liberté dans une subjectivité pure[2]. Il n'est pas d'autre moyen de sauver la liberté que de sortir de cette structure monadologique de la subjectivité en montrant que la structure des antinomies, qui sert de fil conducteur critique à Adorno, est l'expression des antagonismes

---

1 *Ibid.*, p. 159. Tout le paragraphe « Activité pure et genèse » implique le présupposé maintes fois répété que le véritable sujet transcendantal est le travail social, la société inconsciente d'elle-même.

2 De façon générale, si Adorno fait valoir son aversion à l'égard du concept de synthèse, il serait possible de montrer qu'elle n'est pas moins grande pour le concept de pureté (*Reinheit*) et ses usages et légitimations chez Kant, Hegel, Husserl et Heidegger. Les développements de la leçon 18 du cours *Ontologie und Dialektik* établissent une corrélation entre ce concept et ceux d'immédiateté, d'origine, de mythe, d'archaïsme et de destin, dans une critique acérée du concept d'être qui ne serait pas un concept pour Heidegger (2002, p. 263-270).

de la société, champs de forces et expériences spirituelles sous la surface lisse du texte. Mais il faut lutter sur plusieurs fronts, d'une part certes contre cet idéalisme qui réduit la liberté à l'immanence subjective et donc à l'abstraction, mais d'autre part contre l'hégémonie progressive des sciences, celle de la nature et aussi celle de la psychanalyse là où elle devient conformiste et autoritaire, où la raison est réduite à une forme de rationalité (*Rationalität*) instrumentale, fonctionnelle qui annihile le pouvoir critique de résistance de la raison (*Vernunft*). Tensions et contradictions inhérentes à la raison où s'imbriquent, dans les catégories dont elle fait usage, les catégories sociales conçues comme l'expression des contradictions, de l'antagonisme social. Sauver chez Kant « quelque chose » de la liberté, notamment un contenu de vérité paradoxal du caractère intelligible à partir d'un supplément irréductible à une volonté et à une raison pratique pures, l'impulsion somatique, telle est l'intention de cette métacritique développée dans ce premier modèle.

DOUBLE APORIE DE LA LIBERTÉ, DANS LES SCIENCES, DANS L'IDÉALISME

La liberté, tant son concept que la chose même, paraît menacée de deux côtés, prise dans un étau dont cependant les deux mâchoires n'enferment pas les mêmes conséquences. D'un côté les sciences, explicatives et déterministes, font du concept de liberté, comme le nominalisme, un simple terme général vide de sens, réduisant le problème concret de la liberté à des explications causales ; de l'autre, là où la liberté paraît encore avoir une teneur substantielle, dans la philosophie et plus précisément dans l'idéalisme depuis Kant, elle entre en contradiction avec la contrainte et l'emprise qui la condamnent à l'abstraction ou encore à une idée transfigurée, sublimée, dernier refuge qui lui est concédé en la privant de son effectivité. Si après Kant et Hegel les réflexions sur la liberté deviennent arbitraires voire irrationnelles, si la philosophie se transforme en vision du monde ou en une forme de consolation qui suppose que l'on commence par se résigner, on peut se demander en quoi il est encore possible de la sauver à partir de ce moment philosophique

que la rationalité moderne semble démentir jusque dans ses fondements. Pourtant Adorno entend bien défendre ce moment philosophique contre l'oubli auquel il semble voué pour résister à ce qu'il nomme l'indifférence à l'égard de la liberté là où l'intégration sociale est irrésistible comme processus totalisant[1]. L'antinomie chez Kant, la dialectique hégélienne de la liberté constituent « un moment philosophique essentiel » non seulement contre la recherche scientifique, et notamment la psychologie, mais aussi contre une philosophie académique qui aurait « prêté serment à l'idole d'un règne supérieur à l'empirie », à une transcendance douteuse après la sécularisation de la métaphysique[2]. Mais les contradictions et les apories d'un tel moment apparaissent, au premier abord, comme des obstacles infranchissables qui invitent à renoncer dans le moment même où on en aborde les massifs. Le philosophe matérialiste Adorno, qu'on se plaît à reconduire par la main dans la confrérie des sociologues pour lesquels la philosophie sûre de ses droits n'aurait que dédain, ne cède pas devant la nécessité, pour la pensée, de se soumettre aux questions et aux problèmes soulevés par de tels philosophes concernant la fondation par et dans la raison, de la liberté. Si une telle fondation est problématique il ne suffit pas d'en décréter une fois pour toutes la vacuité, mais il est nécessaire, au contraire, non seulement d'apporter la preuve de l'effritement de tels fondements mais tout autant de montrer que c'est dans cette chute qu'il est possible de sauver un contenu de vérité à la fois philosophique et historique sans lequel l'acte même de penser serait tout simplement discrédité, obsolète. Adorno, homme des Lumières en ce sens, fait de la liberté de l'esprit la condition d'un monde véritablement humain là où guettent, sous des formes historiques multiples, le monstrueux et l'inhumain, en refusant tout autant le discrédit de la philosophie que le mépris affiché bien souvent par celle-ci pour ce que l'on nomme aujourd'hui les sciences sociales.

Puisque ce premier modèle est d'abord une analyse critique du concept kantien de liberté, dans ses rapports complexes aux concepts de causalité et de loi, confrontée aux apories du dualisme de l'empirique et du transcendantal conduisant à une sublimation de la liberté et à un renversement de l'autonomie en hétéronomie, nous devons comprendre pourquoi ce sont précisément les antinomies et l'apparence transcendantale

---

1 Adorno, 1992, p. 170.
2 *Ibid.*, p. 170.

qui en constituent comme la pierre de touche. Si, en outre, Adorno ne procède pas à une analyse de la dialectique hégélienne de la liberté, à laquelle il reconnaît pourtant une signification essentielle, ce ne serait pas tant parce qu'il procéderait, contre Hegel, à un retour à Kant, que parce que cette dialectique suppose les concepts d'histoire universelle et d'esprit du monde qui feront l'objet d'une critique soutenue dans le chapitre suivant. Quelle que soit sa manière de « maltraiter » les concepts philosophiques, que l'on ne peut comprendre en même temps qu'à partir du rapport critique qu'Adorno entretient avec la langue philosophique chargée d'une histoire qu'elle dénie, il n'en reste pas moins vrai qu'il ne lit pas les philosophes comme des doctrines constituées dont il faudrait restituer tous les moments, mais les déchiffre à partir de concepts qu'ils jugent décisifs en raison des contradictions et des paradoxes qu'ils engagent. Ainsi c'est à partir du et avec le concept kantien d'apparence transcendantale qu'est introduite la question de la liberté, dont la formulation la plus simple revient à se demander si et comment il y a quelque chose comme une volonté libre.

L'APPARENCE TRANSCENDANTALE COMME APPARENCE SOCIALEMENT NÉCESSAIRE

Le concept d'apparence transcendantale occupe, dans la logique de la dislocation, une place déterminante[1]. Concept critique, il n'est pas limité à une critique des illusions de la raison métaphysique dans sa prétention contradictoire à s'élever jusqu'à l'inconditionné, selon les termes kantiens, mais s'étend à tous les « objets » de la connaissance jusque dans la société instituée. En ce sens, après et malgré la critique de l'illusion du transcendantal, de ce qu'on pourrait nommer l'apparence du transcendantal qu'il faudrait réduire ou plus exactement faire passer dans l'immanence de l'empirique, le concept d'apparence conserve un pouvoir d'élucidation de ce qui se présente comme le vrai et ne serait

1 Le traduire par « illusion », comme c'est le plus souvent le cas, occulte d'une part le rapport essentiel d'Adorno à la dialectique transcendantale kantienne et d'autre part l'usage hégélien du concept d'apparence dans sa détermination de l'idéologie comme « apparence socialement nécessaire ».

que la non-vérité d'une totalité dont nulle expérience immédiate n'est possible. L'apparence, dit dans la langue spéculative de Hegel, n'est jamais simplement l'autre de l'essence, ce pour quoi la prend une pensée représentative d'entendement, comme un monde faux auquel on pourrait opposer un monde vrai au-delà de l'apparence, elle est la manifestation de l'essence à travers toutes ses médiations. En manifestant l'essence, elle peut bien se donner pour l'expression du vrai mais tout autant du faux si précisément cette essence, comme construction de la raison, est le non-vrai. Que l'essence comme tout, par exemple l'esprit du monde, soit le non-vrai, Adorno le répète contre Hegel dès qu'il s'agit de penser la totalité, c'est-à-dire dès qu'il s'agit de mimer la pensée métaphysique. Ainsi doit se comprendre la formule synthétique qualifiant l'idéologie « d'apparence socialement nécessaire ». La totalité sociale se présente comme la vérité de l'ensemble des rapports sociaux existants, comme leur essence, alors même qu'elle en est la négation là où elle intègre les individus pour les désintégrer, c'est-à-dire nier leur particularité, leur être individué. Mais cette apparence dénoncée comme telle n'en persiste pas moins tant que les rapports sociaux ne sont pas radicalement transformés. Dans le premier paragraphe de cette troisième partie intitulé « "Problème de l'apparence" » (*Scheinprobleme*[1]), qu'Adorno met lui-même entre guillemets pour montrer, comme il en fait la remarque dans « Signes de ponctuation », que le texte, ici le paragraphe « cherche à se distancer d'un mot auquel il renvoie[2] », c'est d'abord en homme des Lumières qu'il pose ce problème contre le dogmatisme censurant les questions là où l'autorité de ce qui est aurait force de loi. Ce concept – et c'est bien évidemment une justification des guillemets après ce qui a été exposé précédemment concernant la fonction critique du concept d'apparence – ne s'applique plus au dogmatisme face auquel pouvait encore se faire entendre l'intérêt de la raison mais tout d'abord à la méthode devenue dominante sous le règne

1 Là encore la traduction par illusion a de quoi surprendre puisqu'elle omet l'expression « *Scheinproblem* » et néglige de restituer les guillemets. Nous ne pourrons relever toutes ces négligences – ce qui alourdirait par trop l'appareil de notes –, mais nous pouvons remarquer qu'elles s'accumulent tout au long de cette troisième partie de telle sorte que se vérifie plus encore ce que nous avons dit dès l'introduction d'un nécessaire travail de retraduction.

2 Adorno, 2004, p. 45. « On ne doit employer les guillemets que là où l'on introduit quelque chose, lors d'une citation, à la rigueur là où le texte cherche à se distancer d'un mot auquel il renvoie. En tant que moyen d'ironie, ils sont à proscrire. »

des sciences exactes consistant, après avoir désubstantialisé les concepts, à les réduire à un jeu de significations et de définitions les privant de tout contenu objectif : les questions objectives (*Sachfragen*) seraient frappées d'un tabou sémantique et céderaient la place à des questions de signification[1] (*Bedeutungfragen*). On peut supposer qu'Adorno, de façon allusive, renvoie ici à ce qu'il dit de la sémantique et de la philosophie analytique comme un mode de critique du langage ainsi qu'aux remarques critiques adressées à Heidegger ou encore à Husserl, dans *Philosophische Terminologie I*[2]. Un tel tabou, appliqué au mot liberté, fait perdre la fin et en ce sens l'intérêt que la raison pourrait encore attribuer à la question de la liberté là où la liberté réelle semble menacée. Il suppose ici, entre les lignes, l'expérience concrète de cette menace de la liberté dans les institutions démocratiques de l'Allemagne d'après guerre, liberté formelle qui, dans l'espace social, se réduirait à la liberté du consommateur, comme Adorno l'écrit dans un cours sur l'histoire et la liberté[3]. L'apparence de liberté est sous emprise, devenue indifférente politiquement, voilée par l'idéologie d'une totalité sociale réglée par la loi de l'échange économique, le principe d'équivalence comme principe d'identification. C'est pour cette raison que la critique philosophique de la liberté rencontre toujours sur son chemin la critique de l'idéologie, sans laquelle elle resterait abstraite, méconnaissant les conditions sociales et historiques dans lesquelles elle s'effectue. Un « dialogue » avec les philosophies passées ne peut s'instaurer qu'à partir du présent, sauf à prétendre passer au-dessus ou en deçà de son temps, c'est-à-dire répéter le geste philosophique présupposant des vérités immuables, éternelles, geste lui-même déterminé idéologiquement.

C'est en ce sens que la question métaphysique de la liberté, posée dans les termes kantiens, revient : elle n'est pas une question dépassée mais, confrontée, dans le présent, au problème de l'apparence sociale, elle exige d'être pensée en refusant de la réduire à une objectivation impossible, c'est-à-dire en quelque sorte à un « objet » ou un étant introuvable. Ce n'est que de façon paradoxale qu'elle devient un « objet » de la réflexion : « Il faudrait réfléchir sur les objets en question de telle

1 Adorno, 1992, p. 167.

2 Adorno, 1973, p. 8.

3 Adorno, 2006b, p. 12. « Ce qui reste de liberté, préservée soigneusement dans la vie privée, vaut comme épiphénomène : celle-ci n'a plus ce caractère substantiel par lequel les hommes se déterminent eux-mêmes. »

sorte qu'on ne les juge pas comme un étant ou un non-étant, mais au contraire en incluant dans leur propre détermination aussi bien l'impossibilité d'en faire quelque chose de fixe [*dingfest zu machen*] que la nécessité de les penser[1]. » C'est ce que Kant aurait tenté de penser, intentionnellement ou non, dans les antinomies de la *Critique de la raison pure* et en grande partie dans la *Critique de la raison pratique*. Bien que le concept de liberté et la chose elle-même ne puissent faire l'objet d'aucune objectivation, puisque la liberté n'est pas un objet (*Gegenstand*) de la connaissance théorique, bien qu'ils ne soient pas pensables sans contradiction du point de vue phénoménal, la raison ne peut abdiquer devant ce que Kant lui-même nomme une exigence paradoxale dans l'introduction de la *Critique de la raison pratique* : « exigence paradoxale de se prendre, en tant que sujet de la liberté, comme noumène, mais en même temps aussi, relativement à la nature, comme phénomène dans sa propre conscience empirique[2] ». Le concept de liberté est incompréhensible et donc problématique par rapport à l'usage spéculatif de la raison, mais il faut, cependant, parvenir à le penser rationnellement pour le sauver et ne pas l'abandonner à l'empirisme ou aussi bien au dogmatisme. Reprenant à sa manière le problème kantien, Adorno pose la question suivante : si la volonté ou la liberté ne se laissent pas rapporter à un étant (*auf ein Seiendes*), peut-on cependant les synthétiser, comme expérience, sous des concepts[3] ? Ainsi se trouve formulé le problème de l'unité de la volonté libre là où elle paraît scindée par le dualisme de l'empirique et du transcendantal, question essentielle parce qu'elle se rapporte précisément, chez Adorno, à la question de la possibilité d'un sauvetage de la liberté contre un tel dualisme, contre le formalisme qu'il implique. Il faut alors se demander s'il y a « un dénominateur commun » à la dichotomie construite entre la nature et le monde intelligible permettant de rapporter les mouvements naturels (*Regungen*) du sujet ou les expériences qui s'y rattachent à un concept dépourvu de tout substrat naturaliste. Adorno répond tout d'abord

---

1 Adorno, 1992, p. 167-168. L'expression verbale « *dingfest machen* » signifie « mettre en état d'arrestation » et fait ainsi écho, dans la langue, au caractère répressif autoritaire de la raison, comme le répète Adorno, y compris à propos de la conception kantienne de la liberté. En outre elle implique, en termes hégéliens, une critique de la pensée d'entendement qui voudrait fixer, arrêter les déterminations dans leur mouvement immanent.

2 Kant, 2003, p. 93.

3 Adorno, 1992, p. 168.

de façon hypothétique en attribuant à Kant la fonction médiatrice de l'impulsion : « Selon son modèle, la volonté serait l'unité légale de toutes les impulsions qui se révèlent être en même temps spontanées et déterminées par la raison, à la différence de la causalité de la nature dans le cadre de laquelle elles demeurent par ailleurs : pas de conséquence d'actes volontaires en dehors du nexus causal. La liberté serait le mot pour la possibilité de ces impulsions[1]. » Mais prendre à la lettre, au mot, cette détermination de la liberté consisterait justement à ne faire de la liberté qu'un mot dont on fixerait la signification sans parvenir à la penser objectivement, c'est-à-dire effectivement. Ce serait dans ce sens un repli vers le nominalisme pour lequel il n'y aurait rien de substantiel dans la liberté de sorte qu'on pourrait au mieux la comprendre comme une simple liberté de l'individu, un libre arbitre, sans pouvoir la fonder objectivement, liberté dans ce cas, pour Adorno, contradictoire qui se nie elle-même. Cette conséquence, qu'Adorno n'attribue pas ici explicitement à Kant, le conduit cependant à soutenir que la réponse critique kantienne est insuffisante et qu'il faut reprendre le problème « autrement » en cherchant à déterminer la nature de cette impulsion qui semble contredire toute idée de liberté transcendantale.

SPONTANÉITÉ TRANSCENDANTALE ET MOMENT NÉGATIF DE L'IMPULSION

Où Adorno peut-il prélever, chez Kant, cette idée d'impulsion comme unité et origine des actes libres ? C'est l'idée de spontanéité à la fois empirique et transcendantale qui la présupposerait sans même la reconnaître. Si la spontanéité transcendantale est la capacité du sujet de commencer par lui-même une action, d'en être la cause qui ne serait pas elle-même l'effet d'une cause antérieure, Adorno répond qu'un sujet transcendantal pur n'agit pas, de sorte que l'idée de spontanéité, afin de n'être pas contradictoire, renvoie nécessairement à un sujet empirique qui seul peut avoir des impulsions. Cette impulsion, qu'Adorno nomme plus loin, comme nous le verrons, le supplément (*das Hinzutretende*), à

1 *Ibid.*, p. 168.

la fois intramental et somatique, est tout autant immanente qu'au-delà de la sphère de la conscience, elle est ce rudiment antérieur au dualisme de la conscience et de la nature que la raison rejette dans le domaine de l'irrationnel sans lequel cependant aucune action effective ne serait possible et plus encore sans lequel il n'y aurait pas de volonté libre. La pureté de la spontanéité transcendantale est rendue malgré elle impure en raison de l'oubli et du refoulement qui la recouvre. Mais un tel oubli est précisément l'oubli de ce qui demeure, comme une couche inconsciente de la conscience dite pure : « Ce qui dans l'action est autre que la conscience pure, qui de façon kantienne rend nécessaire l'action, ce qui jaillit soudainement, c'est la spontanéité que Kant a transplantée pareillement dans la conscience pure, parce que sinon la fonction constitutive du je pense aurait été menacée. Le souvenir de ce qui a été séparé ne survit plus chez lui que dans la double signification de la spontanéité interprétée de façon intramentale. Elle est d'un côté une production [*Leistung*] de la conscience : pensée ; d'un autre côté une production inconsciente et involontaire, le battement de cœur de la *res cogitans* au-delà de celle-ci. Une conscience pure – logique – est elle-même quelque chose de devenu [*ein Gewordene*] dont la validité [*Geltendes*] a fait disparaître la genèse[1]. » Si cette impulsion devenue inconsciente, morceau de nature dans la conscience, n'est pensable que du point de vue génétique, elle n'est pas interprétable dans des termes naturalistes ou ontologiques, elle n'est pas une donnée originaire, pas plus que le sujet empirique lui-même comme lieu naturel de la volonté libre. Contre une méthode qui prétend fonder la liberté dans le sujet, dans une subjectivité soit transcendantale soit empirique, il faut tracer une ligne de partage « entre l'intelligible et l'empirique au milieu de l'empirie[2] ». Cette ligne de partage fait éclater l'immanence subjective pure de telle sorte qu'on devra penser le sujet transcendantal lui-même dans l'immanence du sujet empirique. Une telle dialectique, consistant à briser aussi bien l'identité du sujet transcendantal que celle du sujet empirique et la logique qui en institue la séparation et la distinction d'essence, s'applique à la volonté identifiée à la conscience pure par Kant. Celle-ci, et donc la volonté, « a sa genèse dans le moment, escamoté par la doctrine kantienne, de la négation de la volonté », écrit Adorno

1 *Ibid.*, p. 181.
2 *Ibid.*, p. 168.

en rapportant ce négatif au supplément ou à l'impulsion[1]. Contre la structure monadologique d'une subjectivité fermée sur elle-même il suffirait de faire valoir l'observation la plus simple de ce que l'on nomme prendre une décision : si c'est un acte subjectif de la volonté, il est médiatisé par une multiplicité de facteurs extérieurs, en premier lieu d'origine sociale, dont on ne peut faire abstraction dès lors que l'on prétend parler d'une effectivité de la liberté. Adorno introduit ici un argument psychologique, notamment en faisant usage du terme freudien d'épreuve de réalité (*Realitätsprüfung*), anticipant la critique des apories de la liberté transcendantale kantienne. Mais il procède à une critique plus générale du décisionnisme – qui par analogie rapprocherait Kant de l'éthique existentialiste – telle qu'on peut la retrouver à propos de la conception sartrienne de la liberté restée dépendante de l'idéologie jusque dans le concept de situation, critique de l'apparence de liberté que la société concéderait aux individus : faire croire aux individus qu'ils disposent d'une liberté, d'un libre pouvoir de décision antérieur à toutes déterminations, ontologique en un sens, comme décision de l'être, là où ils sont d'abord déterminés par des médiations qui ont décidé pour eux, au-dessus de leur tête. Le décisionnisme, comme abstraction, payant sa dette à l'idéalisme, est hétéronomie[2]. Mais si le recours à la psychologie constitue un moment critique de la sphère transcendantale de la liberté, celle-ci sert tout autant de caution au déterminisme. Toutes ces contradictions, qu'il faut commencer par poser, ne sont pas simplement logiques mais réelles. Adorno ne cherche pas tant à les dissoudre et à les résoudre qu'à les penser à partir de la troisième antinomie kantienne comme expression d'une expérience spirituelle et d'un moment d'histoire sociale rendant compte en même temps des raisons pour lesquelles le problème de la liberté se trouve posé sous la forme d'une antinomie, comme le montre le paragraphe intitulé : « Scission de l'intérêt pour la liberté ».

1 *Ibid.*, p. 181.

2 Dans une longue note, après avoir rapproché par analogie Kant et Sartre en rapportant la bonne volonté à la décision, Adorno critique non seulement l'abstraction de la décision au sens sartrien, mais aussi le concept de « condition humaine » en concluant en ces termes : « La liberté signifie la critique et la transformation des situations, et non leur ratification par des décisions prises dans le cadre de leur structure contraignante. » (*Ibid.*, p. 178.)

ANTINOMIES ET ANTAGONISME SOCIAL

C'est par un argument historique qu'est introduite une telle tension et la scission qui en résulte dans le nouvel ordre social établi après l'abolition de l'ordre féodal : la société bourgeoise, l'émancipation d'une bourgeoisie accédant au pouvoir, demande implicitement[1] (*unausdrücklichen Mandat*) à la philosophie une doctrine de la liberté qu'elle nie en même temps dans les faits dans la mesure où elle instaure une nouvelle forme de domination fondée sur le principe d'une rationalité instrumentale s'imposant à la totalité de la société. Cette domination n'est pas seulement celle de rapports économiques, de l'infrastructure, mais présuppose la rationalité comme calcul et principe d'équivalence rapportant tout à la quantité et au même telle qu'elle procède dans les sciences, réplique en ce sens du mythe : la démythologisation est un procès indéfini auquel les sciences ne peuvent elles-mêmes se soustraire au risque, sinon de succomber, comme dans le positivisme dominant le XXe siècle, au charme d'une nouvelle religion, autre constellation historique de l'ensorcellement. La liberté et l'oppression progressent dans un même mouvement historique en se soumettant à un principe rationnel qui accroît la contrainte réelle en même temps que les antagonismes de la société. C'est ce procès historique qu'Adorno va chercher à déchiffrer dans les antinomies. Est-ce une réduction sociologique, une historicisation de la raison se confondant finalement avec l'historicisme où la structure de l'*a priori* ne serait que l'expression génétique de tendances historiques méconnues par la philosophie qui prétend à l'autonomie ? Pour Adorno la raison qui parle d'elle-même ne parle pas seulement à partir d'elle-même sans pour autant n'être que le reflet de la structure sociale selon la thèse d'un marxisme vulgaire intenable : elle ne peut affirmer son autonomie que contre ce quoi elle s'affirme dans le mouvement de son abstraction. Dans cet argument, proche de ceux développés dans *Dialektik der Aufklärung* (*La Dialectique de la raison*), c'est avant tout l'opposition entre la raison comme pouvoir critique et la rationalité scientifique au service de la production qui est mise en avant dans le progrès des sciences (*auf fortschreitende Verwissenschaftlichung*). Cette défaite de la

1 *Ibid.*, p. 169.

raison critique prend la forme d'une résignation face aux contradictions rendant impossible une liberté effective de sorte que la liberté ne serait plus qu'une liberté subjective intériorisée que la philosophie devrait ratifier en la fondant par une doctrine : « La classe bourgeoise fait cause commune avec la science aussi longtemps que celle-ci favorise la production, mais se voit obligée de la redouter dès qu'elle porte atteinte à la croyance en l'existence de sa liberté déjà résignée à l'intériorité. Voilà ce qu'il y a réellement derrière la doctrine des antinomies[1]. » Mais Adorno précise cette dimension historico-philosophique – donc en ce sens relevant de la métacritique qui articule dialectiquement le systématique et l'historique – en posant la question de savoir pourquoi les thèses de « la volonté libre ou non libre » sont devenues des antinomies et affirme que Kant en aurait perçu quelque chose lorsqu'il s'efforce de penser et de combler par sa doctrine le retard de la liberté comme obéissance à la loi, comme autonomie, forme bourgeoise en ce sens de la liberté de l'individu, par rapport à l'ancien ordre où les lois, l'autorité extérieure dictaient les devoirs. Cet argument du « retard », au sens où Marx disait ironiquement que les Allemands ont fait la révolution dans les idées et non dans la réalité politique, est justifié par la citation suivante extraite des *Fondements de la métaphysique des mœurs* : « On voyait l'homme lié par son devoir à des lois, mais on ne s'avisa pas qu'il n'est soumis qu'à sa propre législation, encore que cette législation soit universelle, et qu'il n'est obligé d'agir que conformément à sa volonté propre, mais à sa volonté établissant suivant la fin de la nature [*Naturzwecke nach*] une législation universelle[2]. » Ce mouvement de pensée, dialectique, qui reconduit de l'historique au philosophique participe chez Adorno d'une volonté de sauver quelque chose de la force spéculative contre l'hégémonie des sciences et du déterminisme qu'elles impliquent dans les faits, y compris les faits historiques placés sous le signe du progrès. Mais s'il ne s'agit pas pour autant de rejeter les apports des sciences contre les excès de la spéculation qui croit pouvoir faire abstraction de la réalité empirique et sociale, la difficulté inhérente à la méthode et à ce qui attend d'être[3] pensé tient au fait qu'il y aurait une convergence de

1 *Ibid.*
2 *Ibid.*, p. 172.
3 Cette expression renvoie chez Adorno à la forme de la pensée où tout contenu de vérité attend son interprétation. Ce qui est vrai de l'œuvre d'art vaut de la réalité sociale considérée dialectiquement dans son tout et ses moments structurels.

la philosophie et de la science dans l'alliance d'une doctrine de la liberté aboutissant paradoxalement à une praxis répressive. C'est le processus d'intégration sociale, exigé par la rationalité et par une philosophie dite bourgeoise – processus qui contradictoirement est en même temps une désintégration –, qui rend les individus indifférents à l'égard de la liberté, de son concept et de la chose elle-même (*Sache selbst*). La question posée par Adorno est alors la suivante : comment la philosophie et laquelle peut aider à sortir de ces contradictions et de l'apathie politique qu'elles engendrent ? Si seule une pensée dialectique matérialiste est capable de réfléchir ces contradictions sans les réduire à des antinomies immanentes à la raison, elle ne peut pour autant refuser de se confronter à la tradition et à l'héritage de l'idéalisme allemand dans la mesure où elle continue de penser avec les catégories et les concepts qui en proviennent, au risque sinon de dégénérer en un bavardage stérile ou en des visions du monde relativisant toute vérité où la liberté ne serait plus, au mieux, qu'une qualité individuelle distinctive mais indifférente.

DÉTERMINISME DANS LA SCIENCE ET MYTHE : QUESTION DE MÉTHODE

Puisque l'indifférence à l'égard de la liberté ne peut être le dernier mot, parce que sinon cela revient à admettre, théoriquement, un déterminisme total, pratiquement, la résignation et la fatalité, une critique du déterminisme est nécessaire pour réinterroger les antinomies : cette critique porte dans le troisième et quatrième paragraphes sur la méthode de quantification de la science – principe d'équivalence de la rationalité appliquée à toute réalité – et sur le behaviorisme qui fétichise les comportements des individus en en faisant une chose dans le monde des choses. Elle s'applique en droit à l'idée de méthode comme construction *a priori* de l'objet de la connaissance[1]. L'emprise de la science et du déterminisme fonctionne comme un nouveau mythe, comme un destin au sens de la répétition du même : la primauté reconnue à la méthode s'accorde avec l'idéologie de l'adaptation (*Anpassungsideologie*), ce qui

1 *Ibid.*, p. 175.

implique, philosophiquement, une critique de la méthode transcendantale elle-même comme mode de constitution des objets et comme mode de questionnement présupposant dans la question générale de la possibilité des jugements synthétiques *a priori* une unité et identité de la raison dans laquelle se répète la contrainte de la nature. La réification n'est pas seulement celle des objets de la connaissance mais provient d'abord de la méthode qui décide par avance – anticipation de l'*a priori* – de ce qui est connaissable ou non, de ce qui s'ordonne à la raison en s'y subordonnant. Ce qui s'écrit dans et par la raison, ce qui est ratifié par cette dernière comme le dit Adorno, c'est le principe d'identité qui, anthropologiquement, est contenu dans le principe d'individuation et de conservation de soi et se répète dans la forme logique de la raison et la méthode d'objectivation qu'elle met en œuvre pour fonder des connaissances universelles et nécessaires. Si l'identité du « Je pense » logique, formel, condition, en droit, de tout acte de synthèse, est problématique, c'est qu'elle répète la prétendue identité de l'individu, du « soi » du principe anthropologique de la conservation de soi : le « droit » est contaminé, compromis par le fait. La philosophie transcendantale et les sciences partageraient, quand bien même leurs méthodes diffèrent, un même présupposé, celui du principe d'identité qui seul, garantissant l'unité de la connaissance rationnelle, produit un savoir objectif valide. La critique de l'introspection comme prétendue expérience cruciale, celle des sciences expérimentales, tombe sous le coup de la critique dialectique comme celle de la distinction de l'empirique et du transcendantal dans lequel serait fondée l'identité du sujet comme conscience de soi, puisque ce « soi », ce sujet transcendantal, qu'on ne peut concevoir comme un sujet purement formel, vide de tout contenu, n'est séparé et séparable qu'à l'intérieur de l'empirie : à travers lui, le divisant, brisant toute unité possible, passe la société organisée. C'est pourquoi toute tentative de fonder la liberté par la raison consistant à chercher refuge dans la subjectivité, dans l'unité-identité d'un moi comme substrat de la liberté ne peut qu'échouer, puisque ce moi est socialement produit par la société comme contrainte. Il n'y a pas de réconciliation possible entre l'intérieur et l'extérieur, opposition construite et réifiée, préformée par le dualisme du sujet et de l'objet caractéristique de la théorie traditionnelle de la connaissance, formalisme oublieux de la dialectique qu'elle contient, qui se retourne, en le réifiant toujours plus, contre le sujet lui-même.

Le recours au principe d'individuation comme moment de la nature, comme dehors de la société, sur lequel voudrait s'appuyer la philosophie pour faire valoir l'indépendance de l'individu par rapport à l'ordre social, n'est que l'expression de « l'idéologie libérale » défendant les intérêts particuliers comme s'ils étaient ceux de la société. La contradiction réelle ne porte pas tant sur les rapports entre l'individu et la société que sur l'apparence d'une liberté naturelle dans l'ordre social qui ne peut parler de liberté qu'en isolant, de façon monadologique, l'individu pourtant déterminé socialement : « Durant cette période et encore au-delà, poser la question de la liberté, c'était poser la question naturelle de savoir si la société permet à l'individu d'être aussi libre qu'elle le lui promet, et aussi, dès lors, si la société elle-même est libre. L'individu émerge temporairement de la relation aveugle que constitue la société tout en contribuant justement, en raison de son isolement sans fenêtre [*fensterlosen Isoliertheit*], à reproduire cette relation [*Zusammenhang*]. – La thèse de la non-liberté n'en annonce pas moins l'expérience historique de la non-réconciliation de l'intérieur et de l'extérieur : les hommes ne sont pas libres en tant qu'assujettis à ce qui leur est extérieur, cet extérieur qu'ils sont de nouveau eux-mêmes en tant qu'il est en eux-mêmes[1]. » Si l'idée d'un individu extérieur à la société est un mythe, une « robinsonnade » selon l'expression de Marx, celle d'une intériorité subjective comme lieu de la liberté et par conséquent de résistance à la contrainte l'est tout autant dès lors que l'on prétend faire abstraction des sédimentations historiques et sociales qui la constituent. La difficulté à laquelle se heurte ainsi Adorno qui, classiquement tout d'abord, critique dialectiquement l'opposition abstraite de l'individu et de la société, repose, philosophiquement, sur la recherche d'un « lieu » de la liberté irréductible aussi bien au sujet empirique qu'au sujet transcendantal. Question de méthode là où les limites de la méthode comme construction *a priori* de l'objet ont été mises en évidence.

1 *Ibid.*, p. 173.

LE SUPPLÉMENT COMME TRACE ET SOURCE DE L'UTOPIE

Si la liberté suppose la spontanéité, c'est à partir d'une impulsion antérieure à la constitution du moi (*Der vor-ichliche Impuls*) qu'il faudra la penser en s'interdisant d'en faire un principe premier, que la dialectique négative ne peut jamais présupposer. Ce n'est donc que médiatisée qu'il sera possible de la concevoir : « Sans une anamnèse de l'impulsion indomptée, antérieure à la constitution du moi [*vor-ichliche*], bannie plus tard dans la zone d'une soumission à la nature non libre, il ne serait pas possible d'acquérir et tirer l'idée de la liberté qui cependant, de son côté, se termine dans le renforcement du moi[1]. » Adorno introduit le paragraphe « L'impulsion pré-égoïque » par l'expression « *das dämmernde Freiheitsbewußtsein* », traduisant l'idée d'une conscience de la liberté encore endormie et qui s'éveille, pour faire droit à une remémoration pensante, lutte contre l'oubli dont proviendrait la spontanéité si elle n'est pas purement transcendantale. Ces strates refoulées par la conscience ne peuvent être mises en évidence que par une dialectique entre l'impulsion et le moi. Il ne s'agit donc pas de fonder la liberté sur une telle impulsion mais de chercher le lieu de la spontanéité là où elle est déniée par la loi de la causalité naturelle et du déterminisme qu'elle implique, afin de la retrouver, comme nous le verrons, jusque dans le caractère intelligible opposé, chez Kant, au caractère empirique. Pour ce faire Adorno « passe » notamment par la catégorie psychologique de névrose de contrainte comme envers de la liberté, en référence à Freud où la théorie du refoulement serait « suffisamment dialectique » pour rendre compte, à ce niveau, des contradictions présentes dans l'idée de spontanéité. La névrose de contrainte montrerait de façon exemplaire les contradictions entre le moi et ce qui lui est étranger de façon immanente, entre la pulsion et l'intérêt de la raison qui ne peuvent se réconcilier. Le contenu de vérité (*Wahrheitsgehalt*) de la névrose se démontre comme non-liberté : le moi est étranger à lui-même en lui-même, de façon immanente, divisé d'avec lui-même. Mais cette division ne peut être rapportée à la seule conscience, à la constitution du moi

1 *Ibid.*, p. 175.

qui serait tout à la fois instance de refoulement et organe de la liberté : l'analyse psychologique, psychanalytique ne suffit pas à rendre compte des contradictions immanentes à la conscience et au moi. C'est pour cette raison que toute opposition non dialectique de l'intérieur et de l'extérieur non seulement n'explique rien mais ne fait que renforcer et justifier la contrainte sociale qui s'exerce sur l'individu, de même qu'aucune introspection ne peut apprendre quelque chose de la liberté. Ce qui s'exprime dans cette phrase difficile à traduire en raison du jeu avec et dans la langue : « Elle [l'introspection] conçoit [*konzipieren*, concevoir au sens de projeter, esquisser] l'une et l'autre [la liberté et la non-liberté] dans une relation à quelque chose d'extramental : la liberté comme pendant polémique [*Gegenbild*, contre-image] par rapport à la souffrance sous la contrainte sociale, la non-liberté comme son image [*Ebenbild*][1] » : jeu et illusion spéculaires où la liberté ne peut être qu'idéelle ou sublimée, jamais effective. Adorno renvoie dos à dos l'insuffisance de l'explication psychologique et celle fondée sur l'idée d'un sujet transcendantal souverain et autonome comme le voudrait Husserl en prétendant échapper au psychologisme. Il ironise, marque d'une distance critique qu'exprime le verbe « philosopher » (*philosophiert*) : « Aussi peu le sujet est la "sphère des origines absolues" ; comme on philosophe dessus[2] [*als die es sich philosophiert*]. » Cette fiction[3] d'un sujet supposé souverain, autonome, laisse donc entier le problème de la genèse et de la validité du concept de liberté. C'est encore une fois dialectiquement qu'il faut penser les contradictions et donc le caractère paradoxal d'un concept de liberté, d'une volonté libre, qui doit admettre en lui un moment non réfléchi comme son autre inéliminable même par la pensée. C'est ce qu'Adorno nomme le supplément – *das Hinzutretende* : « Le supplément est le nom donné à ce qui a été éliminé par cette abstraction ; sans lui, la volonté ne

1 *Ibid.*, p. 176.

2 *Ibid.* Là encore la traduction ne rend pas justice au texte, à la fonction critique du langage.

3 Dans *Contribution à une métacritique de la théorie de la connaissance*, Adorno reprend de Husserl lui-même le terme de fiction attribué à l'*épochè* phénoménologique pour le critiquer d'une part mais aussi pour y déceler, d'autre part, paradoxalement, une trace d'utopie aussitôt refoulée : « Ce n'est pas la témérité paradoxale de l'eidéticien qui provoque la critique. En elle s'exprime le meilleur agent [*Agens*] de la phénoménologie, à savoir l'excédent utopique au-delà du monde chosal [*Dingwelt*] accepté, l'impulsion [*Drang*] latente de faire apparaître [*hervortreten*] – dans la philosophie – le possible dans l'effectif [*Wirklich*] et l'effectif à partir du possible au lieu de se résigner à l'ersatz d'une vérité extraite des simples faits, à sa "mesure" [*Umfang*] conceptuelle. » (Adorno, 2011a, p. 231-232.)

serait en aucun cas réelle [*real*]. Ce supplément surgit [*aufblitz*] entre les pôles de ce qui a existé autrefois, de ce qui est devenu presque méconnaissable, et de ce qui un jour pourrait être[1] [*was einmal sein könnte*]. »

On reconnaîtra sans peine, dans l'expression « ce qui un jour pourrait être », l'intention utopique de la connaissance qui cherche en même temps à nommer la différence toujours annulée par l'identique. Ici ce nom est le « supplément », ce qui vient s'ajouter parce qu'il est déjà là, mais oublié, refoulé et dénié. Mais ce supplément n'est pas une origine absolue, quelque chose d'ultime et d'ontologique (*noch ein ontologisches Letztes*), il est un moment (*Moment*[2]) ou « l'après-coup » de l'expérience. Toute cette analyse du supplément est en même temps une critique de l'idéalisme à la fois comme construction et réduction puis effacement d'une trace matérielle, somatique dans la conscience : on construit en vue de ce que l'on veut prouver. À cette rationalisation il est possible d'opposer l'argument génétique, emprunté à la psychanalyse, selon lequel la raison s'est développée, en s'en différenciant, à partir de l'énergie pulsionnelle. Adorno l'applique ainsi à la conscience pure, au logique dont la philosophie kantienne ferait disparaître tout ce qui en elle est devenu (*Gewordenes*), tout ce qui ne vaut que comme résultat d'un devenir inéliminable. Mais puisqu'il ne peut s'agir de rechercher un fondement comme un absolu, seule la négation déterminée répondra de cette forme de critique, comme le montre le début du paragraphe suivant : « C'est seulement par la négation déterminée qu'il est possible de concevoir la liberté, selon la figure concrète de la non-liberté[3]. » En ce sens même l'idée de genèse, au sens de méthode, ne peut être considérée comme un principe absolu. Ce serait réifier la méthode et donc la pensée elle-même. Ce qu'Adorno cherche, aussi bien du point de vue de la constitution de la conscience comme structure que du point de vue génétique, c'est précisément ce qui à chaque fois résiste à toute identification dernière, comme le « quelque chose » qui résiste à l'identification d'où doit procéder la pensée, avant même la position de l'être comme immédiat. Le supplément est le nom de cet

1 Adorno, 1992, p. 180.

2 Adorno, comme nous l'avons fait remarquer auparavant, dit curieusement de ce concept qu'il est intraduisible alors qu'il vient du latin *movimentum* et signifie mouvement, propre à désigner la dialectique contenue dans chaque chose, à condition de supposer la négativité qui interdit de penser ce moment comme un point fixe dans un tout.

3 *Ibid.*, p. 182.

autre inéliminable de la volonté quand bien même il n'en reste qu'une trace à peine perceptible. Il est par exemple cette saccade qui interrompt la continuité de la causalité dans l'action dite volontaire, contre l'idée rationaliste que l'identité de la cause produirait l'identité de l'effet, ou encore ce tressaillement de la main dans la forme de la réaction motrice, tressaillement qui témoigne précisément de l'action d'une volonté jamais intégralement déterminable[1]. Le supplément, cette impulsion irréductible aux faits de conscience, est un moment qualitativement différencié, quelque chose de somatique « incorporé » cependant à la raison, son autre en elle. En ce sens ce supplément paraît proche du concept freudien de pulsion, concept limite entre le psychique et le somatique qui se dérobe à toute objectivation parce que la pulsion ne se montre jamais immédiatement mais seulement par des représentants de représentations (*Vorstellungsrepräsentanz*) qui en tiennent lieu, ce que Lacan, contre tout réductionnisme biologique, interprétera en termes de signifiant en montrant ainsi que c'est dans le langage qu'elle s'exprime foncièrement. Que la théorie de la pulsion soit un mythe comme le dit Lacan après Freud montrerait qu'il ne faut ni la substantialiser, ni en faire un principe métaphysique absolu alors même qu'elle est constitutive du sujet de l'inconscient. Pour Adorno ce moment est présent dans tout acte de volonté libre et par suite dans toute pensée, si l'on présuppose que celle-ci contient toujours un moment de volonté. Il oppose cette différence irréductible au geste idéaliste du propriétaire qui s'approprie et exproprie ce à quoi il applique *sa* raison comme si elle était *la* raison, le fondement du réel. Dans l'action, et donc dans l'acte libre entrent en jeu des motivations échappant à la raison qui les méconnaît dès lors qu'elle se prend comme mesure de ce qu'elle stigmatise comme irrationnel. Mais il n'annule pas, cependant, le moment de la conscience dans la liberté : celle-ci n'a de sens que si elle s'accompagne d'un savoir du sujet de cette liberté de l'action. Le moment de l'autoréflexion est nécessaire : sans lui il n'y aurait pas de véritable liberté et par suite de sujet de la liberté comme être individué. La subjectivité, comme il l'écrit, s'élève péniblement et s'y tient, de façon éphémère, la tête haute[2]. Le qualificatif « éphémère » (*ephemer*) introduit une temporalité de la liberté qui d'une part suppose un sujet agissant dans l'espace et

1 *Ibid.*, p. 181.
2 *Ibid.*, p. 179.

le temps réels, c'est-à-dire en même temps déterminés socialement – ce que ne peut un sujet transcendantal – et d'autre part insiste sur l'idée que la liberté est fragile, qu'elle pourrait être étouffée (*ausgelöscht*) sans laisser de traces (*vielleicht spurlos ausgelöscht*) : en ce sens il est un des noms paradoxaux de l'intention utopique – sauver ce qu'il y a de plus éphémère – dont la réalisation intégrale (*ungeschmälert*) supposerait des conditions sociales d'une plénitude de biens sans frein. Tous les termes de la langue convergent ici vers l'idée d'utopie, celle d'une restitution intégrale (*ungeschmälert*) s'accomplissant de façon immanente dans l'histoire. Ce qui pourrait apparaître comme une positivité, celle de la plénitude, ne peut cependant être pensé que négativement.

CONTRADICTIONS D'UNE VOLONTÉ PURE ET PROLONGEMENTS IDÉOLOGIQUES

Que la liberté suppose la conscience, et plus encore la raison, est à n'en pas douter au fondement de la doctrine kantienne de la liberté, aussi bien dans les antinomies de la *Critique de la raison pure* que dans la *Critique de la raison pratique*. Cependant Adorno veut montrer le caractère contradictoire et donc aporétique de la raison pratique chez Kant. Au-delà de la critique du dualisme et du formalisme déjà développée par Hegel, Adorno soutient que la contradiction consiste à expliquer la raison pratique, en droit indépendante dans son usage de la raison théorique, à partir de la raison théorique, dans laquelle elle trouve son fondement parce qu'il y a une unité de la raison, une identité de la raison à elle-même qui seule en rend légitimes les usages : l'hypothèse d'une non-identité de la raison ruinerait l'idéalisme puisqu'elle obligerait à introduire une scission à partir d'un autre empêchant toute autofondation et autosuffisance, faisant du logos pur un fantasme. La volonté pure, elle-même déterminée par la raison comme un logos, fait rechuter l'action dans le théorique, dans la raison théorique. Il y aurait donc une antinomie non aperçue par Kant dans le rapport du sujet et de l'objet présupposé par la théorie de la connaissance de la *Critique de la raison pure* : « Comme pur logos, la volonté devient un *no man's land* entre sujet et objet, autrement antinomique que ne l'avait estimé la critique de la raison[1]. » Dire de la volonté pure qu'elle est un « pur logos » revient à en faire une « raison » abstraite de toute détermination empirique, un lieu vide, c'est-à-dire un non-lieu pour qui ne reconnaît pas de patrie transcendantale, en la privant ainsi de tout contenu possible autre que celui qu'elle se donne, c'est donc récuser une fois encore l'idée d'un lieu transcendantal pur et la méthode qui prétend le fonder. Le primat de la raison pratique ne serait alors rien d'autre qu'un complément – et un artifice – de la raison théorique elle-même sans couleur, c'est-à-dire pure abstraction par sa prétendue pureté. Subordonnée à la raison théorique, elle reste sous l'emprise (*Bann*) de l'identité de la raison prétendant se suffire à elle-même, emprise qui contredit l'idée de liberté. Identifier la raison pratique, la conscience et la volonté est le geste propre de l'idéalisme qui ne jure que par son contraire, ce qui serait autre et irréductible, comme l'impulsion, première forme de spontanéité, du point de vue génétique, sans toutefois l'admettre dans la constitution du sujet sous peine de se nier lui-même : « Mais l'idéalisme est de mèche avec son contraire et il ne peut le reconnaître sous peine de mort ; c'est ce qui explique à la fois sa proximité avec les contenus véritables et en même temps le fait qu'il les pervertit[2]. » C'est ce qui explique aussi qu'Adorno nous rappelle sans cesse, dans le labyrinthe de ses analyses, que le matérialisme dialectique a besoin de cet idéalisme pour se penser lui-même. Une telle critique ne peut se situer seulement au niveau théorique ou systématique mais retrouve dans le monde effectif les effets politiques et idéologiques d'une telle abstraction, notamment dans le décisionnisme (*Der Dezisionismus*) dont Adorno relève les traits politiques dans le nazisme. C'est en ce sens que la critique de la doctrine de la liberté se durcit par la suite, sans qu'on puisse établir une continuité historique immédiate entre Kant et le nazisme. Il faudrait parler d'une continuité logique souterraine condamnant la philosophie pratique à l'impuissance en raison de sa fondation dans un logos pur : l'abstraction d'un tel logos se renverse en domination de la nature et des hommes socialisés, contre les aspirations à l'émancipation qu'il fait valoir. Comme l'écrit Adorno, dénonçant un paralogisme, ce n'est pas parce qu'il y a la terreur qu'il n'y a pas de liberté effective, mais c'est au contraire parce que la liberté

1 *Ibid.*, p. 180.
2 *Ibid.*, p. 182.

fait défaut que la terreur existe[1]. Déshabituer les hommes de la liberté est le premier but de la propagande des régimes dictatoriaux dont les moyens sont la manipulation des masses qui se prévaut de l'appel à la liberté comme volonté et acte de décision des individus, ce qu'Adorno reprend dans *Éduquer après Auschwitz* et dans bien d'autres interventions. Mais les appareils du pouvoir ne suffisent pas à établir le règne de la terreur, ils cherchent et ont besoin de justifier leur puissance au moyen d'une idéologie qui emprunte, malgré eux et contre eux, des éléments de doctrine des philosophes, y compris pour se défendre des monstruosités dont on les accuse, comme le montre le cas d'Eichmann lorsqu'il affirme, certes à contresens, qu'il n'a fait qu'agir par devoir au sens kantien.

LA LANGUE COMME TÉMOIN À CHARGE DU CARACTÈRE RÉPRESSIF DES IMPÉRATIFS KANTIENS

Mettre en évidence le paradoxe de la doctrine kantienne de la liberté, comme le fait Adorno, consiste à en montrer à la fois les apories et leurs effets sociaux-historiques. Ainsi, dans des termes proches de Nietzsche malgré les critiques qu'Adorno retourne contre sa généalogie de la morale[2], la doctrine de la liberté accuse un caractère répressif, en accord avec la société bourgeoise fondée sur la contrainte, l'assujettissement et la domination. L'autonomie se renverse en hétéronomie parce qu'on peut déchiffrer dans la philosophie morale de Kant une morale de l'obéissance, de la faute et de la punition, du besoin de punir : « Tous les concepts qui, dans la *Critique de la raison pratique*, doivent, pour la gloire de la liberté, combler le fossé qui existe entre l'impératif et les hommes, sont des concepts répressifs[3]. » Une telle morale, n'hésite pas à dire Adorno, porte, comme les arguments psychologiques justifiant la contrainte, les

1 *Ibid.*, p. 180-181.

2 Dans un cours de 1963 sur la philosophie morale, Adorno soutient que la critique de la morale de Nietzsche, parce qu'elle ne pose pas la question d'une vie juste par rapport à l'état social, parce qu'elle aboutit à l'idée d'une morale positive comme simple négatif de la morale bourgeoise, devient idéologique (2010, p. 255-257).

3 Adorno, 1992, p. 183.

habits du criminologue. On ne manquera pas, en relevant un pareil verdict et une telle charge excessive, de s'écrier, scandalisé, que cette lecture ressort de l'idéologie la plus caricaturale en méconnaissant volontairement les analyses complexes et subtiles de Kant et plus encore la méthode transcendantale qui les fonde, qu'elle passe bien vite sur la distinction entre l'obligation et la contrainte que tout lecteur de Kant connaît et opposera à l'analyse d'Adorno en le rappelant à suivre la lettre du texte qu'il se propose d'interpréter. Mais de quelle lettre s'agit-il précisément puisqu'aussi bien celui-ci fait un relevé des concepts cardinaux de la philosophie morale de Kant ? Pratiquant l'art de la citation à comparaître, Adorno prétend déchiffrer la lettre cachée des textes kantiens dans leur rapport à l'historicité afin de mettre au jour ce que la doctrine de la liberté ne veut avouer. Art de l'interprétation fragile interrogeant les sédimentations historiques de la langue dont le sens ne renvoie pas à une quelconque réalité transcendante susceptible de fonder l'unité d'un sens qui devient en même temps une fin, mais à l'effectivité chiffrée de l'histoire concrète et latente, refoulée[1]. L'idée que l'on puisse lire les philosophes, la terminologie philosophique comme un processus de dénégation, est justifiée par Adorno, comme nous l'avons déjà montré, à partir d'une référence explicite à Freud. Mais on ne peut la limiter à la psychologie individuelle sans méconnaître les déterminations sociales de l'individu, de l'expérience spirituelle et des contenus de pensée tels qu'ils s'expriment de façon médiatisée dans les œuvres. Les concepts freudiens n'ont de valeur, pour Adorno, que s'ils servent à une dialectique historique mue par l'autoréflexion : cette réserve est essentielle pour

1 Si on veut se convaincre de ce principe intangible d'interprétation revendiqué par Adorno, on pourra se reporter au bref essai « Signes de ponctuation » où il est dit que : « Bien davantage que la signification [*Bedeutung*] ou la fonction grammaticale, c'est l'histoire qui s'est sédimentée dans les signes de ponctuation et qui, figée et parcourue d'un léger frisson, jette un œil au-dehors par chacun d'entre eux. » Il y a une « essence historique des signes de ponctuation » de la même façon que tout *a priori* est par essence lui-même historique. Pour tirer toutes les implications de cette réflexion il faut être attentif à la distinction entre la signification (*Bedeutung*) et ce qu'Adorno nomme le moment d'expression (*Ausdruck*) qui présuppose que l'interprétation n'est pas une simple herméneutique mais une manière de faire irruption dans la langue afin de la faire parler le langage auquel elle se refuse. Comme nous l'avons déjà fait remarquer, ce qui peut apparaître comme une violence de l'interprétation est une réponse à la violence d'une domination que les hommes s'évertuent à oublier en la sublimant dans la langue et les œuvres témoignant de la hauteur et du prestige de l'esprit (Adorno, 2004, p. 43).

résister non seulement à la tentation de voir dans la démarche d'Adorno un freudo-marxisme qu'il critique de façon virulente, en même temps que ce qu'il nomme le révisionnisme des néo-freudiens tel celui d'Erich Fromm, mais aussi pour éviter de céder trop facilement à la réduction à une lecture généalogique « symptômale » qu'on attribue à Nietzsche. Ce qui l'interdit chez Adorno, d'une manière générale, c'est précisément un rapport spécifique aux doctrines et aux théories qu'il faut elles-mêmes soumettre à la critique pour faire jouer les concepts contre eux-mêmes. L'idée selon laquelle le texte de Kant, qu'il s'agisse de la *Critique de la raison pure* ou de la *Critique de la raison pratique*, est en même temps un texte historique à lire comme tel peut se prévaloir du fait qu'à la lettre le texte philosophique ratifie l'expérience, l'écrit tel un scribe rédigeant les actes administratifs, juridiques ou religieux, comme l'atteste le passage suivant : « Afin de garantir aux hommes empiriques la liberté en la ratifiant [*verbriefen*], comme si leur volonté, même dans la philosophie théorique, celle de la nature, s'était montrée libre, Kant a besoin de déployer des efforts démesurés : en effet si la loi morale leur était tout simplement incommensurable la philosophie morale n'aurait alors aucun sens[1]. » Il s'agit en quelque sorte de lire le texte comme si la lettre faisait loi, véritable décret qui dissimule son caractère autoritaire sous des concepts antinomiques. C'est la langue elle-même qui révèle ce caractère répressif de la loi morale – dont Adorno n'ignore pas que du point de vue philosophique cette langue se déploie à partir des concepts et pas simplement des mots –, et plus précisément la langue même des différentes formulations de l'impératif catégorique dans lesquelles Adorno relève des concepts comme témoins à charge : loi (*Gesetz*), obligation (*Nötigung*), respect (*Achtung*, qui comme interjection peut signifier aussi gare ! ou encore garde à vous !), devoir (*Pflicht*), mais aussi différentes formulations revenant sans cesse sous la plume de Kant, telles que « pas autrement que » (*nicht anders als*), « inséparablement liées[2] » (*unzertrennlich verbunden*). Il ne faut cependant pas tant prêter à Kant lui-même la violence de ces termes que l'attribuer à la langue elle-même à travers laquelle s'exprime la société, même si Adorno peut affirmer, comme un musicien à l'écoute de la langue, que c'est parfois dans le ton plus que dans le contenu que s'exprime le caractère répressif

1 Adorno, 1992, p. 182.
2 *Ibid.*, p. 183.

de la société. Le ton, la tonalité comme couleur et moment expressif, serait l'aveu de la froideur bourgeoise – du sujet bourgeois devenu indifférent à tout ce qui excède ses intérêts particuliers aussi bien qu'au malheur face auquel il prétend ne rien pouvoir faire si ce n'est s'endurcir pour y résister – que stigmatise à de nombreuses reprises Adorno : l'objectivité sociale de la langue pénétrant en fraude dans les concepts s'impose « au-dessus de la tête » des individus, de leurs intentions subjectives d'autant plus que la philosophie ne soumet pas ses concepts et plus encore le moment de l'expression à une critique, ce que toute critique dialectique exige dans le mouvement même où elle s'exerce et s'applique à son objet, et non pas comme simple remarque préliminaire ou marginale, comme un discours de la méthode extérieur au contenu. La confiance naïve dans la langue dissimule le pouvoir effectif des mots et du discours que les sophistes de la Grèce antique, tel Gorgias, n'hésitaient pas à comparer à un véritable tyran. Si la société se nomme elle-même par son langage, il faut le dire de la langue philosophique puisque cette langue dite essentielle voire originaire est en réalité sociale et historique, c'est-à-dire politique : quand bien même elle distingue le concept du nom, la force d'expression de ce dernier parle malgré elle de ce dont elle prétend faire abstraction. Le rigorisme de Kant, cette froideur bourgeoise dont il a été question, n'est pas tant un trait simplement subjectif, psychologique que l'expression d'un caractère autoritaire façonné socialement. Cependant, contre la langue du transcendantal démasquée, dont les concepts ne peuvent dénier leur provenance impure jusque dans l'affirmation de l'a priori, Adorno, dans la conclusion du paragraphe intitulé « Fiction d'une liberté positive », semble concéder une certaine validité à l'explication psychologique, analytique de ce qui se présente chez Kant comme *a priori* (*Apriorisierte*). Genèse psychologique qu'on ne peut comprendre ici qu'en se rendant attentif à ce mouvement dialectique par lequel, tout en en dénonçant la positivité, Adorno fait de la science le négatif de l'idéalisme : la raison scientifique contient un moment critique, ne serait-ce que comme moment de démythologisation, même si elle doit en retour être réfléchie afin d'éviter qu'elle ne devienne elle-même une forme de légitimité prétendument souveraine, comme l'instance dernière de tout usage de la raison. Dans son explication causaliste et déterministe de la liberté, la science se rangerait réellement (*real*) du côté de la liberté, « fragment [*Stück*] d'une dialectique de la liberté » puisqu'elle retrouve le sol de l'expérience que Kant promettait mais qu'il a enfermé dans les bornes étroites des problèmes de validité de la connaissance en excluant toute dimension psychologique. Ce rapport dialectique à la science comprise comme fonction critique renforce toutefois les paradoxes du fait (*Faktum*) de la liberté et de son concept qui, en tant que concept, contient sa propre dialectique. Si la science se range réellement du côté de la liberté, en fait, pourrait-on dire, sans pouvoir déchiffrer les contradictions qui tendent à l'annuler, elle se montre incapable de penser ce concept lui-même et l'abandonne volontiers, dès qu'il s'agit de théorie, à l'explication causaliste et mécanique. Les contradictions de la rationalité scientifique, dans son processus historique lui-même, font signe vers le paradoxe immanent à la pensée elle-même, celui d'une non-liberté de la pensée là où la pensée est exigée pour sauver la liberté.

IDÉALISME ET CHANSON POPULAIRE : UN AIR QUI SONNE FAUX

Un tel paradoxe reconduit d'abord à l'idéalisme allemand qu'Adorno aborde, ironiquement, par le biais d'une chanson populaire affirmant : « les pensées sont libres ». Les hauteurs spéculatives entonneraient pour leur propre compte, avec une naïveté feinte, ce refrain, comme une ritournelle, en le rationalisant ainsi : « Parce que selon sa doctrine tout ce qui est doit être pensé, pensée de l'absolu, tout ce qui est doit être libre[1]. » Ce qui ne serait rien d'autre, comme dans le cas de la chanson populaire, que l'aveu d'une absence de liberté de la pensée. Un tel raccourci déconcerte tout d'abord le sérieux philosophique : non seulement on aura quelque peine à reconnaître et à admettre une parenté entre l'idéalisme et une chanson, mais plus encore le raisonnement formulé par Adorno paraît ne pas résister à la moindre analyse théorique de la pensée dans son rapport à la liberté dans l'idéalisme allemand, que ce soit chez Kant ou Hegel. La légitimité d'un tel excès ne semble pouvoir se prévaloir que de la genèse de la pensée, et aussi bien des paroles d'une

1 *Ibid.*

chanson populaire, reconduisant au contrôle social et à l'adaptation et soumission aux rapports de domination (*Herrschaftsverhältnisse*). Pourtant Adorno ne s'en tient pas à ce seul moment génétique puisqu'il affirme que l'on peut déchiffrer dans la forme pure de la pensée, dans la nécessité logique – qu'il faut prendre à la lettre – une contrainte niant la liberté. Ce serait donc la structure même de la pensée, gouvernée par la logique, sous la forme notamment du jugement, qui trahirait cette contrainte tout en la déniant : « La pensée exerce par avance [*vorweg*] cette violence que la philosophie réfléchissait [*reflektierte*] dans le concept de nécessité[1]. » C'est en quelque sorte ici un « *a priori* » inhérent à tout acte de penser, ce que ne contredit pas Adorno puisqu'il admet comme un fait, devenant paradoxalement un *a priori*, que sans contrainte il n'y aurait pas même de pensée. Mais si cet *a priori* est une condition de la pensée, son lieu n'est ni le transcendantal ni la société pris en eux-mêmes mais le moment de la médiation qui passe dans la philosophie elle-même : « Par identification la philosophie et la société se médiatisent au plus profond [*zuinnerst*] dans la philosophie[2]. » C'est parce que cette « présence » de la société dans les catégories de la philosophie est profondément intériorisée qu'elle lui est dissimulée. Le plus intérieur – qu'il faut toujours concevoir de façon dialectique en rapport à l'extériorité –, le logique qui détermine tout acte de pensée, porte la trace des sédimentations sociales et historiques dont les catégories prétendent être purifiées par un mouvement d'abstraction revendiquant leur autonomie. L'*a priori* est toujours un *a priori a posteriori*, dans l'après-coup, ce qui permet de parler d'un fait *a priori*, fondé dans le principe d'identité dominant la société et s'exprimant dans la nécessité logique d'une rationalité qui s'impose comme la loi du réel. Une telle analyse fait jouer dialectiquement genèse et validité du concept de telle sorte qu'aucun des deux moments n'est en droit premier par rapport à l'autre, comme s'il était le fondement explicatif dernier. La dialectique autorise de partir de l'un ou de l'autre dans un mouvement inversé et reconduit ainsi à des apories en apparence insurmontables par une quelconque positivité. En ce sens on peut dire que la contrainte sociale est intériorisée dans les catégories de pensée mais, par renversement, que le logico-formel devient instrument de la domination comme rationalisation.

1 *Ibid.*
2 *Ibid.*

Une pensée dialectique conséquente – qui refuse donc de se soumettre à la logique de l'*Aufhebung* hégélienne aboutissant au positivement-rationnel – oblige à se tenir dans ces contradictions sans se laisser tenter, à l'autre extrême, par un saut dans l'irrationnel. Là encore il s'agit de savoir se tenir à l'intérieur des paradoxes qu'engendrent de telles contradictions à la fois logiques et réelles, comme le montre l'affirmation suivante : « La contradiction entre liberté et pensée ne peut être éliminée ni par la pensée ni pour la pensée, mais elle exige son autoréflexion[1] [*Selbstbesinnung*]. » Ce qui est dit de la liberté s'applique d'abord à l'identité : si penser, c'est identifier, il faut alors briser cette identité par le mouvement d'autoréflexion de la pensée. Travail en quelque sorte toujours recommencé dont on peut dire qu'il trouve son application exemplaire dans le rapport à la liberté : celle-ci – la chose et son concept – ne peut sans doute pas être fondée métaphysiquement de façon absolue mais exige au contraire, en raison du risque qu'elle ne disparaisse sans laisser de traces, à chaque fois, à chaque moment historique et politique, d'être à nouveau réfléchie en brisant le carcan figé qu'érigent la philosophie et la société. Toute doctrine, et l'idéalisme exemplairement, prétend en quelque sorte arrêter le cours de l'histoire en décrétant que la contingence des évènements, en droit indéfinis, auxquels il est toujours possible de restituer un sens du point de vue de l'universel, ne corrompt pas les principes qui les fondent.

PREMIÈRE CRITIQUE DE LA CAUSALITÉ, PÉCHÉ INEXPIABLE

C'est à partir du concept de causalité qu'Adorno prolonge son interprétation de la contradiction entre la liberté et la pensée, concept dont il dit qu'il est, comme question métaphysique, la « *Crux* du rationalisme » et plus encore le péché originel que la métaphysique doit expier. Il y aurait là une secrète connivence avec la théologie ou plus précisément avec l'idée que toute la métaphysique tournerait autour de la question de la preuve ontologique de l'existence de Dieu. Si la métaphysique est une tentative,

1 *Ibid.*, p. 184.

voire tentation, de penser l'absolu, l'inconditionné, il y aurait en elle comme une transgression de l'interdit des images lorsqu'elle prétend le connaître objectivement par la raison comme cause et fondement de la totalité du réel et de son unité, comme raison de tout ce qui est. Adorno relève ce qu'il nomme une équivoque dans le mot *ratio*, signifiant à la fois raison (*Vernunft*) et fondement (*Grund*). Cette équivoque s'expliquerait par le principe d'identité de la cause et de l'effet, à la fois au niveau de la connaissance et du réel, qui absorberait l'objet dans l'acte de connaître et finalement dans la pensée : « La causalité suppose le principe de la logique formelle, plus précisément la non-contradiction, principe de la pure identité, comme règle de la connaissance matérielle des objets, quand bien même, du point de vue historique, le développement aurait eu lieu en sens inverse. D'où l'équivoque présente dans le mot *ratio* : raison [*Vernunft*] et fondement[1] [*Grund*]. » Qu'on procède du point de vue génétique, historique ou du point de vue systématique, ce que révèle l'équivoque de la raison et du fondement, c'est l'hégémonie du principe d'identité postulé par la connaissance rationnelle et plus encore par le logos philosophique. L'identité de la cause et de l'effet[2] signifie alors en droit qu'il y a autant dans la cause que dans l'effet, et réciproquement, ou que tout au moins tout ce qui serait en excès dans l'effet n'est que pure contingence qualifiée d'irrationnelle. Que la métaphysique classique ait pu supposer un être dans lequel, comme cause, il y aurait toujours plus que dans l'effet, trahirait une secrète connivence avec la théologie malgré le processus de sécularisation. Si la législation suprême n'est plus celle d'un être transcendant mais celle de la raison, celle-ci, par analogie, prétend, en droit, au moyen de la causalité, tout rapporter à elle-même afin de le dominer : en elle résonne la contrainte de l'identité

---

1 *Ibid.*

2 Il faudrait confronter cette affirmation à l'analyse complexe de la dialectique de la causalité et de l'action réciproque par Hegel, notamment lors de sa détermination de la substance comme sujet. Dans *La Doctrine du concept* ce dernier écrit : « Selon les deux côtés donc [ceux de la substance passive active et de la substance active], celui du rapporter identique aussi bien que celui du rapporter négatif de l'autre à elle, chaque terme devient le contraire de lui-même ; mais ce contraire chacun le devient en sorte que l'autre, donc aussi chacun, demeure identique à lui-même. – Mais les deux, le rapporter identique et le rapporter négatif, sont une seule et même chose ; la substance n'est identique à elle-même que dans son contraire, et cela constitue l'identité absolue des substances posées comme deux substances. » (Hegel, 2014, p. 11-12.) Nul doute que cette genèse du concept présuppose, aux yeux d'Adorno, l'identité absolue comme premier et dernier terme.

projetée sur la réalité et incorporée à l'esprit. Ce que la causalité, ainsi comprise, annule, c'est toute différence par rapport au même, tout reste ou résidu, même empirique, qui n'entrerait pas dans l'unité du concept. Mais cette unité présuppose à son tour l'unité et identité de la raison à elle-même au fondement de l'idéalisme. Adorno renvoie ainsi à Kant, et aux apories d'une prétendue unité des trois critiques, en deux moments. D'une part la distinction des usages de la raison présuppose son unité de sorte que la différence n'est pas intérieure à la raison mais ne passe que dans ses applications. D'autre part ce qu'il nomme caractère double (*Doppelcharakter*) de la raison chez Kant, où s'esquisserait une dialectique pas encore thématisée et que l'on trouvera chez Hegel, correspondrait d'un côté à la raison comme pure figure (*Gestalt*) de la subjectivité et de l'autre à l'ensemble (*Inbegriff*) de la validité objective[1]. Ce double caractère est interprété comme un tournant (*Wendung*), à partir de Kant et pour l'idéalisme en général, qui consiste à déterminer la raison à partir de l'immanence subjective réduisant à néant tout contenu (*Gehalt*). L'unité et l'autonomie de la raison ne seraient autres que celles de cette subjectivité érigée par Hegel en absolu.

DOUBLE SCISSION DE LA RAISON ET DE LA VOLONTÉ

Une fois brossé ce large tableau d'un tournant vers la subjectivité comme nouvelle figure de la raison, ou plus exactement du *logos*, Adorno fait usage d'un terme dont on pourrait dire qu'il est un néologisme, usage rare chez ce dernier, afin de mettre en évidence une défaillance structurelle du concept de raison tel qu'il a été déterminé par l'idéalisme et qui rejaillit sur le concept de volonté et, corrélativement, sur celui de liberté : « Le caractère double, scindé et conflictuel[2] de la raison, malgré son apparente unité, se communique aussi à la volonté[3]. » D'où provient

1 Adorno, 1992, p. 184.

2 Nous proposons une telle périphrase pour traduire le terme *Doppelschlächtigkeit*, ne pouvant nous satisfaire de la traduction par « tares structurelles » qui non seulement en réduit le sens mais implique à tort des connotations psychologiques.

3 *Ibid.*, p. 185.

une telle scission si elle n'est pas immanente à la raison ? Comme l'a écrit auparavant Adorno, la délimitation entre l'empirique et le transcendantal passe dans l'empirie, c'est-à-dire aussi bien dans la nature et l'histoire. Appliqué à la volonté cela signifie que loin d'être pure elle est une nature ontique *a priori* (*a priori ontische Natur*), c'est-à-dire qu'elle appartient au monde dans lequel elle agit et ne peut se détacher des déterminations causales qu'à partir de ce monde. Mais son objectivation dans le concept et le fait qu'elle soit soumise aux lois de la nature nient sa liberté. La philosophie transcendantale, en cherchant refuge dans la raison pure comme détermination d'une volonté pure, soustraite à ce qui en elle est empirique, ne parviendrait pas, ainsi, à sauver la liberté. Adorno, pour l'exprimer, parle de la raison pure comme d'un concept d'indifférence (*Indifferenzbegriff*) à l'égard de ce qui est autre qu'elle-même, susceptible de rester égale à elle-même sans être affectée par l'empirique et, par conséquent, par une impulsion qui vient de la nature postulée par Adorno comme un *a priori a posteriori*. Ce concept d'une nature ontique *a priori*, contradictoire et donc impossible pour toute philosophie de l'esprit, renvoie-t-il à un naturalisme naïf ou bien ne présuppose-t-il pas, pour être vraiment compris, le concept dialectique d'histoire-nature tel qu'il est développé dans la deuxième partie des modèles consacrée à Hegel ? Avant d'examiner cette dialectique qui réfute par avance toute idée de naturalisme comme si la nature était l'origine ultime, il faut poursuivre l'analyse de la causalité qu'Adorno reprend dans plusieurs paragraphes en en multipliant ainsi les différentes strates de significations historiques.

RETOUR SUR LES CONTRADICTIONS DE LA CAUSALITÉ ET DE LA LOI

Reconduire les contradictions immanentes aux concepts et aux énoncés philosophiques au paradoxe, tel est le geste constant de la dialectique négative. Cela s'applique de façon exemplaire au concept kantien de causalité. Si Kant, par le formalisme, a désontologisé ce concept en en faisant un concept vide comme simple fonction subjective, s'il l'a ainsi évidé de tout contenu substantiel de l'objet auquel il s'applique, alors on pourra en conclure que la causalité kantienne est une « causalité sans cause[1] » (*ohne causa*). Le désensorcellement du concept ou encore sa démythologisation le laisse inerte. Mais ce concept, en raison de sa fonction subjective appliquée aux objets, c'est-à-dire comme moment de la pensée, obéit au principe d'identité auquel il soumet les objets. C'est alors le concept de causalité par liberté qui devient lui-même problématique puisque la liberté n'aurait de réalité que comme identification à la loi, finalement comme contrainte et soumission. Comme nous l'avons déjà vu, notamment là où pour Adorno la langue exprime une contradiction que le concept tente de recouvrir, l'idée que la liberté serait obéissance à la loi, voulue par l'homme comme être raisonnable, est pour Adorno une abstraction qui condamne en même temps la liberté à des contradictions insurmontables trouvant leur prolongement dans la contrainte et la soumission politique, que l'idéalisme allemand ne pouvait pas prévoir mais dont on peut supposer qu'elles renvoient à l'un des facteurs du nazisme, à savoir l'obéissance aveugle à l'autorité. Selon l'analyse d'Adorno, on pourrait déchiffrer cette emprise de la causalité et de la loi dans les antinomies de la *Critique de la raison pure* et dans la *Critique de la raison pratique* dans lesquelles se réfléchit en même temps la société. Si l'on parle à ce propos d'analyse sociologique qui méconnaîtrait la différence des genres, Adorno répond qu'un tel passage – *metabasis* – est nécessaire pour déchiffrer le contenu de la morale kantienne et ses contradictions : « Mais sans ce genre de *metabasis*, Kant devrait rester muet sur la question de la compatibilité de la loi morale avec les hommes empiriques. Il capitulerait devant l'hétéronomie dès qu'il reconnaîtrait l'impossibilité d'une réalisation de l'autonomie[2]. » Mais en un sens Kant aurait capitulé, lui qui ne pourrait supporter la liberté sans contrainte[3], répétant dans sa doctrine de la liberté les contradictions de la classe bourgeoise dont les aspirations à l'émancipation subordonnent la liberté au progrès matériel : « Que Kant pense à la hâte la liberté comme loi trahit le fait qu'il la prend aussi peu au sérieux [*streng*] que ne le fait à chaque fois sa classe[4]. » Ce manque de rigueur, tout autant que de sérieux, double sens de l'adjectif *streng*, attribué à Kant, peut sans doute surprendre et

1 *Ibid.*, p. 195.
2 *Ibid.*, p. 201.
3 *Ibid.*, p. 183.
4 *Ibid.*, p. 197.

provoquer l'ire de l'historien de la philosophie, mais il indique d'abord le caractère aporétique de la liberté pensée comme loi qui ordonne là où l'ordre social bourgeois comprend la liberté comme contrainte nécessaire pour favoriser ses propres intérêts particuliers. C'est le paradoxe d'une liberté pensée du point de vue transcendantal où la spontanéité et l'autonomie, comme positivité, sont contredites par les conditions empiriques, phénoménales qui en retour s'expriment en elles. La spontanéité, conçue par Kant, n'est qu'une sécularisation de l'acte de création libre, elle répète en ce sens la loi transcendante hétéronome là où Kant veut la fonder dans un acte de la raison. L'hétéronomie est immanente à la prétendue autonomie du sujet, la loi que celui-ci devrait se donner librement le précède comme une dette et un destin. C'est dans une telle expression de la liberté qu'Adorno relève ses contradictions, comme dans l'injonction « soyez libres » qui devient un mot d'ordre incompatible avec l'idée de liberté comme autodétermination et jusque dans les antinomies : « Que la liberté doive exister [*sein müsse*], voilà la plus grande injure que doit subir le sujet autonome fondateur du droit. Le contenu de sa propre liberté – de l'identité qui a annexé tout ce qui n'est pas identique – ne fait qu'un avec le "il faut" [*Muss*], la loi, et la domination absolue[1]. » Là encore la langue ne fait que traduire les inconséquences de celui qui pense sauver par le concept la liberté. En ce sens la langue, parce qu'elle est l'expression déniée de la société, dit plus qu'une architectonique soigneusement bâtie où chaque catégorie prétend ordonner le réel qu'elle apprête à ses propres fins. L'analyse en apparence excessive d'Adorno, en brisant l'emprise et la fascination qu'exercent les concepts, creuse l'abîme entre la philosophie et ce dont elle voudrait dire la raison d'être. Mais elle ne consiste pas à s'affranchir de ces concepts comme s'ils n'étaient que de pures fictions puisqu'ils produisent eux-mêmes l'apparence nécessaire d'une réalité comme son essence. Percer à jour cette apparence ne suffit pas à la transformer, il faut des forces sociales dont les conditions de l'action sont la liberté effective, l'autodétermination dans des rapports sociaux concrets. La loi qui commande, l'autonomie kantienne sont interprétées par Adorno comme la ratification d'un état de fait qui aboutit à sauver la liberté dans l'intériorité subjective impuissante, ce qui explique le renversement de l'autonomie en hétéronomie.

---

1 *Ibid.*, p. 196.

FICTION DU TRANSCENDANTAL PUR

Ces contradictions dans lesquelles Kant s'empêcherait de sauver la liberté – celles de la causalité et de la loi – proviennent de la construction même de la question de la liberté par la méthode transcendantale fondée sur la distinction et séparation de droit du sujet empirique et du sujet nouménal que contredirait d'emblée l'idée d'une donation de la liberté, laquelle présuppose l'empirique : « De fait la construction aporétique de la liberté n'est pas basée sur le nouménal mais sur le phénoménal. C'est là qu'on peut observer cette donation [*Gegebenheit*] de la loi morale par laquelle Kant croit pouvoir ratifier la liberté, malgré tout, comme un étant[1]. » Parler de la conscience de la loi fondamentale de la moralité comme d'un « fait de la raison », c'est-à-dire comme ce qui serait donné immédiatement et de façon évidente à la raison, quand bien même ce fait resterait incompréhensible, est contradictoire. Non seulement il n'y a pas de donné immédiat mais la supposition d'un donné pur, *a priori* séparé de toute empirie, reste, selon la pensée dialectique d'Adorno, dépendante de l'ontologie que Kant prétend critiquer, voire une contradiction dans les termes qui trahit un reste dénié d'irrationalité : « ce pour quoi il a choisi l'expression de donation [*Gegebenheit*], déniant [*verleugnenden*] toute transparence rationnelle[2] ». Non seulement tout donné est médiatisé, mais l'idée d'un lieu transcendantal n'est qu'une fiction théorique qui se manifeste dans le terme abstrait de donation. En outre dans le mot « donné » on peut déjà déchiffrer le contraire de la liberté dans la mesure où elle en dépendrait, précisément comme soumission à ce « donné » : la langue trahit ici encore la pensée et rend ainsi problématique le concept de liberté. Mais il faut souligner davantage le fait que, de même que la chose en soi est un *deus ex machina*, un lieu vide de la pensée, de même qu'il n'y a pas de fait pur de la raison, de même aucun sujet nouménal, pure abstraction résultant de la méthode transcendantale, ne peut agir et donc être sujet de la liberté. Contre une telle construction Adorno affirme, à partir de l'usage kantien de la langue, qu'il y a une « contamination » inévitable du transcendantal par l'empirique, comme le montrerait par

1 *Ibid.*, p. 200.
2 *Ibid.*, p. 186.

exemple le terme *Triebfeder*, mobile, métaphore qui révèlerait « l'impureté » du concept, renvoyant au mécanisme causal et par conséquent à la nature, et cite longuement à l'appui un passage de la *Critique de la raison pratique*[1]. La critique de Hegel déjà consistait à montrer qu'au transcendantal se mêlent des déterminations empiriques, en raison d'une pensée d'entendement demeurée prisonnière de la sphère de la représentation[2]. Attribuer à l'usage de la langue le caractère paradoxal et donc aporétique de cette distinction du transcendantal et de l'empirique pourrait sembler de peu de poids dans la critique si l'on ne se souvenait d'une part que la langue philosophique est une langue contre la langue parce qu'elle annule les moments de l'expression et de l'exposition et qu'il est par conséquent nécessaire de faire parler les concepts contre eux-mêmes, et que d'autre part la langue possède une objectivité sociale, dans son moment d'expression, que seule une critique réfléchie peut briser par le travail d'interprétation comme Freud le fait du rêve : en reconstruire la cohérence et le sens à partir de son texte lacunaire. Ainsi l'interprétation d'une formulation de l'impératif catégorique où apparaît le terme d'humanité – « agis de telle sorte que tu traites l'humanité aussi bien dans ta personne que dans la personne de tout autre toujours en même temps comme une fin, et jamais simplement comme un moyen » – s'appuie sur ce même principe critique qui permet d'affirmer que l'Idée régulatrice d'humanité ne peut faire autrement que renvoyer à un contenu factuel : « Pourtant le contenu factuel qui s'ajoute dans le mot "humanité" ne peut être écarté : chacun devrait, dit Kant, être considéré comme un représentant de l'espèce humaine socialisée, et non pas comme une simple fonction du processus d'échange[3]. » Parler d'une humanité sans présupposer des individus particuliers existant de fait est une inconséquence qui prouve à la fois les apories de l'impératif catégorique et une ambivalence, une tension dans lesquelles Adorno relève la tentative d'un sauvetage de la liberté, plus

1 *Ibid.*, p. 200. Le passage cité est le suivant : « On peut donc accorder que, s'il nous était possible de pénétrer la manière de penser d'un homme telle qu'elle se montre par des actions intérieures aussi bien qu'extérieures, d'une manière assez profonde pour pouvoir connaître le moindre de ses mobiles [*Triebfeder*] en même temps que toutes les circonstances extérieures produisant des effets sur eux, il serait possible de calculer la conduite future de cet homme avec autant de certitude qu'une éclipse de lune ou de soleil et soutenir en même temps que l'homme est libre. » (Kant, 2003, p. 215, traduction légèrement modifiée.)

2 Hegel, 2006b, p. 171 et 217.

3 Adorno, 1992, p. 201.

encore une intention utopique en quelque sorte désespérée, devant laquelle Kant n'aurait cessé de reculer, notamment en raison de son effroi face à l'anarchie comme absence de sol solide de la société civile. Ce qui est vrai de l'idée d'humanité le serait aussi du concept de bonheur. Si le concept de dignité du bonheur (*Glückswürdigkeit*) fait entendre la valeur positive du bonheur, celui-ci est cependant qualifié par ailleurs d'hétéronomie, contraire par conséquent à l'idée même d'une volonté déterminée par la raison. Mais ces tensions, ces oscillations ne permettent pas de sauver la doctrine de l'indépendance absolue de la loi morale. Cette interprétation d'Adorno pourrait sembler reposer sur une pétition de principe : en refusant la séparation du transcendantal et de l'empirique et la méthode qui la fonde il serait par avance acquis que toutes les déterminations auraient les traits de l'empirie, quand bien même celle-ci serait d'ordre social. Mais on pourrait dire tout d'abord que c'est la langue elle-même qui contamine et compromet le formalisme du transcendantal. Dans toutes ces analyses Adorno ne cesse d'insister sur le statut et l'usage philosophique de la langue, que les philosophes réduiraient à un simple moment de communication où les mots restent extérieurs et indifférents à ce qu'ils nomment, afin de montrer comment les contenus concrets exprimés par les mots de la langue, que ce soient par exemple les termes d'humanité, de moyens et de fins ou encore de bonheur, démentent la présupposition de concepts purs. Les sédimentations historiques et sociales de la langue passent, de façon inaperçue, comme des résidus, dans les concepts qui, au-delà de leur simple fonction subjective de la pensée, ont besoin de contenus pour recevoir des déterminations. Mais ils les reçoivent médiatisés par la langue. Faire abstraction de ce mouvement, c'est alors présupposer le dualisme de la forme et du contenu, l'extériorité du concept par rapport à la chose (Sache) que déjà la critique hégélienne rapportait à la sphère de la représentation et à l'opposition abstraite du sujet et de l'objet. La forme pure est pour elle-même une détermination et a déjà en ce sens un contenu, ce qu'Adorno nomme des concrétisations : en d'autres termes l'*a priori* lui-même et les catégories de l'entendement ne sont jamais purs mais contiennent un moment de détermination *a posteriori*. C'est dans le paragraphe « *Formalismus* », dont l'usage du terme latin n'est pas dénué d'ironie, stigmatisant une certaine scolastique de la philosophie kantienne, que pourrait se vérifier cette critique réfléchie de la langue comme présupposition de la pensée dialectique.

CRITIQUE DU FORMALISME ET DU DUALISME PAR LE FÉTICHISME

Qu'est-ce qui, dans ce paragraphe, se distingue de la critique classique du formalisme kantien ? Certes Adorno veut montrer qu'il y a un désaccord – il ne dit pas, en termes hégéliens, contradiction – dans la raison avec elle-même lorsqu'elle prétend fonder sa propre identité et autonomie : la raison, de façon immanente, est renvoyée à un autre qu'elle-même, à un non-identique, dès qu'elle pose des objets. En ce sens le non-identique n'est pas seulement l'autre de la raison mais ce qui est autre en elle, ce qui la divise et brise son unité. C'est, comme le nomme Adorno, le primat de l'objet, qu'elle ne veut pas reconnaître – depuis le tournant copernicien de Kant –, qui rend problématique toute idée d'indépendance de la raison à l'égard de ses objets, quand bien même elle les rapporte à des fonctions subjectives. Mais ce qui est vrai de la raison théorique l'est plus encore de la raison pratique et de la volonté. Celle-ci n'est pas séparée et séparable – Adorno use du vocabulaire platonicien (χωρὶς) – d'une matière et plus précisément de la société. Comme on l'a déjà dit, pour Adorno, l'idée d'une volonté pure est une contradiction dans les termes. Si une telle séparation était fondée, il serait impossible de se représenter la formule de l'impératif catégorique où il est dit qu'il faut considérer l'homme[1] non pas seulement comme moyen mais aussi comme fin : le sujet autonome réduirait tous les autres hommes à des moyens. Telle serait la conséquence et donc l'absurdité d'une construction monadologique de la morale. Le sujet moral, indépendant et séparé des objets de ses actions, en ferait simplement des moyens pour ses propres fins, quand bien même il les postulerait comme universelles. Cette interprétation doit se comprendre à la lumière de ce qu'Adorno affirme à propos de l'ambiguïté du concept d'humanité où l'existence particulière concrète de chaque homme – moment nominaliste en ce sens – renvoie à la société réelle : « La différence entre moyen et fin, accentuée par Kant de façon décisive, est sociale [*gesellschaftlich*], différence entre les sujets

1 Quand bien même on parlerait, comme le fait Kant, de l'homme en tant qu'être raisonnable, cela n'invaliderait pas l'analyse d'Adorno puisqu'on serait alors renvoyé aux contradictions immanentes à la raison.

considérés comme la marchandise "force de travail", dont on peut tirer économiquement une valeur [*aus denen Wert herauszuwirschaften ist*], et les hommes qui, tout en étant cette marchandise, restent des sujets pour lesquels est mise en mouvement toute l'organisation qui les oublie et ne les satisfait qu'à côté. Sans cette perspective, la variante de l'impératif se perdrait dans le vide[1]. » C'est à partir de l'analyse du fétichisme de la marchandise qu'il faut comprendre cette lecture, au sens où la société préforme et pénètre toutes les catégories et leur rapport à la fois réel et idéel que la philosophie s'évertue à séparer, par abstraction, de toute genèse extérieure à sa logique. Le formalisme se rend de lui-même incapable de penser la morale concrète, sociale. Pourtant il semble qu'Adorno veuille en sauver un aspect, contre les interprétations philosophiques réactionnaires remontant à Scheler, et plus précisément ici l'idée d'égalité – *die Idee der Egalität*. Ce mot français fait écho à « la sympathie d'aspiration », dans « l'esprit des spectateurs », pour « la révolution d'un peuple plein d'esprit », voire à un enthousiasme comme s'exprime Kant, sympathie dans laquelle il voyait un signe historique du progrès du genre humain. L'évènement n'est pas la révolution en elle-même, qui peut provoquer les pires maux, mais une sympathie dont la cause est une « disposition morale du genre humain[2] ». Le formalisme, par son absence de contenu concret, devient en ce sens une arme critique contre la fausse concrétion, son caractère d'apparence (*Scheincharakter*) devenu idéologie. Ainsi l'idée abstraite d'égalité est un rempart contre le fascisme et toute idéologie raciale qui a souillé depuis lors le mot concret[3]. Si le contenu historique de ce mot en rend le concept problématique, cela ne sauve pas pour autant la morale abstraite comme doctrine de la liberté, pas plus que la loi morale dans laquelle Adorno discerne un moment d'irrationalité. Paradoxe qui prend de court une fois encore le lecteur là où Kant défend la loi morale au nom même de la raison comme pouvoir de légiférer. D'où provient une telle irrationalité ? C'est l'abîme ontologique (*ontologischen Abgrund*) entre la complète subjectivation de la raison pratique et la réalité effective, la transformation de la spontanéité de la liberté en contemplation qui, historiquement,

---

1 *Ibid.*, p. 202. Sur l'usage du terme « *beiher* », peut-être s'agit-il d'une allusion masquée à Hegel dans la dialectique de la certitude sensible, où dans l'être pur comme essence et vérité de cette certitude se joue encore à côté (*beiher*) quelque chose d'autre.

2 Kant, 1990, p. 210-211.

3 Adorno, 1992, p. 186.

explique l'apathie politique de la bourgeoisie favorisant une politique extrême, c'est-à-dire le nazisme : « La doctrine de la raison pratique pure prépare la retraduction [*Rückübersetzung*] de la spontanéité en contemplation, qui s'est réellement accomplie dans l'histoire tardive de la bourgeoisie et s'est achevée dans l'apathie politique, dans une politique extrême[1]. » Cette continuité historique et logique – systématique au sens où l'entend Adorno – paraît d'autant plus discutable que celui-ci soutient par ailleurs qu'il n'est pas possible d'affirmer la continuité d'un sens historique positif pas plus que celui d'un destin ou d'un déclin fatal. Mais le principe de déchiffrement de l'histoire universelle suppose à la fois une continuité et discontinuité, un travail d'interprétation consistant à construire une continuité pour la nier. « L'histoire universelle doit être construite et niée » écrit Adorno pour rendre compte de la nécessité de penser l'histoire non pas simplement dans sa facticité mais du point de vue d'une logique souterraine, inapparente, inséparable en ce sens de l'histoire de la métaphysique et de ses effets. Adorno applique cet art de l'interprétation non seulement à « l'histoire » de la raison pratique, accompagnant le développement de la bourgeoisie, mais aussi au concept lui-même et à son devenir. Ainsi forge-t-il deux concepts, difficiles à traduire, pour rendre compte de la progressive impuissance et désobjectivation de la raison pratique, respectivement « *die Entpraktizierung* » et « *die Entgegenstänlichung* ». Les remarques de Philippe Lacoue-Labarthe à propos de la traduction de *Entkunstung*, concept de la *Théorie esthétique*, pourront nous servir de guide. *Entkunstung* ne signifie pas « désesthétisation » mais « désartification », c'est-à-dire la « décomposition ou l'effondrement de l'art » ou encore « sa dissolution dans l'industrie culturelle », l'hétéronomie, « le devenir-marchandise de l'art[2] ». En suivant cette remarque on dira que *Entpraktizierung* correspond à une « dépractisation » de la raison pratique, redoublée par sa désobjectivation, sa dissolution face à l'effectivité du monde historique : l'effondrement de la raison pratique aurait pour cause sa subjectivation, son retrait dans une prétendue souveraineté de la raison devenue impuissante que ne ferait qu'accentuer sa perte de l'effectivité, de l'objectivité sociale et historique dans laquelle l'action et la liberté devraient trouver leur réalisation. Ce procès du concept s'accompagne d'une impossibilité

1 *Ibid.*
2 Lacoue-Labarthe, mai 1994, p. 132.

de la raison pratique à prendre en considération « le saut entre l'agir [*Handeln*] et le faire [*Tun*] », c'est-à-dire à traduire l'action morale dans l'effectivité. L'agir reste en ce sens un concept formel et abstrait, retiré en quelque sorte dans une subjectivité impuissante dont la spontanéité n'est plus que contemplation. C'est pour cette raison qu'Adorno peut à la fois parler d'une irrationalité de la raison pratique et d'une emprise de la *Critique de la raison pratique* dans une relation d'aveuglement (*Verblendungszusammenhang*[1]) pour conclure à un renversement de l'autonomie en hétéronomie. Mais cet aveuglement dans lequel la raison pratique s'enferme s'enracine plus profondément encore dans l'identification entre raison pure et volonté pure, ce que l'usage de la langue cependant distingue : la langue philosophique apparaît de nouveau comme une langue contre la langue, sourde en quelque sorte au moment d'expression qui tente de s'approcher, par affinité, au plus près des choses et de l'expérience qui les nomme. Une volonté pure n'est rien d'autre qu'irrationnelle puisqu'elle contient dans son concept l'impossibilité de l'action qu'elle suppose en tant que volonté, de même qu'il est inconcevable qu'un sujet transcendantal puisse même agir. Ainsi la possibilité de l'action se dissoudrait dans un esprit pur, dans un esprit sans chair ni os[2]. Une telle volonté devient chose (*Ding*).

RÉIFICATION ET IMPUISSANCE DE LA RAISON PRATIQUE

Adorno prend à la lettre et au mot un passage de la *Critique de la raison pratique* où Kant parle d'un objet (*Gegenstand*) de la connaissance pratique comme ce qui peut être réalisé ou non (*wirklich gemacht würde*), en tant qu'action (*Handlung*), par la volonté (*Wille*). Ainsi l'action est conçue sur le mode de l'objet de sorte que la volonté elle-même est objectivisée (*vergegenständlich*[3]). Cela ne peut s'expliquer que par l'unité de la raison, celle de la raison théorique et pratique, pensée elle-même à partir de la

1 Adorno, 1992, p. 186.

2 *Ibid.* Adorno emploie l'adjectif « *schier* » qu'on trouve notamment dans l'expression « *schieres Fleisch* », viande sans os.

3 *Ibid.*, p. 187.

raison théorique pour laquelle ce qui est connaissable prend la forme de l'objet. Dualisme présupposé de la forme et du contenu qui permet à Adorno de parler d'une indifférence du « concept moderne de raison », désubstantialisé, par rapport à ses objets : la forme, *a priori*, indépendante de l'expérience tout en la rendant possible, n'est pas affectée, mue ou modifiée par le contenu qui vient la remplir. On reconnaîtra aisément dans cette critique celle exposée par Hegel dans l'introduction de la *Phénoménologie de l'esprit*, appliquée à l'absolu lui-même qui devient soit inconnaissable soit relatif à la connaissance comprise comme un outil ou instrument de sorte qu'il est contredit dans son concept. Mais pour Adorno l'objet de la connaissance, et l'absolu lui-même, n'est pas simplement empirique, réduit au champ de l'expérience des phénomènes naturels, il n'est au contraire déterminable que comme objet social et historique. C'est contre cette intériorisation sociale, aveugle et déniée, que la volonté tente de trouver refuge dans une intériorité pensée sur le modèle de la chose. Cependant la volonté est en même temps liée à la nature parce qu'il y a en elle, comme son origine toujours en retrait, une impulsion. C'est là une teneur de vérité (*Wahrheitsgehalt*) qui fait apparaître une contradiction immanente à la volonté elle-même et rend compte d'un moment de son caractère de « quasi-chose ». L'indépendance de la volonté par rapport à la nature, à l'impulsion comme nature en elle, suppose cette objectivation qui la sépare de ce qui est autre en elle et s'unifie dans ce que la langue nommera un caractère. Adorno recourt aux termes freudiens de sublimation et de rationalisation pour désigner cette synthèse des impulsions en un caractère comme si la volonté était une métaphore, une périphrase, un transfert de sens de ce qu'elle ne reconnaît pas en elle : « Chez Kant l'objectivisation [des impulsions] est fidèlement transférée, réécrite par la rationalité de la volonté[1]. » Processus génétique qui rend compte de la formation de la volonté comme synthèse et unité d'un caractère mais aussi de la structure immanente de la volonté prétendant se rendre indépendante de ce dont elle provient : l'objectivisation s'accomplit en même temps au prix de cet oubli et de la subordination à la raison dans la mesure où elle est pensée à partir de la raison théorique, ce qu'Adorno dit plus encore de la raison pratique elle-même. Mais paradoxalement, en rendant la volonté indépendante d'un matériau, prétendument libre en ce sens, elle est privée de tout contenu,

1 *Ibid.*

devient abstraite et incapable d'action. La volonté impuissante est alors identique à la dépractisation (*Entpraktizierung*) de la raison pratique, elle est sublimée sans s'apercevoir qu'elle est essentiellement intériorisation d'une contrainte, certes différente de l'ordre ancien, féodal, mais d'autant plus puissante qu'elle est aveuglément intériorisée. L'argument historique se mêle une fois encore à l'argument systématique : « La relégation de la morale dans l'unité sobre de la raison était le sublime bourgeois de Kant, en dépit de la fausse conscience contenue dans l'objectivisation de la volonté[1]. » Le terme de relégation, mot étranger dans le texte, désigne dans le droit romain l'exil sans perte des droits civils et politiques : c'est, pourrait-on dire, l'exercice de ces droits qui devient problématique dans une société qui encourage à l'apathie politique et contraint la volonté et la liberté à la simple intériorité, ce qu'Adorno ne cesse, en multipliant les analyses, de caractériser comme le signe d'une forme répressive et en ce sens régressive du moment de subjectivation de la morale kantienne, comme une conscience malheureuse qui se réfugie en elle-même devant son impuissance à réaliser l'idéal. Mais cet échec n'est pas seulement historique, il est en un sens structurel, c'est-à-dire qu'il trahit le caractère non dialectique de la dialectique transcendantale et de façon plus générale des concepts kantiens comme ceux de liberté et de volonté.

Une telle affirmation pourrait paraître, après Hegel, de peu de poids, si ce n'est superflue et vaine. Celui-ci ne dit-il pas, à propos des antinomies et de la contradiction inhérente aux catégories, qu'elles constituent un point de vue profond dont la solution cependant est tout à fait triviale, faute de voir que la contradiction n'est pas seulement celle de la raison et de ses catégories mais au contraire l'essence même du monde[2] ? La critique d'Adorno ne ferait que reprendre en un premier temps celle de Hegel : Kant en est resté à une conception formelle de la contradiction, sous l'emprise de la logique traditionnelle héritée d'Aristote. Cette déficience dialectique de la dialectique et donc de la logique de l'apparence reposerait d'une part sur une hypostase de la raison, au-dessus en ce sens des contradictions qu'elle découvrirait en elle sans l'affecter, et d'autre part sur le dualisme figé du transcendantal et de l'empirique qui « fait abstraction de la médiation [*Vermittelheit*] des deux concepts ». Mais ce qui est mis en jeu par Adorno est une fois encore le principe d'identité

1 *Ibid.*, p. 188.
2 Hegel, 1994a, § 48, p. 97-98.

lui-même présupposé par celui de contradiction. Si Kant, pourrait-on dire, a besoin de l'identité de la raison et du sujet transcendantal, Adorno lui oppose que le sujet transcendantal a besoin du non-identique irréductible : « Sans ce non-identique, il n'y aurait ni identité ni loi immanente de la subjectivité[1]. » Mais cette loi immanente de la subjectivité n'est pas l'esprit hégélien coupé d'avec lui-même qui, au terme d'un douloureux calvaire, se dépasse dans une identité positive contenant en soi toutes les médiations et négations comme son autodéploiement, elle est celle de la société : « Le principe identifiant du sujet est lui-même le principe intériorisé de la société[2]. » Ce principe n'est pas pour autant un fondement au sens métaphysique comme s'il était un terme premier ou un *archè* à partir duquel on pourrait tout déduire. Il n'est pas une origine mais ce par quoi quelque chose commence, s'institue, à la fois dans le temps et logiquement, pour ensuite tomber dans l'oubli. En ce sens il divise, sépare un avant et un après, un *a priori* et un *a posteriori* : le principe d'identité est tout autant la forme de la non-identité constitutive de toute réalité et de la pensée en général. Appliqué à la liberté fondée dans la subjectivité celle-ci devient « schizophrénique », « élément destructeur qui incorpore [*einverleibt*] bien davantage encore les hommes à l'emprise de la nature[3] ». La prétendue autonomie de la liberté qui suppose l'identité à soi du sujet l'enferme en lui-même et le coupe de ce à quoi il ne peut pas faire autrement que de se rapporter comme sujet, ce qui lui est autre : c'est une telle structure monadologique qui le soumet d'autant plus à ce dont il prétend se libérer en le dominant. La logique de l'identité, aussi bien du point de vue de la connaissance que du développement historique, n'est que l'autre nom de la domination de la nature, que la rage de se soumettre en l'humiliant ce qui est autre, propre à l'idéalisme, comme nous l'avons déjà montré dans l'analyse du paragraphe de l'introduction intitulé « Idéalisme comme rage ».

---

1 Adorno, 1992, p. 189.

2 *Ibid.*

3 *Ibid.*

DÉNI D'UN MOMENT DE NATURE DANS LA VOLONTÉ ET EFFETS POLITIQUES

Cette rage contre la nature trouve son expression dans le concept de volonté qui, faute d'une véritable dialectique, dénie le moment de l'impulsion, cet autre irréductible dont il garde cependant le souvenir ou la trace. La volonté, comme synthèse et unité des impulsions, échappe à l'emprise de ce moment de la nature en elle en se retournant contre lui, devenant ainsi un moment de résistance : « son renversement [*Umschlag*] est résistance[1] ». Cela constitue, selon Adorno, un moment de vérité dans la doctrine transcendantale de la raison et donc de la morale kantiennes que traduirait le terme de donation. En ce sens Kant ne ferait que retranscrire ce qui s'affirme dans la conscience avant même toute analyse philosophique, limitant ainsi le prétendu caractère de pureté de la raison pratique. Ironiquement Adorno emploie le terme français «*puren*» là où la langue allemande dispose du terme «*rein*» devenu avec Kant une marque spécifique de la raison, théorique aussi bien que pratique. Ironie qui n'est que l'expression d'une conviction dialectique pour laquelle il ne peut y avoir un lieu pur, séparé de toute empirie, de toute extériorité qui vient en quelque sorte l'entacher. La philosophie morale peut bien vouloir se libérer de la souillure de la matière, à la fois moment de nature et moment social, cette abstraction se retourne alors contre elle-même en devenant hétéronomie. Dialectiser le concept de volonté, et la chose elle-même, exige de reconnaître ce moment prélogique sans cependant en faire un principe métaphysique : c'est ce que la raison philosophique kantienne ne parvient pas à faire alors même qu'elle l'a reconnu dans la conscience préphilosophique. Inconséquence du philosophe qui exige lui-même de la philosophie, comme sa maxime la plus haute et la plus difficile à respecter, de ne pas être inconséquente, ce qu'Adorno reprend de Kant pour en quelque sorte lui signifier, non sans ironie une fois encore, qu'il n'a pas été à la hauteur de sa propre maxime, en citant la *Critique de la raison pratique* : « Être conséquent est la plus grande obligation d'un philosophe et celle pourtant que l'on rencontre le plus rarement. » Une telle inconséquence a des effets

1 *Ibid.*, p. 190.

historiques qu'il ne s'agit pas d'imputer simplement à Kant mais à toute philosophie qui dénie un moment d'irrationalité dans ce qu'elle prétend fonder uniquement par la raison. L'impulsion, tout d'abord niée, peut être socialisée par le pire et prendre la forme d'une volonté prête au crime. En termes freudiens on dira que ce déni provoque un retour du refoulé qu'Adorno déchiffre dans le nazisme tout en l'anticipant dans la morale bourgeoise. L'Idée du bien, coupée des déterminations concrètes, objectives au sens hégélien, de la raison – la prétendue évidence de son unité, de son identité et de son caractère immuable –, ne ferait qu'engendrer, telle la liberté abstraite absolue chez Hegel, le pire déchaînement de violences irrationnelles, sous la forme d'une nouvelle barbarie, comme le fut le nazisme. Mais elle dissimule tout autant une morale fausse, qui se donne bonne conscience, comme dans cette Allemagne d'après-guerre qu'Adorno observe et qui refuse d'affronter la question de la culpabilité. Usant d'un nouveau langage apologétique que ce dernier démasque dans le terme « *Überforderung* » – que l'on pourrait traduire par l'expression de « sur-exigence morale », au sens où l'on dit de quelqu'un qu'il en fait trop –, cette morale n'est rien d'autre que l'expression du retour du refoulé dans un Surmoi déchiré par une dette ineffaçable, tel ce deuil impossible qu'analysent Alexander et Margarete Mitscherlich[1], morale individuelle et publique qui se voudrait libre de toute trace de sang, non souillée (*unbefleckt*), lavée de tout soupçon, comme si rien n'avait eu lieu. C'est pour cette raison qu'Adorno fait une distinction entre la morale (*Moral*) et ce qui est simplement moral (*Moralischen*) : si dans la première on peut encore y entendre l'idée de devoir et surtout de justice, celle d'une vie juste, dans la seconde c'est le moment hétéronome et autoritaire qui l'emporte sous la forme de la soumission aveugle à de prétendues valeurs morales sociales. Le primat de la raison pratique chez Kant puis chez Fichte a échoué historiquement et l'idée de bonne volonté elle-même n'est pas exempte des contradictions qui font résonner en elle un « sédiment historique de puissance[2] » parce que le principe d'unité de la volonté, simplement formel, ne permet pas de distinguer de façon absolue le bien du mal, comme des valeurs morales transcendantes prétendument immuables. Mais ces contradictions de la raison pratique ne conduisent pas Adorno à en escamoter le concept puisqu'il

1 Mitscherlich, 2004.
2 Adorno, 1992, p. 190-191.

cherche au contraire à sauver un moment de vérité de la doctrine de la liberté kantienne, sauvetage qui ne semble pas aller de soi si on rassemble tous les arguments brisant la table des valeurs des concepts kantiens de morale et de liberté où s'affirme constamment l'impossibilité de faire valoir et encore moins de fonder une liberté positive comme prétendait le faire Kant sous le nom d'autonomie. Qu'historiquement la liberté ne se manifeste que dans son rapport à ce qui la nie et contre quoi elle résiste, la répression dans ses différentes figures idéologiques et politiques, qu'elle soit enchevêtrée, jusqu'à ne plus être qu'à peine discernable, avec la non-liberté, Adorno cherche à en multiplier les preuves à la fois factuelles et logiques. Ce sont de telles contradictions qui obligent à rapporter la question de la liberté à un paradoxe contre lequel l'affirmation d'une liberté positive, effectivement réalisée, prend l'allure d'une ratification et d'un consentement à un état de non-liberté que le « comme si » kantien de l'impératif moral confirmerait : « Il n'est possible de saisir la liberté que dans la négation déterminée, conformément à la figure concrète de non-liberté. Positive, elle devient un "comme si" (*Als ob*[1]) ». Pourtant, au-delà du caractère autoritaire et répressif qu'il prétend déchiffrer chez Kant, il serait possible de sauver dans le concept de caractère intelligible un moment utopique malgré ses contradictions immanentes et la dénégation qu'il implique, par son immédiateté, de l'empirique, de l'impulsion comme substrat de la liberté : « Si on voulait oser concéder à l'X kantien du caractère intelligible son vrai contenu, qui s'affirme contre l'indétermination totale du concept aporétique, alors ce contenu serait sans doute la conscience historiquement la plus avancée, s'illuminant en un éclair et s'obscurcissant aussitôt, à laquelle est inhérente l'impulsion de faire le juste[2] [*Richtige*]. » C'est donc sur une crête très étroite qu'il faut progresser, sans craindre ce vertige propre à la pensée dialectique, si l'on prétend extraire des contradictions du caractère intelligible et du sujet comme noumène un éclat de liberté qui prend les couleurs de l'intention utopique de la connaissance.

1 *Ibid.*, p. 182.
2 *Ibid.*, p. 231.

LE TRANSCENDANTAL À L'ÉPREUVE DE LA PSYCHANALYSE

Il ne s'agit pas de prétendre surmonter, dialectiquement, ces contradictions, de les dépasser pour produire un concept positif de la liberté et par suite de la moralité : « Aucun art de l'interprétation ne pourrait supprimer les contradictions immanentes des déterminations du caractère intelligible[1]. » Mais l'interprétation, nécessaire, doit faire apparaître les ressorts de ces contradictions, en faisant jouer des arguments d'ordre génétique et psychologique pour montrer tout à la fois que le dualisme du transcendantal et de l'empirique procède d'une double dénégation, celle des déterminations sociales et celles empiriques du sujet auxquelles cependant il n'est jamais réductible. Pour Adorno, dès que Kant le pressent, il le refoule en réaffirmant l'autonomie de la raison, le principe d'unité et d'identité du sujet. Dans le transcendantal, lieu vide, il ne reste à sauver que ce qui en est dit négativement, que ce qui pourrait être autre que cela n'est dans une société non libre. La possibilité d'être autre que ce que l'on est exprime cette intention, cet instant utopique éphémère semblable aux traces d'un passé non révolu, caché, interdit de représentation, comme l'interdit biblique des images, du caractère intelligible. Qu'il y ait quelque chose à sauver chez Kant, chez le Kant *Aufklärer*[2], Adorno va paradoxalement l'interpréter à partir du refus de toute genèse empirique du moi et de la sphère d'immanence du transcendantal comme une réponse à une interprétation psychologique plus tardive dont Kant « n'avait pas à se soucier[3] » puisqu'elle n'avait pas encore acquis le statut de science. Ce refus et cette coupure radicale du psychologique et du transcendantal aboutissent certes à une absolutisation de l'instance du moi, à une glorification d'un intelligible intemporel qui aurait pour conséquence le caractère répressif de la loi morale et de la raison. Mais on pourrait par ailleurs anticiper dans la critique de l'hétéronomie une critique sans concession du surmoi, de la conscience morale assujettie à une loi extérieure, transcendante. Adorno,

1 *Ibid.*, p. 225.
2 *Ibid.*, p. 213.
3 *Ibid.*, p. 212.

ce qui ne manquera pas de surprendre voire de déconcerter et d'irriter « le philosophe », n'hésite pas à faire intervenir les concepts et la méthode génétique de la psychanalyse pour s'attaquer à la forteresse chèrement acquise du transcendantal tout en cherchant à en conserver, dialectiquement, un « quelque chose » comme substrat inéliminable de la pensée : « À son époque héroïque, l'école freudienne – d'accord en cela avec l'autre Kant, le Kant des Lumières – exigeait une critique implacable du surmoi comme un élément étranger au moi, véritablement hétéronome. Elle y apercevait l'intériorisation aveugle et inconsciente de la contrainte sociale[1]. » Cet accord, comme critique éclairée d'une instance morale répressive, qu'on la rattache au moi chez Kant ou au surmoi dans la psychanalyse, se renverse en même temps et contre Kant et contre la psychanalyse qui n'a pas su se tenir à la hauteur de ces temps de découverte freudiens. Adorno qualifie non seulement de douteuse la séparation du moi et du surmoi, mais surtout il insiste sur le tournant de la psychanalyse vers un conformisme social qui se tait devant la norme sociale dominante et trahit ainsi sa complicité avec la perpétuation de l'ordre établi, comme le signifie de façon exemplaire l'expression « homme normal » qui justifie en ce sens la répression sociale. C'est contre Ferenczi que l'attaque est portée tout d'abord, mais elle vise plus généralement ce qu'on appelle le révisionnisme psychanalytique qui prône un surmoi sain et fort vigoureusement critiqué par Adorno dans une conférence de 1946 intitulée *La Psychanalyse révisée* où il se fait en même temps le défenseur de Freud contre ses mauvais disciples, comme l'écrit Jacques Le Rider dans les premières lignes de son commentaire[2]. Que ce soit le moment génétique du moi mobilisé contre la pureté du transcendantal chez Kant ou bien celui du surmoi dans la psychanalyse, la critique aboutit toujours à une négation de la liberté qui reste sous l'emprise de l'hétéronomie sociale, c'est-à-dire d'une totalité objective non vraie aliénée à elle-même, application de la négation déterminée qu'Adorno multiplie en mimant et en renversant le sérieux hégélien sous la forme d'une clownerie dont peut se prévaloir la philosophie comme pensée critique face aux bâtisseurs de systèmes. Pourtant Adorno s'entête à chercher chez Kant ces « traces éphémères de la liberté » dont il dit qu'elles sont inséparables de la vie empirique, comme l'espérance

1 *Ibid.*, p. 213.
2 Adorno et Le Rider, 2007, p. 55.

inéliminable d'une vie juste. C'est dans la construction du caractère intelligible, comme médiation entre l'être-là (*Dasein*) et la loi morale, qu'il faut rechercher une telle intention utopique aussitôt refoulée. Si Kant a introduit le caractère intelligible pour « sauver la liberté » et ne pas réduire la volonté à un étant, il faut montrer, par la médiation, comment ce caractère n'est ni simplement empirique ni absolument transcendantal[1]. Il n'est pas certain, cependant, que l'on puisse sortir de ce qui apparaît à Adorno comme aporétique puisque Kant ne dit pas ce qu'est le caractère intelligible ni comment il agit de lui-même sur le caractère empirique. Le plus difficile est sans doute de comprendre pourquoi, dans ce cas, il faudrait sauver cette tentative échouée de sauvetage. La réponse nous est en quelque sorte donnée par le contenu de vérité (*Wahrheitsgehalt*), caché à Kant peut-être, mais qu'une pensée utopique se doit de recueillir et de conserver comme fragment d'une vérité d'une expérience spirituelle qui donne une physionomie aux dates, selon une expression de Benjamin, et, historiquement, interrompt le cours aveugle et fatal du monde. Ce contenu s'exprime ainsi : « Néanmoins, il n'y a rien de mieux parmi les hommes que ce caractère intelligible ; la possibilité d'être un autre que celui qu'on est, alors que pourtant tous sont enfermés [*eingesperrt*] dans leur soi et par là encore séparés [*abgesperrt*] de leur soi. Le défaut éclatant [*eklatante*] de la doctrine kantienne, le côté fuyant [*das sich Entziehende*], abstrait, du caractère intelligible, a aussi quelque chose de la vérité de l'interdit des images que la philosophie post-kantienne, Marx y compris, a étendu à tous les concepts d'un positif [*auf alle Begriffe von Positiven*]. En tant que possibilité du sujet, le caractère intelligible est, comme la liberté, un devenir [*Werdendes*], non un étant[2] [*kein Seiendes*]. » On peut sans peine lire dans cette phrase l'expression d'une visée utopique, au cœur de la pensée, qui ne peut se dire que négativement de sorte qu'aucun nom ne lui est par avance approprié : plus encore c'est l'impossibilité paradoxale de nommer alors qu'il ne faut pas se taire qui devient comme un impératif moral minimum, cette *minima moralia* qui donne son titre à un texte écrit entre 1944 et 1947 dont le dernier paragraphe commence ainsi : « La seule philosophie dont on puisse encore assumer la responsabilité face à la désespérance, serait la tentative de considérer toutes les choses telles

1 Adorno, 1992, p. 224-225.
2 *Ibid.*, p. 232.

qu'elles se présenteraient du point de vue de la rédemption. La connaissance n'a d'autre lumière que celle de la rédemption portant sur le monde : tout le reste s'épuise dans la reconstruction et reste simple technique[1]. » Le X du caractère intelligible est le nom barré, imprononçable, de ce *telos* utopique, comme le Nom divin qui n'est plus rien d'autre qu'une Idée, après l'effacement du sacré, que tente peut-être vainement d'énoncer la musique. Sans doute faut-il retrouver la manière spécifique par laquelle Adorno reprend l'idée de rédemption, non seulement par rapport à Benjamin, mais plus théoriquement par rapport aux idées de messianisme et de révolution qui n'apparaissent sous sa plume que sous une forme critique, et en premier lieu l'idée d'une révolution accomplie par la classe opprimée réalisant le royaume de Dieu sur terre. Ces questions ne trouveront leur prolongement et leur justification que dans l'analyse de ce qu'Adorno nomme le sauvetage de la métaphysique au moment de sa chute.

CARACTÈRE INTELLIGIBLE ET SUPPLÉMENT : « AVOIR ÉTÉ UN BON ANIMAL »

Il est nécessaire de considérer tout d'abord la dialectique du caractère intelligible et du caractère empirique dont sont absentes, chez Kant, les médiations nécessaires à leurs déterminations. En ce sens s'entremêlent deux analyses dont il est difficile de voir en quoi elles s'accordent. D'une part c'est de toute évidence dans l'impulsion, donc dans un moment de nature, « l'impulsion de faire le juste », qu'apparaît une première médiation, d'autre part ce serait dans le nom mystique imprononçable de la théologie. C'est par l'analyse génétique, celle notamment de la psychanalyse, qu'Adorno retrouve le concept de supplément (*das Hinzutretende*), pour contester l'idée d'une volonté pure. L'impulsion, comme supplément, comme substrat psychologique inéliminable, reconduit tout d'abord la volonté à la nature. Mais ce supplément, comme extériorité, ne se limite pas à la nature puisque s'y ajoutent des déterminations sociales sous la forme de l'intérêt particulier irrationnel dans une société fausse. Cependant

1 Adorno, 1991b, p. 230.

il est impossible de réduire la volonté et par conséquent les hommes à une telle domination de la nature en eux. En ce sens le transcendantal, ne serait-ce que comme méthode, malgré son caractère de fiction, qui les abstrait de ce moment d'objectivation, est une première tentative de sauvetage de telle sorte que si les hommes sont des choses en soi, celles-ci sont le fait des hommes eux-mêmes (*ein von ihnen Gemachtes*), non pas d'une réalité transcendante au-delà de la nature. Les choses en soi prennent l'apparence du monde phénoménal : paradoxe insoutenable selon le texte kantien qu'Adorno interprète à partir de la thèse hégélienne selon laquelle il n'y a pas derrière l'être des phénomènes une essence existant à part eux, séparée et valant en elle-même. Adorno insiste – notamment par une référence à Karl Krauss qui pose la question : « Qu'est-ce que le monde a fait de nous[1] ? » – sur le caractère fabriqué de la chose en soi, de l'essence, comme il le dit des mots de la langue qui sont tous artificiels et en ce sens historiques. La chose en soi est un transcendantal historique, ce que l'on peut déduire pour la volonté elle-même qu'il sera donc impossible de concevoir comme volonté pure. Mais ce premier moment permet à Adorno d'affirmer que la volonté pure n'est pas différente du caractère intelligible. Abstraite du moment qui l'objectivise comme chose naturelle, elle devient quelque chose d'intelligible irréductible à un simple étant et résiste au principe d'identité tel qu'il est appliqué aux objets de la connaissance rationnelle, sans être cependant par elle-même irrationnelle. C'est en ce sens que l'on peut comprendre la référence au nom mystique dont parle la théologie : irreprésentable, elle, c'est-à-dire la volonté, se refuse en même temps au langage objectivé, celui de la science mais aussi de la société, qui réifie ce sur quoi il porte. Il y a en elle et dans le caractère intelligible une différence, une altérité qu'on ne peut appréhender que négativement. Adorno convoque par la suite, curieusement, la psychanalyse et sa conception de la névrose pour exposer le renversement affectant la volonté dans sa pureté et son abstraction de la nature. C'est de toute évidence le terme de caractère qui autorise, implicitement, comme vocabulaire de la psychologie, ce retournement dialectique. Mais c'est tout d'abord le terme de « *Block* » qui permet de désigner l'intériorisation de contraintes extérieures et intérieures irrationnelles, celles de la société mais aussi

---

1 Adorno, 1992, p. 231.

des intérêts particuliers en quelque sorte sédimentés depuis l'infinité des temps (*äonenalten*) et par suite refoulés. Ontogenèse et phylogenèse, dans les termes de Freud, rendraient compte de la liberté bloquée par la répétition du même, par l'emprise mythique. Les névroses, forme moderne de ce blocage, deviennent ainsi, au nom du principe de réalité, « les piliers de la société », rendant inaccessible aux hommes un « meilleur objectif », une réconciliation avec l'ordre social qui n'en veut pas. La névrose n'est pas simplement un phénomène individuel mais en quelque sorte l'état pathologique d'une société qui a renoncé à la liberté en se satisfaisant, au nom du narcissisme, d'un état faux dans lequel ne restent en lutte que les intérêts des individus, l'antagonisme social se répétant comme principe de survie et légitimant l'idée qu'il n'y a pas en ce monde de vie bonne possible. Cette non-liberté rejaillit alors sur la volonté et le caractère intelligible, c'est-à-dire sur la raison elle-même qui s'en trouve paralysée : « À la fin, le caractère intelligible serait la volonté raisonnable paralysée[1]. » Échec de la sublimation qui finit par se soumettre à l'emprise dont elle veut tout d'abord se défaire. Adorno donne un nom à ce que serait une sublimation réussie, le bonheur de l'esprit, bien que ce bonheur ne puisse être total dans une société mutilée à laquelle il faut opposer une éthique, c'est-à-dire une conduite juste et bonne comme négatif d'un ordre social injuste : l'idée d'un bonheur individuel parfait – idée par ailleurs utopique ou Idéal d'anciennes sagesses – dans une société dominée par l'injustice et le malheur n'est pas qu'une contradiction logique, elle est une injure faite à la morale. C'est ainsi que l'on peut comprendre, comme expression de l'intention utopique de sauvetage, cette illumination enfouie dans le caractère intelligible comme l'imagination transcendantale chez Kant l'est au plus profond de l'âme. De même que Kant affirmait ne pouvoir pénétrer dans une telle profondeur, de même n'est-il pas possible de nommer plus avant ce d'où peut jaillir la liberté tout en refusant de la reconduire à une force obscure irrationnelle. Adorno, dans cette dialectique complexe, se révèle être un penseur de la raison où certes se conjuguent deux héritages difficiles à concilier, celui de Kant d'une part, celui de Freud d'autre part, qu'il considère, malgré leurs contradictions et apories théoriques, comme des hommes des Lumières. Mais il est tout aussi

1 *Ibid.*, p. 231-232.

important de relever la dialectique de l'identique et du non-identique qui peut là encore déconcerter, donner le vertige : « Liberté et caractère intelligible sont apparentés [*verwandt*] à l'identité et à la non-identité sans se laisser clairement et distinctement inscrire d'un côté comme de l'autre[1]. » Dans la troisième partie de *Trois études sur Hegel*, intitulée « *Skoteinos* ou comment lire », Adorno développe une longue critique des critères cartésiens, et plus particulièrement celui de clarté, considérés comme garantie de la pensée rationnelle. La reprise critique de ces termes – *clare* et *distincte* – se justifie par une pensée dialectique qui n'en reconnaît pas la légitimité sans pour autant céder sur l'exigence de la raison et de l'intelligibilité impliquée par son usage critique[2]. Adorno ne veut en aucun cas prêter le flanc à l'accusation d'irrationalisme, ou même d'un renoncement à la raison sous prétexte qu'il est nécessaire d'en faire une critique sans égards comme il le dit aussi de la philosophie. De même, la dialectique appliquée à la liberté, qui semble la rendre plus que précaire n'est pas qu'un simple jeu et enjeu théorique ; elle renvoie à ce qu'il nomme l'expérience de soi (*Selbsterfahrung*) non pas abstraite, comme si elle était une question existentielle rapportée seulement à l'individu, mais présuppose toujours l'existence socialisée et, plus encore, le processus de socialisation totale qui tend précisément à priver l'individu de toute expérience possible. Le « soi » est déjà par lui-même problématique s'il implique une identité conçue sur le modèle de la chose, identité réifiée qui en ce sens le nie dans son humanité. Le soi est « l'inhumain » dès lors qu'il fixe et fige le sujet comme un bloc de marbre, privé de tout devenir possible. Adorno expose la dialectique de l'identique et du non-identique à partir de ce qu'il nomme le modèle kantien du sujet. Sa liberté suppose la conscience de soi, l'identité avec soi-même. Mais une telle identité, qui le chosifie, ne fait que répéter et perpétuer la contrainte à la fois extérieure et intérieure. Il devient ainsi non libre. C'est, selon la logique hégélienne, un tel devenir qui exprime la contradiction immanente à la liberté et à l'identité. Si on dit que le sujet est non libre parce qu'il n'est pas identique à lui-même, parce que la nature, moment de la contrainte, agit en lui, en se libérant de ce moment il se libère en même temps du caractère de contrainte de l'identité parce qu'il la reconnaît et la dépasse. Cette dialectique où Adorno semble

1 *Ibid.*, p. 232.
2 Adorno, 1979, p. 108-113.

dissimuler le concept de devenir qui en est le moteur – mais qui est présupposé lorsqu'il dit auparavant que la liberté est un devenir (*ein Werdendes*) et non pas un étant (*kein Seiendes*) – pourrait apparaître par trop formelle à l'égard de l'expérience concrète de la liberté. Mais il n'en déduit pas une résolution positive de la liberté puisqu'il insiste au contraire sur le caractère aporétique de cette dialectique qu'on ne peut attribuer au seul mouvement du concept, comme s'il était une fois encore pris en défaut, mais à une société interdisant toute morale là où elle refuse la liberté aux individus. Cette aporie semble alors trouver un refuge dans l'étonnante conclusion déjà citée mais qu'il faut relire à la lumière de ce qui précède : « À l'individu cependant ne reste plus de ce qui est moral [*Moralischem*] que ce pour quoi la théorie morale kantienne, qui concédait aux animaux l'inclination mais pas le respect, n'avait que mépris : tenter de vivre de sorte qu'on puisse croire avoir été un bon animal. » Serait-ce une réponse non dénuée d'ironie à la célèbre phrase de Kant : « J'ai donc dû abolir le savoir pour faire place à la croyance [*Glauben*] » ? Tout d'abord on pourra considérer qu'il s'agit non d'un impératif mais d'une maxime qui se rapporte à ce qui est moral, distingué par Adorno de la morale comme morale du devoir. Maxime éthique en ce sens ressortissant d'abord à la conduite qu'il est possible d'avoir dans une société où ce qu'on nomme les valeurs morales sont plus que compromises. En outre cette croyance minimale semble plutôt contenir en elle la question posée par ce dernier dans le troisième modèle de la *Dialectique négative* intitulé « Méditations sur la métaphysique » : peut-on et comment vivre après Auschwitz[1] ? Mais on devra se demander ce que peut signifier « avoir été un bon animal ». Sans doute est-ce déjà une manière de poser la question morale en deçà des catégories devenues problématiques du bien et du mal. Dans le cours sur la *Métaphysique* Adorno écrit, dans une critique mesurée de l'expression « banalité du mal » de Hannah Arendt : « J'aimerais formuler cela autrement : je ne dirais pas que c'est le mal qui est la banalité, mais que c'est la banalité qui est le mal – la banalité, c'est-à-dire la forme de conscience et d'esprit qui s'adapte au monde tel qu'il est et obéit au principe d'inertie. Ce principe d'inertie est vraiment le mal radical[2]. » L'animal est en deçà d'une telle forme d'adaptation, ne serait-ce que

1 Adorno, 1992, p. 284.
2 Adorno, 2006, p. 171.

parce qu'il est démuni de conscience et d'esprit tels que la philosophie les conçoit. Chez l'animal s'expriment des impulsions qui ne sont, par nature, ni bonnes ni mauvaises au sens de valeurs morales, impulsions qui ne sont pas réprimées par une contrainte extérieure mais adaptées à son milieu. Il n'y a pas cependant chez Adorno de naïveté ou d'angélisme par rapport à l'animal ou à la nature, comme nostalgie d'un monde perdu. Mais il est impossible de refouler cette part d'animalité et de nature, bien qu'elle soit toujours médiatisée dans l'homme par le monde social, sans réprimer en même temps l'impulsion comme substrat de la volonté et donc de la liberté, de même qu'il est nécessaire de dialectiser la raison par la nature afin de ne pas poser l'un ou l'autre, métaphysiquement, comme principe premier : « Que la raison soit un autre que la nature et cependant un moment de celle-ci est sa préhistoire devenue sa détermination immanente[1]. » « Avoir été un bon animal », c'est réaffirmer ce moment de la nature dans la raison que celle-ci réprime et dénie sans cesse jusque dans les formes historiques et sociales de l'emprise (*Bann*) d'une rationalité instrumentale. Mais, quand bien même il ne peut s'agir d'un dépassement dialectique vers une positivité réconciliatrice, la conservation de cette trace, de ce souvenir ou encore de ce fragment de nature, sans doute inconscients, fait signe vers la non-identité avec soi-même, moment de résistance à la domination instituée qui proteste contre la tentation de la domination comme forme d'assujettissement de l'autre au même, tentation elle-même inhérente au principe d'identité. En d'autres termes cette expression est un des noms des multiples motifs utopiques qui traversent la *Dialectique négative*. Sans doute Adorno, comme il le revendique, joue-t-il ici le rôle du fou qui vient dire la folie des hommes. Mais cette folie serait la dernière forme de « sagesse » après Auschwitz, forme d'espérance à laquelle se joint l'idée d'un bonheur possible dans un monde d'abord voué au malheur.

1 Adorno, 1992, p. 225.

« UNE PHILOSOPHIE DE L'HISTOIRE QUI N'EN EST PAS UNE »

HEGEL CONTRE HEIDEGGER

La deuxième partie des « Modèles », sans apparente continuité avec celle qui précède, est sous-titrée : « Digression sur Hegel ». S'agit-il d'un détour nécessaire pour retrouver la question de la possibilité de la métaphysique, soit abandonnée du fait de la domination sans partage des sciences, soit devenue l'objet de restaurations à caractère idéologique, soit enfin rendue problématique après l'irreprésentabilité de l'extermination sous le nazisme où toute idée de transcendance deviendrait aussi vaine qu'inavouable ? En décomposant les termes qui lui donnent son titre, Esprit du monde (*Weltgeist*) et histoire-nature (*Naturgeschichte*[1]), il serait facile de mettre en évidence quatre concepts, le monde, l'esprit, la nature et l'histoire, dont le rôle cardinal dans la philosophie hégélienne est indubitable. Cependant, si Esprit du monde, auquel on associera celui d'histoire universelle (*Weltgeschichte*), qu'il faudrait plutôt traduire par histoire du monde ou histoire-monde, est un concept déterminant de la philosophie de l'esprit de Hegel comme idéalisme objectif absolu, le concept d'« histoire-nature » est d'abord emprunté et forgé à partir de Marx, repris ensuite par Georg Lukács et Walter Benjamin. Comme nous le verrons, c'est un concept critique permettant de rendre problématique l'idée d'une histoire universelle de l'esprit – contre Hegel – mais aussi contre ce qu'Adorno ne cesse de dénoncer chez Heidegger, à savoir l'ontologisation de l'histoire comme figure d'un idéalisme caché où l'histoire effective, concrète, tombe

1 Nous traduirons ce concept dialectique et critique de *Naturgeschichte* par histoire-nature afin d'éviter les équivoques que comporte la traduction par histoire naturelle.

dans la réification et l'oubli[1]. Si c'est un renversement matérialiste de la dialectique hégélienne qui permet de briser le concept d'histoire universelle et l'identité de l'esprit absolu revenu à lui-même après tous les déchirements et scissions du négatif, ce matérialisme est aussi retourné contre les restes d'idéalisme du marxisme grâce au concept d'histoire-nature tel qu'il est développé par Benjamin. Il ne s'agit plus de penser l'histoire à partir des catégories métaphysiques d'identité, d'invariance, de but ultime ou d'éternité, mais de l'interpréter, de la lire comme un texte chiffré, à partir de l'éphémère (*Vergängnis*) ou encore, selon les termes de Benjamin, de ce qui est le plus insignifiant, le détail, la « ruine ». Tel serait le passage de la métaphysique, sécularisée, à l'histoire, où « l'histoire-nature reste encore et toujours le canon d'une interprétation [*Interpretation*] philosophique de l'histoire[2] ». Or dans ce dernier paragraphe intitulé « Histoire et métaphysique » c'est encore, paradoxalement, à la métaphysique de Hegel qu'Adorno s'adresse pour sauver cet « insignifiant » (*Geringes*) que la doctrine de l'esprit absolu aurait par avance condamné à l'oubli : « Là où la métaphysique de Hegel, en le transfigurant, fait s'équivaloir la vie de l'absolu et la totalité de l'éphémère [*Vergängnis*] de tout ce qui est fini, elle porte en même temps son regard sur ce qui est moindre, insignifiant [*ein Geringes*] au-delà de l'emprise mythique qu'elle recueille et renforce[3]. » De même qu'il était nécessaire de sauver un X du caractère intelligible kantien pour sauver le concept de liberté, de même serait-il possible de percer une brèche dans la philosophie de l'histoire hégélienne afin

1 Adorno, 1992, p. 280. Le concept heideggérien de *Geschichlichkeit*, qui fait entendre par lui-même le processus d'abstraction par rapport à l'histoire effective, selon Adorno, d'autant plus qu'il prend pour « objet » l'histoire de l'être, est critiqué dans le dernier paragraphe de la première partie cherchant à déchiffrer dans le besoin ontologique le geste d'une pensée autoritaire qui suppose l'impuissance des hommes face au caractère destinal de l'histoire de l'être. Il est bien évident que si les analyses suivantes présupposent cette critique, une confrontation systématique entre Adorno et Heidegger s'avère plus que nécessaire. Mais comme nous l'avons fait remarquer, elle ne pourra être véritablement féconde, jusque dans ses implications politiques, qu'en prenant en compte les *Cahiers noirs* de Heidegger récemment parus. C'est pourquoi elle ne peut être que différée, même si le cours *Ontologie und Dialektik* comporte des analyses essentielles auxquelles nous ne pouvons, pour lors, que renvoyer sans en tirer toutes les conséquences du point de vue de la possibilité d'une pensée de l'histoire résolument opposée au geste heideggérien consistant à la déterminer à partir de la question et de la décision de l'être comme *tout* de l'histoire occidentale.

2 *Ibid.*

3 *Ibid.*, p. 281.

que l'histoire humaine ne soit pas réductible à un progrès et à une fatalité aveugles face auxquels les individus n'auraient plus qu'à attendre impuissants, comme l'affirmait Heidegger en répondant à la question « Que pouvons-nous faire ? » : « nous ne devons rien faire, mais au contraire attendre[1] ». Ce n'est sans doute pas l'une des moindres raisons de conclure ainsi, avec Hegel, cette deuxième partie, malgré la dislocation nécessaire de sa philosophie de l'esprit, contre Heidegger dont le « concept privé d'histoire d'histoire » (*geschichtslosen Begriff der Geschichte*) est explicitement critiqué dans ce dernier paragraphe. Là où dans l'esprit objectif hégélien quelque chose de l'histoire des individus s'est sédimenté en un texte à déchiffrer, le *Dasein* heideggérien ne serait qu'une détermination abstraite renvoyant à des « qualités occultes de l'être lui-même[2] ». Mythologie qu'Adorno qualifie d'idéologie : dans le cours *Ontologie und Dialektik* Adorno dit ainsi que ce serait faire injure à Heidegger que de le considérer comme un simple « suiveur » du national-socialisme, comme s'il courait derrière (*herlaufen*) puisque le caractère de puissance de l'être (*die Mächtigkeit des Seins*) s'accorde avec le décret du Führer proclamant qu'il *est* le Führer (« *er* sei *der*

1 Haar, 1985, p. 157-158. La sérénité de Heidegger lui faisait dire, interrogé par le *Spiegel* en 1966, par rapport à son passé nazi, au nom de l'autre pensée, celle de l'être, que « seul un dieu peut nous sauver » dans le règne métaphysique planétaire de la technique. Voici ce qu'il écrivait en 1942 dans un cours sur Parménide : « Ce à quoi l'homme prête attention, quel respect il porte à ce qu'il prend ainsi en garde, combien originaire et constante est son attention, tout cela décide de la dignité qui est impartie à l'homme à travers l'histoire. » (Heidegger, 2011, p. 15.) En 1938 nous lisons ces lignes : « La question de savoir si l'homme veut ou non trouver sa satisfaction dans la pensée quotidienne dépend du rang qu'il assigne à l'humanité ; cette question se décide en fonction et à partir de ce que l'homme – un individu, un groupe, une association, un peuple, une époque – *exige de soi* et de *son essence*, car ce sont ces exigences qui sont sources de richesse. » (Heidegger, 2009, p. 19.) Nous n'ignorons pas que toutes ces expressions doivent être soumises à l'interprétation et nous craignons toujours d'adopter le rôle du juge pointant du doigt l'accusé. Il s'agit cependant, comme le dit sans cesse Adorno, d'interroger la langue dans son rapport non pas simplement à l'appel et à l'écoute de l'être mais à ce qui a lieu historiquement au moment où cette langue parle, et non pas sans doute, dans une totale extériorité par rapport à un sujet réel, empirique et historique de la langue. On peut, en contrepoint, se référer à l'analyse du concept de dignité par laquelle se conclut le *Jargon de l'authenticité*, dont la chute est la suivante (p. 156) : « Dans le jargon de l'authenticité s'effondre, en fin de compte, avec la dignité kantienne, cette humanité qui a son concept non pas dans la réflexion sur soi, mais dans la différence avec l'animalité réprimée. » Cette conclusion n'est pas sans faire écho à ce que nous avons précédemment montré à propos de l'expression « avoir été un bon animal ».

2 Adorno, 1992, p. 279.

Führer », souligné par Adorno[1]). C'est par conséquent le concept d'histoire universelle, quel qu'en soit le déterminant, qui doit faire l'objet d'une analyse critique afin d'en relever les apories.

L'HISTOIRE UNIVERSELLE DE L'ESPRIT N'EST PAS SEULE

Que ce concept doive ses titres de noblesse à Hegel n'est guère douteux pour autant qu'il a pu, tout au long du XIXe siècle, faire l'objet de nombreuses interprétations avant d'être rejeté non seulement par l'historiographie mais aussi par la philosophie qui entendait rompre radicalement avec l'idéalisme allemand, de Husserl à Heidegger. Adorno, dans un paragraphe intitulé « Histoire universelle » (*Universalhistorie*) soutenant, sous la forme d'un paradoxe, que l'histoire universelle (*Universalgeschichte*) doit être construite et niée, rend problématique non pas seulement le fait d'une telle histoire mais aussi son concept. Cette affirmation pourrait à elle seule faire douter de ce que certains, comme Jean-François Lyotard[2], n'ont pas hésité à nommer, en parlant d'Adorno, une « religion de l'histoire », tout au moins d'une surdétermination de sa pensée par une philosophie de l'histoire encore frappée du sceau infamant de l'idéalisme allemand. L'attention à la langue nous oblige d'emblée à quelque prudence. D'une part le titre du paragraphe semble renvoyer, par le terme allemand, « *Historie* », soit à l'histoire comme faits et évènements, soit à la connaissance historique elle-même, à l'historiographie ou encore à la science historique. D'autre part là où on attendrait, puisqu'il est question de Hegel dès le début du paragraphe, le concept de *Weltgeschichte*, Adorno fait usage de l'adjectif latin « *universal* ». Double écart, par la langue, qui permet de soutenir, avant toute autre analyse, que le concept d'histoire universelle est à considérer comme un concept critique indépendant d'une quelconque doctrine de l'histoire

1 *Ibid.*, p. 240-241.

2 Voir « Capitalisme énergumène », Lyotard, 1994. Voici ce qu'écrit Lyotard dans « Adorno come diavolo » du diable Adorno, double du personnage du *Docteur Faustus*, Adrien Leverkühn, de Thomas Mann (p. 99) : « Mais cette dialectique [celle d'Adorno comme de Marx] n'est pas moins théologique que le nihilisme de la perte du sujet créateur, elle est sa résolution thérapeutique dans le cadre d'une religion, ici religion de l'histoire. »

déjà constituée. Adorno le dit explicitement en rapportant la validité de ce concept à Hegel pour en affirmer en même temps le caractère problématique que la science historique a contribué à disloquer en mettant en question l'idée d'une continuité embrassant la totalité du processus historique. Mais il ne s'agit pas d'opposer simplement la construction philosophique de l'histoire à la science historique comme le faux au vrai. Cette représentation est dogmatique, quel que soit le parti qu'elle prenne. Tout d'abord il est bien évident qu'Adorno reprend à son compte l'idée selon laquelle même l'historiographie, la science historique, ne sont pas dénuées de présuppositions métaphysiques, voire d'une conception du monde non explicite animée par une représentation téléologique de l'histoire, l'affirmation d'un sens positif se traduisant d'abord par l'idée de progrès. Mais considérer la philosophie de l'histoire, sous prétexte qu'elle ignore le détail, la factualité, comme dépassée, reviendrait à célébrer la positivité du savoir historique contre toute pensée de l'histoire irréductible à la seule détermination factuelle. Penser philosophiquement l'histoire, comme l'écrit Hegel dans *La Raison dans l'histoire*, présuppose non seulement qu'il y a, au-delà de la contingence des faits, des intérêts et des actions particulières contradictoires, un but ultime universel, une raison à l'œuvre dans l'histoire dont seule la philosophie peut rendre compte comme d'une continuité souterraine dissimulée au regard de l'historiographie. Hegel lui-même, écrit Adorno « avait conçu [*konzipiert*] l'histoire universelle comme une histoire unifiée seulement en vertu de ses contradictions[1] ». Mais si Adorno soutient qu'il est nécessaire de penser philosophiquement l'histoire afin de ne pas la dissoudre dans la pure contingence factuelle, il contredit bien évidemment à l'idée d'un but ultime dont l'accomplissement, par la raison, serait l'esprit universel. Le verbe *konzipieren* est là encore l'indice d'un usage critique de la langue et des concepts philosophiques. S'il signifie concevoir d'une part, au sens de faire un projet, projeter, il veut dire d'autre part « rédiger un brouillon » : Hegel ne serait pas parvenu à élever l'histoire au concept, ce qu'il se proposait pourtant comme tâche, mais en aurait esquissé un mauvais brouillon, parce que l'histoire n'obéit pas à une rationalité conforme à la raison qui la construit. Adorno renverse l'affirmation hégélienne qui pourrait apparaître comme une évidence du point de vue de la méthode : « Si vous considérez le monde

1 Adorno, 1992, p. 250.

rationnellement, lui aussi vous considérera rationnellement, il y a là une détermination réciproque[1]. » C'est la rationalité même de cette raison qui devient problématique, et par conséquent celle de l'histoire elle-même. Quelle raison le philosophe cherche-t-il à retrouver dans l'histoire dont il prétend qu'elle en est l'accomplissement ? Construire et nier l'histoire universelle, c'est d'abord, en ce sens, rendre problématique l'idée d'une raison substantielle universelle une et identique à elle-même comme mesure du réel. Mais dans un même geste cela revient à rejeter toute idée de continuité d'un sens immanent à l'histoire puisqu'une telle continuité suppose l'identité de ce sens déterminé comme fin ultime, quand bien même sa réalisation resterait hypothétique. C'est pourquoi il faut préciser l'intention critique qu'Adorno introduit pour penser l'histoire à partir de deux arguments corrélatifs : d'une part « l'histoire [*Geschichte*] est l'unité de la continuité et discontinuité », d'autre part « la discontinuité et l'histoire universelle doivent être pensées dans leur corrélation[2] [*zusammendenken*] ». Dans les termes habituels on dira donc qu'il faut penser dialectiquement l'histoire afin de montrer que sa prétendue continuité est la non-vérité de l'histoire effective qui loin de réaliser un progrès positif, affirmatif, une réconciliation, malgré le négatif[3], semble s'annoncer comme une catastrophe permanente. Ironiquement Adorno écrit : « Il faudrait définir l'esprit du monde, digne objet de définition, comme une catastrophe permanente[4]. » Il est certain que cette expression de « catastrophe permanente » ne doit pas être entendue comme celle d'un catastrophisme irrationnel aux accents prophétiques. Si elle est reprise de Benjamin, comme le rappelle souvent Adorno, elle sert à désigner chez ce dernier la domination comme répétition du même, domination de la nature et de l'homme à laquelle se soumettent d'autant plus les individus qu'ils sont devenus incapables d'en penser les causes et les effets. Eux-mêmes produits par une telle histoire dont ils sont par ailleurs les agents, ils l'acceptent comme une véritable loi de la nature, oubliant ainsi que ce qui a été produit historiquement peut être transformé voire détruit historiquement. Interpréter

1 Hegel, 2009, p. 56.

2 Adorno, 1992, p. 250.

3 Hegel, 2009, p. 61 : « Cette réconciliation ne peut être atteinte que par la connaissance de l'affirmatif dans lequel ce négatif-là disparaît en [devenant quelque chose de] subordonné et de surmonté… »

4 Adorno, 1992, p. 250.

l'histoire comme catastrophe n'est rien d'autre qu'une formulation de l'intention utopique de réconciliation pensée négativement, c'est-à-dire supposer que, malgré ce qui est, moment de l'identité comme répétition du même, il pourrait en être autrement, sans que cet « autrement » puisse cependant recevoir par avance de détermination positive. L'idée de réconciliation, chez Adorno, ne renvoie pas à une attente messianique sous la forme d'une parousie, de l'interruption du cours du temps par l'avènement subit d'une transcendance, d'un messie, dans l'immanence historique ni à une révolution par des forces historiques susceptibles de renverser radicalement l'ordre établi. En un sens, c'est encore par rapport à Hegel qu'il faudrait d'abord la déterminer, notamment par rapport à la possibilité pour l'individu d'être ou non réconcilié avec son temps et par conséquent avec l'objectivité historique du monde. Il est bien évident que pour Adorno le passé du nazisme et le présent à partir desquels il parle rendent impossible, de fait sinon de droit, toute réconciliation, y compris dans un processus de démocratisation formel et contradictoire. Il y aurait au fond une dimension politique concrète de cette idée dans l'Allemagne d'après guerre où la normalisation constituerait à elle seule cette impossible réconciliation, bien que ce qu'Adorno dise par ailleurs du Viêt Nam ou de la torture comme véritable institution en redouble l'impossibilité dans le présent voire le futur proche.

POUR UN MATÉRIALISME CRITIQUE

L'interprétation dialectique de l'histoire comme continuité et discontinuité doit s'effectuer par un renversement matérialiste où l'unité de l'esprit et du concept, la souveraineté de la raison prétendument autonome, se trouvent contredites. Adorno parle là le langage marxien classique – profit, rapports de classes, procès de production – pour soutenir la thèse selon laquelle la société ne se maintient pas en vie seulement *malgré* son antagonisme mais *par et à travers* celui-ci, comme force immanente de la totalité sociale. Mais il n'en récuse pas moins la thèse marxiste orthodoxe du primat de l'économie comme principe moniste d'explication de la division sociale, explication qui reste en ce sens métaphysique en obéissant au principe d'identité, quand bien même son contenu est matérialiste. Faire du processus de production le principe de la socialisation dont tous les moments de la vie dépendent a « pour point de fuite la mort de tous[1] », c'est-à-dire, ni plus ni moins, comme seul horizon possible, l'autodestruction. S'il est besoin d'un matérialisme dialectique pour renverser la dialectique hégélienne de l'esprit absolu comme réalisation du but ultime de l'histoire, il faudra donc en même temps faire un usage critique des concepts marxiens afin de ne pas les répéter à la manière d'une doctrine constituée et figée. La pensée critique, comme dislocation et désensorcellement des concepts, s'applique aussi bien à l'héritage marxien et par suite à toute Idée d'une philosophie de l'histoire qui prétendrait rendre compte du cours de l'histoire humaine au moyen d'un seul principe, que ce soit l'esprit, le primat de l'économie ou encore l'être : le matérialisme d'Adorno peut bien s'appuyer sur des concepts marxiens, réduits à un petit nombre qui en exclut par là même beaucoup d'autres, jamais il ne prend une forme doctrinale qui permettrait de l'enfermer dans une théorie explicative dernière. Sa fonction, critique, consiste à mettre au jour les mécanismes complexes de domination dont l'intrication sociale et historique suppose toujours une dialectique de la raison, c'est-à-dire une analyse et une interprétation des formes historiques du logos institué en Grèce antique à la fois dans la préformation de la société bourgeoise, selon la *Dialectique de le la raison*, et dans la philosophie platonicienne répétant le principe d'identité de l'être et de la pensée énoncé par Parménide. Les concepts marxiens repris par Adorno, la division du travail, les forces productives, les rapports de production, la loi de l'échange, doivent toujours être réinterrogés à partir de leur soubassement philosophique.

Ce qui cependant oblige à dialectiser l'historiographie et la philosophie de l'histoire n'est pas simplement dû à leurs présuppositions non réfléchies, chacune à leur manière, mais de toute évidence, pour Adorno, au fait qu'une pensée de l'histoire qui ne s'en tient ni aux faits ni à une spéculation abstraite hasardeuse dégénérant en vision du monde doit à Hegel et à Marx sa véritable impulsion : « Ce n'est pas la moindre raison pour laquelle la philosophie de l'histoire, comme déjà chez Hegel et Marx, se rapproche de l'historiographie, et de même celle-ci, en tant

1 *Ibid.*, p. 250.

que compréhension [*Einsicht*] de l'essence qui, voilée par la facticité, la conditionne pourtant, n'est plus possible que comme philosophie[1]. » Cette conclusion pourrait surprendre, par ses termes, non pas tant le philosophe que l'historien dont on doutera qu'il cherche « l'essence » de l'histoire. De quelle historiographie Adorno parle-t-il en ces lignes alors même qu'il critique la science historique dans son statut de science prétendument positive ? C'est le concept d'essence qui permet d'en préciser l'intention. Adorno utilise ce concept en son sens hégélien, rapporté à ce qu'il nomme « l'objectif » (*Objektive*) qui, tout en s'imposant au-dessus des individus particuliers, à la fois dans le contexte de leur vie (*Zusammenleben*) et dans leur conscience, est refoulé voire dénié. L'essence peut être l'esprit objectif hégélien ou la doctrine de la valeur objective de l'économie chez Marx, elle est toujours une essence historique et non pas une essence universelle, immuable, extérieure ou transcendante par rapport à la totalité sociale. Plus encore cette essence relève d'une dialectique de l'identité dont la vérité est la non-identité. L'esprit objectif hégélien, après avoir surmonté le négatif qui en est le moteur, et par conséquent le moment de la particularité, s'affirme comme l'universel identique à la totalité sociale. Mais cette identité est le non-vrai parce qu'elle est une fausse réconciliation où l'individualité est niée par l'universel. Cette non-vérité de ce qui apparaît immédiatement comme le vrai se nomme, dans les termes d'Adorno, l'idéologie, à laquelle reconduit aussi bien le marxisme orthodoxe et dogmatique qui fait de l'économie le premier et dernier terme de la structure sociale dont la superstructure ne serait que le reflet. En ce sens l'historiographie, quand bien même elle prétend s'en tenir à la factualité, aux faits (*Fakten*), a affaire à l'essence, c'est-à-dire à la structure objective de la société : mais cette structure n'est pas figée, comme arrêtée dans le temps, elle est soumise à une dynamique, une tendance (*Tendenz*) que l'historiographie méconnaît. C'est la critique de la distinction entre causes profondes et causes occasionnelles qui confirmerait selon Adorno ce rapport nécessaire, bien que désavoué par l'historiographie, à l'objectivité du tout. Distinction « infantile », n'hésite pas à dire Adorno, qu'il interprète dans les termes hégéliens de

1 *Ibid.*, p. 237. L'historiographie, en termes marxistes, implique l'analyse des formations sociales dans leur ensemble et leurs rapports, qu'il s'agisse des valeurs morales dominantes ou encore de la sphère juridique et politique, c'est-à-dire d'une positivité ou d'une factualité irréductibles à la simple contingence.

la dialectique de l'immédiat médiatisé : si les causes occasionnelles sont immédiates, les causes profondes seraient leur nécessaire médiation par la totalité sociale. Lorsque par exemple la police nazie vient arrêter un individu, ce fait peut bien être interprété comme une cause immédiate de la condamnation à mort certaine de cet individu, mais il n'est à son tour intelligible que si l'on restitue les conditions politiques qui le rendent possible. Une telle restitution nécessite à son tour une connaissance historique objective de la société qui a produit de telles conditions et s'inscrit dans une tendance, une dynamique, c'est-à-dire un jeu de forces contradictoires, obligeant à remonter à la politique de la République de Weimar[1]. C'est ainsi qu'Adorno substitue à cette double causalité « infantile » ce qu'il nomme une nécessaire dialectique des faits et de la tendance où celle-ci s'impose comme mouvement historique objectif : « Une telle prépondérance de la tendance [*Trend*] dans les faits, dont elle a toujours besoin cependant, condamne finalement la distinction ancestrale entre cause profonde et cause occasionnelle à l'ineptie : le tout de la distinction, non pas seulement celle de la cause occasionnelle, est extérieur, parce que la cause profonde [*Ursache*] est concrètement dans la cause occasionnelle[2]. » Seule une critique dialectique immanente peut rendre compte de l'objectivité historique. Mais cette objectivité est en même temps, dans la mesure où elle n'est pas donnée immédiatement, une construction de et par la raison, comme celle, hégélienne, d'esprit du monde. Si elle est réelle (*real*[3]), sa connaissance n'est jamais indépendante de la raison qui s'y applique, de la méthode qui permet d'y accéder. Cette méthode cependant, afin d'éviter le formalisme, ne peut pas être extérieure à son objet comme la forme par rapport au contenu : seule dans ce cas la dialectique peut y prétendre, comme l'expose Hegel dans ses préfaces et introductions en insistant cependant sur l'idée essentielle selon laquelle ce n'est que dans le mouvement même de la pensée, dans la pensée en acte qu'elle se vérifie. C'est alors la construction hégélienne de l'esprit du monde qu'il faut interroger afin d'en briser la clôture et l'autosuffisance.

---

1 *Ibid.*, p. 236.

2 *Ibid.*

3 Selon le mode d'interprétation d'Adorno ce qui est « *real* » est en même temps effectif (*Wirklich*), puisque le positif est toujours une réalité devenue, produite socialement par les contradictions et les antagonismes du réel et du concept.

DISLOQUER L'ESPRIT DU MONDE

L'esprit du monde est et n'est pas, il n'est que le négatif de ce qui se présente comme une hypostase et, dans les termes de Marx, une mystification. Cette contradiction peut être déchiffrée, selon Adorno, dans la philosophie de l'esprit de Hegel et dans sa philosophie de l'histoire qui présuppose la construction d'une telle « réalité » que, par abstraction, la raison philosophique transfigure en quelque chose d'autonome (*ein Selbständiges*), le retournant ainsi contre les individus et le mouvement total de la société dont elle provient. Cet oubli de la genèse de l'esprit – genèse matérialiste dont il faut rappeler alors, parce qu'elle est ici sous-entendue, qu'elle renvoie à une affirmation sans cesse reprise, à savoir que le vrai sujet transcendantal, et en ce sens l'esprit hégélien, est le travail social ou encore la société inconsciente d'elle-même[1] – ne permet pas de conclure trop rapidement qu'il serait une pure fiction. Il faudrait plutôt dire que s'il est une fiction, une fantasmagorie, comme fétichisation du concept, s'il est un mythe, son efficace est cependant bien réelle, sous la forme d'une immanence dans tous les moments de la société : « Encore, l'hypostase philosophique a sa teneur d'expérience [*Erfahrungsgehalt*] dans les rapports hétéronomes où les rapports entre les hommes sont devenus invisibles[2]. » Adorno prend à la lettre tout d'abord l'idée hégélienne que la pensée, de façon générale, apporte avec elle les catégories par lesquelles elle détermine la réalité pour rendre ensuite problématique la prétendue indépendance de ces catégories par rapport aux objets qu'elles construisent en objets de la connaissance, de la raison : en quelque sorte on dira que la raison s'est emparée de son butin et s'en va le digérer dans ses terres, comme le conquérant soumet les vaincus en les supprimant. La lettre hégélienne d'une rationalité

1 Adorno, 1979, p. 26-31. Adorno cite le passage bien connu de Karl Marx des *Manuscrits de 1844* : « La grandeur de la *Phénoménologie* de Hegel et de son résultat final – la dialectique de la négativité comme principe moteur et créateur – consiste [...] en ceci qu'il saisit l'essence du *travail* et conçoit l'homme objectif véritable parce que réel comme le résultat de son *propre travail*. » Mais ce n'est plus le travail de l'esprit comme activité mais le travail social réel qu'Adorno « débusque » jusque dans le sujet transcendantal. Voir déjà Horkheimer, 1974, p. 33.

2 Adorno, 1992, p. 238.

de la raison doit donc être renversée : « Ce qui est irrationnel dans le concept d'esprit du monde est emprunté à l'irrationalité du cours du monde[1]. » Cette irrationalité, qu'il serait par trop abstrait de renvoyer à la seule contingence des évènements ou faits particuliers, s'enracine, anthropologiquement, dans le principe de domination de la nature qu'il faut rapporter, en un même mouvement, au principe d'identité que la raison projette sur la nature pour l'égaler à elle-même : cette irrationalité, en apparence peu évidente, est celle d'une logique où la domination, par sa prétention à la maîtrise et à la puissance contre une nature hostile, se retourne contre l'homme lui-même. Ce passage du logique à l'anthropologique peut certes apparaître problématique – sans même parler de cette figure anthropologique de la domination de la nature que l'ethnologie contredirait sans peine, comme Pierre Clastres par exemple[2] – mais il interdit, pensé dialectiquement, de faire de l'un ou de l'autre un principe premier, un moment de fondation à partir duquel tout pourrait être déduit. L'usage critique et polémique de ces « principes », comme des concepts qu'ils supposent, est d'abord appliqué à la philosophie et plus exactement à l'idéalisme qui en serait la forme accomplie. Décomposer les concepts (*zerfallen*) n'est pas une analytique de l'entendement mais une interprétation de l'enchevêtrement en apparence inextricable de la raison et du réel. Si ce réel doit être pensé de façon matérialiste, ce ne sera pas, comme les matérialistes sensualistes du XVIIIe siècle à partir de la simple empirie, comme une donnée accessible par l'expérience sensible, pas plus que ce matérialisme de Feuerbach critiqué par Marx, mais un matérialisme historique présupposant le travail social et l'ensemble des rapports sociaux antagonistes qui dominent l'histoire des sociétés humaines. Mais dire que le travail social est le véritable sujet transcendantal, inconscient de lui-même, comme le fait Adorno, n'autorise pas à l'hypostasier en un sujet de l'histoire puisque cela répéterait le geste métaphysique idéaliste qui cherche obstinément un principe permettant de déduire la totalité : de ce point de vue si le travail est ce « quelque chose » que présuppose toute réflexion critique, il est un immédiat médiatisé, cet « être » que l'on peut retrouver dans toutes les formations sociales, de même que

1 *Ibid.*

2 Voir par exemple la critique virulente de l'anthropologie marxiste dans Clastres, 1980, p. 157-170.

l'être de la logique hégélienne n'est pas seulement au commencent de la dialectique mais se retrouve dans tous ses développements, ceux de l'essence et du concept, jusqu'à l'Idée.

FICTION D'UN SUJET DE L'HISTOIRE

Adorno, contre Lukács notamment, récuse ainsi l'idée d'un sujet de l'histoire : « Jusqu'à aujourd'hui, l'histoire n'a pas de sujet total [*Gesamtsubjekt*], quel qu'il soit[1]. » Il s'appuie, pour ce faire, sur *La Sainte Famille* de Marx et Engels, longuement cité : l'histoire, par elle-même, ne fait rien, ce sont les hommes vivants qui, en se proposant des buts, agissent. Cependant, là encore, cette thèse reste insuffisante, faute d'en tirer toutes les conséquences du point de vue philosophique, ce qu'Adorno ne précise pas davantage en cet endroit puisqu'il conclut sur une citation de Marx relative à la loi immanente d'accumulation du capital qui apparaît non pas comme un sujet du développement historique, pas plus que le capitaliste comme « capital personnifié », mais comme une logique dont il faudra montrer la fonction idéologique dans la mesure où cette loi prend l'apparence de la nécessité naturelle. Cette insuffisance est tout d'abord celle d'une dialectique encore arrimée, de façon cryptique, avant tout dans le marxisme orthodoxe, à l'idéalisme, qui a pour conséquence de tenter de rapporter le processus historique et ses contradictions à un principe explicatif ultime. À ces grandes controverses philosophiques, objet de tous les débats académiques possibles où on pourra faire valoir les contradictions déjà présentes chez Marx lui-même, Adorno oppose la démarche de Walter Benjamin qui ne se contente pas de faire un pas de côté par rapport à la tradition philosophique, ce qu'il appelle son « exterritorialité », mais reprend une vieille sentence selon laquelle il faut sauver les phénomènes par l'induction. Mais une telle induction se distingue de toute évidence de la méthode inductive des sciences aussi bien que de l'empirisme classique : elle ne prend pas comme « objet » des faits bruts et immédiats et ne consiste pas en une généralisation de ces faits sous la forme de prétendues lois. Elle emprunte son modèle à

1 Adorno, 1992, p. 238.

l'interprétation – d'abord celle des œuvres d'art – pour l'appliquer à l'histoire : « Sa devise : la plus petite cellule d'une effectivité intuitionnée vaudrait autant que le reste du monde [*den Rest der übrigen Welt*], témoigne précocement de la conscience de soi d'un état présent de l'expérience[1]. » Le langage hégélien d'Adorno – la conscience de soi – ne se satisfera pas du moment de l'intuition, moment d'immédiateté nié par la médiation, mais exigera une logique du concept capable de rendre justice au détail. En cela Hegel aurait failli bien que sa dialectique, dans son intention, mais non dans sa réalisation, contienne un moment d'immersion dans le détail (*ins Detail sich zu versenken*). Les pièces du puzzle sont ainsi mises en place, permettant une critique de l'objectivité hégélienne qui n'accorde plus d'effectivité, au terme du mouvement dialectique de l'esprit, à la différence, à ce qui est décrété par elle comme le non-vrai (*das Unwahre*), comme ce qui est mauvais (*das Schlechte*), à savoir l'individu et la particularité dissous dans l'universel. Il est cependant nécessaire de poursuivre cette critique du concept d'esprit du monde afin d'en solder l'héritage.

Si la philosophie peut s'apparenter à une clownerie, à une parodie où le fou parle le langage de la vérité, le paragraphe intitulé « *Mit dem Weltgeist sein* » pourrait en être une parfaite illustration, déconcertante par ailleurs puisque cette expression n'apparaît, de fait, qu'au début du paragraphe suivant. Parodie tout d'abord de Heidegger, plus précisément du concept de « *In-der-Welt-sein* », comme constitution d'être *a priori* du *Dasein* puisque l'appartenance au monde est déterminée non à partir du *Dasein* compris comme une abstraction illégitime de la totalité, mais à partir du concept d'esprit du monde de Hegel et plus précisément, dans les analyses d'Adorno, du concept d'esprit objectif, auquel il faut revenir et s'arrêter, puisque l'esprit absolu comme *telos* de la philosophie de l'histoire ne serait qu'une hypostase, l'excès ou l'excédent métaphysique de la philosophie hégélienne. Mais parodie de Hegel, de la *Phénoménologie de l'esprit*, où l'esprit, à la fois désensorcelé et redevenu mythe, ne serait plus que « l'objet » d'un sentiment, celui « d'être touché par l'esprit du monde » perçu comme un bruissement. Ce que Hegel dit de ceux qui prétendent ne connaître l'absolu, le divin, que par le sentiment, l'intuition, l'enthousiasme du cœur, s'appliquerait à l'esprit du monde hégélien lui-même, devenant un être déchu (*Verfallensein*) transformé en destin. Cette déchéance, détermination existentiale du *Dasein*, mode

---

1 *Ibid.*, p. 237-238.

d'être de la quotidienneté, là encore, fait jouer ironiquement la langue de Heidegger contre celle de Hegel. C'est cette idée de destin, à laquelle s'associent chez Adorno celles de mythe et d'emprise, qui sanctionne la philosophie de l'histoire comme histoire de l'esprit aussi bien qu'une supposée histoire de l'être comme seule véritable historicité. Mais là où il n'y aurait rien à sauver chez Heidegger, l'affaire est plus complexe en ce qui concerne Hegel[1]. Il y aurait en effet chez ce dernier un fragment (*Stück*) de dialectique de l'*Aufklärung* dans le processus de sécularisation de la toute-puissance du divin. Mais cette sécularisation répèterait cependant dans le monde immanent le principe d'unité inhérent à l'absolu divin : elle est « position d'unité » (*einheitssetzende*) selon un concept hégélien où le plan du monde (*Weltplan*) se transforme en l'inexorabilité de ce qui arrive[2]. Destin, bien qu'autre que celui de l'être, qui se retourne contre le moment éclairé de désensorcellement, de démythologisation du concept d'esprit. L'esprit du monde est déifié même s'il est dépouillé de tous les attributs de la Providence. Ce jeu avec les concepts, proche de la pantomime, pourrait paraître à plus d'un non pas seulement comme une clownerie mais comme une méconnaissance à caractère dogmatique de ce dont il parle. Il est bien certain qu'Adorno prend des raccourcis saisissants et sans doute problématiques par rapport à l'analyse méticuleuse exigée par les historiens de la philosophie des textes de Heidegger comme de Hegel. Mais il faut alors se demander pourquoi, dès lors qu'il ne rentre pas dans ses intentions de faire un commentaire historico-philosophique de thèses qu'il faudrait d'abord restituer du point de vue

1 Pour s'en convaincre il faut se rendre attentif à l'hypothèse formulée par Adorno, « *cum grano salis* », selon laquelle *Le Mythe du* XXe *siècle* de Rosenberg pourrait constituer une clé de lecture d'*Être et Temps*, hypothèse qu'Adorno justifie à partir de l'analyse du concept de projet (*Entwurf*), associé à celui de décision, dont l'acte d'arbitraire (*Willkürakt*) soustrait le commencement de la philosophie à toute justification devant la raison. Adorno cite et commente dans cette même leçon un passage de la *Lettre sur l'humanisme* dans lequel Heidegger associe le projet, l'envoi destinal (*Geschick*) de l'être et l'*Ereignis*. *Ibid.*, p. 241 *sqq.*

2 Il faut ici se reporter à ce que Hegel dit du terme *Gesetz* dans l'exposition dialectique de la « Loi du phénomène ». *Gesetz* signifie à la fois ce qui est posé et la loi : « Cet être-posé est désormais l'essentiel et le vraiment positif. Le terme allemand *Gesezt* [loi] contient également cette détermination. » Hegel ajoute, par la suite : « La loi est par conséquent, non pas au-delà du phénomène, mais immédiatement présente dans lui ; le royaume des lois est la reproduction en repos du monde existant ou phénoménal. Mais tous les deux sont plutôt Une totalité, et le monde existant est lui-même le royaume des lois [...] L'existence revient dans la loi comme dans son fondement... » (Hegel, 2010, p. 161-162). Cette unité-identité de la loi posée et réfléchie dans le monde existant comme son fondement est pour Adorno l'expression de la domination de l'identité à la fois immanente au concept et à l'effectivité.

de leur méthode et de leurs développements et contenus précis. Deux motifs peuvent contribuer à comprendre cette manière de procéder, cet écart et cette distance réflexive, d'une part le rapport à la langue, d'autre part l'intention utopique. L'idée de réconciliation rattachée à l'intention utopique n'est pas un artifice rhétorique, elle est présente sous la plume de Hegel lui-même, dans *La Raison dans l'histoire* aussi bien que dans la *Philosophie du droit* ou encore dans la *Phénoménologie de l'esprit*. Mais quelle langue parle-t-elle sinon celle d'une réconciliation avec l'esprit universel comme but ultime de l'histoire-monde ? Cette réconciliation de l'esprit avec lui-même parle toujours le langage de l'universel et d'une totalité qui ne reconnaît dans le particulier que ce qui s'est universalisé en renonçant à sa particularité différenciée, qualitative. Que ces individualités soient celles des individus particuliers, des peuples ou des États, elles n'ont leur vérité, en tant qu'instruments inconscients, que dans l'esprit en soi et pour soi. C'est pourquoi la réconciliation avec l'objectivité, quoique « fragile », pourrait briser le mythe, forme de ce qui est toujours le même (*das Immergleiche*), loi aveugle de la nature, soutient Adorno. Réconciliation en ce sens non pas avec l'esprit absolu, mais, pour conserver ici les termes hégéliens, avec les formes historiques effectives du droit, de la moralité, de la vie éthique et de l'État. Pourquoi ce qualificatif français « fragile », si ce n'est, sans doute, comme une citation historique pour « comparaître à l'ordre du jour », selon l'expression de Walter Benjamin, citation de la Révolution française et de l'espoir porté par la bourgeoisie à ses débuts et jusque dans son époque tardive, regard tourné vers les Lumières qui se répète lorsqu'Adorno procède à ce qu'il nomme le déchiffrement des textes kantiens et hégéliens comme des sédimentations d'expériences spirituelles historiques. C'est ainsi que dans l'idée d'objectivité hégélienne apparaîtrait une faible lueur de réconciliation démentie cependant par le cours historique des choses. Le concept spéculatif d'esprit du monde contredit au contraire, par lui-même, toute possibilité de réconciliation de sorte qu'il ne peut être saisi que négativement : « Faire l'expérience de l'esprit du monde comme tout signifie cependant faire l'expérience de sa négativité[1]. » Une telle expérience devient en ce sens la condition de l'expérience d'un bonheur sans doute fragile toujours médiatisé par l'objectivité. Adorno, de manière très elliptique, semble l'appliquer à

1 Adorno, 1992, p. 239. Phrase non traduite dans l'édition citée pas plus que dans l'édition de poche de 2003.

l'idée d'une « démocratisation » du bonheur qui, refusé dans certaines constellations historiques aux individus doués pour les choses de l'esprit, une aristocratie de l'esprit dirait-on, deviendrait accessible aux « hommes moyens » (*Mittlere*) dans d'autres périodes, comme par exemple pendant et juste après la Révolution française. Peut-être faudrait-il là encore y entendre l'écho d'une histoire politique où résonnerait la célèbre phrase de Saint-Just selon lequel l'idée de bonheur est une idée neuve en Europe. Mais une telle expérience ne se réduit pas à la seule dimension subjective comme le montre la référence à la musique du jeune Beethoven, « expression de la possibilité que tout puisse devenir bien[1] », elle traduirait un moment utopique de réconciliation avec la totalité. C'est donc l'entremêlement de la logique et de l'histoire qui complique la perspective utopique de la réconciliation : du point de vue de la logique du concept l'esprit du monde n'est que le négatif de toute positivité, de tout sens affirmatif, contrairement au présupposé hégélien exprimé dans *La Raison dans l'histoire*. Mais la construction de configurations historiques, malgré la négativité de l'esprit du monde, fait apparaître dans le monde objectif des « perspectives d'une réconciliation du tout » : c'est cela que l'on pourrait déchiffrer chez Hegel avant que le système de l'esprit absolu ne vienne clôturer et figer l'objectivité sociale et historique de telle sorte que son devenir ne serait pensable que sous la domination et la violence de l'esprit du monde « imprégné, imbibé [*durchtränkt*] de souffrance et de faillibilité[2] [*Fellbarkheit*] », image évoquant l'idée que l'esprit du monde, ivre, se nourrit du sang de ses victimes.

LOGIQUE SPÉCULATIVE DE L'UNIVERSEL COMME JEU SPÉCULAIRE

Adorno veut mettre en évidence le caractère problématique, et, dans ses termes, idéologique, du primat (*Primat*) de la logicité et de l'universel qu'elle implique dans la dialectique hégélienne de l'esprit en montrant comment les catégories sociales et historiques sont contenues,

1 *Ibid.*
2 Adorno, 1992, p. 239.

quoique déniées, dans les catégories philosophiques et donc logiques qui prétendent former un système autonome. Cette articulation entre le systématique et l'historique, présupposée par la pensée critique comme dialectique sans fondement ultime, est certes récusée par une philosophie revendiquant l'autonomie de la raison comme son domaine propre, mais elle est déjà présente chez Hegel lui-même à condition de montrer qu'elle est l'index du faux ou encore le non-vrai lorsque ce dernier fait de l'esprit du monde une totalité qui ne fait plus qu'obéir à la propre logique du concept : « On a gardé rancune [*angekreidet*], à Hegel, comme tous ceux qui ont appris de lui, de l'assimilation [*Gleichsetzung*] des catégories logiques d'un côté et des catégories historico-philosophiques et sociales de l'autre à une μετάβασις εἰς ἄλλο γένος : elle serait la pointe de l'idéalisme spéculatif qui devrait se briser face à l'inconstructibilité de l'empirie[1]. » Que le logique, la logicité du logos, soit dans un rapport dialectique avec l'effectivité, comme la condition de son intelligibilité, serait déjà présent chez Hegel, avant Marx, mais précisément, selon ce dernier, dans un rapport inversé qu'il faudrait remettre sur ses pieds : ce n'est pas la logique qui produit et impose sa forme et ses contenus au réel, mais au contraire le réel effectif, ses contradictions, qui détermine les catégories logiques et leurs contenus. Or Adorno, si l'on peut dire, donne tout d'abord raison à Hegel : « Le donnant, donnant [*Zug um Zug*] de l'histoire aussi bien que le principe d'équivalence, progressant vers la totalité, inhérent au rapport social entre les sujets individuels, se développe selon la logicité que Hegel se serait prétendument contenté d'interpréter en elle[2]. » Mais ce qui est exposé comme le vrai de cette totalité où s'imbriquent l'un dans l'autre le logique et l'historicité, l'esprit du monde et sa rationalité, est, négativement, le non-vrai : ainsi la « raison de l'esprit du monde est la non-raison [*Unvernunft*] face à la raison potentielle, face aux sujets individuels qui s'associent par la totalité de leurs intérêts dont l'esprit du monde diffère[3] ». Les catégories logiques ne sont pas le simple reflet des catégories sociales, elles en sont l'expression et la présentation, au sens où Hegel parle de présentation (*Darstellung*) du cours de l'expérience, c'est-à-dire, en même temps, l'expression de « l'unité de la société totalement socialisée ».

1 *Ibid.*, p. 248.
2 *Ibid.*
3 *Ibid.*

L'affinité entre le système et la totalité sociale est vraie dans la mesure où l'un et l'autre obéissent au principe d'identité comme principe qui unifie sous l'universel : l'identité logique et socio-historique se fonde donc dans la prééminence du principe d'identité comme condition *a priori* de la raison qu'elle pose en elle-même et dans le monde effectif. Mais un tel principe nie le multiple, les individus, en les déterminant seulement comme des moments insignifiants du tout. Le passage d'un genre à un autre est légitime et nécessaire, pour Adorno, parce qu'il y aurait homogénéité entre l'identité comme catégorie de la connaissance, théorique et logique, et l'identité réelle, effective à l'œuvre dans les rapports sociaux, que traduirait le principe d'équivalence. Il est bien certain que cette homogénéité de l'identité du logique et du réel est précisément contestée du point de vue théorique, celui de la théorie de la connaissance : l'interdit du passage d'un genre à un autre présuppose au contraire une hétérogénéité, une différence de nature de telle sorte qu'on ne peut déduire l'une de l'autre, dans quelque sens que ce soit. Mais Adorno justifie, contre l'abstraction de la théorie de la connaissance, cette homogénéité, cette identité de nature par deux arguments : d'une part celui de l'expérience (*Erfahrung*), irréductible à un vécu individuel (*Erlebnis*), de l'individu comme être individualisé dont la substance est sociale, d'autre part celui de l'idée philosophique idéaliste de l'identité absolue qui ne tolère rien d'extérieur à elle. Si le moment de l'expérience est d'abord celui de la conscience individuelle, celle-ci ne sait pas, comme pour la conscience de la Phénoménologie hégélienne où le nous du philosophe expose ce qui se passe dans son dos, qu'elle ne se déploie que dans une totalité qui la précède. Cette totalité est à la fois celle de l'esprit et de la société où celui-là se présente comme le vrai de celle-ci. Ce qui fonde cette vérité est la thèse de l'unité-identité du tout qui entre-exprime l'esprit et la société. S'il n'y a pas d'extériorité, c'est parce que l'identité nie le multiple dans sa différence tant qu'il n'est pas synthétisé et unifié sous un principe dernier. Ce procédé métaphysique impliqué par l'acte synthétique de l'esprit, propre à l'idéalisme selon Adorno, incapable de reconnaître la différence *comme* différence, est inauguré par la pensée éléatique, dans la sentence selon laquelle « être et penser sont le même ». Mais le bien le plus haut, suprême (*summum bonum*), s'il est une transcendance, ne serait ironiquement que l'expression, dans l'immanence sociale, de ce qui est le plus réellement (*ens realissimum*[1]) : transcendance hypostasiée et rendue autonome comme oubli de ce dont elle provient. On reconnaîtra dans cette construction d'Adorno la tentative de sauvetage des phénomènes par l'induction, dont il a été question, en référence à Benjamin : « La non-identité de l'unité et du multiple a cependant la figure de la primauté de l'Un, comme identité du système qui ne laisse rien de libre. Sans la spontanéité multiforme du singulier l'unité ne serait pas advenue [*nicht geworden*] et, en tant que synthèse, elle restait quelque chose de secondaire ; c'est ce qu'a rappelé le nominalisme[2]. » Ce devenir, processus dialectique, peut bien désigner un moment génétique, il ne suffit pas toutefois à rendre compte de la structure de l'identité logique qui se développe par elle-même : Adorno ne réduit jamais la structure de la pensée et de ses formes à des catégories sociales mais cherche à montrer comment les catégories logiques sont sédimentations de contenus historiques qui déterminent en retour la société conçue comme ensemble de relations, comme structure dont l'apparence de consistance se fait passer pour son essence, et la pensée se déployant de façon déterminée dans les relations dialectiques de ses catégories que Hegel hypostasie sous le terme de concept comme sujet absolu. Le devenir est un autre nom pour ce qu'il appelle la médiation et le négatif. Là où ce devenir est oublié, refoulé, les deux thèses contraires et inconciliables de la primauté soit de la société soit de la pensée identificatrice autonome, de la raison, se figent en des positions dogmatiques et par suite métaphysiques dans la mesure où elles se réclament d'un principe premier. L'esprit ne peut être considéré comme une totalité sociale que dans la mesure où la société s'y reconnaît en lui comme sa vérité : « La société a bien le droit de se trouver confirmée par l'esprit du monde, car elle possède effectivement tous les attributs qu'ensuite elle adore dans l'esprit[3]. » La fétichisation du concept d'esprit est en même temps celle de la société : c'est cet « en même temps » qui bloque tout devenir et donc toute dynamique historique à partir de laquelle quelque chose d'autre serait possible. Il est à la fois historique et logique, expression de la répétition du même comme un jeu spéculaire entre l'être et la pensée.

---

1 *Ibid.*, p. 246.
2 *Ibid.*
3 *Ibid.*, p. 247.

NI LA GENÈSE NI LA STRUCTURE NE SONT PAR ELLES-MÊMES DES PRINCIPES EXPLICATIFS

La critique de la confusion entre procès du concept et genèse, qui ne serait qu'un « contresens qui consiste à assimiler le procès du concept à une explication génétique comme l'avènement de l'universel à partir du particulier », selon une remarque de Bernard Mabille dans un article intitulé « Idéalisme spéculatif, subjectivité et négations », a maintes fois été rappelée, notamment, comme cet auteur l'indique, par Gérard Lebrun dans son article « Hegel, lecteur d'Aristote », où il écrit que Hegel « se réfère à cette primauté ontologique de l'énergeia à chaque fois qu'il dénonce la fausseté des explications génétiques et oppose le développement conceptuel au pseudo-développement historique[1]. » « Le mouvement, le devenir, poursuit Lebrun, n'expliquent rien par eux-mêmes ; ils ne rendent nullement intelligible l'avènement de quoi que ce soit [...] seule est significative la mobilité qui explicite une actualité, seule est significative la mobilité qui est “en chemin vers un but” et dans laquelle celui-ci s'annonce et se dessine progressivement ». Cette téléologie du sens ne serait certes pas désavouée par Adorno à condition d'y apposer le signe du négatif, de même que celui-ci n'affirme jamais que le devenir en lui-même serait un principe autosuffisant d'explication à la manière d'un principe métaphysique. Par ailleurs il est bien évident qu'Adorno ne s'appuie pas sur un empirisme inductif qui présuppose une donnée première, des faits dont la simple sommation produirait un universel. Cette méthode empruntée au positivisme réifie par avance ce qu'elle veut connaître et s'oppose ainsi à toute pensée dialectique. Il serait tout d'abord possible de rapprocher l'idée de genèse de ce que Hegel dit de l'exposition génétique du concept où la genèse comme devenir est la réflexion de ce qui passe dans son fondement (*Reflexion des übergehenden in seinen Grund*) de sorte que la genèse immanente au concept est retour au fondement, non pas évolution à partir d'un commencement immédiat, mais réflexion médiatisée[2]. Mais Adorno veut montrer que cette immanence du concept n'est jamais séparable, en droit, d'un contenu

1 Goddard, 1999, p. 153.
2 Hegel, 2014, p. 10 *sqq.*

auquel nécessairement il renvoie, qui excède le concept lui-même : cet « excès » du contenu par rapport au concept ne répète pas, pour autant, le dualisme de la forme et de la matière, il est la différence même du concept dans le concept lui-même dès lors que tout concept est concept de quelque chose. Un tel contenu est l'*a priori* historique sans lequel aucune pensée ne serait déterminable, même celle qui se présente comme le pur jeu dialectique des essentialités : purifier les catégories suppose en ce sens qu'elles ne sont pas données comme pures, qu'en elles sont déposées, comme des sédiments, des couches de signification dont il est certes possible de faire abstraction mais qui n'en demeurent pas moins réelles, effectives au sens où elles produisent des effets de sens. De même que c'est dans le dos de la conscience que se développe son propre procès, inconsciente elle-même de ce qui lui arrive et la détermine, de même les catégories logiques demeurent inconscientes, dans leur procès, des contenus historiques qui les animent. Si c'est la raison ou l'esprit absolu qui se pense à travers elles chez Hegel, Adorno réplique que ce savoir absolu présuppose un sujet absolu, le philosophe concret, existant qui est en réalité un sujet fini pour lequel l'absolu n'a de réalité que s'il est sécularisé. C'est cet absolu, ou cet esprit sécularisé, qui rend nécessaire une genèse matérialiste puisque l'esprit n'y est plus seul avec lui-même, retiré dans une transcendance inaccessible. Que l'esprit du monde, en s'objectivant, devienne séparé, prétendument autonome, Adorno ne le nie pas mais fait de cette autonomie, comme redoublement de cette objectivité, un moment idéologique, une apparence comme manifestation de son essence, de sa vérité : « L'idéologie objectivise [*verselbständigt*] l'esprit du monde parce qu'il était déjà potentiellement objectivisé[1]. » L'actualisation de l'esprit, comme principe et fin, présuppose ce qu'elle prétend démontrer, que l'esprit serait justement un principe premier, par conséquent un principe métaphysique transfiguré par Hegel en une logique du concept animée par la téléologie de l'Idée. Si cette présupposition se fonde pour Adorno dans le principe d'identité compris à la fois logiquement et anthropologiquement, c'est plus précisément le principe d'échange qui en serait la racine commune : « Dans l'esprit, l'unanimité de l'universel est devenue sujet et l'universalité ne s'affirme dans la société que par le *medium* de l'esprit, l'opération qui abstrait, qu'il accomplit de façon extrêmement réelle [*real*]. Les deux convergent

1 Adorno, 1992, p. 248.

dans l'échange, dans ce qui, pensé subjectivement, a une validité objective, la loi de la valeur, où cependant l'objectivité de l'universel et la détermination concrète des sujets individuels, précisément parce qu'elles deviennent commensurables, s'opposent l'une à l'autre, en un mouvement de réconciliation renvoyé aux calendes grecques. Au nom de "l'esprit du monde" [*Weltgeist*] l'esprit est simplement affirmé et hypostasié comme ce qu'il a toujours déjà été en soi[1]... » C'est donc en ce sens un présupposé anthropologique, celui d'échange, qu'il faudrait discuter pour en expliciter la nature : s'il est certain qu'Adorno détermine l'échange à partir des besoins et du double principe de conservation de soi et de domination de la nature, dans des termes matérialistes donc, il sera nécessaire alors de confronter cette hypothèse anthropologique à celle développée par toute une tradition remontant notamment à Marcel Mauss, en passant par Lévi-Strauss, pour laquelle c'est la forme symbolique de l'échange, comme fait social total, qui fonde les sociétés humaines. Mais Adorno parle d'abord du principe de l'échange dans la société individualiste, donc dans les sociétés modernes, où il relève une contradiction dans laquelle s'affirme la primauté de l'universel impliqué par l'idée même de principe : pris à la lettre l'échange repose sur le principe d'individuation qui vaut, en tant que principe, comme un universel par lequel les individus sont réduits à des fonctions et niés, par conséquent, dans leur propre individualité. C'est une telle dialectique, celle de l'universel et du particulier, de l'individué, qui oblige à poursuivre la critique de l'esprit du monde hégélien, et notamment du concept d'esprit d'un peuple devenu « obsolète ».

PAS D'ESPRIT DES PEUPLES

Cette obsolescence de l'esprit d'un peuple vaut aussi bien pour le concept d'esprit du monde et de l'histoire universelle dont il serait le sujet. Si Hegel a construit ces concepts pour rendre compte d'une continuité de l'histoire, il faut donc en nier la validité explicative à partir de la logique même qui les affirme. Celle-ci dévoile ses secrets

1 *Ibid.*, p. 247.

ontologiques et théologiques non seulement dans la substantialisation de l'esprit d'un peuple et la déification de l'esprit du monde mais dans le principe d'identité qui anime la logique hégélienne comme métaphysique malgré la négativité propre au mouvement dialectique. Le dialecticien Hegel n'est pas assez dialectique, écrit Adorno, il persiste dans une opposition abstraite entre l'universel et le particulier où celui-ci n'est conçu et n'a de réalité que comme différenciation de l'universel, jusque dans l'universel concret réalisé par les institutions et l'État. Ainsi commence le paragraphe intitulé « Parti pris hégélien pour l'universel » dans lequel Adorno déchiffre la marche triomphale de l'universel qui redouble sa victoire, d'abord par son hégémonie sur le particulier puis dans la glorification, l'éloge qu'il s'adresse à lui-même, autre figure de ce qu'Adorno nomme la rage de l'idéalisme : « Contre une telle séparation du substantiel et de l'individualité, pas moins que contre la conscience immédiate partiale [*befangen*], l'intelligence [*Einsicht*] de la logique hégélienne se situe dans l'unité du particulier [*Besondere*] et de l'universel qui vaut parfois, pour lui, comme identité[1]. » On pourrait s'étonner de ce « parfois » qui laisse entendre que l'identité ne serait pas toujours le dernier mot d'une telle dialectique. Mais par ailleurs il désigne une fragile brèche permettant un sauvetage de la dialectique une fois destituée des concepts hypostasiés qui trahiraient ce qu'Adorno nomme une récidive, une rechute (*Rückfall*) dans le platonisme, comme le péché originel de la métaphysique et de l'idéalisme. Pour justifier cette logique de l'identité où le particulier ne serait rien hors de l'universel, Adorno cite longuement la *Logique* à partir de laquelle il interprète la dialectique du particulier et de l'universel exposée par Hegel en un raccourci fait pour servir son propos sans se soucier davantage de la lettre du texte : « D'après cela le particulier serait immédiatement l'universel parce qu'il trouve chaque détermination de sa particularité [*Sonderheit*] seulement par l'universel ; sans celui-ci, conclut Hegel, selon un mode qui se répète toujours, le particulier ne serait rien[2]. » Mais Adorno insiste tout autant sur cette nécessité dialectique qui reconduirait et identifierait le particulier à l'universel en se débarrassant, par la pensée, du négatif de l'universel (*das Negatif des Allgemeinen wegzudenken*). Contre cette logique de la nécessité que Hegel n'aurait pas soumise à

1 *Ibid.*, p. 255.
2 *Ibid.*

la critique il fait valoir l'idée kantienne selon laquelle la nécessité se limiterait à la nature mais épargnerait le règne de l'esprit en raison, peut-on supposer, de la liberté transcendantale. Multipliant les citations, notamment un long passage de *La Raison dans l'histoire*, il s'agit de montrer que c'est dans l'esprit d'un peuple, constitué par le droit, les mœurs et la religion, que les individus réalisent leur vie substantielle qui présuppose l'esprit du monde comme leur fin et leur vérité. Ironiquement, pour dénoncer la continuité fatale de cette nécessité de l'hégémonie de l'universel jusque dans les formes de domination sociales et politiques, Adorno écrit : « Jusqu'à aujourd'hui il n'a pas été importuné [*nicht gestört worden*]. » Mais cette nécessité et toute-puissance de l'universel indissociables de ses effets historiques se laissent déchiffrer dans l'idéalisme hégélien qui, comme pensée par et du concept, de sa logique immanente, présuppose la structure *a priori* de la pensée où le particulier est par avance subsumé sous l'universel et plus précisément déterminé par le concept de particularité. En tant que concept celui-ci nie nécessairement la différence irréductible du particulier, selon la leçon même de Hegel qui, dans la *Phénoménologie de l'esprit*, soutient que le langage lui-même nie le particulier visé par la certitude sensible qui ne fait que le *montrer* : si on ne peut *dire* que l'universel, si le nom lui-même est déjà générique, en passant ainsi du « faire signe vers quelque chose » au signe comme sens, le concept, par sa propre détermination, se meut nécessairement dans l'universel. Adorno distingue ainsi le particulier (*das Besondere*) comme ce qui est individué et non conceptuel, de la particularité (*die Besonderheit*) qui exprime déjà, dans la langue elle-même, un processus d'abstraction. À cet idéalisme, inhérent à toute pensée conceptuelle, il faut donc appliquer la négation déterminée qui retourne en quelque sorte comme un gant la pensée sur et contre elle-même en faisant apparaître le reste irréfléchi du concept, ce qu'Adorno nomme le « ψεῦδος ». Hegel savait cela, selon Adorno, mais l'oubliait volontiers pour l'honneur et la gloire de l'esprit, il savait que la dialectique a besoin de l'autre, de l'altérité au nom même de la contradiction qui l'anime. Mais cet oubli revient à poser l'identité comme un absolu, faisant de la logique hégélienne une métaphysique ou une ontologie là où elle prétendait dépasser toutes les figures traditionnelles de la métaphysique : « C'est par nécessité [*aus Not*] que le dialecticien parle de façon platonicienne. Il ne veut pas convenir qu'en logique comme en philosophie de l'histoire, l'universel se concentre dans le particulier jusqu'à ce que celui-ci s'arrache de l'universalité abstraite, devenue extérieure à lui, pendant que, corrélativement, l'universel, que Hegel revendique comme objectivité supérieure, déchoit au point de n'être plus qu'un mauvais subjectif, que la moyenne des particularités. Celui qui avait aspiré à faire passer la logique dans le temps se résigne à une logique intemporelle[1]. » Une dialectique conséquente libérée de tout fondement et de toute position d'une unité-identité intemporelle, présupposant qu'il y a une vérité immuable que ne vient pas briser ni nier le cours de l'histoire, se doit donc de penser contre Hegel bien qu'il lui faille penser en même temps avec lui. Ce « contre » ne prend en effet jamais, chez Adorno, la forme d'une réfutation, comme s'il était possible de réfuter le système hégélien pour lui opposer une autre ontologie ou un autre système philosophique. Dira-t-on pour autant qu'une telle forme de pensée ne serait qu'aporétique, voire l'expression d'un échec puisqu'en restant sur le terrain de l'adversaire, ici Hegel et la dialectique, elle s'avouerait déjà vaincue ? Ou encore, plus radicalement, comme l'écrit Heidegger en 1923 à propos de la *Logique* de Hegel, que la dialectique, vivant toujours « aux dépens des autres » serait fondamentalement non philosophique, incapable d'une entente originaire des choses[2] ? Il est bien certain que si la philosophie doit être cette écoute de l'originaire, de l'être dans son occultation et son retrait, Adorno ne fera pas partie du cercle des philosophes qui, comme il l'écrit dans le *Jargon de l'authenticité*, se sentent élevés vers des sphères supérieures du seul fait qu'ils tendraient leur pensée et leur esprit vers des réalités supérieures réservées à quelques-uns, comme si l'élection de l'objet préjugeait de la dignité de la pensée : « Ce qu'ils défendaient comme cause spirituelle, ils le faisaient passer pour leur ethos, comme si cela rehaussait la condition intérieure d'un homme du fait qu'il s'attachait à une doctrine du supérieur[3]. » Le choix d'Adorno, pour parler ainsi, est certes celui de l'insignifiant voire de l'éphémère, tout au moins ce dont la tradition métaphysique se détourne, qui ne semblent guère dignes de la pensée.

1 *Ibid.*, p. 258.

2 Il y aurait une persistance de Heidegger, si l'on suit l'interprétation de B. Mabille (2004, p. 47-52), à rejeter le négatif de la négativité hégélienne. Ce dernier parle ainsi de « stratégie » de Heidegger dans sa volonté « d'insister sur la positivité de la *Aufhebung* » (p. 47), ce qui dans la langue d'Adorno se nomme le plus souvent « déni ».

3 Adorno, 1989, p. 41.

Mais un tel choix, expression de la pensée utopique, ne va pas sans des implications politiques que l'on peut lire dans la critique à maints égards virulente du concept hégélien d'esprit d'un peuple.

RÉGRESSION HÉGÉLIENNE

Ce concept d'esprit d'un peuple, qui est à peine un concept mais bien davantage une médiation fabriquée *ad hoc*, prétendrait répondre, chez Hegel, à l'échec de la réconciliation entre le particulier et l'universel dans la métaphysique, c'est-à-dire au niveau de la seule logique du concept. Si la raison doit penser l'effectivité, notamment celle, concrète, de l'histoire, dans ses formes instituées que sont le droit, la moralité ou l'État, alors elle doit retrouver dans ces formes et donc dans leur moment empirique la raison qui les détermine. Serait abstraite, selon Hegel, une pensée incapable d'énoncer les relations dialectiques et le mouvement du négatif qui rendent intelligibles les médiations par lesquelles l'esprit du monde se réalise dans l'histoire tout en s'accomplissant comme sa propre fin. Cette construction de l'effectivité (*Konstruktion der Wirklichkeit*) justifierait le concept d'esprit du peuple comme catégorie médiatrice. Médiation entre l'individu, le particulier et l'esprit du monde, elle correspond au moment de l'universalité concrète, moyen terme d'un syllogisme dont la conclusion ne retiendrait que la nécessité de l'esprit du monde de telle sorte que ce concept, disparaissant dans la forme de la déduction logique, serait réduit à un simple rôle, à une simple fonction, annulant son illusoire substantialité. Là où l'empirie est convoquée, elle est en même temps niée par le procès logique : l'esprit d'un peuple apparaît sans doute comme une individualité autonome supérieure à l'individu, mais de la même façon que l'universel ne détermine le particulier et sa différenciation qu'à partir de l'identité, l'esprit d'un peuple n'a d'identité qu'au regard de l'esprit universel qui veut bien lui accorder un moment de réalité à condition qu'il se dissolve dans un but ultime dont il ne sait rien par lui-même, comme le dit la *Philosophie du droit* ou d'une autre manière la thèse de la ruse de la raison. C'est pourquoi Adorno soutient que Hegel retombe ici en deçà de l'idée dialectique de médiation puisqu'elle ne passe pas, de façon immanente, dans le concept même d'esprit d'un peuple : « Elle ne règne pas dans la chose elle-même, n'en détermine pas l'autre de façon immanente, mais fonctionne au contraire comme passerelle conceptuelle, comme moyen terme hypostasié entre l'esprit du monde et les individus[1]. » En en faisant un moyen terme hypostasié et donc abstrait, Hegel retombe ainsi dans une pensée d'entendement qu'il ne cesse de dénoncer en raison de son incapacité à penser l'effectivité. C'est là que la dialectique hégélienne se brise, dans l'affirmation dogmatique de la suprématie de l'universel par lequel il aurait cependant cherché à sauver un moment de l'individualité dans la fausse médiation de l'esprit d'un peuple. Cette rupture (*Abbruch*) révèle l'envers de sa philosophie de l'histoire, en premier lieu dans *La Raison dans l'histoire* et dans la *Philosophie du droit*, qu'Adorno n'hésite pas à qualifier de ce point de vue de réactionnaire, d'idéologique. Hegel paie son tribut à l'histoire réelle là où il prétend l'élever au concept et à la raison afin de penser son temps, comme il l'écrit dans la « Préface » de la *Philosophie du droit* contre toute pensée d'un idéal projeté dans un avenir improbable. En ce sens il y aurait une régression par rapport à l'idée kantienne de cosmopolitisme même si, seule brèche qui justifie là encore de penser avec Hegel contre Hegel, dans le concept obsolète de l'esprit d'un peuple, pouvait se dessiner en creux son propre dépassement dans l'esprit du monde : « Pourtant il s'est également approché de cette idée, il a relativisé, sur le plan de l'histoire, les esprits des peuples qu'il avait hypostasiés, comme s'il avait cru en la possibilité pour l'esprit du monde d'échapper un jour aux esprits des peuples et de laisser la place au cosmopolitisme[2]. » Ce cosmopolitisme dont parle Adorno renverrait, comme concept critique politique, à une « internationale des nations » faisant front au nationalisme et à ses résurgences possibles, y compris après le fascisme de la Seconde Guerre mondiale. Le concept de l'esprit d'un peuple opère donc comme fonction idéologique en répondant à un besoin politique d'unification de l'Allemagne auquel Hegel aurait en quelque sorte prêté main forte dans sa philosophie de l'histoire comme philosophie de l'esprit : « Au regard de l'universel kantien de son époque, de l'humanité que l'on pouvait prévoir, la théorie hégélienne était déjà réactionnaire, elle cultivait ce qui avait déjà été

1 Adorno, 1992, p. 264.
2 *Ibid.*, p. 266.

percé à jour comme particulier. Avec la catégorie emphatique d'esprits des peuples, Hegel participe sans sourciller du même nationalisme dont il diagnostiquait le caractère funeste chez les agitateurs des corporations étudiantes. Son concept de nation – qui est, par un changement toujours identique, le porteur de l'esprit du monde – se révèle comme un des invariants dont, paradoxalement et néanmoins conformément à son unique aspect, l'œuvre dialectique déborde[1]. » Adorno, après bien d'autres, et d'abord Marx, reprend-il la thèse selon laquelle le Hegel de la *Philosophie du droit* serait le philosophe de l'État prussien réactionnaire ? Si les termes en sont assez proches, c'est plutôt le caractère anachronique du concept d'esprit du peuple qui est mis en avant par Adorno pour relever dans la doctrine de l'esprit elle-même, dans sa logique immanente dès qu'elle s'applique à l'histoire concrète présente, à la fois une contradiction et une régression. Si la doctrine de l'esprit exprime un progrès de la sublimation, une libération par rapport à ce qu'il aurait de nature rudimentaire en lui – Adorno utilise le concept difficile à traduire de *Naturwüchsigkeit* qui doit se comprendre à partir du concept dialectique de *Naturgeschichte* comme entremêlement dialectique entre la nature et l'histoire –, la catégorie d'esprit du peuple est de son côté un concept ensorcelé, tombant ainsi sous la critique du fétichisme pour dévoiler la violence cachée du processus d'intégration des individus dans l'organisation sociale et économique. C'est, dans les termes marxistes, l'oubli de la base matérielle de la société, de son processus réel de production et reproduction qui conduirait Hegel à identifier l'esprit du peuple et la nation, les transformant ainsi en un « épiphénomène », une « conscience collective » abstraite s'imposant au-dessus de la tête des individus[2]. Seul un passage au matérialisme permet de dénoncer aussi bien le trait idéologique des grands hommes que la ruse de l'histoire conçus respectivement comme des moyens et comme logique invariants, rendant compte non seulement du présent historique de l'Allemagne et de son processus d'émancipation mais aussi du cours de l'histoire universelle dès son commencement. Cette forme d'idéalisation se retrouve dans la conception hégélienne de la belle cité grecque en méconnaissant la véritable dialectique historique au profit de ce que la philosophie construit pour ses propres fins : « … il saute par-dessus toute la

---

1 *Ibid.*, p. 264.
2 *Ibid.*, p. 265.

dialectique historique et proclame sans sourciller que la vraie figure de l'éthique est sa forme antique, qui fut elle-même d'abord celle de la philosophie grecque officielle, puis des lycées allemands[1] ». Cette philosophie officielle est en même temps celle construite par l'histoire de la philosophie qui ne parviendrait à sa vérité réfléchie que dans la philosophie elle-même, « libérée de l'extériorité historique », comme l'écrit Hegel dans le paragraphe 14 de l'*Encyclopédie des sciences philosophiques en abrégé.* La dialectique historique concrète, celle des formations sociales dans les termes de Marx, est ainsi biffée, comme un reste indifférent à la raison pensante. La raison dans l'histoire de Hegel est une raison renversée de l'histoire qui obéit à la logique intemporelle du concept, celle d'un passé intemporellement passé, comme l'écrit Hegel au début de *La Doctrine du concept* : « C'est seulement en tant que le savoir "se ressouvient" [s'intériorise] à partir de l'être immédiat que par cette médiation il trouve son essence. La langue a conservé dans le verbe "*sein*" le *Wesen* dans le participe passé "*gewesen*" ; car l'essence est l'être passé, mais intemporellement passé[2]. » La reprise spéculative de ce que dit la langue est frappée de l'oubli jusque dans son processus de remémoration parce qu'elle méconnaît la nature historique de la langue et ses moments d'expression qui tentent de nommer les choses à partir d'elles-mêmes et non au-dessus d'elles par des concepts construits de telle sorte qu'ils nient ce qu'ils prétendent saisir, le non-conceptuel. Adorno l'applique à une citation de Hegel dans laquelle ce dernier dit « qu'avoir de l'esprit » ne peut rien signifier d'autre « qu'être conscient de l'esprit du peuple et savoir se régler d'après lui ». Cela traduit une rancune – en français dans le texte – qui se fait entendre d'elle-même dans l'usage de l'expression « avoir de l'esprit » qu'Adorno rapporte le plus souvent, chez Hegel, à un mépris à l'égard d'une certaine liberté d'esprit propre aux Lumières françaises. Dans ce que trahit l'usage de la langue il est possible de déchiffrer une continuité historique fatale à laquelle l'idéalisme hégélien se soumet et même anticipe bien malgré lui : « L'esprit objectif se venge de Hegel. Orateur solennel de la cause spartiate, il anticipe de cent ans, avec son expression "tenir à son devoir" le jargon de l'authenticité[3]. » Continuité fatale si l'on comprend dans

1 *Ibid.*, p. 253.
2 Hegel, 2010, p. 1-2.
3 Adorno, 1992, p. 253-254.

ce renvoi au jargon le moment historique et politique du nazisme dont l'un des ressorts est la production sociale et la manipulation de ce qu'Adorno nomme le caractère autoritaire, la soumission hétéronome à un devoir à l'égard de la totalité qui nie tout moment d'individualité en brisant le particulier. Il cite à ce propos l'ouvrage de Franz Neumann *Behemot* à partir d'une analyse conceptuelle de l'emprise (*Bann*) dans les termes hégéliens de la dialectique de l'universel et du particulier : « L'universel, par lequel, comme par un instrument de torture, le particulier est comprimé jusqu'à éclater en mille morceaux, travaille contre lui-même puisqu'il a sa substance dans la vie du particulier ; privé de cette vie il sombre en une forme abstraite, séparée et éliminable. Dans le *Behemot*, Franz Neumann a fait, à propos de la sphère institutionnelle, le diagnostic suivant : le secret de l'État fasciste total est son éclatement en appareils de pouvoir indépendants se combattant les uns les autres. C'est à cela que correspond l'anthropologie, le chimisme des hommes. Livrés sans résistance au monstre collectif, ils perdent leur identité[1]. » Il ne s'agit pas, par une fausse naïveté s'épargnant l'analyse historique et philosophique, de faire de Hegel un précurseur du nazisme, de l'État totalitaire. Déchiffrer l'entrelacement de l'historique et du logique consiste sans doute à mettre en évidence des continuités souterraines mais non pas à dresser un tribunal où les philosophes paraîtraient sous la figure de l'accusé. C'est au contraire par l'oubli voire le refoulement de ce qu'ils ont tenté de penser qu'une telle continuité historique produit ses effets politiques, là même où leurs doctrines figées contiennent, comme un signal d'avertissement, de tristes vérités qu'il faut faire parler. « Triste vérité » ainsi, dit Adorno en accentuant l'adjectif par l'usage du terme français, de la « doctrine exposée positivement par Hegel de l'unité du hasard et de la nécessité[2] ».

1 *Ibid.*, p. 270.
2 *Ibid.*, p. 271.

PARADOXES DE LA RÉFLEXION

En ce sens les concepts d'esprit du monde et d'esprit d'un peuple peuvent être interprétés comme une triste vérité où Hegel s'obstine à sacrifier le moment de l'individualité, comme moment possible de résistance, sur l'autel de l'universel triomphant. Si le terme adornien par excellence de cette domination de l'universel incarné par l'esprit du monde est celui d'emprise (*Bann*), il faut en même temps le rapporter à ses présuppositions anthropologiques et logiques s'exprimant dans la dialectique de la genèse et du système. L'emprise commence et se perpétue par le principe de domination de la nature renvoyant à un fait anthropologique, selon les hypothèses toujours reprises par Adorno, celui de la nécessité de la conservation de l'espèce et de l'individu par la satisfaction des besoins toujours médiatisés par la société. L'idée de conservation devient elle-même un principe qui, dans l'expression de conservation de soi (*Selbsterhaltung*), qu'on le prenne au niveau de l'individu ou de l'espèce, fait entendre le principe d'identité. Faits et principes ne s'opposent pas, cependant, comme deux moments abstraits, mais obéissent à une dialectique telle qu'en chacun l'autre est *a priori* contenu. Le fait de la domination de la nature – dont on ne discute pas ici la légitimité du point de vue anthropologique – devient principe, de même que le fait de la conservation et de la perpétuation de l'espèce. Mais c'est déjà une première forme de rationalité qui s'exprime dans cette dialectique du fait et du principe par laquelle les individus socialisés font de la nature un moyen pour des fins qui excèdent la seule satisfaction des besoins. Si c'est dans cette séparation par rapport à la contrainte aveugle naturelle que l'homme se distingue de l'animal, ce qui le rend qualitativement autre (*zum einem qualitativ Anderen*) est la capacité de réflexion – affirmation banale pourrait-on dire – qui prend cependant une forme paradoxale : à la fois pouvoir de résister à l'emprise et pouvoir de la renforcer. La réflexion comme force d'émancipation peut se renverser (*Verkehrung*), ajoute Adorno, en mal radical (*radikal Bösen*[1]). On pourra s'étonner qu'Adorno emploie le terme de réflexion – en latin – et non

1 *Ibid.*, p. 269-270.

celui de rationalité instrumentale, au sens wébérien, voire celui de raison (*Vernunft*) comme dans les analyses de *Dialektik der Aufklärung* (*La Dialectique de la raison*). Peut-être n'est-ce à nouveau qu'une critique oblique du concept de réflexion de Hegel dans sa dimension spéculative abstraite, comme tend à le montrer l'affirmation suivante : « C'est la réflexion de la différence, non son extirpation, qui servirait à réconcilier le particulier et l'universel. Le pathos hégélien se voue à la seconde quand il accorde à l'esprit du monde l'exclusivité de l'effectivité, écho céleste du rire infernal[1]. » Cette réflexion qui nie la différence, violence du concept dont rend compte le terme d'extirpation, qu'elle a elle-même posée correspondrait à ce que Hegel nomme la réflexion déterminante, troisième moment de la dialectique de la réflexion comme dépassement de la réflexion posante et de la réflexion extérieure, en concluant ainsi ce mouvement : « La détermination-de-réflexion par contre a repris dans soi son être-autre. Elle est être-posé, négation, mais qui, en l'infléchissant, ramène dans soi le rapport à autre-chose, et négation qui est égale à soi-même, l'unité d'elle-même et de son autre, et seulement par là essentialité. Elle est donc être-posé, négation, mais, comme réflexion dans soi, elle est en même temps l'être-sursumé de cet être-posé, rapport infini à soi[2]. » Le procès de la réflexion peut bien se ressouvenir de son « rapport à autre chose », il n'en choisirait pas moins, selon Adorno, l'unité et identité à soi-même comme *telos* inscrit de façon immanente et nécessaire dans la réflexion. Traduit dans la dialectique de l'universel et du particulier, ce procès dialectique transfigure l'universalité, « elle-même concept », en quelque chose « privé de concept [*begriffslos*] », véritable « ennemi de la réflexion ». Cette logique spéculative se répèterait dans celle de la figure subjective de l'esprit où serait tracé le cercle d'emprise correspondant à ce qu'Adorno nomme aussi bien le mal radical que le rire infernal de l'effectivité : « Cette emprise est la figure subjective de l'esprit du monde, qui renforce intérieurement son primat sur le processus externe de la vie. Ce contre quoi ils ne peuvent rien, ce qui les nie, c'est cela qu'ils deviennent eux-mêmes. Ils n'ont même plus besoin, pour le trouver à leur goût, de commencer par en faire l'instance supérieure qui, par rapport à eux, dans la hiérarchie des degrés d'universalité, est effectivement au-dessus. C'est d'eux-mêmes, pour

1 *Ibid.*, p. 271.
2 Hegel, 2010, p. 33.

ainsi dire *a priori*, qu'ils se comportent en conformité avec l'inéluctable[1]. » Tout en substantialisant l'universel dans l'individuel lui-même, en reconnaissant ainsi une substantialité à l'individu comme être en soi et pour soi, comme sujet de la réflexion, Hegel, par l'affirmation du primat de l'universel, accorde d'une main ce qu'il reprend de l'autre et renforce l'emprise de l'universel sur le particulier. Cette métaphysique, écrit Adorno, trahit son irrationalité là où elle prétend faire honneur à la raison, à l'esprit. Ce qu'elle nie dans sa logique, voire dans les faits, c'est la liberté et par conséquent, dans les termes utopiques d'Adorno, la possibilité pour les sujets de transformer l'état antagoniste de la société qui apparaît, moment idéologique, comme socialement nécessaire. Dans une longue note de bas de page, Adorno, renvoyant au paragraphe intitulé « Histoire-nature », cherche à sauver un contenu de vérité (*Wahrheitsgehalt*) de la doctrine hégélienne du hasard et de la nécessité, justifiant une fois encore cette explication avec Hegel, au-delà même de la construction hégélienne, de sa forme systématique. Que signifie cet « au-delà », sinon en un premier sens une dialectique immanente au principe d'identité, indépendamment de son contenu hégélien, qui ferait droit, en lui, au hasard, c'est-à-dire à la possibilité de la liberté ? Là où il y a une nécessité aveugle, soit dans la nature, soit dans le mouvement économique déterminé rigoureusement par des lois, il y a en même temps, du point de vue de la liberté une contingence dans la mesure où les hommes n'ont pas de prise sur cette nécessité. Si la liberté est autonomie, le règne de la nécessité est une hétéronomie dont la différence de nature ne supprime pas le règne de la liberté. Dire par exemple que l'on n'est pas libre de franchir telle montagne n'a pas de sens puisque sinon il faudrait supposer dans cette réalité naturelle une volonté qui vient supprimer celle du sujet. Dans le règne de l'économie, son irrationalité – le fait, dit Adorno, que « loi de la valeur et anarchie de la production des marchandises sont une seule et même chose », signe de la contingence qui est en même temps principe d'identité, répétition du même – occupe la même fonction que la montagne : là où on ne peut supposer aucune volonté à l'œuvre il n'y a plus de sens à parler de liberté. Ainsi Adorno peut conclure que « le principe d'identité, quant à lui, abrite au plus profond de lui-même le hasard[2] ». Le règne de la

1 Adorno, 1992, p. 268-269.
2 *Ibid.*, p. 269.

nécessité, quelque forme qu'il prenne, n'est jamais total, absolu, même comme déploiement de la totalité de ses déterminations : il y a toujours en lui des interstices, des lacunes qui laissent place à une indétermination. Cette analyse dialectique présuppose en même temps, et c'est le deuxième sens de cet « au-delà » de Hegel, que d'une part la liberté s'identifie à la volonté au sens kantien et que d'autre part il faut sauver contre Kant un moment empirique de la volonté sans lequel l'idée d'action ne serait pas même pensable, ce qu'Adorno a développé dans son analyse critique du caractère intelligible kantien. Ce moment empirique est présent dans ce qu'Adorno nomme le simple étant (*das bloss Seiende*), et non pas « pur » comme le dit la traduction qui induit un contresens, compris comme possibilité de résistance au sein même de l'emprise de l'universel. Double tentative de sauvetage de la liberté que les « nobles doctrines de l'idéalisme » bradent à bon compte.

LE PASSAGE AU MATÉRIALISME EXIGE SA PROPRE CRITIQUE : ADORNO ANTIPRODUCTIVISTE

C'est seulement une dialectique matérialiste qui permettra de concevoir les possibilités, certes fragiles, de sauver la liberté contre ce joug de l'universel. Adorno convoque une fois encore l'analyse marxienne du fétichisme pour donner un nom à l'emprise : « Dans l'expérience humaine, l'emprise est l'équivalent du caractère fétiche de la marchandise » de sorte que « la conscience réifiée est devenue totale[1] [*total*] ». En ce sens l'universel n'est plus l'esprit du monde, contre Hegel et sa conception de l'esprit du monde et de l'individu comme des invariants, mais la loi de la valeur et de la marchandise : la dialectique matérialiste doit rendre compte des formations sociales et historiques, notamment du capitalisme, afin de détrôner le colosse aux pieds d'argile qu'était l'esprit du monde et sa glorification. Mais Adorno ne se contente pas de faire chuter les idoles de l'idéalisme, il critique aussi les restes de présupposés idéalistes du marxisme plein de zèle pour trouver un principe explicatif dernier du développement antagoniste de l'histoire. Ainsi en est-il du concept

1 *Ibid.*, p. 270.

de forces productives qui, comme emprise, tombe lui aussi sous la critique du fétichisme. Adorno cependant distingue, au moins implicitement dans ce passage, Marx et la tradition marxiste dogmatique dont l'une des formes historiques dominantes est le *diamat* des pays de l'Est, le pseudo-matérialisme dialectique du régime stalinien qui n'est autre qu'une bureaucratie d'État totalitaire. Contre une téléologie de l'histoire où les moyens, les forces productives, deviendraient des fins en soi, il cite un passage du *Capital* dénonçant par avance une telle logique irrationnelle : « En tant que fanatique de l'exploitation de la valeur, elle [la valeur d'échange] ne se gêne pas pour obliger l'humanité à produire pour produire[1]. » Cette fétichisation du processus de production fait l'objet d'une critique ironique que la langue elle-même donne à entendre. Adorno parle en effet de déchaînement des forces productives en soulignant la menace contenue dans le terme même de déchaînement qu'on ne trouve pas cependant sous la plume de Marx qui parle de développement (*Entfaltung*). Quand bien même il faut concevoir dialectiquement un tel déploiement qui, dans certaines phases historiques, a rendu possible l'émancipation de la bourgeoisie, une telle émancipation implique sa face cachée d'une domination qui se perpétue au nom d'une nouvelle forme de rationalité. L'ironie se répète dans le concept « être avec l'esprit du monde », emphase idéaliste qui fait se conjoindre Hegel et Heidegger mais aussi la vulgate marxiste où la promesse d'un bonheur substantiel se renverse en une menace qui pèse d'autant plus lourdement que s'accroissent les contradictions entre les forces productives et les formations sociales. Mais le concept lui-même reste idéaliste dans la mesure où il répète le principe de domination de la nature et le principe d'identité que celui-ci présuppose : « Le déchaînement des forces productives, qui est le fait de l'esprit dominant la nature, a une affinité avec la domination violente sur la nature[2]. » C'est en ce sens que le concept de forces productives se substitue, comme nouveau fétiche, à l'esprit objectif hégélien, et s'impose comme dans la pensée magique, ensorcelée, à la manière d'un tabou qu'aucune critique n'est en droit d'ébranler. La « pression des affaires », le pragmatisme dirait-on, ne tolère pas que l'on interrompe la marche forcée du monde là même où « l'excès de puissance le menace ». Qu'il s'agisse de l'esprit objectif ou de « l'esprit » des forces productives,

1 *Ibid.*, p. 240.
2 *Ibid.*

l'usage non critique de ces catégories historiques tend vers une même fin : en faire des invariants afin de nier toute possibilité d'une transformation effective des rapports sociaux par l'autodétermination des individus. La contingence de ces formes historiques se renverse en une nécessité aveugle qui fait croire aux hommes que l'emprise sous laquelle ils ploient est irrésistible et irréversible parce que naturelle. Cette emprise, au nom de l'universel et de la fausse totalité qu'il implique, répète une contradiction contenue par ailleurs dans le principe d'individuation : « Plus la société met le cap sur la totalité, qui se reproduit par l'emprise sur les sujets, plus sa tendance à la dissociation est finalement profonde. Celle-ci menace autant la vie du genre [*Gattung*] qu'elle dément l'emprise du tout, la fausse identité du sujet et de l'objet[1]. » Si ce démenti, formulé dans des termes hégéliens retournés contre Hegel, est le non-vrai du tout, donc de la totalité sociale, l'affirmation du pluralisme, proclamé au nom de la liberté individuelle, qu'il soit politique ou économique, n'en est que l'envers conduisant lui-même à la désintégration. Adorno s'appuie sur l'analyse de la pulsion d'autodestruction dans *Malaise dans la civilisation* de Freud pour justifier cette imagination dialectique qui, par ses excès volontaires, voudrait réveiller les hommes du « cauchemar de l'histoire » comme l'écrit Joyce dans *Ulysse*. Freud aurait anticipé, sans même le savoir, cette potentialité d'une catastrophe aussi bien que celle d'une libération. Si la pulsion d'agression (*Agressionstrieb*) est constitutive du psychisme humain et donc de chaque individu en particulier, elle est aussi susceptible, parce que l'individu est toujours un être socialisé, d'être mise au service d'une socialisation totale (*totale Vergesellschaftung*), comme le montre à cet égard le nazisme. Cependant Adorno ne renvoie pas ici directement au nazisme, argument maintes fois développé et repris par ailleurs, mais, en prolongeant cette dialectique par une critique de l'angoisse, formule l'hypothèse d'une société libérée de la souffrance parce que libérée de l'angoisse et de la froideur des rapports sociaux perpétuées par l'emprise. L'angoisse n'est pas un existential, selon le jargon de Heidegger qui ainsi l'ennoblit, mais une production sociale qui isole d'autant plus les individus qu'elle les soumet à la contrainte sociale totale. Elle est « une claustrophobie dans le monde : dans le système clos[2] ». En ce sens elle est la négation de l'hétérogène, de la

1 *Ibid.*, p. 270.
2 *Ibid.*, p. 240.

différence que les philosophies auraient contribué à disqualifier, Kant y compris, quand bien même ce serait involontairement. L'angoisse s'exprimant sous la forme de la froideur sociale propre à la société capitaliste intégralement administrée isole les individus dans une totalité où celui qui ne joue pas le jeu se trouve par avance condamné : « Qui n'est pas froid se refroidit [comme le meurtrier refroidit sa victime, dans la métaphore vulgaire] et doit se sentir condamné » écrit Adorno avec ironie. Dans une société du crime, pourrait-on dire, celui qui refuse de faire couler le sang signe son arrêt de mort. La thèse freudienne de la pulsion d'agression et de destruction n'est cependant pas le dernier mot de *Malaise dans la civilisation* : ce pourrait en être la conclusion, le conflit incertain entre la pulsion de mort et la pulsion de vie, et la question laissée sans réponse du succès et de l'issue d'une telle lutte, qui conduirait Adorno à l'hypothèse contradictoire d'une catastrophe ou d'une libération, forme utopique d'espérance désenchantée qui tourne son regard vers l'avenir indéterminé. Si cette indétermination, trait essentiel de la connaissance utopique, se rapporte au futur – le présent apparaissant sous le signe de la catastrophe comme répétition du même –, elle conduit Adorno, au nom même de l'intention utopique, c'est-à-dire de la possibilité d'une organisation sociale autre, à interroger l'origine (*Ursprung*) de la société humaine en rendant problématique la thèse de l'antagonisme, comme principe constitutif et génétique de l'histoire révélant, chez Marx comme chez Hegel, l'un dans le primat de l'économique, l'autre dans l'esprit du monde, une déification de l'histoire (*Vergottung der Geschichte*) et par suite une nécessité historique contenant de façon immanente sa fin comme réconciliation.

EXERCICE DE SPÉCULATION DIALECTIQUE ET ANTHROPOLOGIE

De la même manière que Freud présente ses réflexions sur la pulsion de mort, dans *Au-delà du principe de plaisir*, comme un exercice de spéculation, Adorno place la question de l'origine sous le signe d'une spéculation animée par l'intention de sauvetage contre ce qu'il nomme

« la catastrophe qui se prépare », plus exactement l'idée d'une catastrophe que l'on peut extraire (*heraufziehenden Katastrophe*) de la nécessité historique caractérisée comme une apparence devenue effectivité (*als der zur Wirklichkeit gewordene Schein*). Si le terme d'apparence peut évoquer les illusions de la raison telles que Kant les examine dans la dialectique transcendantale, il renvoie en même temps chez Adorno à l'idéologie comme forme envoûtée d'emprise contre laquelle doit s'exercer la pensée critique : « Contre l'idéologie, la critique garde tout son poids, critique de la fétichisation de la politique en un en-soi, ou critique des prétentions de l'esprit, boursouflé d'orgueil dans sa particularité[1]. » Avant de nommer l'idéologie dont il est ici question, dans ses différentes figures, il faut préciser le sens de cette question de l'origine dans son rapport à l'idée d'antagonisme. L'origine ne désigne pas, comme un principe premier absolu, ce dont proviendrait toute chose qui trouverait en lui sa raison d'être, pas plus qu'elle ne peut se référer à un ou des faits historiques ou anthropologiques : les controverses sur les faits sont, de ce point de vue, vaines et les explications métaphysiques ressortissent à un idéalisme subjectif sans portée. Si l'origine est « une catégorie historique », selon l'expression de Walter Benjamin qu'Adorno, de toute évidence, fait sienne, elle désigne non pas la genèse des choses, leur devenir, mais « ce qui est en train de naître dans le devenir et le déclin[2] ». On ne peut penser l'origine que dans l'après-coup du devenir afin de faire apparaître l'historique dans le devenir. L'hypothèse spéculative d'Adorno s'appuie sur cette compréhension de l'origine pour l'appliquer à l'antagonisme qu'il nomme « un morceau de l'histoire-nature prolongée[3] ». Le concept d'histoire-nature, dont on verra par la suite l'importance, relève précisément d'une dialectique où l'origine, comme dans un chiasme, surgit dans le devenir-nature de l'histoire et inversement. Si le fait de l'antagonisme social est avéré historiquement, il est nécessaire de se demander s'il est au principe de l'histoire ou bien s'il surgit en elle de façon contingente pour en infléchir le sens en une nécessité qui ne s'imposerait dans l'histoire, comme son devenir inéluctable, qu'après coup, en constituant ainsi le commencement et la fin. Adorno construit cette hypothèse au moyen de deux « antinomies », dont la seconde

1 *Ibid.*, p. 252.
2 Benjamin, 1985, p. 43.
3 Adorno, 1992, p. 251.

dépend en même temps de la première. Soit l'antagonisme ou encore le conflit de l'homme contre l'homme est par nature, ce qu'illustrerait le principe de l'homme comme loup pour l'homme, soit il est θέσει, c'est-à-dire advenu « en faisant histoire » et non pas originaire. Mais cette antithèse conduit à la formulation d'une seconde « antinomie » : s'il est advenu, soit il obéit à la nécessité de la survie de l'espèce, soit il est contingent, conséquence d'une violence arbitraire rendue ainsi problématique. Si nous employons le terme d'antinomie, en référence à Kant, c'est parce qu'Adorno ne tranche pas la question en faveur d'une thèse ou de l'autre, mais cherche à montrer dans les deux cas les restes métaphysiques et idéalistes que seule la dialectique du concept d'histoire-nature pourra surmonter.

Ce résidu métaphysique n'est autre que le concept d'une nécessité historique qu'on retrouve aussi bien chez Hegel que chez Marx dans l'idée de déification de l'histoire qui reviendrait à en faire un véritable sujet métaphysique. Mais dans ce paragraphe, c'est d'abord la thèse du primat de l'économique qui est l'objet de la critique : « Le primat de l'économie doit fonder, avec une rigueur historique, la fin heureuse comme immanente à l'économie ; le processus économique produirait et renverserait les rapports politiques de domination, jusqu'à l'inévitable [*zwangläufig*] libération par rapport à la contrainte [*Zwang*] de l'économie[1]. » Dans le terme de contrainte – qu'il faut conserver dans la traduction en le distinguant du terme de nécessité – se dissimulerait justement l'idée de nécessité dans son sens métaphysique, concept hypostasié qui trahirait alors le trait idéaliste de ce primat de l'économique. La prudence de Marx à l'égard de toute affirmation anthropologique prétendant remonter soit à l'essence de l'homme soit à des temps originaires ne l'empêcherait pas de retomber dans les rets de l'idéalisme en faisant de la nécessité historique un principe explicatif de l'histoire. Mais Adorno s'attarde tout autant aux conséquences politiques de ce qu'il nomme « l'intransigeance de la doctrine » accentuée encore par Engels. La révolution comme suppression de la domination ne ferait que répéter cette même domination dès lors qu'elle fait de l'économie le principe et la fin de l'organisation sociale dans sa totalité. Si Adorno fait ici une critique oblique de la révolution bolchevique et

1 *Ibid.*

de l'économie planifiée du stalinisme, il n'en attribue pas, cependant, la paternité immédiate à Marx. Ce qu'il relève, c'est bien davantage, sans cependant le développer, la critique marxiste de l'utopie, contradictoire selon Adorno si l'on considère que la révolution voulait l'utopie qu'elle critiquait, comme idéologie, chez les utopistes. Cette contradiction tend à montrer en même temps, dans le marxisme orthodoxe, la prédominance de l'idéologie, son triomphe qui, prenant la forme de la domination de l'économie sur la politique, se répète aussi bien dans les pays de l'Est que dans l'économie libérale obéissant à la rationalité instrumentale au sens wébérien : les deux ennemis se réconcilient dans l'approbation de la domination à laquelle est promis « un avenir infini ». Au-delà de ces arguments théoriques, qu'il serait loisible de discuter dans le détail, Adorno fait valoir l'expérience historique du XXe siècle qui oblige à une critique radicale de « la totalité historique comprise comme douée d'une nécessité économique calculable[1] ». On peut y voir une critique de ce que l'on a peu à peu nommé l'*homo œconomicus* comme nouvelle figure anthropologique étendue à l'échelle mondiale. Mais Adorno y anticipe plus encore une catastrophe où serait supprimée toute possibilité « de penser qu'un jour il pourrait en être autrement », catastrophe comme emprise et mythe qui, dans les termes de Walter Benjamin auxquels s'accordent, de ce point de vue, ceux d'Adorno, est l'enfer d'un monde où le progrès est la répétition du même, le mouvement irrésistible qui décide par avance au-dessus de la tête des individus. Autrement dit cette catastrophe apparaît comme une nécessité historique répétant « la catastrophe irrationnelle » des commencements. Mais cette apparence n'est rien d'autre que l'idéologie répétée par la métaphysique de l'histoire lorsqu'elle cherche à la fonder dans un principe premier dont l'histoire effective ne serait que la vérification empirique, le déploiement d'une nécessité que rien par ailleurs n'expliquerait. En ce sens l'hypothèse d'une catastrophe irrationnelle aurait plus à voir avec ce que Pierre Clastres nomme la Malencontre[2] que la métaphysique tente après coup de fon-

1 *Ibid.*, p. 252.

2 Pierre Clastres, 1993. Voici ce qu'il écrit (p. 230-231) : « Malencontre : accident tragique, malchance inaugurale dont les effets ne cessent de s'amplifier au point que s'abolit la mémoire de l'avant, au point que l'amour de la servitude s'est substitué au désir de liberté. Que dit La Boétie ? Plus qu'aucun autre clairvoyant, il affirme d'abord que fut *sans nécessité* ce passage de la liberté à la servitude, il affirme *accidentelle* – et quel travail dès lors pour penser l'impensable malencontre ! – la division de la société entre ceux qui commandent

der pour justifier, à la manière d'une théodicée, le cours inéluctable de l'histoire et les formes de domination qui, bien qu'historiques, répètent voire accroissent l'assujettissement des hommes. Briser ce cercle et ce cycle, ce retour du même sous les apparences de l'autre, exige une autre détermination de l'histoire, une pensée critique capable de répondre à l'intention utopique à la fois du point de vue théorique et du point de vue de possibilités pratiques libérées de l'illusion d'une révolution immédiate ou spontanée. Le concept d'histoire-nature constitue à cet égard un maillon essentiel d'une nouvelle conception de l'histoire débarrassée de ses oripeaux métaphysiques et idéalistes.

DIALECTIQUE DE LA NATURE ET DE L'HISTOIRE : FORME D'UN CONCEPT

Si le concept d'histoire-nature est un concept dialectique dans sa construction même et dans sa forme, il faut se demander à quel concept de dialectique il répond. Tout d'abord il doit être compris comme un concept critique dirigé contre toute construction idéaliste de l'histoire, telle celle de Hegel, mais aussi contre une ontologisation de l'histoire comme projet d'un prétendu homme – *Entwurf vom sogennaten Menschen* – et enfin contre l'historiographie qui réduirait l'histoire à une simple relation de faits. Ce qui est commun à toutes ces conceptions, c'est précisément la recherche des invariants reconduisant l'histoire, comme processus, à une loi de la nature. Mais l'idée de nature elle-même ne peut être conçue comme l'objet d'une théorie de la nature, comme Adorno le précise dans sa conférence de 1932[1], puisqu'une telle objectivation la réduit à un jeu de forces mécaniques privé d'histoire. En ce sens le concept d'histoire-nature n'est pas un concept explicatif mais interprétatif qui a sa propre dialectique. Mais s'il pose la question du sens[2], ce n'est pas pour

et ceux qui obéissent. Ce qui est ici désigné, c'est bien ce moment historique de la naissance de l'Histoire, cette rupture fatale qui n'aurait jamais dû se produire, cet irrationnel évènement que nous autres modernes nommons de manière semblable la naissance de l'État. »

1 « L'idée d'histoire de la nature », Adorno, 2008a, p. 31.

2 Dans cette même conférence Adorno souligne les équivoques du terme de sens que l'on retrouve chez Heidegger lui-même dont la critique du concept d'historicité, de son schéma

rechercher une transcendance qui rendrait compte de l'ordre de la nature et de l'histoire, mais au contraire pour construire *un* sens, c'est-à-dire faire parler les choses, là où aucune clé n'est donnée par avance afin précisément de briser la prétendue continuité *du* sens s'imposant comme une loi naturelle du devenir historique des sociétés humaines sous la forme d'une fin inscrite téléologiquement en elles-mêmes de façon aveugle. À ce titre il se rattache à l'intention formulée auparavant par Adorno à propos de l'histoire universelle qui doit « être construite et niée ». Seule une pensée dialectique peut accomplir ce double mouvement en récusant toute positivité et donc tout sens affirmatif du développement historique. À ne considérer que le paragraphe de la *Dialectique négative* dont il est le titre, il sera facile de caractériser cette dialectique comme matérialiste. En effet, que ce soit au début ou à la fin de ce paragraphe, mais aussi dans toutes ses articulations essentielles, c'est Marx qui est cité, parfois longuement, Marx auquel il attribue d'ailleurs la paternité de ce concept d'histoire-nature : « L'objectivité de la vie historique est celle de l'histoire-nature. C'est ce que Marx, contre Hegel, a su, et cela, rigoureusement en relation avec l'universel qui se réalise par-dessus la tête des sujets[1]. » C'est dans *Le Capital* qu'Adorno relève l'adjectif dont il fait un concept qualifiant le procès de développement de la formation sociale et

idéaliste, est déjà clairement mise en place, contrairement à ce que certains peuvent par ailleurs affirmer : certes Heidegger tente de supprimer « l'antithèse de l'histoire et de l'être », mais « l'histoire, entendue comme structure embrassant l'être, n'est rien d'autre que l'ontologie de ce dernier. D'où ces *antithèses ternes* – comme celle entre histoire et historicité – qui sont *complètement creuses*, à ceci près que certaines qualités de l'être, observées à même le *Dasein* (peu importe lesquelles), sont prélevées sur l'étant, transposées dans le domaine de l'ontologie et *se changent en détermination ontologique*, afin de contribuer par là à expliciter ce qui, au fond, est simplement dit d'une autre manière ». Ce questionnement ontologique est « produit par *la position de départ de la* ratio *idéaliste* et entretenant avec elle une relation qui détermine son sens ». (Nous soulignons, *ibid.*, p. 36-38.) Il ne faut pas confondre le fait de partir de questions posées par Heidegger, qui peuvent servir de point de départ de la discussion, et les motifs critiques qui montrent déjà clairement que pour Adorno le concept d'historicité relève du geste idéaliste d'ontologisation de l'histoire. De même ne faut-il pas confondre la réponse à une objection, à savoir qu'Adorno ne ferait pas suffisamment siennes les catégories de l'ontologie fondamentale, avec la position propre de ce dernier affirmant qu'il « conteste la nécessité d'avoir recours à cette conception », c'est-à-dire celle du *Dasein* comme projet (*Ibid.*, p. 26). La constance et la cohérence de la critique de Heidegger dès les années 1930 s'expriment encore dans les « Thèses sur le langage » dans les termes essentiels suivants si on sait l'importance qu'Adorno accorde à la critique du langage comme moment constitutif de la critique philosophique : « La langue de Heidegger s'enfuit de l'histoire sans pour autant lui échapper. » (*Ibid.*, p. 59.)

1 Adorno, 1992, p. 276.

économique qui doit être conçu comme un processus d'histoire-nature (*als einen naturgeschichtlichen Prozeß auffasst*). Concept qui dans ce sens, si l'on accorde à Adorno ce statut chez Marx, relève de la méthode dialectique et aurait d'abord une valeur analogique afin d'en dégager la fonction critique : analyser les formations historiques comme si elles obéissaient à une loi de la nature afin de montrer le caractère idéologique du capitalisme qui prétend précisément que les lois de l'économie, et les rapports sociaux qu'elles produisent, sont naturelles : « La prétendue loi de la nature, qui pourtant ne serait en fait que la loi de la société capitaliste, est en conséquence appelée par Marx une mystification[1]. » Cette mystification consiste avant tout à faire de cette loi capitaliste un invariant, ce qu'Adorno traduit dans les termes suivants : « Cette loi a le trait de la nature [*Naturhaft*] en raison de son caractère inévitable [*Unvermeidlichkeit*] dans les rapports de production dominants[2]. » C'est à la dialectique qu'il revient de montrer que cette loi de la nature n'est en réalité qu'une loi sociale, historique, projetée sur la nature elle-même et en retour sur la société. Elle prend l'apparence de la nature pour justifier les rapports de domination. Mais cette apparence qui a force de loi devient réelle, essence éternisée produisant effectivement les rapports sociaux comme des rapports naturels, des rapports entre des choses en soi. On reconnaîtra dans ces termes l'analyse du fétichisme de la marchandise à laquelle renvoie, classiquement en ce sens, Adorno : « Cela implique dans le processus de vie réelle [*real*] jusqu'à aujourd'hui une apparence [*Schein*] socialement nécessaire. Le noyau de cette apparence est la valeur comme chose en soi, comme "nature". » La naturalité (*Naturwüchsigkeit*) de la société capitaliste, l'intrication en ce sens de la domination de la nature et de la domination sociale, est à la fois vraie et fausse, essence et apparence. Plus que la reprise de l'analyse marxiste, devenue classique, ce sont les termes dans lesquels Adorno l'interprète qui importent. Cette dialectique de l'apparence, véritable illusion transcendantale, doit en ce sens autant à Kant qu'à Marx, établissant ainsi une continuité critique malgré la discontinuité historique. Ce saut de Marx à Kant permet en même temps, comme on le verra par la suite, une critique de la mythologie hégélienne de l'histoire où l'esprit du monde est l'idéologie de l'histoire-nature. En outre lorsqu'Adorno parle de « noyau de cette apparence », il entend déchiffrer

1 *Ibid.*
2 *Ibid.*

chez Marx lui-même ce qu'il nomme un contenu de vérité (*Wahrheitsgehalt*) critique et historique sans pour autant faire de la doctrine marxienne et de sa dialectique la vérité de l'histoire, comme on l'a déjà montré dans sa critique du primat de l'économie et de son reste apocryphe d'idéalisme. Une pensée dialectique conséquente ne peut que s'interdire de se reposer sur une doctrine constituée qu'il suffirait d'appliquer aux « objets » sur lesquels elle porte. De ce point de vue la référence à *L'Idéologie allemande* à la fin de ce paragraphe peut surprendre quand bien même Adorno y voit une dénonciation anticipée de tout matérialisme dogmatique. Le passage cité, célèbre, est le suivant : « Nous ne connaissons qu'une seule science : la science de l'histoire. L'histoire peut être considérée de deux points de vue, elle peut être divisée en histoire de la nature et en histoire de l'humanité. On ne peut cependant séparer ces deux côtés ; tant que les hommes existent, l'histoire de la nature et l'histoire des hommes se conditionnent réciproquement. » Sans doute Adorno extrait-il de cette citation le concept d'histoire-nature en parlant de « l'entrelacement constant de ces deux moments[1] » (*die unhaufhörliche Verschlingung beider Moment*). Mais le statut de cette science de l'histoire ne reste-t-il pas par ailleurs problématique quant à sa scientificité précisément ? Le terme de science – *Wissenschaft* – dont l'écho hégélien reste décisif à cet égard ne contient-il pas des présupposés métaphysiques non discutés qui se retrouveront dans l'idéalisme latent de cette science dialectique matérialiste ? Il est remarquable qu'Adorno ne reprenne pas dans cette référence ce que Marx présente à la fois comme le seul présupposé et le seul fait de cette science, à savoir que c'est par le travail que les hommes produisent et reproduisent leurs conditions d'existence matérielle. L'immédiateté d'un donné, d'un fait tombe en effet sous le coup de la pensée dialectique. On retrouve l'un des traits distinctifs du matérialisme d'Adorno pour lequel il faut montrer en quoi la logique du travail a pour origine historique et logique la rationalité et le principe d'identité qu'expriment de façon médiatisée l'idée de conservation de soi et la domination de la nature : dans le travail, dans les forces productives, dans les formations sociales, c'est encore le principe d'identité qu'il faut déchiffrer puisqu'il rend compte d'une subsomption du réel sous une totalité dont la philosophie et l'idéologie sont une traduction. Le moment critique attribué à cette citation de Marx ne serait donc pas suffisamment réflexif et prêterait à

1 *Ibid.*, p. 279.

la science de l'histoire et à son présupposé une valeur critique qui ne porterait que sur l'antithèse traditionnelle de la nature et de l'histoire. Comme on le verra, c'est avec Benjamin que le concept d'histoire-nature acquiert sa véritable force critique en opérant un déplacement décisif par rapport à la science de l'histoire revendiquée haut et fort par Marx dans *L'Idéologie allemande*. Mais il faut auparavant une fois encore revenir sur la critique de Hegel qui occupe, à côté de Marx, une place significative dans la mise en place du concept d'histoire-nature, et sur celle du *diamat* afin d'en dénoncer le dogmatisme et le caractère idéologique que les analyses de Marx, soustraites au dogmatisme, contrediraient par avance.

IRONIE DE MARX ET SÉRIEUX DE HEGEL

Le *diamat*, le matérialisme dialectique prétendument scientifique de l'ère stalinienne qui a supprimé toute dialectique et donc toute négativité, a retourné contre le motif marxien d'un règne de la liberté, concept mais aussi motif utopique qu'Adorno rattache en même temps à Kant, le concept critique et polémique de légalité de la nature : cette légalité devient l'invariant d'un règne de la nécessité des lois de l'économie produisant l'être social et perpétue, en la justifiant, la domination. Dans ce renversement de la doctrine marxienne, il répète la métaphysique hégélienne de l'esprit du monde. Si celle-ci présupposait encore un sujet transcendantal personnifié dans la substantialité des individus, là où l'individu est nié il ne reste qu'une domination de fait déjà préfigurée par Hegel et accomplie par le *diamat*. C'est pour cette raison que le concept d'histoire-nature joue un rôle critique essentiel chez Marx puisqu'il dénonce par avance, comme la taupe qui creuse et fait s'effondrer le sol sur lequel s'appuyait l'idéalisme, la continuité d'une histoire humaine comme répétition inévitable de la domination qu'Adorno traduit dans les termes darwiniens de la lutte pour la vie : « L'histoire humaine, celle de la domination croissante de la nature, continue l'histoire inconsciente de la nature : dévorer et être dévoré[1]. » Mais de même qu'il ne faut pas prendre à la lettre le concept de légalité naturelle, de même faut-il

1 *Ibid.*, p. 277.

comprendre ironiquement le darwinisme social de Marx. C'est le *diamat* qui le prend à la lettre en en faisant une loi positive de l'histoire là où Marx ne le pensait que négativement comme le montrerait un passage des *Manuscrits de 1857-1858* (dits « *Grundrisse* ») cité par Adorno : « Or, autant le tout de ce mouvement apparaît comme procès social, autant les moments individuels de ce mouvement proviennent de la volonté consciente et des buts particuliers des individus, autant la totalité du procès apparaît comme une relation d'ensemble objective qui résulte du procès naturel [*naturwüchsig*] ; sans doute provient-il de l'interaction des individus conscients, mais il n'est ni dans leur conscience ni n'est subsumé sous eux comme tout[1]. » Ce qu'Adorno nomme un concept de nature social (*gesellschaftliche Naturbegriff*) requiert une dialectique qui n'est autre que celle du concept de *Naturgeschichte*. Si Marx en a posé les prémisses, il n'en a pas, cependant, tiré toutes les conséquences. Il trouve d'abord son application dans la critique de la philosophie de l'histoire de Hegel chez lequel l'esprit du monde est « l'idéologie de l'histoire naturelle » elle-même conçue comme violence qui, par son caractère immuable, rend impossible toute vraie réconciliation. La nécessité de l'ordre social, de l'esprit objectif dans ses différents moments, le droit, la moralité, la vie éthique et l'État, doit prendre l'apparence de la nécessité et de la force naturelle pour satisfaire à l'intemporalité de l'esprit s'élevant au-dessus du fini et de la contingence. Telle serait la leçon que l'on pourrait tirer du passage cité par Adorno de la *Philosophie du droit* : « Par un automatisme sur lequel la philosophie de l'esprit ne peut rien, Hegel cite la nature et la violence de la nature comme modèles de l'histoire[2]. » Non seulement ce qui est institué, ce qui est posé, θέσει, est transformé en nature, mais la nature elle-même est conçue comme le règne du fini, de la contingence et de la violence. Autant de présuppositions caractéristiques de l'idéalisme qui, selon Adorno, retourne sa propre violence une seconde fois contre la nature, comme si la seconde nature devait se venger d'une première nature mythique. Le concept de seconde nature, l'ensemble des institutions produites par les individus mais plus encore par l'esprit qui produit le monde à partir de lui-même, ne fait ainsi que répéter et redoubler l'emprise de la nature sur le tout social. La médiation d'un tel concept, dès lors qu'il est le produit de l'esprit, n'est

1 *Ibid.*
2 *Ibid.*, p. 278.

que l'expression de l'autre de lui-même : dans cette médiation s'annule en même temps toute différence, toute altérité irréductible au concept. C'est en ce sens qu'Adorno peut répéter que Hegel retombe en deçà des idées de médiation et de négativité dont sa philosophie se glorifie. Faire chuter cet idéalisme, voilà le premier mérite de Marx, tout au moins de ce Marx auquel Adorno, par un jeu de citations, attribue le concept critique et polémique d'histoire-nature. Pour autant le matérialisme dialectique ne peut pas prétendre être débarrassé une fois pour toutes, comme s'il avait fait table rase, de la métaphysique. Le dernier paragraphe de cette deuxième partie de la *Dialectique négative* l'indique par son titre lui-même. Reprendre la question de l'histoire dans son rapport à la métaphysique, après le procès de toute métaphysique de l'histoire, suffit à indiquer qu'il reste quelque chose de la métaphysique là même où on pouvait penser en avoir fini avec elle.

L'HISTOIRE-NATURE CONTRE L'ORIGINAIRE DE L'ONTOLOGIE

Ce nécessaire retour à la métaphysique est d'abord motivé par ce qu'Adorno nomme les fausses renaissances de la métaphysique qu'il rattache d'une part à la distinction entre les sciences de la nature et la science historique, et la primauté de la méthode qui prédétermine à chaque fois l'objet, et d'autre part, en un argument classique de la Théorie critique, à la division du travail qui est en même temps une distinction non réfléchie par les sciences. La méthode, forme d'objectivation, sépare ses objets, la nature et l'histoire, empêchant et interdisant ainsi tout rapport dialectique entre ces objets transformés en régions spécifiques de la connaissance. Si la métaphysique veut passer outre cet « interdit », elle en vient à ontologiser chacun de ces objets, et notamment l'histoire, tel par exemple Heidegger, qui, bien que n'étant pas nommé, est directement visé par le terme de *Geschichtlichkeit*. Mais ce geste, pour Adorno, reconduit une fois encore l'histoire à la nature, voire à « une religion de la nature » dont on peut penser qu'elle s'oppose en même temps à une religion de l'histoire telle qu'elle résulte de la philosophie de l'histoire de Hegel, voire du marxisme orthodoxe. Un tel concept d'histoire est en même temps un concept privé d'histoire. Penser l'histoire ontologiquement, à partir de la structure fondamentale du *Dasein*, relève, pour Adorno, d'une position idéaliste, « crypto-idéaliste » écrit-il, qui d'une part abstrait le *Dasein* de l'histoire matérielle concrète et d'autre part en fait un invariant constitutif de toute existence historique, qu'il s'agisse du souci, de l'être-vers-la-mort ou de la temporalité paradoxalement intemporelle, niant ainsi de façon autoritaire toute possibilité de transformation réelle dans l'histoire à partir de ce que les hommes font. Le concept d'historicité se glisse à la place de l'histoire elle-même comme chez Hegel le concept de particularité (*Besonderheit*) à la place du particulier (*Besondere*). L'essentialisation de l'étant, obéissant au principe d'identité, essentialise l'histoire elle-même qui est alors soumise au même principe d'identité. L'ontologie devient « une procédure idéologique, celle de la réconciliation dans l'esprit parce que la réconciliation réelle a échoué[1] ». Cette critique de Heidegger ne semble pas rendre compte de la méthode par laquelle ce dernier tente de dégager la structure ontologique du *Dasein* dont l'historicité doit être pensée à partir de la temporalité, sans même parler de la destruction de l'ontologie exposée comme intention expresse dans l'introduction d'*Être et Temps*, et paraît empressée de conclure au caractère idéologique de l'ontologie et de l'entreprise heideggérienne. Mais, outre le fait que cette critique a déjà été développée dans la première partie de la *Dialectique négative* où c'est la question de l'être – la possibilité même de cette question – qui est contestée avec la plus extrême vigueur, on devrait plutôt dire que le nom de Heidegger, et la prétendue doctrine ontologique qu'Adorno lui prête, fonctionne comme un opérateur critique d'une philosophie pour laquelle l'histoire est d'abord l'histoire de la philosophie[2], dont l'extériorité historique,

1 *Ibid.*, p. 280.

2 Si une parenthèse manifeste le rapport à la langue, à sa forme d'expression, et donc à ce qui est pensé, comme le dit Adorno dans le bref essai déjà cité « Signes de ponctuation », on relèvera ce court passage dans lequel Heidegger, pour introduire la question de l'essence de la vérité, insiste en 1931-1932 sur la nécessité de se placer au « cœur de l'histoire » tout en se mettant « à distance de l'époque » : « Mais qu'en est-il maintenant du retour au cœur de l'histoire ? Au lieu d'en parler de long en large, nous allons tenter ce retour, en en amorçant au moins le premier pas (quant à l'histoire, il ne peut s'agir ici que d'histoire de la philosophie). » (Heidegger, 2001a, p. 25-26.) Établir une différence ontologique entre l'histoire comme *Geschichte* et l'histoire comme *Historie*, comme science historique, est la condition même de la question de l'être, comme on le sait, mais Heidegger n'a-t-il

comme chez Hegel, apparaît contingente à l'égard de la vérité et du destin de l'être. Ce destin de l'être n'a guère dans ce cas à se préoccuper du destin de l'individu, sous quelque forme qu'on se le représente. Reprenant à son compte la critique de Walter Benjamin affirmant que Heidegger a vainement tenté de sauver l'histoire, abstraitement, par la phénoménologie, au moyen de l'historicité (*Geschichtlichkeit*), il oppose à ce qu'il nomme l'ontologisation de l'histoire, non dialectique, le concept d'histoire-nature et sa dialectique en citant précisément Benjamin : « Il incombe à la pensée, au lieu de cela, de voir toute nature – et tout ce qui peut en tenir lieu – comme histoire et toute histoire comme nature » afin « de comprendre l'être historique dans sa détermination historique extrême, là où il est le plus historique, comme un être naturel, ou comprendre la nature, là où, en tant que nature, elle semble persister le plus profondément en elle-même, comme un être historique[1]. » Cette dialectique qui reste dans une telle formulation abstraite, si ce n'est hermétique, ne devient intelligible que par le concept qui assure la médiation de ces deux termes, ceux de nature et d'histoire, immanent à chacun de ces deux moments, à savoir celui de l'éphémère (*das Vergängnis*). C'est ainsi, poursuit Adorno, que le concept d'histoire-nature devient « le canon de toute interprétation philosophique de l'histoire ». L'éphémère désigne en chacun de ces moments ce qui est fini, voué à disparaître tout en laissant une trace qu'il est possible de retrouver et de déchiffrer, bien qu'enfouie sous les décombres de l'histoire officielle ou de la philosophie de l'histoire qui l'a élevée au concept. Mais en ce sens l'histoire n'est plus l'odyssée de la conscience ou bien la simple factualité et elle appelle une autre « méthode » de déchiffrement et une présupposition qui repose sur le langage et l'écriture comme trace. L'histoire est comme un texte dont les signes écrits doivent être interprétés jusque dans le détail. L'objectivité de l'histoire n'est pas celle de ses productions les plus visibles, puisque celles-ci sont fausses à l'égard de ce qui devrait être – tel est le sens de l'intention utopique –, mais

---

pas considéré un an plus tard, en 1933, que la grandeur de l'instant historique (« *Von der Größe des geschichtlichen Augenblicks* ») exigeait du peuple allemand une décision et une mission où la philosophie devenant la question de la loi et de la structure de notre être (*dem Gesetz und Gefüge unseres Seins*) devait devenir effective (*zur Wirklichkeit*), se réaliser dans l'État et la Nation comme conduite politique et spirituelle (*geistig-politischen Führerschaft*). (Heidegger, 2001b, p. 3-4.) Texte par ailleurs qui attend toujours sa traduction !

1 Adorno, 1992, p. 280.

dépend de la signification de l'insignifiant, de l'éphémère, comme des promesses non tenues mais toujours possibles. C'est une telle écriture de l'histoire et de l'interprétation qu'elle attend, comme Adorno le dit des œuvres d'art, qui permet de se délivrer de toute métaphysique de l'histoire et des catégories de la transcendance et de l'éternité qu'elle charrie même malgré elle. Cette conception de l'histoire suppose le processus de sécularisation de la métaphysique elle-même et son caractère irréversible : inventer de nouveaux dieux, une nouvelle transcendance, ce sera toujours produire de nouvelles idoles, c'est-à-dire de nouvelles mythologies susceptibles d'engendrer des monstres historiques comme le nazisme. Si chez Hegel l'emprise mythique de l'esprit du monde l'a tout d'abord emporté, il y aurait cependant paradoxalement quelque chose à sauver dans le peu de droit qu'il reconnaît aux choses finies, à la contingence et à l'éphémère. Ce paradoxe n'est autre que celui de la possibilité de la métaphysique, de l'expérience spirituelle après sa chute (*Verfall*) où la sécularisation de la métaphysique semble l'avoir vouée à sa totale impossibilité et disparition avec Auschwitz : il occupe la dernière partie de la *Dialectique négative*.

LA MÉTAPHYSIQUE SAUVÉE PAR LE PARADOXE

IMPÉRATIF ÉTHIQUE ET BESOIN DE LA MÉTAPHYSIQUE

Historiquement la question de la possibilité de la métaphysique renvoie à l'époque des Lumières conçue par Adorno comme un premier moment de démythologisation contre le dogmatisme dominant aussi bien la théologie que la métaphysique rationaliste classique. Philosophiquement, si elle présuppose la forme de la question critique kantienne, elle n'est plus formulée dans les termes d'une philosophie transcendantale mais à partir d'une pensée dialectique où la négativité, brisant la puissance ensorcelante des concepts, ne produit aucun savoir positif rationnel. Mais une césure historique bouleverse radicalement l'assurance d'une telle question et la possibilité même de la poser. Adorno lui donne le nom d'Auschwitz, catastrophe de la seconde nature, en en faisant l'axe et le renversement – nouveau tournant copernicien en quelque sorte vérifiant la nécessité du primat de l'objet – à partir duquel toute réflexion critique s'efforçant de penser le présent historique doit se déterminer. Il rapporte tout d'abord cette nécessité de la réflexion critique à une injonction éthique formulée dans les termes les plus simples : empêcher que ne se répète une telle catastrophe. Pourquoi, se demandera-t-on à bon droit, le sauvetage de la métaphysique, dont on pourrait juger qu'elle est entièrement dépassée dans un monde où tout rapport à l'absolu est devenu problématique, est-il nécessaire, même sous sa forme aporétique ? Que peut-on sauver d'une forme de pensée tournée vers la transcendance, vers l'autre absolu dès lors qu'il y aurait eu un processus de sécularisation irréversible ? Comment justifier une pensée qui tente d'anticiper les catastrophes futures, y compris sous la forme d'une utopie négative, à partir de ce « besoin » de la métaphysique, en récusant non seulement toute téléologie objective mais plus encore toute eschatologie ? On pourrait, semble-t-il, retourner contre Adorno la critique qu'il formule à l'égard de Heidegger lorsqu'il parle de « besoin ontologique » comme nostalgie de l'originaire, d'un premier commencement en deçà duquel il faudrait remonter pour un autre commencement plus radical, dissimulant alors une restauration autoritaire dont le dernier mot serait l'affirmation pure et simple de la puissance : de quel besoin ce sauvetage témoigne-t-il, dans ses implications politiques, s'il se défend par avance de céder à l'idéologie qu'il ne cesse de dénoncer dans les restaurations de métaphysiques se réclamant, de près ou de loin, de Heidegger ?

ADORNO ET HEIDEGGER : LA PENSÉE UTOPIQUE CONTRE LA PENSÉE POÉTIQUE

Le troisième modèle, développé à partir de la configuration politique et idéologique de l'Allemagne des années 1950-1960, est intitulé : « Méditations pour une contribution à la métaphysique ». Si la réponse semble donnée, dans le dernier paragraphe, de façon aporétique, en montrant que la chute de la métaphysique dans la micrologie ne retient rien du caractère doctrinal et systématique des grandes métaphysiques du XVIIIe et du XIXe siècles, on peut se demander pourquoi Adorno entend conserver le terme dès lors que l'idée de fondement de la totalité du réel à partir d'un *archè*, forme spécifique d'une telle pensée depuis Platon, est devenue illusoire. De même le terme de méditation, mot étranger provenant à la fois du latin mais aussi, du point de vue philosophique, de Descartes, repris ensuite par Husserl dans un texte de 1929[1] et dont l'éclat et le prestige qualifient d'abord aux yeux d'Adorno les philosophies idéalistes, peut surprendre : s'il désigne une réflexion et plus précisément une autoréflexion comme pouvoir critique de la pensée, inséparable de ce qu'Adorno nomme « expérience spirituelle », il s'oppose cependant à l'idée d'un retrait hors du monde qu'un tel terme suppose

1 Voir Husserl, 2007, p. 5, où il s'agit de chercher dans la subjectivité transcendantale le sol ontologique fondant de façon apodictique une philosophie universelle.

traditionnellement, jusque dans ses significations religieuses. Mais dans l'expression « expérience spirituelle », l'adjectif « spirituel » et l'esprit qu'il qualifie apparaissent tout autant problématiques, en tout cas chargés là encore du poids d'une longue tradition remontant à l'idéalisme allemand que le monde contemporain aurait sacrifié sur l'autel du progrès. Si le concept d'esprit, dont Adorno dit qu'il est intraduisible tant il paraît indissociable de ce moment historique et philosophique dont Hegel représenterait l'apogée, a été l'objet, dans une première partie, d'analyses à partir de ce qu'Adorno nomme « expérience spirituelle », on peut dire, une fois encore, qu'elles en ont davantage accentué le trait problématique que tenté d'en donner une détermination positive.

Il semble par ailleurs qu'on pourrait se tourner vers un tout autre lieu de pensée pour tenter d'appréhender ce qui tout d'abord résiste à la réflexion malgré l'immense travail accompli par les historiens et par des penseurs politiques comme Hannah Arendt dont l'œuvre sur le totalitarisme a contribué de façon décisive à l'effort de compréhension des systèmes idéologiques nazi et bolchevique. C'est la conviction partagée par les auteurs du tout récent *Le Dictionnaire, Martin Heidegger*, pour lesquels Heidegger nous permettrait de penser véritablement, c'est-dire dans son essence, le nazisme, notamment à partir « des traités impubliés », parmi lesquels vient d'être traduit le volume 65 sous le titre « jargonnant » : *Apports à la philosophie, De l'advenance* (*Beiträge zur Philosophie, Vom Ereignis*). Alors même qu'il nous est expliqué que nous devons comprendre qu'une nouvelle entente de la pensée exige une nouvelle entente de la parole, nous ne pourrons que marquer notre extrême étonnement, voire stupéfaction à la lecture d'une traduction où s'entremêlent des archaïsmes et des néologismes que pas même des notes critiques ne parviennent à justifier et à éclaircir. Voici tout d'abord ce que l'on devrait attendre de ces textes enfin révélés, le traducteur ayant sans doute considéré que le cours de 1933-1934, *Sein und Wahrheit*, n'était justement qu'un cours, telle une simple vulgate exotérique de la pensée silencieuse de l'être lui-même exposée à tous les périls : « Ce sont eux en effet qui permettent d'apprécier désormais en détail comment Heidegger a bel et bien pensé le nazisme comme mode extrême de dévoiement métaphysique en lequel s'accomplit, avec une brutalité et une violence exterminatrice uniques en leur genre, une dévastation qui ressortit au déploiement même de l'être à l'époque des Temps nouveaux, et dont il est clair pour Heidegger qu'elle ne s'est pas purement et simplement arrêtée avec la signature de l'armistice le 8 mai 1945 et l'anéantissement de l'hitlérisme[1]. » « Dévastation qui ressortit au déploiement même de l'être », formulation étrange où serait imputable à l'être lui-même la catastrophe de la Shoah, terme jamais employé par Heidegger, pas plus que celui d'antisémitisme ou d'extermination des Juifs d'Europe, termes biffés, raturés. Il est certes question d'extermination, de biologisme, de racisme, de la singularité du nazisme, mais dans des expressions parfois plus que déconcertantes comme lorsqu'il est dit que Heidegger en 1949 « nomme les chambres à gaz et les camps d'extermination en tant que "symptômes" qui rendent visibles les "signes auxquels on peut reconnaître l'urgence" comme situation réelle de notre temps[2] ». Extermination déqualifiée, métaphorisée et reconduite à la forme générale d'une situation de détresse et de dévastation qui peuvent aussi bien tout englober, le communisme comme le libéralisme planétaire. Entente de la langue, Messieurs, oui, et des noms qu'elle se refuse à prononcer[3] ! Que la langue parle, nous pourrions après tout le comprendre comme une banalité, dans la mesure où tous les mots de la langue, ou plus exactement tout signe linguistique est chargé de significations autant explicites qu'implicites qu'un locuteur, un sujet du discours, fait parler, plus ou moins consciemment, de façon plus ou moins réfléchie. Affirmer que la langue parle d'elle-même, si ce n'est plus dans ce sens commun et familier, tend à faire de la langue un « en-soi » qui ne serait rien d'autre que l'être dans lequel habite une langue non entendue, « inouïe », comme aiment à le dire les adeptes heideggériens. L'entente de la langue est cette entente de l'être dans son fond impensé, « son » histoire dont la démesure aurait engendré aussi bien le nazisme que l'extermination,

1 Arjakovsky, Fédier et France-Lanord, 2013, p. 17-18.

2 *Ibid.*, p. 18.

3 Là encore on se proposera de faire l'hypothèse, à l'avenir, d'une lecture des *Cahiers noirs* par Adorno, textes que bien évidemment il ne pouvait connaître mais dont le cours de 1960 *Ontologie und Dialektik*, grâce à la vertu et à la force de l'imagination dialectique fondées sur la critique de la langue, anticipe bien des questions que l'on pose encore avec réticence, au-delà des affinités et de l'engagement connu de longue date, c'est-à-dire dès les années 1930, comme le dit par exemple Hans-Georg Gadamer, dans le mouvement national-socialiste : « Quoi qu'il en soit, méditant depuis cinquante ans sur les raisons qui nous ont consternés jadis, et des années durant détachés de Heidegger, nous ne nous étonnerons pas (c'est la moindre des choses) d'entendre qu'en 1933 – déjà bien avant d'ailleurs, et combien de temps après ! – il "croyait" en Hitler. » (Gadamer, 2014, p. 142.)

puissance mythique innommable que seules quelques oreilles initiées pourraient entendre. L'ontologie cédant la place au poème où « la poésie qui pense est en vérité la topologie de l'Être[1] » devient, selon l'expression de Philippe Lacoue-Labarthe, « onto-mythologie », là où Heidegger, dans l'*Introduction à la métaphysique*, en 1935, revendique, « à cette date, comme unique savoir légitime de l'Histoire et de son origine, une "mythologie", si ce n'est *la* mythologie – contre toutes les sciences[2] ».

Dans la langue d'Adorno nous pourrons nous demander ce que signifie ce « besoin » de Heidegger, plus exactement de cette histoire de l'être aujourd'hui, devant laquelle s'efface discrètement le nom du penseur, comme le dit Heidegger des philosophes en général, pour penser la « détresse » de notre temps. Le différend persiste et s'accentue : qu'est-ce qu'une histoire de l'être comme dispensation, comme destin ou envoi dans lequel l'agir des hommes n'est que l'écume de la vague capable de tout emporter sur son passage ? Leurs décisions, c'est-à-dire ce pour quoi ils se décident, ne comptent-elles pour rien ? La critique de la décision (*Entscheidung*) par Adorno montre effectivement en quoi, en faisant abstraction des conditions et facteurs présupposés pour toute action, l'individu s'en trouve lui-même abstrait, dégagé de toute

1 « L'expérience de la pensée », Heidegger, 1990, p. 37.

2 Lacoue-Labarthe, 2002, p. 18. Il serait sans doute instructif, de ce point de vue, de porter une attention à un très court texte de François Fédier de 2001, intitulé « La politique ? Parlons-en… » (p. 239-251). Effectivement l'auteur n'en parle pas puisqu'il est entendu que l'essence du politique n'est pas politique et que les Grecs, cet universel abstrait, sont « le peuple impolitique par excellence » selon Heidegger en 1942. M. Fédier en prend à son aise en se contentant d'une caractérisation plus qu'indigente du concept de politique sous prétexte que c'est aujourd'hui ce que tout le monde, ou presque, pense. Il semble méconnaître aussi bien les analyses de Hannah Arendt que celles innombrables de l'anthropologie politique ou encore celles de Cornelius Castoriadis ou de Claude Lefort. Mais il est bien certain que toutes ces analyses chutent dans l'ontique, l'historique, et n'ont par conséquent au regard des hauteurs de l'histoire de l'être aucune portée pour comprendre ce que sont un engagement et un acte politiques. On notera par ailleurs, à peine amusé, qu'en 1942 la « politique » hitlérienne déclenche la bataille de Stalingrad, mais que rien n'est dit de ce qu'on nomme depuis lors la Solution finale. La question politique nazie ne semble en rien renvoyer à l'Extermination des Juifs. C'est la guerre et la mobilisation totale, sur le reste pas un mot, alors que M. Fédier prétend nous apporter quelques précisions et clarifications sur « l'idéologie nazie » ! Heidegger aurait pu trouver un meilleur avocat de sa cause politique. Bref, pour le dire en un mot, voilà bien un texte consternant qui semble soit prendre le lecteur pour un illettré, soit afficher un mépris à l'égard de quiconque ne parle pas et surtout n'entend pas la langue sacrée de Heidegger. Comme on le dit, affaire à suivre. Ce texte fait partie d'un recueil intitulé *Entendre Heidegger et autres exercices d'écoute* (2013).

imputabilité. Se tenir prêt à l'appel de l'être, même si son déploiement conduit à l'irreprésentable ? Comment résister à ne pas faire de cet appel une mystique de l'action aveugle imputable elle-même aux temps de détresse ? Contre tous ceux qui affirment que les chemins de Heidegger et d'Adorno se croisent, il faut au contraire insister sur le différend radical et irréconciliable qui tient d'abord à l'intention utopique et au point crucial selon lequel l'idée d'une société transformée, donc son institution politique, dépend de la liberté concrète, effective et de la capacité d'autodétermination des individus dans des conditions sociales et historiques qu'il faut à chaque fois penser.

On voit par là que ce troisième modèle doit être lu en conservant en mémoire ce différend irréductible où la question de la métaphysique établit un partage des « lieux » de pensée dont les implications politiques vont se loger jusque dans le concept d'utopie. Il est remarquable que Heidegger fasse usage de ce terme d'utopie, qui, le moins que l'on puisse dire, ne fait guère partie de sa langue, à propos d'une pensée poétique à venir, quand bien même il le reprend tout d'abord dans l'usage dépréciatif courant réduisant l'utopie à un vague idéal pour cependant en renverser implicitement le sens : la vraie utopie serait celle précisément d'une pensée poétique[1]. Or non seulement Adorno récuse cette idée d'une pensée poétique abandonnant, de manière d'ailleurs souvent équivoque, le concept pour l'invocation, mais il distingue très rigoureusement l'utopie de l'intention utopique de la pensée : l'utopie comme anticipation prédéterminée du monde à venir, comme projet

1 Heidegger, 1990, p. 37 : « Ce caractère de la pensée, qu'elle est œuvre de poète, est encore voilé. / Là où il se laisse voir, il est tenu longtemps pour l'utopie d'un esprit à demi poétique. / Mais la poésie qui pense est en vérité la topologie de l'être ». Voici ce qu'Edmond Jabès écrivait sur Heidegger, « amoureux fervent de la poésie », en 1988 : « Comment une pensée, telle celle de Heidegger a-t-elle pu pactiser avec l'horreur, croître au cœur même d'un nazisme triomphant, et, dans la sérénité, s'épanouir en intime harmonie avec ses forces vives ? [...] Récemment, à un philosophe italien de mes amis, je demandais : "Si l'Allemagne, cette Allemagne qui avait su trouver le "bon chemin" et dont Heidegger réaffirmait la vocation historique, avait gagné la guerre, que serais-tu devenu ? Et sur quel rivage désolé – ô détresse – ta pensée t'aurait-elle conduit ?" La réponse qu'il m'a donnée est celle-ci : "Je remercie le ciel de n'avoir pas connu ce jour." [...] Le silence d'Auschwitz a étouffé la voix du poète. Dans l'Allemagne de Heidegger, il n'y a pas de place pour Paul Celan. » *Europe*, octobre 2008, p. 311. S'il faut faire de cette terrible réflexion une question, on voit comment elle devient celle de la responsabilité politique de l'esprit ou de la pensée irréductible à la seule question de l'être comme détermination de l'histoire occidentale et des errements de son essence.

d'une société future construite par la raison et l'imagination, voire comme transformation de l'essence de l'homme et de la vérité, est à la fois doctrinaire et autoritaire, propre à engendrer le « monstrueux », alors que l'intention utopique, fragile, ne s'appuie tout d'abord que sur un énoncé minimal, à savoir que ce qui est peut être autrement. Mais cet énoncé requiert, pour être pensé, la critique dialectique autoréflexive de l'héritage métaphysique sans prétendre en constituer un dépassement. La question de la possibilité de la métaphysique, du point de vue de l'intention utopique, s'oppose doublement, en ce sens, au verdict de Heidegger dans « Dépassement de la métaphysique » : « Avec la métaphysique de Nietzsche la philosophie est achevée. Ce qui signifie qu'elle a passé en revue et circonscrit les possibilités qui lui étaient assignées[1]. » Non seulement la métaphysique est condamnée à ne plus se déployer que sous la forme d'une domination planétaire de la technique, mais la philosophie elle-même a en quelque sorte rendu son dernier souffle parce qu'elle ne se prolonge plus que comme la production de philosophies assimilées à des visions du monde. Adorno refuse ce double diagnostic et l'on peut penser que l'insistance de la question de la possibilité de la métaphysique, la volonté de conserver le terme lui-même, constitue une objection majeure à Heidegger de même que le refus de déterminer la philosophie par la question de l'être en la caractérisant par le pouvoir critique de la raison reconduit à ce qu'il nomme l'esprit de liberté des Lumières, irréductible à la période que cette expression désigne habituellement.

Que la critique d'Adorno ne prenne guère en considération la méthode par laquelle est introduite la question de l'être dans *Être et Temps*[2], et dans des cours antérieurs que de toute façon Adorno ne connaissait pas, on peut pour une part le concéder, mais est-elle pour autant invalidée dans ses implications là où elle prend la forme d'une histoire de l'être, notamment concernant le nazisme et l'extermination des Juifs d'Europe ? Pour Adorno une explication en termes d'essence de l'Occident comme cause ultime du nazisme, comme l'expose par exemple Lacoue-Labarthe dans *La Fiction du politique* qui utilise au fond le langage de Heidegger

1 « Dépassement de la métaphysique », Heidegger, 1958, p. 95.

2 Rappelons cependant que la critique de la méthode est déjà développée dans *Contribution à une métacritique de la théorie de la connaissance* sous le titre générique de phénoménologie ; voir par exemple p. 33-36.

dans sa critique de la mythologie heideggérienne en affirmant notamment que seul Heidegger nous permettrait de penser, malgré lui en quelque sorte, la césure historique d'Auschwitz[1], reste problématique parce qu'en un sens, interne à l'histoire comprise comme histoire de la philosophie ou, comme le dit Heidegger, de la métaphysique, histoire pensée en terme d'essence qui devient, après le renoncement à l'ontologie fondamentale, l'histoire de l'être comme évènement (*Ereignis*) et destination. L'histoire matérielle, effective des hommes, l'histoire politique ne seraient que l'écume d'une vague de fond commandant toute l'histoire occidentale à laquelle Heidegger donne le nom de nihilisme[2]. Le concept d'essence, quand bien même il ne serait plus pensé métaphysiquement[3], reste une des catégories fondamentales de la métaphysique : quelle langue l'arrache alors à cette appartenance à la métaphysique qui ne serait ni ontologie ni poésie philosophique ? Pour Adorno seule la dialectique négative y parvient parce qu'elle refuse la distinction non dialectique entre le développement historique des formations sociales et une prétendue historicité qui serait l'essence de l'histoire comme histoire de l'être : « L'historique dans l'histoire [*Geschichtlichkeit der Geschichte*] de l'être se détermine à partir du caractère destinal d'une destination [*Geschickhaften eines Schickens*], et non pas à partir d'un cours de l'histoire [*Geschehen*] entendu dans un sens indéterminé[4]. » Certes l'histoire de l'être n'est pas celle d'une ville,

1 Lacoue-Labarthe, 1987, p. 63 : « C'est pourquoi cet évènement, l'Extermination, est à l'égard de l'Occident la terrible révélation de son essence », et p. 73 : « C'est malheureusement ce que Heidegger, qui s'y entendait pourtant en césure (qu'est-ce d'autre après tout que l'*Ereignis* ?), et que Heidegger seul, peut nous permettre de comprendre, lui qui pourtant s'est obstinément refusé à reconnaître dans Auschwitz la césure de notre temps. » On pourrait se demander si ce refus ne serait pas, dans les termes d'Adorno, un déni ; Adorno dont la pensée, avec quelques autres, interdirait d'affirmer que seul Heidegger nous permettrait de penser cette césure historique, bien au contraire. À vouloir faire du nazisme un symptôme de la dévastation planétaire dû à la métaphysique, n'aboutit-on pas à nier la singularité de l'évènement et la césure ?

2 Dastur, 2006, p. 125.

3 Sans doute Heidegger redétermine-t-il le concept d'essence qu'il faudrait là encore entendre d'une manière totalement inédite, mais on se demandera dans quelle mesure tous les philosophes de la tradition n'ont pas eux-mêmes défini à nouveau ce concept au-delà de son acception la plus générale. Dire que « la technique n'est pas la même chose que l'essence de la technique » (voir « La question de la technique », Heidegger, 1958, p. 9) frôle la banalité consistant à affirmer que le chien n'est pas identique au concept de chien. Que l'essence présuppose par ailleurs un déploiement où ce qui est donné immédiatement ne reçoit sa vérité que dans sa fin, son actualisation, voilà ce que nous apprenons déjà chez Hegel.

4 Heidegger, 1990, p. 203.

d'un peuple[1], mais l'indétermination de principe attribuée à l'histoire concrète ne relèverait-elle pas d'un geste semblable à celui de Hegel, voire plus radical, dans la dénégation des conditions historiques dans et par lesquelles les hommes font l'histoire ? C'est ce qu'Adorno ne cesse d'objecter à Heidegger en soutenant qu'un tel déni fait de la puissance de l'être (*Seinsmächtigkeit*) comme destin, comme destination historiale (*Geschick*) une puissance mythique aveugle face à laquelle les hommes n'ont plus qu'à avouer leur propre impuissance. La phrase souvent citée, prononcée par Heidegger en 1966 dans une interview du *Spiegel*, « Seul un dieu peut nous sauver », confirme pour Adorno cette affirmation d'impuissance s'accompagnant nécessairement d'une résignation ou d'une approbation de ce qui est[2] : la pensée dialectique utopique ne promet rien aux hommes mais présuppose en chacun l'espérance que les choses peuvent être autrement et que l'organisation sociale, dans toutes ses dimensions, repose sur l'autonomie et l'autodétermination que l'idéologie, quelle qu'elle soit, renverse en hétéronomie pour justifier le cours des choses comme une loi inéluctable de la nature.

AUTORÉFLEXION DE LA MÉTAPHYSIQUE APRÈS SA SÉCULARISATION

La présupposition qui anime toutes les analyses qu'Adorno consacre à la métaphysique, d'origine wébérienne[3], est celle de la sécularisation de ses concepts ou catégories, comme sécularisation des représentations théologiques. Dans le cours sur la *Métaphysique* Adorno écrit que celle-ci serait « quelque chose comme une tentative de sauvetage des catégories à l'origine théologiques par et à partir de leur critique rationnelle,

1 *Ibid.*, p. 202.

2 « Parataxe », Adorno, 1984b, p. 341-348.

3 Dans son étude importante du « théorème de la sécularisation » Jean-Claude Monod écrit (2002, p. 95) : « Les généalogistes du concept de sécularisation s'accordent à reconnaître dans l'œuvre sociologique de Weber un tournant vers la stabilisation de la catégorie d'interprétation de l'histoire moderne, démarquée de l'interprétation idéaliste de l'Histoire et susceptible d'un traitement sociologique strict. » On constate qu'Adorno fait de cette catégorie un concept critique de l'idéalisme qu'il applique à la philosophie grecque elle-même.

donc par la raison[1] ». Dans ce même cours on peut aisément constater qu'à aucun moment Adorno ne fait de la question de l'être la seule et unique question fondamentale de la métaphysique. Ce n'est sans doute pas par ignorance ou désinvolture mais au contraire une manière tacite de dénoncer un coup de force de la part de Heidegger lorsque celui-ci affirme, dans l'introduction d'*Être et Temps*, que la tâche fondamentale consiste à répéter à nouveau la question de l'être (*Seinsfrage*) là où la métaphysique à nouveau en faveur la maintient dans l'oubli. L'oubli n'est pas celui de l'être mais bien davantage celui de son origine théologique et de son rapport à l'absolu, à la transcendance. Mais la thèse de la sécularisation transforme par là même l'histoire de la métaphysique en une histoire de la raison qui ne peut plus se prévaloir de son autonomie par rapport à l'histoire effective des sociétés humaines. Il faut, écrit Adorno à propos de la philosophie d'Aristote, procéder à une analyse des relations d'immanence de la pensée, du logique, dans un rapport dialectique complexe, avec les transformations sociales de la période grecque correspondant à la désintégration de la cité politique. En ce sens on pourrait dire que, selon Adorno, Heidegger accomplit un mouvement inverse : il théologise les catégories de la pensée, de la raison, tout en affirmant qu'il n'y a pas de point de rencontre entre la théologie et l'affaire de la pensée[2], construisant ainsi, à partir de la question de l'être, une nouvelle mythologie, irrationnelle. Il est bien évident qu'une telle critique se refuse à suivre les chemins empruntés par Heidegger dans sa critique de la raison occidentale à partir de l'histoire de l'être développée dès les années 1930. Mais s'il est un leitmotiv de la critique d'Adorno, c'est celui qui consiste à affirmer que le présent historique n'a pas besoin d'un « moins de raison » mais au contraire d'un « plus de raison » contre les démons d'un passé récent. Lorsque Heidegger conclut son essai « Le mot de Nietzsche "Dieu est mort" » ainsi : « Et la pensée ne commence que lorsque nous avons éprouvé que la raison [*Vernunft*], tant magnifiée depuis des siècles, est l'adversaire la plus opiniâtre de la pensée[3] [*Denken*] », la question qu'il faut poser n'est pas celle de savoir ce que serait une pensée de l'être qui nous sauverait de la raison, mais

1 Adorno, 2006a, p. 150.

2 Voici par exemple ce qu'écrit Heidegger en 1927 : « La théologie est une science positive et comme telle, par conséquent, absolument différente de la philosophie. » (1976, p. 49.)

3 Heidegger, 1962, p. 322.

celle de savoir comment il est possible de sauver la raison contre son propre pouvoir d'autodestruction. La sécularisation de la métaphysique oblige à poser une telle question à partir d'une dialectique matérialiste pour laquelle les formes historiques de la raison sont étroitement et inséparablement intriquées dans les formations sociales produites par la division du travail, le droit, l'État et l'ensemble des institutions comme processus de subjectivation.

Malgré ce processus de sécularisation, la métaphysique, comme la nostalgie de ce qui a été perdu, ne cesse d'appliquer ses efforts et ses concepts à la détermination de la transcendance, que l'autre du monde empirique soit dit absolu ou non, ou bien qu'il soit déterminé comme inconditionné en termes kantiens. D'une telle tendance il résulterait que ses catégories, à la fois comme déterminations de l'être et comme déterminations de la pensée, sont hypostasiées de sorte qu'elles deviennent par elles-mêmes le fondement de la métaphysique et du réel pensé par elle. Mais cette tendance est elle-même devenue problématique, comme le souligne Adorno en écrivant que nous avons perdu l'innocence qui permettait à la pensée de s'élever elle-même à un fondement ultime de la totalité du réel. Toute pensée métaphysique ne peut plus être qu'une réflexion (*Nachdenken*) sur la métaphysique, c'est-à-dire une autoréflexion critique de la pensée, des formes pures de la pensée[1] : la métaphysique n'est plus cette forme de connaissance qui déterminerait la légitimité de tous les savoirs, mais elle est elle-même « objet » d'une pensée critique qu'aucun système ne peut désormais fonder. Adorno renvoie notamment au chapitre « Critique de l'absolutisme logique » de *Contribution à une métacritique de la théorie de la connaissance* pour rappeler le principe de sa critique immanente : il s'agit de montrer en quoi la prétendue validité absolue des formes logiques ne prouve en rien le caractère absolu des formes de la pensée qui, conditionnées, sont entremêlées de catégories sociales et historiques – d'un *a priori* historique en ce sens.

Mais dans la mesure où le moment systématique de la pensée suppose toujours en même temps l'analyse historique, sous la forme de la construction de configurations, la question de la métaphysique, à la fois comme expérience spirituelle traduisant un champ de forces historiques et comme « objet » de la réflexion critique, ne peut plus être seulement

1 Adorno, 2006a, p. 151.

reprise à partir des problèmes traditionnels qui se posaient à elle. Il faut, écrit Adorno, poser la question de l'expérience métaphysique, de sa possibilité, à partir des extrêmes, c'est-à-dire à partir d'Auschwitz comme césure historique. L'argument répond à l'exigence de la *Dialectique négative* dans son entier : d'une part seule une pensée dialectique délivrée de toute essence affirmative peut réfléchir de façon conséquente la métaphysique, d'autre part le contenu de la métaphysique, de la transcendance, est lui-même radicalement transformé par l'expérience historique, par l'intramondain (*Innerweltlich*) et l'intratemporel (*Innerzeitlichkeit*), par l'histoire effective (*Geschichte*). L'expérience historique transforme ainsi le contenu et la forme de la réflexion sur la métaphysique[1]. Or l'expérience historique extrême, c'est, de façon paradigmatique, Auschwitz, et dans sa continuation historique la torture, le Viêt Nam. Considérant cette expérience historique, à partir des médiations qu'elle suppose à chaque fois, Adorno conclut qu'il n'est plus possible de maintenir un caractère affirmatif de la métaphysique elle-même, tel qu'il s'énonçait chez Platon et Aristote, un caractère positif de la transcendance, de l'absolu, pas plus que l'éternité des Idées du vrai, du bien, du beau. Il faut donc réfléchir sur « la valeur totalement transformée de la métaphysique[2] » non pas parce qu'elle serait achevée mais parce que toute répétition d'un geste métaphysique qui ferait abstraction de cette césure historique prendrait la forme de restaurations à caractère idéologique et autoritaire.

CÉSURE HISTORIQUE ET CARACTÈRE APORÉTIQUE DES CATÉGORIES DE PENSÉE TRADITIONNELLES

Où commencent ces méditations par lesquelles Adorno entreprend de modifier le concept de métaphysique et les prétendus grands problèmes éternels qui lui attiraient les faveurs de l'esprit ? C'est la conclusion de la partie précédente qui l'introduit en affirmant qu'il n'y a plus de pensée remémorante (*Eingedenken*) de la transcendance possible qu'en vertu de l'éphémère (*Vergängnis*). Cet « *Eingedenken* » serait l'autre nom

1 *Ibid.*, p. 153.
2 *Ibid.*, p. 154-155.

de ces méditations à la fois mélancoliques mais non résignées, ce triste savoir qui échoit à la pensée dans un monde hors de ses gonds. L'Idée de vérité immuable, celle des Idées éternelles, comme une sorte d'assurance et de confiance pour la pensée d'un être fini, ne sont pas seulement ruinées en raison de l'historicisme et du relativisme s'imposant depuis le XIXe siècle, mais bien davantage par cette catastrophe historique irréversible qui tout d'abord « paralyse la capacité métaphysique parce qu'elle a brisé pour la pensée métaphysique spéculative la base de sa compatibilité avec l'expérience[1] ». Pas même « l'information [*Auskunft*] téméraire de Hegel » de produire l'éternité par la négation déterminée du temporel, dans le procès de l'essence, éternisant cette négation, ne peut sauver une transcendance immuable. Pourquoi Adorno emploie-t-il ce terme « *Auskunft* » qui semble si peu approprié pour désigner ce geste spéculatif ? Ironie, comme si l'information que nous apportait Hegel n'était justement qu'une information, un renseignement relatif à sa tentative métaphysique spéculative échouée ou encore une annonce de l'esprit absolu devenue négation de l'esprit. Cela signifie au moins que la spéculation ne peut plus présupposer quelque chose comme l'éternité de l'esprit quand bien même il ne revient à lui qu'après une infinité de scissions et de déchirements. L'idée de réconciliation de l'esprit serait en ce sens définitivement condamnée par l'expérience historique d'Auschwitz. Ce ne serait pas seulement la sécularisation de la métaphysique qui rendrait l'absolu impensable et inaccessible mais l'absoluité de la monstruosité de la Shoah. S'il est toujours possible de contester subjectivement cette proposition, il est bien certain que pour Adorno une telle subjectivité pèse de peu de poids face à l'objectivité historique par laquelle chaque individu est d'abord déterminé. Aucune subjectivité transcendantale ne suffira à mettre entre parenthèses, même par réduction, cette coupure objective de l'histoire malgré une certaine continuité qui en prolonge les formes les plus grosses de destruction : le sujet, à partir duquel continue de penser Adorno, n'a d'autre réalité que sa capacité d'autoréflexion privée d'un fondement certain dernier. En ce sens la métaphysique échoue *a priori*, elle qui recherche un tel fondement, même si on peut écrire comme Heidegger qu'il s'historicise, au sens d'un destin, dans différentes figures de l'être, les Idées, la

1 Adorno, 1992, p. 283.

substance, la conscience et la subjectivité ou encore l'esprit, la volonté de puissance. Il y a plutôt comme une errance de la métaphysique sans sol assuré, sans positivité ou sens affirmatif. De ce point de vue l'idée encore métaphysique de *Dasein*, selon Adorno, devient, dans sa positivité, un scandale face à l'injustice faite aux victimes, de même que celle de destin. Par là même ce qui est invalidé, c'est la possibilité de se rapporter à une transcendance, quelle qu'elle soit, positive. Si l'on considère que c'est un argument éthique qui prévaut ici, en quel sens cela suffit-il à rendre compte de l'impossibilité de poser une transcendance, même inaccessible en fait, en quel sens cette césure historique vaut en quelque sorte comme question de droit distincte de celle du fait ? Il est certain que la réponse suppose nécessairement la thèse de la sécularisation de la métaphysique d'une part et exige une incessante démythologisation et un désensorcellement des concepts et catégories par le travail réflexif de leur dislocation d'autre part.

Mais il y aurait un autre argument, de droit, à savoir l'incommensurabilité entre la pensée et cette catastrophe impliquant l'impossibilité de l'expérience spirituelle d'un tel « évènement », c'est-à-dire, en d'autres termes, l'impossibilité de le penser, d'en rendre raison, au-delà même de son irreprésentabilité. Aucun concept, aucune expression adéquate ne pourraient le nommer. Il ne s'agit pas de dire que c'est seulement la mort en masse qui résiste ici à la pensée d'un point de vue quantitatif, mais que sa transformation qualitative, en raison de son organisation rationnelle, administrée, ce qu'on désigne par l'expression d'industrialisation de la mort, rend impropre toute détermination. Adorno, qui reprend avec réticence la dialectique hégélienne du quantitatif et du qualitatif, parce que de tels termes sont en un sens déjà un abus de langage par rapport à l'impossibilité de nommer, critique en même temps toute métaphysique de la mort, y compris, quoique implicitement, sous la forme de l'ontologie fondamentale du *Dasein* de Heidegger : l'individu est désapproprié (*enteignet*) de sa mort qui pour ce dernier est la possibilité la plus propre du *Dasein*[1] *(Der Tod ist eigenste Möglichkeit des Daseins)*. Ce concept existential de la mort est une abstraction[2] telle

1 Heidegger, 1986, p. 318.

2 N'est-ce pas une telle abstraction qui conduit Heidegger à écrire en 1946, dans la *Lettre sur l'humanisme* : « Aussi les jeunes Allemands qui avaient connaissance de Hölderlin ont-ils pensé et vécu en face de la mort Autre chose que ce que la publicité a prétendu

que l'on peut dire que le *Dasein* ne meurt jamais bien que l'individu meurt, plus encore que le *Dasein*, loin d'être le plus propre, serait le plus impersonnel, délié non seulement de toute subjectivité mais de toute individualité. Mais si dans les camps ce n'est plus l'individu qui meurt puisqu'il a déjà été réduit à une simple matière brute, à un exemplaire, cela n'affecterait pas le *Dasein* en lui-même. La question « Qui, dans les camps, meurt ? » est-elle posée par Heidegger, alors que ce dernier ne cesse de poser la question, depuis les années 1930, « Qui sommes-nous, en tant que peuple allemand ? », là où la question « Qu'est-ce que nous sommes ? » parle encore la langue de la métaphysique définissant l'homme comme un animal rationnel, un vivant doué du logos ? Certes on peut répondre que c'est en un sens l'humanité qui est assassinée en chaque homme, mais c'est aller trop vite, prendre le risque de l'abstraction. La dialectique reconduit à la conceptualité hégélienne pour exprimer l'indicible : « Auschwitz confirme le philosophème de la pure identité comme mort[1] », là où Hegel écrit : « Car, face à elle [la contradiction], l'identité [ici abstraite] est seulement la détermination de l'immédiat simple, de l'être mort[2]. » L'identité simple, immédiate est celle de la chose inerte, de ce qui est simplement en soi sans être pour soi, chose qui, privée de toute négativité, serait sans « mouvement et vitalité », un néant absolu, lequel se dérobe non seulement à toute représentation ou imagination mais au concept lui-même puisque pour Hegel le néant est toujours le néant de quelque chose, de ce dont il résulte.

Si la mort n'est pas un invariant, si elle est une catégorie historique, en quoi et comment Auschwitz représente-t-il là encore une césure irréversible ? Si l'accent porte d'abord sur ce caractère d'irréversibilité, en quoi la mort dans les camps d'extermination affecte-t-elle aujourd'hui encore la mort de l'individu ? Quelle continuité historique, sous l'apparente discontinuité du cours de l'histoire, faut-il construire pour justifier cette

---

être l'opinion allemande » ? La trouble équivoque de ces lignes s'inscrit dans une réflexion de l'être comme envoi destinal (*Das Sein als das Geschick*) et celle de l'absence de patrie (*Heimatlosigkeit*) comme destin mondial qu'il faudrait penser à partir de l'histoire, de la vérité de l'être. Cet héroïsme d'une mort au nom d'une poétique de l'être ne pose pas la question de la patrie que ces « jeunes » soldats (terme raturé en quelque sorte) s'en allaient défendre, si tel était le cas, ce qui ne semble pas être pour Heidegger une question politique. Mourir pour l'Allemagne nazie en déclamant des vers de Hölderlin serait-il donc un hommage au poète ? (Heidegger, 1983, p. 103.)

1 Adorno, 1992, p. 284.

2 Hegel, 2010, p. 67.

affirmation en apparence hyperbolique que la vie telle qu'elle s'éprouve aujourd'hui paraît cependant démentir : « La négativité absolue est prévisible, elle n'étonne plus personne [...] Ce que les sadiques disaient à leurs victimes dans les camps : demain, de cette cheminée tu partiras en volutes de fumée dans le ciel, nomme l'indifférence de la vie de tout individu, une indifférence vers laquelle va l'histoire : dans sa liberté formelle déjà il est aussi fongible et substituable qu'alors sous les talons des liquidateurs[1] » ? Corrigeant l'affirmation très controversée de l'essai intitulé *Critique de la culture et société*, écrit en 1949, année du retour d'exil, qu'« écrire un poème après Auschwitz est barbare », il accentue en un sens la portée de son propos en soutenant, en 1966, que la question, moins culturelle, devient : celui qui aurait dû être tué peut-il encore vivre après Auschwitz ? La continuité, factuelle, renvoie d'abord à l'existence des rescapés, de ceux qui n'auraient pas dû y échapper ou en revenir : « Culpabilité drastique des rescapés[2]. » Mais qu'est-ce que cela signifie alors pour aujourd'hui ? Qu'est-ce qui, pour Adorno, nous lie encore, comme une continuité aveugle ou une dynamique historique répétant « le même » malgré des formes sociales et historiques en apparence différentes, à ce passé placé sous le signe de la catastrophe d'une seconde nature ? L'idée, souvent avancée par ce dernier, de froideur de l'individu socialisé, comme « principe fondamental de la subjectivité bourgeoise », froideur nécessaire pour survivre dans cette société qui ne tolère aucune altérité susceptible d'en faire sauter les verrous, est conforme à celle qui affirme que les conditions qui ont produit les hommes capables d'accomplir une telle monstruosité demeurent, structurellement et fonctionnellement, les mêmes. La froideur, c'est-à-dire en même temps l'indifférence à l'égard de ce qui a lieu au-delà des intérêts particuliers, du principe de conservation de soi de la société bourgeoise affectant la raison et le pouvoir de réflexion, annihile en même temps la capacité de résistance des individus, la force du sujet qu'il faudrait précisément sauver. La subjectivité, fabriquée socialement, inclut en elle-même un principe qui, en contradiction avec l'institution d'une société vraiment humaine, constitue un pouvoir toujours plus disproportionné d'autodestruction. Si la question de la possibilité de l'expérience métaphysique engage le concept de subjectivité, il faut en même temps le penser contre les

1 Adorno, 1992, p. 284.
2 *Ibid.*

catégories métaphysiques traditionnelles, issues d'abord, pour Adorno, de l'idéalisme allemand, comme conscience de soi et esprit, sans fabriquer, par l'artifice de la langue, de nouveaux concepts, tels ceux de Heidegger, toujours entachés, selon Adorno, d'un idéalisme latent où les néologismes d'une prétendue langue nouvelle dans la langue allemande elle-même, inouïe, ne font que creuser l'abîme dans lequel sombre l'histoire effective des hommes[1]. Ni la subjectivité, ni le *Dasein* et encore moins l'être ne peuvent revendiquer le titre de principe métaphysique ou ontologique et le saut vers une autre pensée obscurcit l'esprit critique plus qu'il ne l'éveille. La subjectivité n'est un principe qu'à la condition d'en déterminer négativement la forme et le contenu, de la nier comme principe dès lors qu'elle est une objectivité historique, un contenu effectif se retournant contre elle-même. C'est en ce sens que la critique de la philosophie se fait critique de l'idéologie, c'est-à-dire de la préformation sociale, objective de la subjectivité qui ne veut rien en savoir. La subjectivité, déliée de tout fondement transcendantal, reconduit toujours à l'individu empirique individualisé socialement et soumis, par conséquent, aux contradictions qui le déterminent avant qu'il ne se pense comme sujet. Mais chez Adorno la contradiction devient paradoxe, dont on peut lire l'expression dans l'affirmation suivante : « L'inhumain, la capacité de s'élever et de se distancier en devenant spectateur, est finalement précisément l'humain contre lequel les idéologues se dressent[2]. » L'inhumain caractérise celui qui n'est pas tout à fait présent, qui se refuse à jouer le jeu que l'ordre social établi exige de lui : l'inhumain n'est que la négation d'un ordre prétendument humain, il ne définit aucune essence anhistorique de l'homme, aucune subjectivité originaire instituante. Renversement paradoxal qu'expliquent en même temps une culpabilité, une dette qui n'affleurent que par instants à la conscience. Si la continuité est celle d'une dette, elle implique et oblige à la philosophie[3] comme une

1 Cette langue archaïsante qu'Adorno commente dans *Ontologie und Dialektik* en partant des sentences ou « aphorismes » de *Aus der Erfahrung des Denkens* de 1947 (*L'Expérience de la pensée*) est une langue contaminée que l'on pourrait déchiffrer dès *Être et Temps* de 1927 (Heidegger, 1986, p. 245).

2 Adorno, 1992, p. 285. Dans le cours de 1963, *Probleme der Moralphilosophie* (2010, p. 251), Adorno rappelle ses réticences à faire usage de l'expression (*Ausdruck*) « Humanité » et explique aux étudiants qu'ayant décliné l'invitation insistante à adhérer à une association humaniste, il l'aurait peut-être fait si elle s'était appelée une association inhumaine (*inhumane Union*).

3 Adorno, 1992, p. 285 : « Cette culpabilité se reproduit constamment parce qu'à aucun moment elle ne peut être totalement présente à la conscience. C'est cela et rien d'autre

autoréflexion non pas simplement subjective ou se donnant pour seul objet les concepts et leur logique mais objective et historique. Si l'on devait nommer l'affaire même de la philosophie, la chose même pour reprendre l'expression classique depuis Hegel, on dira donc que c'est une dette à l'égard de ce que les hommes ont pu faire aux hommes, une injustice majeure que rien ne peut effacer : c'est pourquoi penser, en ce sens, c'est rendre justice, faire parler une souffrance indicible. La philosophie reçoit son impulsion, chez Adorno, de ce qu'il nomme la vie mutilée comme négation d'une vie juste et bonne qui en était l'idéal antique, elle est éthique quand bien même elle ne consiste pas, en elle-même, à prescrire des règles de conduite. Seul ce qu'il désigne comme le moment utopique de la pensée peut répondre à une telle exigence qui au regard de beaucoup peut apparaître soit comme naïve, soit comme une vague morale teintée d'humanisme. Mais nous verrons qu'il n'en est rien et que l'exigence d'Adorno ne cède rien sur la nécessité de la pensée et sa rigueur.

SCANDALE DE LA DIALECTIQUE MATÉRIALISTE CONFRONTÉE À LA « PUANTEUR DE LA CHAROGNE »

La forme de cette philosophie ne repose d'abord que sur la négativité comme mouvement même de la pensée. Elle n'est ni une philosophie sociale, ni une anthropologie interrogeant, d'un point de vue universel, la condition humaine. Elle ne parvient à pénétrer l'objectivité par le concept, ou encore ce qui est terre à terre (*Das Pedestre*) que si elle s'élève au-dessus de ce qui se donne comme des faits suffisants en eux-mêmes pour une conscience triviale, pour le sens commun. La difficulté à la définir, sur laquelle revient régulièrement Adorno, tient autant à son « objet » qu'à la forme de la pensée qu'elle engage. Si elle est une forme de l'esprit, comme il l'a auparavant affirmé, elle reste marquée par une indétermination due à celle de l'esprit lui-même dans la mesure où elle exige un « passage au

---

qui oblige à philosopher. » Ce motif renvoie au concept de *Schuldzusammenhang* dont nous avons déjà souligné la fonction critique à l'égard de la tendance de la philosophie à s'abstraire de toute genèse historico-politique.

matérialisme » afin de sauver les phénomènes, ou plus précisément les conditions matérielles d'existence des individus socialisés, de l'abstraction généralisante par laquelle l'esprit s'abstrait de la réalité matérielle. Dès lors son contenu devient d'autant plus problématique qu'il renvoie tout d'abord à l'impossibilité de l'expérience dont elle dépend pourtant dans tous ses moments, impossibilité qui s'impose à la conscience de l'individu par rapport au processus rationalisé de l'extermination des Juifs. Mais cette impossibilité de fait n'annule pas, bien au contraire, la nécessité de l'expérience objective et historique du tout d'une société qui a produit Auschwitz. Le concept de vérité, qu'elle ne peut supprimer, devient alors lui-même problématique quant à sa forme et à son contenu : non plus l'adéquation qui la définissait classiquement, dans l'ordre d'une pensée représentative, pas plus que la vérité spéculative comme sursomption dans le concept, il lui faut trouver un autre « lieu » que le transcendantal sous quelque forme que ce soit. Ce caractère aporétique de la vérité, du concept de vérité, requiert en ce sens une confrontation avec la métaphysique qui en avait jusqu'à présent revendiqué le titre et la dignité. Mais l'histoire et la sécularisation de la métaphysique sanctionnent ce savoir de la vérité sans qu'on puisse même prétendre le restaurer. Une remarque encore une fois paradoxale semble indiquer toutefois le chemin peut-être le plus étroit et vacillant pour sauver l'idée de vérité. En effet Adorno soutient qu'une conscience triviale serait à sa manière plus proche et plus appropriée à ce qui est qu'une conscience sublime, celle de l'époque des grandes métaphysiques, quand bien même cette conscience commune et en quelque sorte spontanée s'en tient à l'idée de vérité représentative comme adéquation. Dans un renversement opéré à plusieurs reprises par ce dernier, contre l'idéalisme mais aussi contre la pensée de la vérité de l'être de Heidegger, ce n'est pas la prétendue dignité des objets de la pensée qui détermine *a priori* la valeur et la dignité de la pensée. Par conséquent rien n'autorise, en un geste de dédain, à se détourner de ce qui paraît soit le plus contingent, soit le plus insoutenable – l'horreur de ce monde qui a produit Auschwitz et se perpétue – si l'on prétend rendre justice à la pensée et au monde. Mais il y a comme un abîme qui menace la pensée elle-même de folie, celui de l'irreprésentabilité de l'extermination. Que la conscience commune en ait en quelque sorte le pressentiment montre en même temps ses limites puisqu'il ne peut justement pas y avoir d'adéquation entre cet abîme, qu'on ne peut pas renoncer à penser, et la représentation que l'on s'imagine pouvoir s'en faire. Ici tombe l'interdit des images qui jouera, comme nous le verrons par la suite, une fonction décisive pour tenter de sauver la métaphysique. Mais cela signifie tout d'abord que la vérité ne peut être recherchée dans des valeurs transcendantes, immuables, et qu'elle se rapproche en revanche au plus près de ce qui a été commis par la barbarie, de ce que, du point de vue matérialiste, Adorno nomme la puanteur de la charogne. La vérité n'aurait plus, tout d'abord, l'éclat et la brillance de l'Idée platonicienne, la pureté de ce que la pensée aurait arraché à la pesanteur d'un monde par trop terrestre, elle porterait les stigmates de l'horreur sans nom. Une pensée métaphysique qui voudrait s'épargner ce trait intramondain de la vérité, comme négation même du monde humain, soit resterait académique soit trahirait son approbation au cours du monde tel qu'il continue de répéter l'horreur en la refoulant. Dans les termes d'Adorno, qu'il est nécessaire de situer historiquement, cette perpétuation du pire prend les noms, en 1965, du Viêt Nam, de la torture institutionnalisée ou encore de la bombe atomique : il nous semble qu'il ne serait guère difficile, aujourd'hui, de multiplier les noms de ces lieux où s'accomplit l'horreur sous nos yeux fatigués par l'impuissance d'y répondre. Paradoxalement il nous faut faire, si l'on suit Adorno, l'expérience de ce dont précisément nous ne faisons jamais directement l'expérience : que cela implique une forme de subjectivité n'a de signification que si on la rapporte au moment de la médiation objective contraignante qui interdit de penser l'expérience comme simple vécu subjectif s'accompagnant éventuellement d'une empathie abstraite, nécessairement coupée de ce à quoi elle s'applique. Il y a certes un moment individué de l'expérience, comme Adorno le rappelle dans la « Dédicace » de *Minima Moralia*, mais il ne faut pas le confondre avec un simple subjectivisme, pas plus qu'il ne consiste à exprimer une vague vision du monde morale ou spirituelle. L'expérience n'a pas sa mesure en elle-même mais dans le monde objectif, dans ce qu'Adorno nomme le primat de l'objet. Dès lors que celui-ci est l'indicible de l'extermination, c'est-à-dire pas seulement le fait de l'extermination mais « cette chose même » sans nom qu'il faut tenter paradoxalement de nommer, le savoir qu'il requiert ne peut tout d'abord être que désenchanté sans céder toutefois au repli voire au retrait par rapport au monde, attitude somme toute cynique pour Adorno parce que l'individu est de ce monde, qu'il le veuille ou non.

PARADOXE ÉTHIQUE ET TRISTE SAVOIR

Ce triste savoir qu'Adorno revendique, dès *Minima Moralia*, en 1944, celui d'une « doctrine de la vie juste » que le monde social et historique s'emploie, par tous les moyens, à rendre impossible et finalement, par cynisme, vain, reste la mesure de ce qu'il nomme un nouvel impératif catégorique dont la formule serait : que rien de semblable à Auschwitz ne se répète. Mais de même que Kant ne pouvait déduire de façon purement rationnelle l'idée d'une donation de la loi morale, un tel impératif, de même que celui de ne pas torturer, ne paraît susceptible d'aucun fondement dans la raison tel qu'il s'imposerait de façon universelle. Paradoxe éthique qui ne doit pas céder devant un réalisme bien compris qui, tout en déplorant la torture, en admet cependant le moyen comme un mal nécessaire. Si l'impossibilité de le fonder métaphysiquement sur des valeurs idéales traditionnelles est avérée, c'est elle-même qui oblige à un passage à ce qu'Adorno nomme « un motif matérialiste sans fard ». En lui seul survivrait quelque chose de moral, ce qui ne constitue pas encore une morale sociale, objective. La justification est d'abord historique : « Le cours de l'histoire rend nécessaire le matérialisme dont l'opposé non médiatisé était, traditionnellement, la métaphysique[1]. » Il est bien certain que des esprits avertis se précipiteront pour dénoncer l'idée que l'histoire serait en quelque sorte l'instance dernière d'une décision morale, autorisant dans sa généralité un relativisme problématique susceptible de justifier le mal comme un moment nécessaire du bien. Mais à aucun moment Adorno ne fait de l'histoire un sujet anonyme se réalisant par lui-même – véritable entité métaphysique qu'il a critiquée contre un certain marxisme, notamment celui de Lukács – et encore moins admet-il le postulat idéaliste que l'histoire produirait ses effets comme une loi naturelle. Le cours de l'histoire, quand bien même il manifeste une tendance aveugle, ne peut être appréhendé qu'à partir de ce qu'il nomme l'expérience historique, l'expérience objective par laquelle le sujet se détermine comme un être historique dont la capacité de réflexion est intrinsèquement entremêlée des catégories sociales qui le préforment comme individu socialisé. Si

1 *Ibid.*, p. 286.

le moment du « sujet », sans lequel il n'y a pas de pensée possible, ne peut être abstrait et séparé du moment objectif, ce n'est qu'en déchiffrant les médiations et par conséquent le négatif qui le détermine qu'il pourra faire l'expérience de sa propre historicité sans prétendre « sauter » par-dessus ou au-delà de son temps. Rien ne peut faire que les choses n'aient pas eu lieu, pourrait-on dire, ni même le déni ou le refoulement. Mais le plus difficile n'est pas de reconnaître cette évidence, dès lors qu'on ne prête pas sa voix à quelque idéologie négationniste, s'agissant de la Shoah, mais de commencer à penser ce qui échappe précisément, par avance, à tout lieu de pensée rapporté à la seule fonction de représentation. Le matérialisme sans fard va consister, de façon paradoxale et excessive, hyperbolique, à nommer tout d'abord le « lieu » à partir duquel il deviendra possible de penser l'expérience historique débarrassée de tous ses recouvrements culturels et idéologiques, cette apparence socialement nécessaire qui dissimule par principe la totalité. En ce sens, c'est tout d'abord ce qu'Adorno nomme la culture – à la fois les institutions, l'organisation rationalisée et la production industrielle de masse de biens culturels comme biens de consommation – qui, participant à la barbarie, est assimilée aux immondices, aux déchets que la société satisfaite d'elle-même produit : « Toute culture après Auschwitz, y compris sa critique pressante [*dringlich*], est immondice[1]. » Adorno justifie cette affirmation en apparence outrancière en rapportant une expression sans doute apocryphe de Brecht où il est dit que la culture est un palais bâti en merde de chien. Mais ce n'est pas seulement l'excès qui ici prévaut. Il y a semble-t-il une contradiction qui tend à annuler tout moment, toute instance critique : la nécessité de la critique, son caractère insistant qu'il faut distinguer de l'urgence, de la détresse (*Not*) heideggérienne, serait par avance compromise avec la culture dont elle instruit le procès. Cette compromission de fait oblige en quelque sorte la pensée à jouer le rôle du fou : « La pensée qui devant ce qui est misérablement ontique ne capitule pas, est réduite à néant face à ses critères, la vérité à la non-vérité et la philosophie à la folie. Cependant la philosophie ne peut abdiquer si elle ne veut pas que l'abrutissement triomphe dans la réalisation d'une contre-raison[2]. » Il ne s'agit pas tant d'une posture que d'un geste de retournement dialectique pour mettre en évidence et

1 *Ibid.*, p. 287.
2 *Ibid.*, p. 315.

briser l'apparence (*Schein*) d'une totalité qui prétend être le vrai. Briser en quelque sorte le miroir lisse dans lequel la société s'apparaît en confondant son image avec ce qu'elle est véritablement. Le fou lui tend un miroir brisé pour lui signifier sa désintégration, sa décomposition qui métaphoriquement prend les noms de déchets et d'immondices. La société telle qu'elle est s'exprime dans l'allégorie du premier homme qui massacre à coups de gourdin des rats : violence originaire qui fascine l'enfant au point qu'il s'y identifie. Ce premier homme n'est pas, cependant, l'homme naturel, sorti démuni des mains de la nature, ni même créé de rien par Dieu, il est un propriétaire d'hôtel. En ce sens il est le prototype du bourgeois qui, dans son hôtel où l'on accueille bien les voyageurs en leur offrant le confort et le luxe attendus, s'adonne par vengeance, dans les caves et dans la cour, à une violence archaïque contre la nature réprimée et refoulée. Les basses œuvres sur lesquelles est édifiée la culture doivent rester dissimulées aux hommes qui jouissent des biens culturels. L'enfant en garde un savoir inconscient que l'adulte s'empresse de vouer à l'oubli. Adorno développe un argument psychogénétique, dans l'esprit de Freud, tout en cherchant à remonter en deçà de la théorie de la sexualité de ce dernier. L'attrait de la puanteur de la charogne, de l'odeur des excréments renverrait en ce sens à un refoulement originaire plus énigmatique que celui de la zone anale qui chez Freud, génétiquement, correspond au deuxième stade de la constitution de la sexualité. Si ce refoulement originaire est l'indicible de la puanteur des cadavres, de la mort administrée dans les camps d'extermination, il aurait plus à voir avec la pulsion de mort que la culture transfigure en une logique intégrant la mort physique comme soubassement inavouable. La destruction de l'esprit trouverait, dans celle de l'impulsion somatique constitutive, dialectiquement, de l'esprit, sa première vérité. Tel serait le motif de ce surprenant matérialisme sans fard où la souffrance et la mort physiques enfermeraient un savoir inconscient mais refoulé au plus proche du savoir absolu : « Celui qui parviendrait à se rappeler ce qui s'empara de lui lorsqu'il entendit les mots fosse à charogne et chemin aux porcs, serait certainement plus près du savoir absolu de Hegel que dans le chapitre où il le promet au lecteur pour le lui refuser hautainement[1]. » Si Hegel fait de la mort le maître absolu, il transfigure en esprit cette mort qu'Adorno, de façon presque triviale pourrait-on dire,

1 *Ibid.*, p. 287.

reconduit à la mort physique. L'objet le plus haut et le plus digne de la métaphysique, l'esprit, est rappelé à la contingence, à l'éphémère de l'existence qu'aucune sublimation ne peut surmonter une fois pour toutes. Le ressouvenir n'est plus simplement celui de l'esprit en lui-même à travers tous ses déchirements, il est ce qui résiste en ce sens à la pensée, la souffrance mortelle de la mort, comme une cicatrice qui ne peut se refermer. La culture est fondée, comme on le dit pour un édifice, sur un tel déni : cet oubli rend possible l'horreur comme une fatalité naturelle là même où elle est accomplie par des hommes modelés par la culture. La face sombre de la métaphysique, qui prétend se tourner vers des valeurs sublimées, provient du fait, écrit Adorno, qu'elle n'échappe pas à l'emprise de la culture comme barbarie : « La métaphysique a fusionné avec la culture[1]. » Cela signifie tout d'abord qu'elle s'est mise au service de l'abaissement des hommes jusqu'à leur plus complet avilissement. Une telle généralisation peut certes diminuer la valeur même de l'argument. De quelle métaphysique, historiquement, s'agit-il ? Sans nul doute Adorno parle-t-il, ici, du présent de la métaphysique, de ce qu'il nomme habituellement les restaurations métaphysiques proches en cela de la théologie. L'une comme l'autre, en absolutisant l'esprit qui serait la plus haute expression et affirmation de la culture, ne font que répéter le geste d'une violence refoulée qui se retourne contre les individus existant en chair et en os. Ainsi la question posée, de savoir pourquoi Dieu n'a rien fait face à l'extermination, est une offense redoublée faite aux victimes parce qu'elle est formulée au nom d'un esprit qui n'est plus qu'une idée sans contenu comme négation de ce monde-ci[2]. Au nom de l'esprit l'histoire effective n'est rien d'autre qu'une question pour l'esprit, abstraction faite de l'existence d'aucun homme : l'esprit pourrait en ce sens continuer de s'entretenir avec lui-même alors que le monde serait totalement englouti, de même que l'histoire de l'être, son déploiement historial, n'est en rien perturbée par l'action ou l'inaction des hommes. À cela, à cette métaphysique plus que compromise, Adorno oppose Beckett. Dans l'essai intitulé « Pour comprendre *Fin de partie* » qu'il interprète comme la seule expression possible de l'indicible de l'extermination, l'identité abstraite de la mort comme indifférence absolue pire que le néant est assimilée aux

1 *Ibid.*, p. 288.
2 *Ibid.*

excréments, à l'existence comme pur déchet sans nom, éternisé : « C'est le "tu retourneras à la poussière" de l'Ancien Testament, traduit en "ordure". Dans cette pièce, les excréments sont la substance de la vie, qui est la mort. Mais l'image sans images de la mort est celle de l'indifférence[1]. » La radicalité de l'absurde, auquel on ne peut même plus rapporter l'existence comme le fait l'existentialisme encore métaphysique et abstrait en ce sens, provoque l'indignation du rescapé qui cherche un sens positif à la vie et proteste de ce pessimisme sans issue incarné par les personnages de Beckett. Si l'on peut comprendre cette exaspération d'un point de vue subjectif, elle reste cependant en deçà de ce qu'il faudrait penser à partir d'une configuration historique qui prive justement les hommes de ce à quoi ils pourraient aspirer. Nulle métaphysique de l'esprit prétendument fondée sur des valeurs immuables, y compris celle de dignité de l'humanité, ne suffit à racheter le crime contre l'humanité dans l'espoir d'une société réconciliée. L'une des expressions possibles d'un tel crime face auquel la mort même ne serait plus à craindre serait celle de Beckett dans *Fin de partie* : « L'absurdité finale, c'est qu'on ne peut plus distinguer la paix du néant de celle de la réconciliation[2]. » Ce qui a eu lieu dans les camps d'extermination est pire que la mort ou le néant lui-même : toute métaphysique de la mort qui, d'une manière ou d'une autre, l'héroïserait ou la sublimerait, reviendrait à effacer ce mal absolu comme césure historique irréversible.

INAVOUABLE MÉTAPHYSIQUE DE LA MORT

Que ce soit dans le cours sur la métaphysique de 1965, dans le *Jargon de l'authenticité* ou dans la *Dialectique négative*, l'expression « métaphysique de la mort » désigne toutes les formes d'absolutisation de la mort et le plus souvent ce qu'il nomme l'ontologisation de la mort impliquée par l'analytique existentiale de l'être-vers-la mort du *Dasein* chez Heidegger. Elle est métaphysique parce qu'elle reconduit la mort à une expérience

1 Adorno, 1984b, p. 237.
2 *Ibid.*

originaire qui en nie le caractère historique et social alors que la mort est au contraire une catégorie sociale dont les contenus historiques modifient à chaque fois la signification par elle-même toujours problématique. Le radicalisme de la question de l'être, celui de la destruction des catégories ontologiques, se soustrait en même temps à l'histoire concrète effective qui ne relèverait plus que de la contingence et de l'indifférence. En ce sens l'ontologie de la mort et sa « réclame » (*Reklame*) – comme un mot vedette caractéristique du jargon – pour une mort héroïque, fait cause commune avec la trivialité du « il faut mourir » : l'une et l'autre se confondent en une idéologie qui répète, dans la culture, la loi immuable de la nature. Tenter de justifier métaphysiquement la mort paraît d'une part superflu et d'autre part ne permet aucune adéquation entre la conscience et l'expérience de la mort : « Son élévation métaphysique la délie de son expérience[1]. » L'expérience de la mort, qui ne renvoie à aucune représentation possible, résiste, même dans les sociétés traditionnelles où elle est ritualisée, à toute intégration complète dans la conscience et dans la vie : contre Heidegger elle ne constitue pas, comme structure existentiale, la totalité de l'existence mais reste, pour une part irréductible, ce qui est extérieur et étranger à la vie. Même sa rationalisation, dans la société bourgeoise qui, pour la conjurer face au désespoir, finit par en faire son bien, sa propriété (*Eigentum*) – ironie retournée contre le propre (*eigentlich*) de la mort heideggérienne –, ne parvient pas à éliminer ce qu'il y a en elle d'incommensurable[2]. S'il y a un invariant de la mort, ce ne pourrait être que cette incommensurabilité qui en même temps reçoit historiquement des noms différents bien que la langue elle-même s'évertue vainement à l'exprimer : « Dire que la mort est toujours la même est aussi abstrait que non vrai ; la figure dans laquelle la conscience s'accommode de la mort varie avec toutes les conditions concrètes, avec la façon dont quelqu'un meurt, jusque dans la *phusis*. C'est une nouvelle horreur que celle de la mort dans les camps : depuis Auschwitz la mort signifie avoir peur de quelque chose de pire que la mort[3]. » Ce quelque chose de pire que la mort n'est pas pour autant dû à sa simple désappropriation comme s'il était retiré à l'individu la possibilité propre de sa mort en tant que *Dasein*.

1 Adorno, 1992, p. 289-290.
2 *Ibid.*, p. 289.
3 *Ibid.*, p. 290.

Pour Adorno, cela s'apparente à la souffrance indicible du torturé. On pourrait y voir une contradiction là où il faut comprendre que la mort dans les camps est comme un cri que plus rien ne peut faire taire, un cri auquel les vivants doivent restituer une voix, un nom sans même qu'il puisse abolir l'horreur de cette mort. Le seul contrepoint possible serait l'idée messianique suivante : la mort ne serait plus à craindre que si chaque moment de la vie était rempli comme une vie juste accomplie non pas seulement dans la sphère privée de l'expérience mais dans des conditions objectives. La société bourgeoise, l'intégration civilisatrice de la mort ne fait que la rendre plus effroyable là où la vie n'a pas été vécue : « Moins les sujets vivent, plus brutale, plus effrayante la mort[1]. » On pourrait facilement faire grief à Adorno, dans une telle expression, de céder lui-même à une forme d'abstraction. Que signifie vivre moins, et non pas intensément comme le dit la traduction pour rendre de toute évidence le rapport entre le moins et le plus, à quel contenu concret cela peut-il renvoyer ? La réponse est d'abord éthique, celle de ce qu'il nomme la vie juste. Mais en outre, du point de vue utopique, elle contient nécessairement cette part d'indétermination s'opposant au sens positif, affirmatif prescrit par la société existante. Le moins, comme signe négatif, correspond dans cet état social à la réification : briser cette réification, c'est en inverser le signe. Ce qui n'est possible que dans une société radicalement transformée. Dans le cours sur la métaphysique, Adorno fait référence à Ernst Bloch pour rendre compte de ce motif utopique où dans ce monde-ci « il n'y a pas une seule vie humaine qui égale ce que chacun d'entre nous *pourrait* être[2] » : l'utopie de la possibilité de mourir réconcilié suppose la réalisation dans chaque vie de ses possibilités infinies, ce qu'interdit l'ordre social existant. En montrant l'intrication de la mort, phénomène biologique, avec l'histoire sociale, Adorno se dresse à la fois contre l'inéluctabilité de la mort, son caractère insensé et les consolations qu'on chercherait, jusque dans l'extrême vieillissement, dans un « noyau humain » résistant encore à la dégradation. Ce geste qui pourrait surprendre – comme si, d'un point de vue utopique la mort pouvait être vaincue – consiste à s'élever contre la métaphysique qui fait de la mort un absolu impensable qu'il faudrait

1 *Ibid.*, p. 290.
2 Adorno, 2006a, p. 193.

cependant penser. Cette contradiction, qu'on retrouve dans les religions positives justifiant le désespoir du monde pour mieux glorifier le nom de Dieu, n'est pas une des moindres raisons de poser la question de la possibilité de la métaphysique là où son langage, sa logique échouent à exprimer la mort. L'expression problématique de l'expérience de la mort, que nul sujet ne peut faire comme sujet de la mort, redouble le caractère apparemment aporétique de l'expérience métaphysique après Auschwitz. Ni les réponses pragmatiques et résignées du « c'est ainsi », ni une pensée de la finitude fondée sur l'idée de condition humaine – concept dont Adorno ne cesse de dénoncer l'abstraction – ne justifient cependant le renoncement à penser une telle expérience. Au contraire il s'agit de montrer qu'il est possible et nécessaire de sauver dans la métaphysique elle-même un moment de vérité sans lequel la pensée elle-même n'aurait plus « d'objet », se réduisant à une simple fonction instrumentale. Il faut donc s'attacher aux différents moments qui contribuent à déterminer le concept d'expérience métaphysique pensé avec et contre l'héritage philosophique issu de Kant et Hegel. Mais c'est, paradoxalement, un écrivain, Marcel Proust, qui approcherait au plus près une telle expérience métaphysique.

LE NOM PROUSTIEN COMME ACCOMPLISSEMENT DU CONCEPT ET L'INTENTION UTOPIQUE

Il ne s'agit pas, pour Adorno, de faire d'*À la recherche du temps perdu* une œuvre littéraire dont on pourrait extraire une métaphysique à la manière d'une vision du monde. S'il y a un paradoxe dans l'affirmation que l'expérience métaphysique nous serait plus proche chez Proust que dans les expériences religieuses prétendument originaires, restauratrices d'une fausse et illusoire transcendance, il se rapporte à la langue et plus précisément à ce qu'on pourrait appeler un défaut de langue de la langue philosophique dont le *medium* n'est autre que le concept. Ce que dénie la langue philosophique, c'est le moment d'expression contenu dans le nom. Adorno cherche à en administrer la preuve, comme nous l'avons montré, dans son analyse de la langue hégélienne dont il dit qu'elle est une langue sans langue. Le concept, par son pouvoir d'identification et d'universalisation, réduit le nom à un simple signe conventionnel, contingent, incapable d'exprimer un contenu de vérité. Il n'est, dans la langue philosophique, qu'un moment d'extériorité qui neutralise sa valeur de signification. Retournant Proust contre Hegel, Adorno attribue au nom, moment d'expression de la langue, par son pouvoir de dire ce qui est individué, une différence qualitative irréductible au concept subsumant le particulier sous l'universel : « C'est uniquement en considération de l'individué absolu, indissoluble qu'il est possible d'espérer que c'est précisément ceci qu'il y a déjà eu et qu'il y aura ; c'est seulement en y satisfaisant qu'on accomplirait le concept du concept[1]. » Si le concept rempli (*erfüllt*) correspond à la visée utopique de la connaissance, ce serait le nom qui en accomplirait l'intention. Mais cela ne signifie en aucun cas que la philosophie devrait prendre la forme de la littérature comme si on pouvait voire devait éliminer le moment conceptuel de détermination propre au langage philosophique. Ce n'est que dans un rapport et une tension dialectiques que l'intrication du nom et du concept peut être pensée, de même qu'ils sont eux-mêmes des sédimentations historiques de significations d'abord figées, réifiées qu'il faut briser par l'autoréflexion. Noms et concepts n'acquièrent de valeur de connaissance que dans des constellations qu'il revient à la pensée critique de construire puisqu'il n'y a aucune immédiateté, aucun donné qui ne soient en même temps médiatisés. Le nom, chez Proust, répondrait ainsi à une dialectique du proche et du lointain où le bonheur dans l'objet, exprimé dans ce qu'il a de plus individué, est à la fois promis et refusé, comme l'illustre de façon exemplaire les noms de villages : « On croit quand on y va, qu'on attendrait ce qui est rempli [*in dem Erfüllten*], comme si cela existait. Y est-on vraiment, ce qui était promis se dérobe comme l'arc-en-ciel[2]. » Si cette expérience qu'Adorno nomme métaphysique a pour *telos* le bonheur, il faut le distinguer d'une part de l'idée d'un souverain bien présupposant une réalité transcendante au sens théologique, un Autre absolu au-delà de ce monde-ci, et d'autre part d'un postulat de la raison qui en fait un Idéal moral et une figure de l'espérance. Le bonheur – et d'abord son contraire, le malheur – ne peut être qu'immanent à une société, à un monde qui le promet d'autant plus qu'il en rend la

1 Adorno, 1992, p. 292.
2 *Ibid.*

réalisation impossible. Faire du bonheur une catégorie métaphysique revient à critiquer ce qu'Adorno nomme à de nombreuses reprises le mauvais désir métaphysique, soit sous la forme du désir d'immortalité, soit comme recherche d'un bien absolu, puisqu'il présuppose une transcendance inaccessible justifiant, par contrecoup, la fatalité du malheur tel un universel constitutif de la nature ou de la condition humaine. Un matérialisme conséquent, mais non pas naïf, veut au contraire montrer que le bonheur refusé, quand bien même sa plénitude reste une promesse, une espérance déçue, est dû à l'organisation sociale elle-même dominée par une universalité abstraite qui réduit les individus à des fonctions. Métaphysique et matérialisme ne doivent plus, ne peuvent pas être opposés comme deux positions irréconciliables à l'égard de l'objectivité – en termes hégéliens – puisque l'expérience métaphysique, sa possibilité, est imbriquée dans l'organisation sociale telle qu'elle n'autorise aucun retrait subjectif susceptible de la sauver individuellement : « Les intérêts métaphysiques des hommes nécessiteraient une perception intégrale [*ungeschmälerten*] de leurs intérêts matériels. Tant que ceux-ci leur restent voilés, ils vivent sous le voile de Maïa. Ce n'est que si ce qui est peut être transformé que ce qui est n'est pas tout[1]. » Il faut donc renverser l'argument, maintes fois retourné contre Adorno, consistant à faire de la totalité une emprise telle que non seulement toute critique serait vaine, pure position du spectateur contemplatif voire enfermé dans sa tour d'ivoire, mais aussi que toute transformation effective en serait à jamais impossible. La possibilité de briser le tout est inscrite dans ce tout lui-même parce que justement il n'est pas ce qu'il prétend être, parce qu'il est une apparence socialement nécessaire mais non le système à partir duquel se déduiraient tous ses moments, l'universel en soi se subordonnant toute particularité. Cette conception reste métaphysique puisqu'elle postule l'identité de la totalité à travers tous ces moments en réduisant la différence, l'autre, au même, en identifiant, geste idéaliste, l'*a priori* et l'*a posteriori*. Mais il faut distinguer la métaphysique comme doctrine ou comme système – ce qui est vrai par ailleurs du matérialisme revendiqué par Adorno – de la possibilité de l'expérience métaphysique qui tente de penser le particulier, l'individué et la différence sans la dissoudre dans l'universel abstrait, comme cet excès du concept irréductible qu'on ne peut cependant pas appréhender dans une intuition

1 *Ibid.*, p. 310.

quelconque – soit sensible, soit catégoriale. C'est pour cette raison que l'expérience métaphysique est en même temps une expérience de la langue, de sa force d'expression et de dénomination dont Proust mais aussi, pour Adorno, Beckett, s'approchent au plus près. S'il y a un moment d'universel dans le nom, ne serait-ce que sous la forme d'un terme générique, il doit en même temps être contredit dans le mouvement même de la présentation ou de l'exposition : « Mais si l'on veut que cet universel, l'authentique dans l'exposition de Proust, se forme, il faut qu'on soit ravi par ce même lieu sans loucher sur l'universel[1]. » Adorno déchiffre dans l'écriture de Proust une dialectique retournée contre celle de Hegel et qui pourtant semble converger vers cette recherche de l'universel concret qui n'abolirait pas toute différence. En d'autres termes Proust pratique la négation déterminée qui refuse de croire à ce qu'Adorno nomme la fanfaronnade (*Kraftmeierei*) de la plénitude de la vie comme positivité d'un sens là où la vie mutilée interdit tout cri de victoire et tout enthousiasme : « Il émane du métaphysicien Proust une incomparable puissance, parce qu'avec un désir de bonheur effréné il s'en est remis à cette tentation comme aucun autre, sans vouloir retenir son Moi. Mais incorruptible, il a dans le cours du roman confirmé que même cette plénitude, l'instant sauvé par le souvenir n'était pas ce bonheur[2]. » Roman de la désillusion mais non pas du désespoir et de la résignation, l'œuvre de Proust est comme le signe d'une espérance qui fait se craqueler la muraille de la société refermée sur elle-même. Plus exactement il y aurait un désespoir critique, une puissance critique dans le désespoir qu'on ne pourra confondre avec le renoncement ou l'adaptation cynique à ce qui est. Adorno interprète ainsi le désespoir du point de vue de l'intention utopique de la connaissance en référence à Walter Benjamin : « La conscience ne pourrait absolument pas se désespérer du gris si elle ne nourrissait pas le concept d'une couleur différente dont la trace erratique ne manque pas dans le tout négatif. Elle provient toujours de ce qui est passé, l'espérance de son opposé, de ce qui dut sombrer ou est condamné ; une telle interprétation conviendrait bien à la dernière phrase du texte de Benjamin sur *Les Affinités électives de Goethe* : "Pour les désespérés seulement nous fut donné l'espoir[3]". » La conscience

1 *Ibid.*, p. 292.
2 *Ibid.*, p. 295-296.
3 *Ibid.*, p. 295.

utopique n'est pas celle d'une anticipation de l'avenir comme si elle se proposait d'établir une cartographie de la société future réconciliée. Son rapport au temps présuppose au contraire une interruption, une discontinuité pensée à partir de possibilités non advenues dans le passé historique que seuls un réveil, dans les termes de Benjamin, une actualisation dans la langue de la dialectique, pourraient opposer au cours inflexible et en apparence irréversible de l'histoire. L'actualisation ne consiste pas à réaliser le *telos* d'un sens décrété par avance mais renverse toute détermination positive en une indétermination que la pensée n'abandonne pas, cependant, à l'irrationnel, mais renvoie à une praxis possible elle-même transformée, à la capacité d'autodétermination des individus socialisés. Espérance fragile qui ne se fonde sur aucune théorie construite *a priori* pour prédire ce que demain sera mais qui présuppose, à la fois subjectivement et objectivement, le souhait de ce qui pourrait être autrement. La couleur, opposée qualitativement au gris d'une rationalité administrant les hommes au-dessus de leur tête, est ce moment de différenciation et d'individuation utopique contenu notamment dans les noms tels que les évoque Proust dans « Noms de pays[1] ». L'espérance utopique fait signe vers une transcendance indéterminée qui, par principe, s'oppose à toute affirmation positive d'une réalité transcendante susceptible de prendre les différents noms d'un but ultime de l'histoire. Si elle fait signe vers une telle transcendance, il reste à se demander quel sens et quelle forme elle prend dès lors que celle d'une vie désarrimée de son appartenance sociale est illusoire. C'est cette question de la transcendance qui reconduit, presque malgré soi, à s'expliquer avec les métaphysiques héritées, celles de Kant et de Hegel avant tout, parce qu'il y aurait en elles, à chaque fois, des fragments ou des contenus de vérités qu'aucune autre pensée n'offrirait.

1 Proust, 1987, p. 380-381 : « Combien ils prirent quelque chose de plus individuel encore, d'être désignés par des noms, des noms qui n'étaient que pour eux, des noms comme en ont les personnes. Les mots nous présentent des choses une petite image claire et usuelle comme celles que l'on suspend aux murs des écoles pour donner aux enfants l'exemple de ce qu'est un établi, un oiseau, une fourmilière, choses conçues comme pareilles à toutes celles de même sorte. Mais les noms présentent des personnes – et des villes qu'ils nous habituent à croire individuelles, uniques comme des personnes – une image confuse qui tire d'eux, de leur sonorité éclatante ou sombre, la couleur dont elle est peinte uniformément comme une de ces affiches, entièrement bleues ou entièrement rouges, dans lesquelles, à cause des limites du procédé employé ou par caprice du décorateur, sont bleus ou rouges, non seulement le ciel et la mer, mais les barques, l'église, les passants. »

TRAITS APOCRYPHES DE LA MÉTAPHYSIQUE ET ÉTHIQUE DU BONHEUR

Mais c'est encore une fois à un paradoxe que l'on se heurte si l'on cherche à comprendre pourquoi Adorno s'adresse avant tout à Kant pour tenter de sauver l'expérience métaphysique dans un monde où il semble que l'esprit se soit transfiguré en esprit du capitalisme. En effet, en une affirmation qui paraîtra à une première lecture dogmatique, Adorno écrit : « Cependant, toutes les spéculations métaphysiques sont fatalement poussées vers l'apocryphe. Ce qu'il y a de non-vérité idéologique dans la conception de la transcendance est la séparation du corps et de l'âme, reflet de la division du travail[1]. » Une telle généralisation ne pourra que faire trembler de colère l'historien scrupuleux de la philosophie. On pourra toutefois supposer que le terme dépréciatif n'est pas celui de « métaphysique » mais au contraire celui de « spéculation », proche en ce sens de vaines visions du monde qui se sont substituées peu à peu, depuis le XIXe siècle, à la métaphysique qualifiée d'idéalisme pour en dénoncer le caractère abstrait et obscur, incapable non seulement de transformer le monde mais même d'y poser un pied ferme et réaliste. Pour Adorno le trait apocryphe de la métaphysique, qui n'autorise nullement à considérer qu'elle est une fois pour toute dépassée, son inauthenticité, proviendrait tout d'abord de ses promesses non tenues, de sa résignation ou encore de ses fausses réconciliations avec ce qui est. En ce sens il reste nécessaire de la penser à partir de ses apories qui sont tout autant celles d'une raison prétendument anhistorique là même, comme chez Hegel, où elle prétend penser l'histoire comme autodéploiement de la raison. Le geste apocryphe de la raison est son absolutisation par elle-même engendrant des contradictions irrésolues et finalement aporétiques. Ainsi l'antinomie la plus souterraine de la philosophie de Kant résulterait de l'interdit d'accéder à l'absolu, à l'inconditionné à partir d'une raison absolutisée : « Il est impossible d'accorder à la connaissance du fini une vérité qui est de son côté dérivée de l'absolu – chez Kant : la raison – et à quoi n'accède pas la connaissance. L'océan de la métaphore kantienne menace à chaque instant d'engloutir

1 Adorno, 1992, p. 312.

son île[1]. » Mais si cette île de la « vérité » est menacée de toutes les tempêtes jusqu'à sombrer dans l'abîme, c'est alors l'idée même de vérité qui est éliminée de la surface de la terre, ce contre quoi Adorno se dresse en affirmant que même si la vérité est fragile, son naufrage emporterait avec elle la pensée et par conséquent toute possibilité de critiquer ce qui est en espérant que cela pourrait être autre. Il serait sans doute possible d'objecter à Adorno que Kant est précisément le premier philosophe à vouloir désubstantialiser la raison, y compris en quelque sorte contre Hegel, et que seule la méthode transcendantale peut rendre compte de son pouvoir critique. Mais Adorno, sans perdre contenance, critique cette primauté de la méthode, ce qu'il nomme « la cuirasse de la méthode » qui à la fois obéit à la division du travail et réifie les objets auxquels elle s'applique en les soumettant à des conditions *a priori* anhistoriques. D'une part la méthode, parce qu'elle décide par avance du connaissable, élimine de son champ tout ce qui l'excède, le réduisant à la contingence de ce qui ne peut être pensé, d'autre part, faisant de la philosophie un savoir rationnel conditionné en retour par la positivité des faits, comme théorie de la connaissance, la subordonne aux sciences positives qui découpent le champ du réel comme des parcelles que des experts spécialisés parcourent en tous sens. Que par ailleurs la métaphysique fonde la transcendance sur une séparation présupposée du corps et de l'âme signifie pour Adorno que même si elle reconnaît une impulsion somatique immanente à l'esprit, elle la refoule dans le mouvement de la pensée aspirant à une pureté et à une autonomie de la raison. L'argument, faible lorsqu'il est énoncé avec une telle brièveté, selon lequel cette séparation du corps et de l'âme ne serait que le reflet de la division du travail en travail manuel et travail intellectuel, a son origine dans les présupposés de la Théorie critique où toute production, y compris celles de l'esprit, a sa genèse dans le seul véritable sujet transcendantal, à savoir le travail social. L'autonomie de la raison, de « l'âme », vieux vocable de la métaphysique, n'est pas *a priori* mais *a posteriori*. Ce n'est qu'à partir d'une genèse historique que l'on peut dégager la structure d'*a priori* de la raison dont l'indépendance aussi bien formelle que matérielle n'est pensable que négativement : la prétendue pureté de ses catégories n'est en quelque sorte obtenue que par soustraction des sédimentations historiques qui la conditionnent. Pour Adorno la réduction

1 *Ibid.*, p. 300.

transcendantale telle que la phénoménologie la met en œuvre, méthodiquement, pour fonder « une sphère des origines absolues » n'est qu'une fiction et en ce sens une pétition de principe qui présuppose ce qu'elle veut montrer, à savoir que le sujet ou l'ego transcendantal serait pur de toute facticité. La spéculation ou la fable métaphysique proviendrait tout autant de cette aspiration à des essentialités pures que de l'autonomie de la raison : si le philosophe matérialiste Adorno lui oppose une « impureté » qui a sa source dans le somatique et dans les rapports sociaux déterminés par les besoins, on pourrait dire que le philosophe « spéculatif », là où par exemple il fait l'hypothèse d'une contingence de l'antagonisme, cherche à rendre compte de la vie de l'esprit à partir d'une dialectique concevant le principe de conservation de soi et de l'espèce comme nature et comme histoire, ce qu'il interprète, comme nous l'avons analysé, au moyen du concept d'histoire-nature. Mais le « spéculatif » d'Adorno s'oppose au « spéculatif » spéculaire de l'idéalisme pour lequel le monde n'est que l'image troublée et éphémère de l'esprit absolu. Cette métaphore permet cependant de comprendre pourquoi un sauvetage de la métaphysique est nécessaire comme sauvetage de l'apparence de l'autre, de ce qui est le radicalement différent sans recours possible à une transcendance anhistorique d'aucune sorte, que ce soit celle de l'esprit absolu ou du grand autre qu'une théologie négative voudrait préserver. C'est la nécessité de penser – et non pas de connaître au sens où il serait possible d'en donner une détermination positive – ce « radicalement différent ou autre » qui exige le passage par la métaphysique dès lors qu'on présuppose que c'est en elle qu'on en trouverait les traces. Mais un tel passage ne consiste en aucun cas à tenter de fonder à nouveau une métaphysique, encore moins une ontologie de la différence : il trouve sa justification – ce qu'exige une pensée dialectique comme il est dit dès l'avant-propos de la *Dialectique négative* – dans la possibilité d'une société radicalement transformée contre toute société fermée, réglée par l'emprise de la répétition du même où seule vaudrait l'injonction du « c'est ainsi » condamnant les hommes, non pas seulement du point de vue subjectif mais d'abord dans le rapport à l'objectivité effective, à la résignation et finalement au désespoir : « Le cours du monde n'est pas absolument fermé, ni le désespoir absolu ; c'est plutôt ce désespoir qui constitue sa fermeture. Si fragile que soit en lui toute trace de l'autre, si défiguré que soit tout bonheur parce que révocable, l'étant est néanmoins, dans les fragments qui s'inscrivent en faux contre l'identité, traversé par les promesses de l'autre toujours brisées. Tout bonheur est un fragment du bonheur entier qui se refuse aux hommes qui se le refusent[1]. » Il y a des éclats de ce bonheur brisé dans la métaphysique, dans le miroir lui-même brisé du spéculatif. Le bonheur de l'esprit, aspiration universelle légitime, ne peut être intégral, restitué en totalité dans le monde d'après Auschwitz, mais y renoncer pour l'affairement du monde reviendrait à préparer, quand bien même à son insu, les catastrophes de demain qui ne seraient que la perpétuation de l'enfer de ce monde tel qu'il est, comme le répète souvent Adorno à la suite de Benjamin. Si l'idée de bonheur a d'abord un sens éthique, celle d'une vie juste, elle oblige en même temps à résister au désespoir absolu mais aussi aux tentations nihilistes qui, faute d'un sens affirmatif de la vie, vouent le monde au néant, à l'anéantissement. Le nihilisme, tel qu'il s'est développé depuis le XIXe siècle, doit lui aussi faire l'objet d'une dialectique afin de le défendre contre lui-même.

USAGE CRITIQUE DU CONCEPT DE NIHILISME

Adorno intitule un paragraphe « Nihilisme » en inscrivant ce terme dans des guillemets pour signifier la nécessaire distance ironique à l'égard de ceux qui revendiquent haut et fort un tel étendard aussi bien qu'à l'égard de tous ceux qui en proclameraient le dépassement. Tout prétendu dépassement (*Überwindung*), y compris celui de la métaphysique, est toujours pire que ce qui est dépassé, il fournit des armes à l'idéologie, y compris dans ses formes fascistes. L'ombre de Heidegger se profile sans doute dans une telle affirmation parce que l'idée de dépassement, tout en le démentant, trahirait un reste d'idéalisme consistant d'abord à annuler l'historicité dans sa factualité, notamment cet effondrement du sens avec Auschwitz. L'histoire de l'être comme dépassement de la métaphysique, quand bien même celle-ci persiste sous la forme de la domination planétaire de la technique, fait de l'histoire factuelle une parenthèse autorisant un saut hors de la raison historique qui a produit

1 *Ibid.*, p. 314.

cette domination, en l'abandonnant au désert qui ne cesse de croître ou bien en se tenant dans l'attente d'un dieu, tel un signe que le penseur devrait accueillir. Mais si la pensée dialectique ne prétend jamais surmonter la métaphysique, qu'elle ne réduit jamais à la seule et unique question de l'être, elle procède cependant à une critique de ses catégories transfigurées, en raison du processus de sécularisation, en idées abstraites propres à justifier toutes sortes de visions du monde. Le terme de nihilisme peut y prétendre à côté de celles qui, affirmant la plénitude de la vie et son sens positif, proclament que dans l'affairement du monde moderne il faut « se donner du bon temps ». La question du sens de la vie, celle du sens de façon plus générale, s'annule d'elle-même lorsqu'elle s'offre sur le marché des idées où les individus, subjectivement, viendraient chercher des réponses. Pas plus le marxisme avili, dogmatique, réduisant cette question à celle du faire, de la production et du développement des forces productives comme fin en soi que les morales exhortant le désespéré à renoncer au suicide en affirmant que la vie vaut plus que tout ne peuvent fonder objectivement ce sens transformé en injonction. Comme le dit Nietzsche des doctrinaires de l'existence, il faut trouver même à la souffrance un sens et le justifier, ne serait-ce que moralement, il faut plutôt vouloir le néant que ne rien vouloir. Le nihiliste et l'homme affirmatif, positif prouvent par leurs propres inconséquences la vacuité de la question du sens là où la possibilité d'un fondement transcendant de la totalité du sens s'est brisée. Mais Adorno ne se contente pas de mettre en évidence les contradictions des visions du monde et leur relativisme inconséquent puisqu'il destitue l'idéalisme spéculatif, sous sa forme hégélienne, qui, par contrecoup, postulait dans le concept d'esprit absolu l'idée d'un sens s'accomplissant dans l'histoire, quand bien même il ne la formulait pas en ces termes : « La dépravation de l'idéalisme spéculatif en question du sens condamne rétroactivement celui qui, encore dans les hauteurs de son sommet [*Scheitelhöhe*], même si c'est avec des mots légèrement différents, proclama un tel sens, proclama comme étant l'absolu l'esprit qui ne se débarrasse pas de son origine dans le sujet insuffisant et apaise son besoin dans son image. C'est là un phénomène originaire de l'idéologie[1]. » On pourrait suspecter dans ce « rétroactivement » une projection anachronique de ce que l'on ne trouve pas dans les textes et la langue de Hegel. Mais il faudrait

1 *Ibid.*, p. 294.

plutôt supposer ici une forme d'ironie contenue dans la question du sens – *Sinnsfrage* ou *Frage nach dem Sinn* – qui « singerait » la question heideggérienne de l'être (*Seinsfrage*) dont la forme substantivée, véritable mot vedette du jargon, trahirait déjà la réification ou la fétichisation de la pensée se soumettant à l'injonction et à l'emprise d'une question plus décisive, comme chemin de pensée, que tout contenu. C'est dans la terminologie elle-même que se dissimule l'idéologie puisqu'elle présuppose la vérité d'une totalité dont les individus peuvent bien faire subjectivement l'expérience mais sur laquelle ils n'ont aucun pouvoir réel. L'esprit hégélien ne peut certes se passer du moment de l'individualité, mais la seule véritable subjectivité est celle de l'esprit absolu comme dépassement de toute particularité, celle de l'individu et encore celle de l'esprit d'un peuple. Le sens de l'absolu est l'absoluité du sens en réserve dans l'esprit, sens qui déchiré par tous les moments de scission de l'esprit avec lui-même trouve son assomption dans le positivement rationnel : « Ce que la question elle-même comporte de total exerce une emprise [*Bann*] qui, en dépit de toute affèterie affirmative, devient nulle devant le malheur réel. » Ce « *total* » devient, comme le dit Adorno contre l'idéalisme de Schopenhauer, un totem, objet de culte tabou ou puissance mythique n'offrant plus aucune place à la liberté : « Le déterminisme total n'est pas moins mythique que la totalité de la logique hégélienne. Schopenhauer était idéaliste malgré lui-même, porte-parole de l'emprise. Le totum est le totem[1]. » Que ce *totum* soit l'être, l'esprit ou la volonté comme chose en soi, comme essence de la totalité, ne fait que rendre dérisoire et vaine la question d'un sens prédéterminé. Là où le sens est prescrit par avance il s'annule comme sens puisqu'il en nie le moment de l'intention et de la réflexion subjective sans lequel cependant l'idée même « d'objectif » deviendrait vide : « La métaphysique traite de ce qui est objectif sans pour autant pouvoir se dispenser de la réflexion subjective[2]. » Cet « objectif » se retourne en même temps contre toute métaphysique vouée à rechercher, comme un mauvais infini, l'absolu, l'inconditionné et par conséquent le fondement du sens dans l'hypostase d'un principe supérieur : en ce sens il faut « arrêter » la dialectique hégélienne à l'esprit objectif tel qu'il se manifeste dans ses différents moments, le droit, la moralité, l'éthique et l'État, en les marquant du

1 *Ibid.*, p. 295.
2 *Ibid.*, p. 294.

signe de la négativité contre la réconciliation présupposée par l'esprit absolu. La métaphysique ou la logique en son sens hégélien s'est cristallisée dans les catégories et dans l'organisation sociale de telle sorte que les vouer au néant de ce monde n'est que l'expression d'une « *hubris* ridicule » qui consisterait à vouloir être le dernier homme sur une terre devenue inhabitable. La volonté de néant est contradictoire jusque dans la logique du concept, dit Adorno en reprenant le concept médiéval de *nihil privatum* montrant que le néant est la négation d'un quelque chose, qu'il renvoie donc à un autre que lui-même en rendant impossible la représentation d'un néant absolu assimilable à la pure identité, c'est-à-dire à la mort. Au regard de cette abstraction du néant, comme catégorie pure prétendant échapper à la dialectique, que la métaphysique est incapable de « présenter » conceptuellement, seule une œuvre comme celle de Beckett parvient à l'approcher au plus près tout en s'interdisant de le représenter, d'en donner une image. Si le néant est, c'est le camp de concentration qui en est le nom, même si, précise Adorno, Beckett n'utilise pas ce terme. Le néant ne peut être pensé que sur le fond d'un désespoir dans lequel la conscience même réduite à sa limite percevrait encore la possibilité qu'il en soit autrement : seule une intention utopique peut animer cette conscience. Une fois encore Adorno s'emploie à distinguer l'intention utopique de toute idée de dépassement (*Überwindung*). Que le dépassement de la métaphysique au sens heideggérien ne soit pas sa suppression confirmerait le caractère idéologique à la fois d'une métaphysique comme forme de domination planétaire de la technique, emprise totale et aveugle justifiant l'impuissance des hommes face à la dévastation de la terre, et de celui qui, au nom de l'histoire de l'être, affirme que seule l'histoire de l'être rend compte et décide du destin historique des hommes. Le penseur subjectif qui parle au nom de cette entente de l'être en en appelant à un autre commencement radical remontant en deçà, au sens du plus originaire et non pas de l'historique, du premier commencement grec de la philosophie, ne peut aliéner totalement le moment subjectif d'une telle décision sans tomber dans une contradiction posant que c'est l'être lui-même qui en appelle à un autre commencement une fois éveillé du cauchemar qu'il a engendré sous la forme d'un déploiement total. Ou la subjectivité est celle de l'être – ce qui en barre la compréhension selon Heidegger et aboutit comme chez Hegel au dépassement comme sursomption (*Aufhebung*) dans l'identité absolue de l'Idée, la certitude complètement déployée du savoir se sachant lui-même (*der vollständig entfalteten Gewißheit des sich wissenden Wissens*) –, ou bien elle est celle du penseur comme sujet de la pensée même lorsqu'il cherche, dans un pas en arrière, à penser l'impensé (*das Ungedacht*)[1]. La prétention de faire de l'être le sujet de la pensée et de son propre déploiement historial, quand bien même on voudrait éviter le terme de sujet chargé de tout le poids de la métaphysique, de la grammaire du logos occidental, trahit nécessairement un moment subjectif de la décision (*Entscheidung*) malgré sa dénégation. Seule la négativité peut reconnaître et nommer une telle dénégation dans cette position à l'égard de l'objectivité – de la réalité effective – de la décision. C'est en ce sens que Heidegger reste enfermé, quoi qu'il en ait, dans les contradictions de la métaphysique qu'Adorno décèle notamment dans la structure antinomique du système kantien et compose, idéologiquement, avec ce qui est, avec un ordre par rapport auquel l'individu n'aurait aucun pouvoir de décision. Résignation que toute métaphysique jusqu'à présent impliquerait dans sa logique même. Si la métaphysique n'est pas une totalité close sur elle-même, alors il faut faire un saut hors d'elle-même à partir de ce qu'Adorno nomme l'expérience de la conscience ou encore l'expérience spirituelle comme expression d'un champ de forces historiques, ce dont doivent rendre compte les configurations construites par la pensée dialectique.

LE CRITICISME MIS À LA QUESTION PAR LA DIALECTIQUE NÉGATIVE

Les contradictions du système kantien, comme le désigne Adorno, sont à la fois immanentes à l'intention critique et historiques. En tant que théorie de la connaissance le criticisme limite la raison à la positivité et interdit toute détermination de l'absolu vers lequel, par sa nature ou son essence, la raison ne peut s'empêcher de s'élever. Mais puisque c'est la raison elle-même qui pose une telle limite, elle présuppose par là même l'au-delà de cette limite dont elle affirme ne rien pouvoir

1 « Identité et différence », Heidegger, 1968, p. 282-284.

connaître. Cette critique est d'abord celle de Hegel, comme Adorno le rappelle dans une note renvoyant à la *Logique*[1]. Contradiction à partir de laquelle l'idéalisme allemand réintroduira les droits de l'absolu à être conçu sans faire du primat de la raison pratique l'ultime résolution de l'antinomie. C'est dans l'idée de sujet absolu, de l'Esprit que la raison dépasserait ses propres contradictions puisque c'est son identité qui permet de déduire la dichotomie du sujet et de l'objet constitutive de la théorie de la connaissance. Cette dernière requiert donc son propre dépassement dans une métaphysique ou une logique capable de fonder l'unité de la raison malgré la distinction de ses usages. La raison est absolutisée au moment où elle affirme qu'elle ne se limite pas à la positivité, ce qui, selon Adorno, est nécessairement présupposé par le criticisme. De ce point de vue la distinction du penser et du connaître tombe puisque c'est la raison dans son identité à elle-même qui la pose. Cette dialectique, dont on reconnaîtra sans peine la pointe hégélienne, est renforcée par une dialectique historique – retournée contre Hegel – consistant à montrer que le renoncement contradictoire de la raison à l'absolu exprime aussi l'aspect répressif du criticisme devenu idéologie puisqu'en changeant de fonction, celui de l'émancipation, il « répète la transformation de la bourgeoisie en classe conservatrice ». Argument marxiste dans son contenu mais traduisant selon Adorno un stade de la conscience historique bloquée dans son émancipation non par défaut d'une praxis révolutionnaire mais tout d'abord du fait de l'insuffisance d'une autoréflexion de la raison consistant à se penser comme une raison historique et non comme un principe de détermination absolu du réel et du *telos* qui lui serait immanent. Toute téléologie fondée sur une autonomie de la raison ou de l'esprit ne peut que se heurter et se nier au regard des contradictions historiques et sociales qui lui soustraient peu à peu tout contenu de sorte que la raison finit par se convaincre que la seule tâche qui lui reste est de se penser elle-même, qu'elle continue de se nommer métaphysique ou plus modestement philosophie. Cependant cela ne conduit nullement Adorno à jeter le bébé avec l'eau du bain : la métaphysique a encore et toujours plus à nous apprendre que les formes de connaissances positives ne le disent après avoir réduit les questions métaphysiques à des propositions vides

1 Adorno, 1992, p. 299.

de sens, comme le fit par exemple Carnap que mentionne Adorno. Il y a dans les grands systèmes de l'idéalisme une puissance de la pensée, une résistance et une imagination qui, indépendamment de leur valeur de vérité, enferment, de façon immanente, une indication, un renvoi (*Hinweis*) à un excédent irréductible comme signe d'une intention utopique contre tout désespoir absolu.

Cette intention utopique est toujours interprétée, comme nous l'avons déjà maintes fois montré, en termes de sauvetage. Ainsi, malgré la résignation de Kant à l'égard de la tendance historique, Adorno soutient que « le secret de sa philosophie est l'impossibilité de penser le désespoir[1] ». C'est dans la sphère intelligible, dans l'idée d'un *mundus intelligibilis*, qu'on pourra déchiffrer un tel sauvetage kantien comme philosophie de l'espérance. La construction de l'immortalité comme l'un des postulats de la raison pratique devient tout autant une résistance à l'insupportable de ce qui est (*die Unerträglichkeit des Bestehenden*), comme forme de l'inéluctable dont la mort représente l'injustice majeure, qu'un défi lancé à la raison : « Qu'aucune amélioration intramondaine ne suffise à rendre justice aux morts ; qu'aucune ne touche à l'injustice de la mort, pousse la raison kantienne à espérer contre la raison[2]. » Cette espérance n'implique nullement un irrationalisme aveugle et enthousiaste pas plus qu'elle ne peut s'apaiser par un saut dans l'absolu motivé par un acte de décision religieux. Adorno interprète Kant à partir de l'idée d'une sécularisation de la métaphysique telle qu'aucune positivité de la transcendance, la transformant en une réalité substantielle, ne peut plus être affirmée. L'absolu, s'il est le radicalement autre, est dépourvu de réalité objective du point de vue de la théorie de la connaissance. En ce sens il est, du point de vue de la raison pratique, le nom de l'espérance immanente au monde réel : l'espérance, plus que morale, est, pour Adorno, éthique, celle d'une vie juste dans un monde qui le lui refuse, comme nous l'avons déjà montré à propos de l'idée d'un bonheur concret, effectif. Dans les catégories traditionnelles de la métaphysique, c'est au Souverain Bien ou encore à Dieu, pensé par la raison et non révélé par la foi, comme Idée en excès par rapport à la connaissance rationnelle nécessairement limitée à l'expérience possible, que l'on doit attribuer cette altérité ou cette différence rendant pensable et possible l'espérance.

1 *Ibid.*, p. 301.
2 *Ibid.*

C'est pour cette raison qu'Adorno peut écrire que la philosophie de Kant, « comme d'ailleurs certainement toute philosophie, tourne autour de la preuve ontologique de l'existence de Dieu ». Si la réponse de Kant, du point de vue théorique, paraît sans appel, si elle interdit tout passage à une affirmation positive grâce au seul concept, la question comporterait toutefois une « extraordinaire ambiguïté » laissant la « position » de Kant « ouverte[1] » (*die eigene Position offen gelassen*). Cette ambiguïté ne porte pas sur la réponse mais sur la question : après avoir montré que l'utilité de la critique est d'abord négative, au sens où il ne faut jamais se risquer à aller au-delà des limites de l'expérience avec la raison spéculative, on pourrait en déduire que l'idée métaphysique de Dieu a été enfin définitivement éliminée des préoccupations de la raison, que la philosophie s'est définitivement émancipée de ses liens de servitude par rapport à la théologie. Qu'elle réapparaisse comme question et comme postulat dans la morale démentirait une telle émancipation, ce que Nietzsche ne manque pas de retourner contre Kant en le qualifiant de théologien. Adorno ne se préoccupe pas tant d'interroger ici le rapport à la théologie que de mettre en évidence une sorte d'impératif de l'espérance en faisant référence à l'hymne à la joie de Beethoven et aux paroles qui disent qu'« Un père éternel doit habiter ». Ce « doit » n'est plus seulement la forme du devoir de l'impératif catégorique mais d'un devoir d'espérer là même où il n'y aurait plus rien à espérer. En cela on retrouverait la conclusion de Benjamin dans son essai sur *Les Affinités électives de Goethe* : « Pour les désespérés seulement nous fut donné l'espoir. » Ni la résignation, y compris éventuellement comme indécision par rapport à la grâce accordée ou non, ni la consolation, ni le désespoir comme attitude pathétique ne peuvent remplir le sens messianique de ce qui pourrait apparaître comme un artifice rhétorique ou comme une vaine contradiction. Le « tu dois » espérer, si on peut toutefois le formuler ainsi, fait signe vers ce qui pourrait être autre là où les forces historiques se conjurent pour l'interdire. Qu'Adorno fasse ici le détour par la musique ne signifie pas qu'il chercherait dans l'art une réponse positive à l'espérance. Il faut davantage retrouver dans la musique ce qu'il développe dans une brève analyse des rapports entre musique et langage : « Toute musique a pour Idée la forme du Nom divin. Prière démythifiée, délivrée de la magie de l'effet, la musique

1 *Ibid.*

représente la tentative humaine, si vaine soit-elle, d'énoncer le Nom lui-même, au lieu de communiquer des contenus[1]. » L'interdit des images ne laisse aux hommes d'autre possibilité que de nommer ce qui n'a pas de réalité substantielle comme une percée, une ouverture ou encore une brèche dans la réalité compacte et fermée du tout social comme pour crier, avec Artaud, que la société n'est pas seule. Qu'une telle voix s'élève dans la métaphysique kantienne n'enlève rien à son caractère antinomique et à ses apories. L'effort de sauvetage ne consiste jamais à délivrer une doctrine de ses contradictions afin de la recomposer en une nouvelle philosophie positive, mais au contraire à la construire de telle sorte qu'apparaissent en elles des contenus de vérité enfouis dans ses couches les plus profondes, dans les tensions qui l'animent malgré elle. Geste interprétatif que l'historien de la philosophie peut sans doute soupçonner d'être inféodé à une philosophie poursuivant ses propres besoins et fins mais requis, pour Adorno, parce que ce qu'on nomme la doctrine devient historiquement le cadavre de la pensée qui poursuit souterrainement sa vie. Le bloc kantien, selon les termes d'Adorno, est à son tour analysé à partir de l'idée qu'il enferme un moment de vérité (*Wahrheitsmoment*) malgré le désaveu de ses contradictions immanentes et historiques.

Ce contenu de vérité a une fonction critique : se garantir « contre la mythologie du concept » dans laquelle l'idéalisme allemand serait retombé en prétendant achever de façon spéculative l'édifice bâti par Kant. Le terme de bloc désigne tout d'abord le principe de limitation de la connaissance valide, objective, à l'expérience et implique par conséquent la critique du dogmatisme. Mais il s'enferme par lui-même dans une contradiction redoublée, du point de vue historico-philosophique, en une contradiction interne et une contradiction historique si l'on part du présupposé matérialiste selon lequel les sciences sont une production sociale et historique modifiant, dans chacune de leurs inventions, les formes et les contenus ou matériaux qu'elles construisent. La contradiction interne est celle, déjà critiquée par Hegel, du dualisme de la forme et du contenu. Cette dichotomie réifiée, condition de la méthode transcendantale, bloque en même temps le sujet de la connaissance comme s'il était un sujet absolu, anhistorique. C'est en ce sens qu'Adorno peut déchiffrer un même point de fuite dans le criticisme et l'idéalisme

1 Adorno, 1982, p. 4.

hégélien, véritable contradiction immanente à toute philosophie de la subjectivité. Mais si l'absolu s'est sécularisé, s'il est devenu un *a priori* historique, il faut en chercher l'origine génétique dans la division du travail de telle sorte que les contradictions immanentes à la logique du concept sont en même temps l'expression de celles des rapports sociaux : « La structure fondamentale, figée en dualisme, du modèle kantien de la critique de la raison, redouble celle d'un rapport de production dans lequel les marchandises tombent des machines, comme ses phénomènes du mécanisme cognitif ; où le matériau et sa propre déterminité sont en face du profit aussi indifférents que chez Kant qui fait matricer ce matériau. Le produit fini doté d'une valeur d'échange ressemble aux objets kantiens fabriqués subjectivement et acceptés par lui comme objectivité[1]. » Le fétichisme de la marchandise ne vaut pas que pour les rapports sociaux de la sphère du travail productif, il s'applique aussi bien aux produits de l'esprit dès lors qu'il détermine le tout de la société. Cette analyse déjà développée par Lukács permet à Adorno de montrer d'une part l'étroitesse du concept d'expérience, limité à la connaissance et à ses produits prédéterminés socialement, et d'autre part la contradiction d'une telle limitation, contre les prétentions de l'absolu, puisque la raison se retourne contre la raison en se transformant en un interdit de penser (*Denkverbot*). Cette expression, ce syntagme est souvent utilisé par Adorno pour s'opposer à l'idée d'une praxis comme dernière instance de la transformation du monde, selon les termes de la onzième thèse sur Feuerbach. L'interdit de penser, autoritaire, méconnaît la forme propre de la pensée critique, sa capacité d'autoréflexion là même où il n'y a pas de principe supérieur pour la fonder. En un sens cette autoréflexion présuppose que quelque chose est toujours donné, qu'il s'agisse de la réalité sociale ou des concepts hérités de la tradition philosophique, mais elle doit reconstruire les médiations afin d'éviter l'illusion que ce qui est donné pourrait valoir comme chose en soi. Si le fétichisme du système kantien provient de cet oubli, celui de l'idéalisme est dû à la croyance que la logique du concept exprimerait le vrai de la totalité de l'esprit et de ses formes historiques, lesquelles ne seraient finalement qu'un moment d'extériorité contingent. Mais Adorno critique tout autant le caractère doctrinaire du matérialisme, son péché idéaliste consistant à déduire le

1 Adorno, 1992, p. 302.

mouvement de l'histoire d'un principe, celui de la production, des forces productives : « La dialectique de la praxis réclamait aussi : suppression de la praxis comme production pour la production, masque universel d'une fausse pratique. C'est là le fondement matérialiste des traits qui, dans la dialectique négative, se rebellent contre le concept officiel et doctrinaire du matérialisme[1]. » L'autoréflexion doit être capable de montrer que et comment l'esprit, sans être réductible aux formations sociales, comme s'il n'en était que la forme idéologique, s'accorde avec le primat de l'objet. L'intrication de l'un et de l'autre, le moment systématique et génétique, doit être réfléchie dans un même mouvement sans prétendre s'arrêter à un de ces moments comme un principe explicatif, un principe de raison déterminant la totalité. La possibilité du sauvetage réside dans cette dialectique cherchant à déchiffrer dans les concepts les apories de toute logique conceptuelle prétendument pure, et donc l'idée d'essentialités pures qui en seraient le résultat, mais aussi bien les contradictions réelles exprimées par ces concepts. Entre-expression qu'on ne peut dépasser par aucune pensée systématique.

PREMIER MOMENT DE SAUVETAGE

L'idée de sauvetage a certes des antécédents historiques et philosophiques dont les figures majeures de penseurs utopiques comme Ernst Bloch et Walter Benjamin sont comme la toile de fond à partir de laquelle Adorno développe l'intention utopique de la dialectique négative. Mais l'on constate sans peine que ces derniers ne sont jamais discutés, interprétés avec la constance qui est celle d'Adorno lorsqu'il s'agit « d'appliquer » la question de l'utopie à des penseurs, Kant et Hegel, dont on ne peut guère soupçonner l'appartenance à une tradition utopique, comme si le travail que la pensée leur infligeait les obligeait à dévoiler ce que leur système a refoulé. Pour Adorno le terme d'utopie renvoie davantage à une question consistant à chercher le « lieu » à partir duquel une pensée critique peut voire doit se constituer pour résister à l'inertie d'un monde fermé et en même temps soumis à la

1 *Ibid.*, p. 304.

répétition du même. Mais ce lieu et la différence qu'il implique, comme non-identité de la pensée à elle-même, n'est ni transcendantal, ni imputable à l'impensé dominant l'histoire de l'être, à cet oubli dont l'injonction est celle même de l'être. Il n'est déterminable qu'à partir d'une impulsion de l'esprit dans son autre qu'elle dénie, le somatique, ce supplément inéliminable en droit de la pensée sans qu'il soit possible pour autant de réduire l'esprit à ce lieu qui n'est jamais nommé comme un principe ou un *archè* au sens métaphysique. Seule une dialectique le met en mouvement afin d'éviter sa propre réification : « Si le sauvetage est l'impulsion la plus intérieure de tout esprit, il n'y a d'espérance [*Hoffnung*] qu'en l'abandon sans réserve : autant de ce qu'il y a à sauver que de l'esprit qui espère. Le geste de l'espérance consiste à ne rien re-tenir [*halten*] de ce à quoi le sujet veut se tenir [*halten*] dont il se promet [*verspricht*] que cela va durer[1]. » Cette forme de déprise de soi-même et de la réalité figée comme un bloc d'éternité paraît tout d'abord reposer sur le pouvoir du négatif. Mais dit trivialement il évoque une sorte de morale par provision consistant à refuser de croire à de fausses promesses, y compris celles que tout individu tend à se faire à lui-même comme lorsqu'on dit que tout finira par s'arranger. Ce précepte, qu'il ne sera pas possible de fonder rationnellement, pas plus que tout principe moral, n'est pas une invitation à la quiétude ou à l'attente d'un dieu sauveur, mais pourrait être comparé au geste du chef d'orchestre suspendant en l'air quelques secondes sa baguette avant que la symphonie ne déploie ses harmonies. Dans ce suspens, cet arrêt – proche de ce que Benjamin nomme l'interruption du temps –, rien n'est encore totalement décidé de ce qui va advenir et l'on pourrait imaginer que le chef d'orchestre, après avoir fait jouer cent fois la même symphonie, choisisse de reposer sa baguette et de sortir voir le monde tel qu'il est plutôt que de continuer à nourrir l'industrie de la culture de produits devenus frelatés. Ce geste iconoclaste brise ainsi ce qui semblait faire tenir ensemble les spectateurs et les musiciens, faisant surgir une indétermination qu'il faut d'abord préserver comme telle. On pourrait supposer que, si des chercheurs aujourd'hui, collectivement, par exemple en génétique ou encore dans les nouvelles technologies, osaient ce même geste, quittant le champ d'expérience de leur laboratoire pour une expérience élargie du monde, quelque chose de ce cours du monde

1 *Ibid.*, p. 305.

prétendument inéluctable en serait modifié durablement. Ce n'est pas, dans un acte qualifiable de politique, le désespoir qui le commande mais au contraire l'espérance que ce qui est puisse être autrement. Si cette expression du sauvetage, si précaire et si fragile qu'il soit, provient d'une impulsion immanente à l'esprit, il doit être possible de la retrouver jusque dans les contradictions et les apories de ces pensées propres encore aujourd'hui, par leur puissance et leur imagination, à animer l'espérance utopique. Le concept kantien de monde intelligible, malgré ses apories s'opposant à toute possibilité de le répéter et de le défendre apologétiquement, en garderait la trace. Ni concept réel, renvoyant à une quelconque substantialité, ni concept imaginaire propre à nourrir des visions du monde néoromantiques, il désigne en ce sens un non-lieu entre l'être et l'étant seul susceptible de sauver quelque chose de la métaphysique : « C'est dans le moment de l'objectivité transcendante de l'esprit, aussi peu que l'on puisse le séparer et l'ontologiser, que la possibilité de la métaphysique a son lieu discret [*unauffällige Stätte*]. Le concept du domaine intelligible serait celui de quelque chose qui n'est pas et qui n'est pas seulement sans être [...] Nulle part la vérité n'est aussi fragile[1]. » La prudence vis-à-vis de l'usage du verbe « ontologiser » s'impose comme le dit la langue d'Adorno qu'il faudrait traduire au plus près : si peu (*so wenig*) qu'il soit possible de l'ontologiser. En effet il serait facile mais par trop précipité d'interpréter ce rapport énigmatique entre ce qui n'est pas et pourtant n'est pas sans être – sans avoir une « certaine réalité » – dans le sens de la différence ontologique heideggérienne. L'autre de l'étant et de ce qui excèderait la simple existence ou présence ne pourrait que renvoyer à cet oubli de l'être dont Heidegger dit qu'il reste encore impensé. C'est le « quelque chose » que la dialectique fait apparaître ici, dont Adorno dit dans le premier paragraphe de la logique de la dislocation qu'il constitue le reste irréductible à toute pensée, même prétendument pure de tout contenu. Ce quelque chose, ce reste qui est aussi l'excès de la pensée comme son autre irréductible dont elle ne peut pourtant pas faire abstraction reçoit le nom d'apparence. Adorno accorde une fois encore une fonction cardinale à la dialectique transcendantale kantienne de l'apparence (*Schein*). Il la retourne en ce sens contre la positivité de la logique hégélienne comme logique de la vérité : jamais la négation de la négation ne produit un

1 *Ibid.*, p. 306.

positivement rationnel. L'apparence n'est pas l'autre de l'essence comme si elle était purement phénoménale. Kant distingue précisément l'apparence du phénomène : l'apparence n'est pas celle d'un objet donné dans l'expérience puisqu'elle est immanente au jugement sur l'objet. C'est pour cette raison que l'apparence non pas empirique mais transcendantale peut et doit faire l'objet d'une réflexion transcendantale sans que cette dernière ne parvienne toutefois à la dissiper dans la mesure où elle est naturelle à la raison et aux principes qui la déterminent. Le principe général rendant compte de cette « qualité naturelle » de l'apparence transcendantale est l'impulsion de la raison à rechercher et à remonter vers l'inconditionné, impulsion subjective qui se fait passer pour objective en prétendant atteindre positivement ce qui est transcendant. On peut supposer qu'Adorno déchiffre dans ce trait naturel de la raison ce qu'il nomme l'impulsion immanente à l'esprit, naturalité transfigurée et spiritualisée puis oubliée par l'esprit : l'illusion consiste à croire que lorsque l'impulsion sort d'elle-même, tend vers son autre, celui-ci acquerrait nécessairement sa vérité dans cet autre comme s'il était en puissance déjà là. Il y aurait une téléologie transcendantale de l'impulsion et donc de l'esprit ordonné par une fin posée par avance, comme un motif transcendantal en attente de son actualisation complète. Cette illusion ne peut pas être brisée par la raison elle-même dès lors qu'elle est absolutisée, comme le dit Adorno de la raison kantienne, qui entre en contradiction avec la détermination de l'homme comme être fini. Penser de façon conséquente, c'est affirmer que l'absolu, que ce soit la raison ou l'esprit hégélien, est toujours produit par un sujet fini et non un sujet absolu. La réflexion sur l'apparence et l'apparence elle-même s'en trouvent radicalement transformées dès lors que l'absolu devient non seulement irreprésentable mais aussi imprononçable comme le nom divin sacré. Il n'en reste paradoxalement que la nécessité « comme Kant le perçut bien[1] ». C'est dans l'esthétique que le sauvetage de l'apparence semble retrouver ses droits : « D'où l'incomparable importance métaphysique du sauvetage de l'apparence, objet de l'esthétique[2]. » Faire de cette conséquence une conclusion, un point d'arrêt de la pensée dialectique, comme on l'a fait bien souvent, contredit cependant l'avertissement d'Adorno affirmant que la *Dialectique négative* « se tient

1 *Ibid.*, p. 307.
2 *Ibid.*

à l'écart de tout thème esthétique[1] ». Il est donc plus pertinent de suivre le destin de cette apparence dans les paragraphes suivants, dans ce qu'il nomme l'apparence de l'autre, que d'en contourner les difficultés en renvoyant aux apories de la théorie esthétique restée inachevée.

DIFFICILE TRANSCENDANCE DE L'AUTRE

Que les questions et les idées métaphysiques soient jugées vaines ne proviendrait pas tant d'une raison devenue raisonnable, acceptant ses propres limites, que de l'esprit ou de la société bourgeoise qui les a peu à peu neutralisées alors qu'elle en faisait un supplément comme expression du besoin de transcendance. Cette neutralisation condamne tout ce qui est spirituel au profit de l'affairement qui s'empare de la totalité sociale en le soumettant à sa loi. L'apparence, historiquement, est celle de la socialisation de la société sous l'emprise de la loi de l'échange et du travail productif devenus des fins et non plus seulement des moyens, tel le développement sans frein des forces productives. Le besoin faux de l'esprit n'est que l'envers de l'idéologie : « Dans la société, la fonction de l'esprit est subalterne bien qu'idéologiquement elle le prise[2]. » Le capitalisme industriel tardif, dit Adorno, étend son emprise à l'esprit et à toutes ses objectivations, y compris, sous la forme de l'industrie culturelle, celles de l'art, en les transformant en marchandises. Cette analyse devenue classique reconduit à une affirmation plus essentielle pour comprendre l'intention utopique de sauvetage de la métaphysique et de l'apparence, à savoir celle de l'indifférence de la conscience à l'encontre des questions métaphysiques, comme Adorno le dit de la liberté dès lors qu'elle ne se réduit pas à celle particulière, individuelle de consommer selon ses désirs. Indifférence qui en un sens trouverait ses prémices dans ce qu'Adorno appelait, à propos de Kant, l'indifférence de la raison à l'égard de ses objets, du contenu, indifférence qu'Adorno n'hésite pas à rapporter au refoulement « d'une horreur ». Ce terme fait écho à ce matérialisme sans fard dévoilant, en toute culture, son fond

1 *Ibid.*, p. 7-8.
2 *Ibid.*, p. 307.

de barbarie qui, dirait-on en termes freudiens, ne manque pas, historiquement, de faire retour – le retour du refoulé – sous la forme d'un déchaînement aveugle de la pulsion de mort. Mais c'est le refoulement de la mort, de la conscience de la mort qui frapperait d'abord les hommes socialisés d'un aveuglement rendant impossibles la question et l'idée d'une vie juste dans une société injuste. Adorno, une fois encore, présente son analyse comme une spéculation anthropologique. L'oblitération, le mensonge sur la mort, qui ne serait pas tant à craindre dit la société en fanfaronnant, ne ferait que renforcer idéologiquement la loi de la conservation animale, la nécessité biologique de l'autoconservation en limitant voire en censurant la conscience de la mort par laquelle l'espèce humaine se différencie de sa simple constitution animale. Ce refoulement de la mort justifierait l'inéluctabilité d'une société injuste, du « c'est ainsi », en rendant vaines et illusoires toute pensée et toute visée d'une société juste. Mieux vaudrait n'être pas né, comme on le disait déjà dans Sophocle. Qu'une telle exclamation prenne un sens métaphysique, comme l'être-vers-la mort de Heidegger, en absolutisant la mort comme l'essence de l'homme alors qu'elle ne peut être interprétée qu'à partir « des hommes comme produits de l'histoire » dénonce « le manque de sens métaphysique » se grimant du masque grimaçant de la métaphysique. Cette spéculation anthropologique conduit Adorno à distinguer les sociétés fermées, closes, des sociétés ouvertes qui, présupposant la liberté, rendent seules possible une expérience métaphysique. La société ouverte, en opposition à la socialisation totale, est d'abord celle qui suppose en elle, dans son immanence même, la possibilité d'un autre, d'une différence et donc sa transformation possible. C'est à cette seule condition que les intérêts métaphysiques s'accorderaient aux intérêts matériels des hommes dans ce qu'Adorno nomme leur perception intégrale (*ungeschmälerten Wahrnehmung*), c'est-à-dire pensée du point de vue utopique. Mais l'expérience métaphysique, sa possibilité, requiert à chaque fois une critique des tendances idéalistes contenues dans toute doctrine se présentant comme un tout : la spéculation métaphysique doit s'associer à « la spéculation philosophico-historique », elle doit penser l'histoire effective dans sa continuité et discontinuité comme nous l'avons montré auparavant. En ce sens, c'est à partir du présent que cette histoire doit être réfléchie afin de briser l'illusion d'une continuité aveugle comme répétition du même. La pensée dialectique est cet effort sans cesse repris de démythologisation que *Dialektik der Aufklärung* (*La Dialectique de la raison*) exigeait contre l'autodestruction de la raison. L'idée de transcendance, qu'elle soit théologique ou métaphysique, fait partie de ces idoles produisant de nouvelles mythologies qui ressurgissent, sous des noms divers, dans l'espoir d'un salut, d'une promesse dont on ne pourrait plus rien dire sans tomber dans des antinomies. À l'infantilisme de la science-fiction Adorno associe aussi bien le spiritisme que la métaphysique ou la théologie : ce qui leur serait commun, c'est l'hypostase, soit celle des esprits, messagers occultes, soit celle d'un esprit incorporel. Image ou symbole d'une transcendance sécularisée s'accomplissant dans la totalité de l'immanence sociale mais « rien qu'une image » comme on en montre aux enfants pour les apaiser. Contre une telle foi du charbonnier il faut faire valoir le paradoxe du transcendant : « Si par contre, aussi lointaine et faible soit-elle, la possibilité du rachat était complètement supprimée dans l'étant, l'esprit deviendrait illusion, le sujet fini, conditionné, simplement étant, serait finalement déifié comme porteur de l'esprit. » *Les Illuminations* de Rimbaud seraient l'expression du caractère paradoxal du transcendant comme « d'une humanité libérée de l'oppression comme vraie divinité[1] ». La référence poétique transforme en même temps la naïveté de l'image du salut que comportent encore les spéculations hasardeuses rejoignant la science-fiction. À cet égard la théologie, dans sa dogmatique, est plus conséquente que l'idéalisme puisqu'elle pense en même temps la résurrection de l'âme et de la chair là où la métaphysique, par son impudence, sa prétention à détenir la vérité, entend ne sauver que l'esprit désincarné puisqu'elle a dénié le corps en le transfigurant en pure spiritualité. Ce geste dévoile le reste de mythologie en elle, par son déni du caractère historique de ses concepts, par le refoulement de toute nature, et compromet l'idée même de vérité. Mais la théologie elle-même succombe à cette critique lorsqu'elle se prétend anhistorique. Même la parole révélée, le verbe divin tombe dans l'histoire, chute qui emporte avec elle l'idée d'un radicalement différent comme promesse d'éternité. Ce radicalement autre, cette différence absolue qui s'exprimait dans l'interdit des images, de toute représentation de l'absolu, étendu à celui de la prononciation du nom divin lui-même, ne peut plus être pensée qu'historiquement comme cet interdit lui-même.

1 *Ibid.*, p. 312.

La transcendance de l'autre, intramondaine, ne se heurte plus à l'inconnaissabilité d'un absolument différent transcendant mais au cours du monde tel qu'il est et se répète identiquement en annulant toute possibilité d'une différence qui en briserait la totalité. L'apparence de l'autre doit être recherchée dans les traces les plus infimes, dans le plus ténu voire le plus lamentable (*Schäbigsten*) et le plus misérable, comme le chiffonnier de Walter Benjamin, cette « figure la plus provocatrice de la misère humaine », rebut de la capitale dont il ramasse les déchets à la manière d'un collectionneur[1]. Cette affirmation est d'abord une question, celle de la possibilité de la métaphysique dans un monde à la fois pire et meilleur que l'enfer. Le paradoxe, associé à celui de la possibilité de la métaphysique, ne se comprend qu'à partir de la manière dont Adorno réfléchit le présent historique lié à Auschwitz. Ce n'est qu'en partant des extrêmes, écrit-il dans le cours sur la *Métaphysique*, que l'on peut faire valoir la légitimité de la question de l'expérience métaphysique. L'enfer des camps d'extermination excède non seulement toute représentation mais aussi le néant lui-même, « la nihilité de l'absolu », ce qu'il exprime en disant qu'il y a pire à craindre que la mort. Mais l'enfer, selon Benjamin qui cite Strinberg, est tout autant le cours ininterrompu du progrès comme catastrophe dans l'immanence du monde : « Ainsi Strinberg écrit-il – dans Le Chemin de Damas : l'enfer n'est pas quelque chose qui nous attend, mais la vie que nous menons ici[2]. » Si l'on peut supposer une telle réminiscence, Adorno critique tout d'abord ce qu'il a nommé auparavant l'idéalisme « malgré lui » de Schopenhauer qui hypostasie comme transcendance la volonté prétendument immanente au monde. Cependant le désespoir n'est pas absolu, dans l'enfer passe en quelque sorte la médiation d'une promesse de bonheur qui ne s'offre aux hommes que comme fragment. Il y a un autre de l'histoire dans l'histoire elle-même et non dans quelque chose d'originaire justifiant l'appel à un autre commencement soustrait à l'histoire. L'ontologie, c'est-à-dire ici Heidegger, inviterait à faire le saut hors de l'histoire pour attendre quelque révélation de l'être : nouvelle mythologie qui fait retomber dans l'un des cercles de l'enfer. Cette dialectique de l'apparence de l'autre, qui n'est ni être ni étant, à laquelle on ne peut attribuer aucune positivité, même celle du négatif, paraît se

1 Benjamin, 1993, p. 364.
2 *Ibid.*, p. 491.

dérober à la réflexion. L'argument d'abord classique consistant à dire que c'est le fou qui dit sa vérité au monde justifierait cependant cette « déraison » face à la raison autodestructrice dont se prévaut l'humanité[1]. Mais cette déraison ne se livre pas pieds et poings liés à l'irrationnel, au catastrophisme et au prophétisme apocalyptique. Elle est au contraire la forme que prend l'autoréflexion lorsqu'elle tente de sauver des fragments de vérité, quelque « lumière » où « transparaît de la transcendance ». En ce sens Adorno reste un homme des Lumières avec et contre Hegel.

SAUVER LES TRACES ET NE PAS JOUER LE JEU : FRAGILE ESPÉRANCE

L'homme des Lumières, celui d'une pensée critique démasquant les ruses de la raison métaphysiques recherchant inlassablement l'identité jusque dans l'absolutisation de l'homme, doit cependant procéder à sa propre critique : la démythologisation contient, en germe, le risque d'une nouvelle mythologie, remplaçant les anciennes idoles par de nouvelles encore plus prosaïques, celles d'une positivité qui seule ferait loi, interdisant, comme une transgression illégitime, toute pensée métaphysique : « L'*Aufklärung* ne laisse pour ainsi dire rien du contenu de vérité [*Wahrheitsgehalt*] métaphysique, *presque rien* selon l'expression d'une récente communication sur la musique[2]. » Cette critique est déjà celle que Hegel retourne contre les Lumières dans la *Phénoménologie de l'esprit*. Mais il faut toujours et encore retourner Hegel contre lui-même. Le savoir absolu auquel parviendrait la conscience après avoir surmonté toutes ses contradictions n'est que le savoir d'un sujet fini qui sécularise l'absolu en ayant auparavant sécularisé la divinité. Double sécularisation dont seul un concept rigoureux de négativité peut tirer les conséquences sans absolutiser l'identité. Si la négativité est le ressort et le mouvement de la pensée, si elle brise de l'intérieur toute chose et tout concept par les médiations oubliées qui leur sont immanentes, elle ne peut elle-même se supprimer sans arrêter et figer la pensée en la réduisant à ce que Hegel

1 Adorno, 1992, p. 215.
2 *Ibid.*, p. 317.

nommait la pensée d'entendement. L'autoréflexion, par laquelle Adorno qualifie une telle dialectique, se paie du renoncement à tout fondement et à toute certitude dernière d'une subjectivité absolue revenue à elle-même. S'il n'y a pas de pensée sans un sujet de la pensée, non seulement celui-ci n'a rien de substantiel, n'a pas d'essence comme subjectivité constituante du sens, mais il ne s'actualise que dans l'acte de pensée déterminé par le primat de l'objet. C'est ce qu'Adorno nomme la force de l'immanence, de l'autre ou de la différence interdisant à la pensée, même réflexive, de se retirer en elle-même. La pensée est en quelque sorte dans le dehors, près de ce qui est pensé sans pouvoir s'y identifier d'aucune manière. La ruse du concept, *medium* de la pensée, serait précisément de faire croire que parce qu'il est le concept de la chose, épousant son propre mouvement dialectique, il pourrait absorber en lui-même ce qui, dans la chose, lui résiste, le reste n'étant que matière inerte abandonnée à la pure contingence. La pensée, ou le concept, est incommensurable à l'objet qu'elle doit cependant penser. Telle serait l'aporie de la métaphysique et aussi bien de la dialectique hégélienne. C'est pourquoi la dialectique doit aussi se retourner contre elle-même : « Pour ce faire, la dialectique à la fois reproduction du rapport d'aveuglement universel et critique de celui-ci doit en un dernier mouvement se tourner contre elle-même[1]. » Mais ce « dernier mouvement » accompagne constamment l'autoréflexion qui ne s'arrête que pour faire une sorte de mise au point objective, pour savoir où elle en est des déterminations de l'objet. La pensée, nécessairement temporelle, n'est ni linéaire ni cyclique, elle se déploie plutôt comme une spirale propre à donner le vertige, comme le dit Adorno. C'est une telle dialectique qui, tendue entre le concept et le moment logique d'une part et le moment mimétique d'affinité avec l'objet d'autre part, ouverte sur l'autre irréductible, fait apparaître l'intention utopique de la pensée et par conséquent l'espérance : « Il appartient à la détermination d'une dialectique négative de ne pas se reposer en elle-même comme si elle était totale ; c'est là sa figure d'espérance[2]. » Contre Hegel et l'identité du positivement rationnel il faut déchiffrer dans la chose en soi kantienne, indépendamment de la méthode transcendantale, ce moment de non-identité comme figure de l'espérance. Quelque chose est promis quand bien même il est refusé.

---

1 *Ibid.*, p. 316.
2 *Ibid.*

On peut nommer ce quelque chose par les termes de transcendance, de différence, d'autre, ou encore d'absolu, il reste qu'il n'est ni être ni étant. Mais ce quelque chose, présupposé par la dialectique négative et la logique de la dislocation, ne peut être exprimé que dans « les matériaux et les catégories » de l'immanence sociale et historique. Ce moment de l'expression est fondamental puisqu'il signifie que le lieu de la pensée est la langue dans son rapport dialectique du nom et du concept, langue historique qui doit en même temps être elle-même réfléchie afin que ni le nom ni le concept ne se figent en des déterminations fixes. Si la métaphysique a son lieu dans la pensée comme langue cela ne signifie nullement que la langue serait une totalité fermée sur elle-même, geste consistant à hypostasier la langue et reconduisant inévitablement à l'idéalisme. L'expression est celle de constellations, de constructions historico-philosophiques de ce qui prend le nom d'étant ou de réel : « Aussi la métaphysique ne serait-elle possible que comme constellation lisible de l'étant. Elle en recevrait la matière sans laquelle elle ne serait pas mais ne transfigurerait pas l'existence de ses éléments, au contraire, elle en ferait une configuration dans laquelle les éléments se rassemblent en écriture[1]. » S'opposant à la méthode déductive de la spéculation prenant la forme d'un jugement analytique continu, s'écartant résolument de la forme représentative classique de la pensée, Adorno fait l'hypothèse d'une telle métaphysique comme la seule possibilité de la sauver de tout idéalisme aussi bien que des savoirs positifs qui la réduisent à une vision du monde subjective et relative. En ce sens on retrouve ici les premières thèses développées dans les années 1930 lorsqu'il soutient que la philosophie n'est pas une recherche, contre les sciences et la phénoménologie, mais une interprétation d'un texte historique lacunaire, un travail souterrain de restitution d'un sens, c'est-à-dire d'un contenu oublié et refoulé par une rationalité abstraite universalisante. De Freud à Benjamin il n'y a qu'un pas franchi dans la conclusion de la *Dialectique négative*, comme un hommage silencieux rendu à ce dernier : « Les traits intramondains les plus infimes auraient leur importance pour l'absolu car le regard micrologique déchire les enveloppes de ce qui, selon le critère du concept générique qui subsume, reste désespérément isolé, et fait éclater son identité, l'illusion selon laquelle il serait un simple exemplaire. Un tel penser est solidaire de la métaphysique à l'instant de sa chute. » Là

1 *Ibid.*, p. 317.

encore la possibilité de la métaphysique reste apparemment hypothétique, voire, comme on le dit parfois, aporétique. Mais ce caractère aporétique pourrait entrer dans la détermination de la pensée dialectique comme la forme d'une autoréflexion dont la négation déterminée n'est rien d'autre que l'expression de contradictions sans résolution définitive parce que le sens inscrit et créé par les hommes dans les choses elles-mêmes demeure lacunaire, troué, privé de toute complétude. L'histoire faite par les hommes socialisés et ouverte sur l'avenir se refuse à toute téléologie, concept encore métaphysique en ce sens puisqu'il présuppose un principe ou un motif – tel le motif transcendantal husserlien – positif et intemporel malgré les vicissitudes du devenir historique. Les contradictions auxquelles se heurte et se blesse une telle pensée ne sont plus celles des grands problèmes philosophiques et des catégories qui les déterminent – ce que devait montrer la logique de la dislocation – mais celles où se sont réfugiées les traces de ce qui pourrait être autrement, qu'il faut apprendre patiemment à déchiffrer jusque dans l'évanescence de leurs significations opaques dès lors qu'il n'est plus possible de se fier sans réserve au langage métaphysique de l'essence, d'essentialités conquises au prix d'un refoulement des couches matérielles souterraines de l'histoire. Ce que Benjamin avait entrepris dans l'œuvre inachevée *Paris, Capitale du XIXe siècle*, il faut le reprendre non plus sous la forme d'images dialectiques mais au moyen d'une pensée dialectique telle qu'Adorno en fait le pari. Une telle reprise, et non une simple répétition, n'a en même temps de sens historique et philosophique, pour Adorno, que dans l'espoir d'empêcher que des catastrophes nouvelles, après celle d'Auschwitz, ne se produisent en raison d'une capacité de moindre résistance des individus face à la menace de nouveaux tyrans, quels qu'en soient les formes et les visages. Paradoxalement il y a dans la *Dialectique négative*, texte ascétique et labyrinthique, une volonté pédagogique au sens le plus noble du terme – éduquer les hommes à la liberté –, ce qu'exprime Adorno en homme des Lumières dans de nombreuses interventions publiques, acte politique rappelant aux individus leur autonomie, leur pouvoir d'autodétermination et leur capacité à résister, à « ne pas jouer le jeu ». Sous l'apparence d'une expression banale il se pourrait que ce soit cette troisième injonction, « ne pas jouer le jeu », qui demanderait, aujourd'hui même, le plus de capacité de résistance et d'invention d'autres lieux contre ceux colonisés par l'univers et les utopies technologiques florissants, mais aussi contre l'apathie politique que le langage de la gestion, du management a depuis longtemps sans doute confortée, en persuadant, assez aisément le plus souvent et avec leur propre assentiment, les individus que leurs actes n'étaient que les pantomimes de vieux restes contestataires voire révolutionnaires gros de menaces utopiques en tout genre. La pensée utopique d'Adorno est peut-être une figure négative de l'espérance, et par conséquent opposée aux rêves utopiques d'une société parfaite qui se serait enfin libérée de la fragilité de ce qu'il y a d'humain en l'homme, et pour tout dire de l'individualité de l'expérience à la fois singulière et sociale, mais elle appelle une réflexion politique esquissée dans deux textes non publiés du vivant d'Adorno, comme les « Épilégomènes dialectiques, sujet et objet ; notes sur la théorie et la pratique » dont on pourra sans doute relever le caractère aporétique à travers la dénonciation de la pseudo-activité révolutionnaire sans le sanctionner comme un échec de la pensée : « De la pseudo-activité jusqu'à l'apparence d'une révolution [*Scheinrevolution*], la tendance objective de la société coïncide sans faille avec sa régression subjective. L'histoire du monde [*Weltgeschichte*], une fois de plus, produit de façon parodique ceux dont elle a besoin[1]. » Les ruses de la raison n'auraient pas dit leur dernier mot et la praxis, l'action politique pourrait indéfiniment en être l'un des moyens si elle ne prend pas conscience d'une folie du monde qui la rend impuissante face aux puissances disproportionnées du règne sans partage de ce qu'Adorno nommait la société totalement socialisée ou encore la raison industrielle auxquelles il est possible de donner aujourd'hui des noms nouveaux qui ne font que répéter la même emprise. À cette folie il faut répondre par une autre folie[2] qui reste sans doute toujours à nouveau à inventer mais dont le premier geste serait d'interrompre le cours du temps, comme le dit Walter Benjamin de ces anonymes des journées de 1848 : « Au soir du premier jour de combat, on vit en plusieurs endroits de Paris, au même moment et sans concertation, des gens tirer sur les horloges. Un témoin oculaire, qui devait peut-être sa clairvoyance au hasard de la rime, écrivit alors : "Qui le croirait ! On dit qu'irrités contre l'heure, / De nouveaux Josués, au pied de chaque tour, / Tiraient sur les cadrans pour arrêter le jour[3]". » Une telle

1 Adorno, 1984a, p. 288.
2 *Ibid.*
3 Benjamin, 2000, p. 440.

impulsion, spontanée, est au pouvoir de chacun, comme ce motif utopique caché dans le plus petit, l'infime dans lequel la métaphysique cherche refuge. Le regard micrologique d'une pensée orientée vers une pratique réfléchie, modeste et en apparence insignifiante par rapport à la dignité des questions métaphysiques, nous invite à accomplir de tels gestes se défiant aujourd'hui des appels militants à la révolution ou à l'insurrection en armes face à des États qui laissent faire, comme on joue aux barricades, dit Adorno[1], jusqu'au moment où ils montrent le visage de leur véritable surpuissance.

1 Adorno, 1984a, p. 287.

CONCLUSION

S'il faut conclure un essai, il ne suffit en aucun cas d'en résumer le contenu : cela contredirait le principe d'analyse que nous avons suivi en proposant *une* lecture de la *Dialectique négative* d'après le fil conducteur de l'intention utopique de telle sorte qu'elle n'apparaît qu'au cours des différents moments de l'interprétation comme un thème musical développé à travers de multiples variations. Les répéter serait soit inutile, soit fastidieux, soit redondant d'autant plus que nous avons été souvent contraint, sous des formes diverses, d'en rappeler le motif afin de ne pas céder à la tentation de suivre bien d'autres voies ouvertes par les analyses d'Adorno et qui restent encore à explorer. Il est certain qu'un lecteur soupçonnant dans ce motif utopique un pessimisme nostalgique ou l'idéal d'une société future enfin réconciliée avec elle-même pourra se sentir autorisé à lire d'abord la conclusion afin de s'assurer qu'il pourrait être utile ou au contraire vain de se reporter à l'ouvrage dans son entier. Gilles Deleuze ne dit-il pas, ce qu'il faudrait cependant se garder de prendre à la lettre mais plutôt voir comme un signe d'ironie, que « les conclusions doivent être lues d'abord ; c'est vrai de notre livre, où la conclusion pourrait rendre inutile la lecture du reste[1] ». Mais une conclusion ne pourrait-elle, ne devrait-elle pas consister à mettre à l'épreuve du temps présent les résultats difficilement obtenus d'une lecture sans nulle prétention d'exhaustivité ? Ne serait-ce pas d'autant plus nécessaire que la *Dialectique négative*, comme nous l'avons suffisamment souligné, ne peut être lue en faisant abstraction de ce que l'auteur nomme la césure ou le tournant de la catastrophe de seconde nature dont Auschwitz est le signe. Ce signe oblige la réflexion – tel est un premier enseignement que l'on peut tirer d'une pensée critique qui ne prétend pas interroger les philosophes avec le regard de l'historien de la philosophie – à se tourner aussi bien vers le passé que vers le futur,

1 Deleuze, 1968, p. 1.

c'est-à-dire notre propre présent. En ce sens nous serions encore les contemporains de ce texte contre ceux qui ont voulu y voir trop vite l'échec de la pensée négative d'Adorno se réfugiant finalement dans l'utopie négative de l'art, dans une Théorie esthétique inféodée à la philosophie, plus encore à la philosophie de l'histoire[1]. Si l'on ne peut se satisfaire de l'idée que le motif utopique, négatif, d'une société réconciliée, répondrait à une « nécessité personnelle » d'Adorno et à sa « tentative héroïque » d'exposer dans la *Dialectique négative* ce que devrait « être la philosophie aujourd'hui[2] », ce que la forme de la pensée philosophique se rapportant à l'objectivité historique contredit, il faut supposer qu'elle enferme une force critique plus que jamais actuelle face à l'état d'un monde dont on dit, pour le meilleur ou pour le pire, qu'il est en pleine mutation. Déploration ou enthousiasme ne suffiront pas à comprendre une telle mutation et on pourrait dire comme Hegel, geste qui par ailleurs est aussi celui d'Adorno, que si « notre temps est un temps de naissance et de passage à une nouvelle période », il faut élever ce passage au niveau du concept. Mais un premier doute vient d'emblée ébranler l'assurance hégélienne d'un dépassement dans une positivité rationnelle déterminant par avance le sens de l'histoire universelle s'accomplissant dans l'esprit. Plus encore ce doute éveille un soupçon que la pensée se doit d'affronter. Peut-être, comme l'écrit Günther Anders, n'est-il plus possible de parler d'époque ou de période de l'histoire mais d'un délai, comme nous l'avons vu, qui suspend le monde au-dessus d'un abîme dont nul ne voit le fond. Il y a dans cette thèse une critique de « l'*épochal* » au sens heideggérien qui conduit Anders à réintroduire le terme de métaphysique pour désigner « la troisième révolution industrielle » et « l'effet de l'énergie nucléaire ». Il ne serait plus adéquat au monde de parler d'époque comme dispensation de l'être déterminant une figure de l'essence de la vérité du tout de l'étant parce que le terme d'époque suppose une continuité de l'histoire, une téléologie voire une eschatologie qui ne dit pas son nom, ainsi que « l'avènement de nouvelles époques », quand bien même nous ne pourrions en aucun

---

1 Voir par exemple l'introduction de Rochlitz de *Théories esthétiques après Adorno*. Celui-ci renvoie notamment à différents auteurs de l'ouvrage, Bubner, Jauss, Wellmer, en expliquant qu'ils « réagissent ainsi aux excès de la génération précédente qui cherchait à saisir le sens du présent à travers la lecture de Hölderlin ou de Beckett » (1990, p. 10).

2 Postface de Guy Petitdemange, Adorno, 1989, p. 160.

cas les prédire[1]. Est-ce une autre formulation de ce que l'on a nommé la fin de l'histoire ? Comment peut-on comprendre le terme de métaphysique employé par Anders ? N'implique-t-il pas l'idée d'un principe, d'un *archè* qui règnerait sur la totalité du monde et en règlerait le cours nécessaire ? En ce sens il ne ferait que répéter ce que Heidegger nommait sous le titre de constitution onto-théo-logique de la métaphysique en accentuant l'idée de clôture. Nulle autre espérance que de se tenir dans le vertige de ce « délai » où notre être (*Sein*), sans pause (*pausenlos*), ne peut plus rien être d'autre qu'un « être-juste-encore » (*Gerade-noch-Sein*) : figure négative de l'espérance consistant à croire que l'humanité serait encore capable de ne pas faire le saut dans le vide. Un ouvrage récent, qui pose la question de ce que peut signifier « penser aujourd'hui », à partir d'une analyse de ce qu'il nomme la *Logique totalitaire*, attribue à Anders une pensée apocalyptique du totalitarisme technologique[2]. S'il s'agit de penser la crise de la rationalité occidentale en en faisant la généalogie et l'archéologie, cet auteur part d'un diagnostic formulé dans les termes heideggériens de la domination du Principe de raison sous la forme d'un Dispositif logico-technique subsumant tout ce qui est sous le Même. Ce « Même » ne serait rien d'autre que le projet de la philosophie exprimé dans l'identité totalisante de l'être et du logos, de la raison dès les Grecs : il est « l'essence même du Commencement grec[3] ». Processus de totalisation sous l'universel qui peut alors s'interpréter comme une logique totalitaire, comme l'idéologie de la métaphysique et de la philosophie aux temps de leur achèvement. Ce totalitarisme comme pouvoir de la Totalité[4] est le fil conducteur à partir duquel peut et doit être pensée la crise pour parvenir, au-delà du diagnostic, à initier une Révolution non pas d'abord politique mais de et dans la pensée elle-même. Que les auteurs convoqués soient Marx, Nietzsche, Husserl ou Heidegger se justifierait par le fait qu'ils sont les seuls penseurs à la

1 Anders, 2002, p. 20.

2 Vioulac, 2013, p. 451 *sqq.* L'auteur parle notamment d'une fidélité à Heidegger qui nous paraît contestable dans bien des analyses développées par Günther Anders. Ce dernier peut certes reconnaître la génialité du penseur Heidegger mais n'en parle pas moins d'une « pseudo-concrétude de la philosophie de Heidegger » à laquelle Adorno fait référence dans sa critique de Heidegger dans la *Dialectique négative* (p. 65-66) : « Günther Anders a depuis des années déjà dénoncé le caractère pseudo-concret de l'ontologie fondamentale. »

3 Vioulac, 2013, p. 25.

4 *Ibid.*, p. 29.

hauteur de la crise de la philosophie et de la rationalité occidentale déchaînée. Là même où certaines formulations recoupent ce que cherche à penser Adorno, penseur contemporain s'il en est, ce dernier n'est cependant nullement sollicité dans cette ambition archéologique où une fois encore c'est à la philosophie fermée sur elle-même et voulant en même temps tout embrasser qu'il est demandé des explications et des comptes comme si elle était le tout de l'histoire occidentale. Adorno ne nous permet-il pas de briser, par ce qu'il nomme le regard micrologique, cette clôture plus radicalement que ce geste consistant à affirmer, dans les traces de Heidegger, que la crise de l'Occident *est* la crise de la philosophie ni plus ni moins[1], comme déploiement de son essence jusque dans une domination totalitaire de la logique et de la technique ? La critique de ce totalitarisme présent et à venir, procédant d'une essentialisation de l'histoire, ne succombe-t-elle pas elle-même à une emprise du concept de totalité rendue problématique par la pensée dialectique ? Le différend ne porte pas seulement sur le « diagnostic » mais sur l'essence de ce logos, de cette rationalité, dissimulée dans les couches matérielles des formations sociales qui n'apparaissent alors, selon la « logique » heideggérienne, que comme des évènements de surface indifférents par rapport à ce « Même » que les penseurs chercheraient à nommer en le rapportant au Concept comme forme d'universalisation et de totalisation. Les penseurs cités, Marx, Nietzsche, Husserl, sont eux-mêmes, et sans doute malgré eux, pris dans la Discorde à partir de laquelle serait mise en jeu la pensée. C'est dire que le différend porte une fois encore sur ce qui fait histoire dans l'histoire dès lors que l'on conteste l'affirmation, non seulement métaphysique mais plus encore idéaliste pour Adorno, selon laquelle c'est l'envoi destinal de l'être qui seul détermine l'histoire dans son essence. Ce langage continuerait, malgré ses protestations, à parler la langue du logos métaphysique qui cherche à nommer un principe unique pour rendre compte de la totalité dans son unité et identité sans faire droit à la différence puisque celle-ci serait réduite à la contingence voire à la fatalité d'un destin. En ce sens il nous semble qu'une intuition essentielle est susceptible de nous rappeler à « quelques leçons », même aporétiques, de la *Dialectique négative*. Penser une logique totalitaire, sous ses différentes formes historiques de

1 *Ibid.*, p. 21.

domination, consiste d'abord à penser la nécessité à l'œuvre dans une telle logique, nécessité qu'Adorno nomme mythe, répétition du même, emprise que l'histoire concrète des sociétés instituées conjugue en de multiples formes. Non plus une histoire de l'être mais une histoire politique où serait interrogé, et devrait l'être de nouveau, le rapport que les sociétés établissent entre les formes d'institutionnalisation de pouvoirs se transformant, par une rationalité immanente, en domination voire en destruction auxquelles les individus sont prêts à vouer leur force sans percevoir ce qui les nie dans un tel processus. C'est peut-être en ce sens que l'on pourrait dire, comme cet auteur cité par Gilles Moutot dans son *Essai sur Adorno*, Espen Hammer, qu'Adorno « aura été "l'un des penseurs politiques les plus pénétrants du XXe siècle" alors même qu'il n'a "jamais développé quelque chose comme une théorie politique[1]" ». Cette pensée politique, virtuelle dans la *Dialectique négative*, exige cependant le long détour par l'héritage métaphysique, essentiellement représenté par Kant et Hegel, de la pensée occidentale, parce que les formes socialement intriquées de domination ne deviennent intelligibles qu'à partir d'une critique dialectique des catégories de la pensée à travers lesquelles s'exprime toute société jusque dans son mouvement de totalisation. Il y aurait une métaphysique de cette logique totalisante dans la mesure où elle embrasserait le tout de l'expérience, aussi bien structurellement que dans son développement historique. Mais ce serait une histoire bloquée, sans histoire si l'on considère que tout ce qui apparaît comme nouveau – ce qu'on nomme volontiers dans le jargon actuel l'innovation – ne ferait que répéter aveuglément un même principe de production et reproduction de la société jusqu'à son autodestruction possible, voire comprise dans ce principe. Une histoire-nature où la nature – autre nom dans ce cas du mythe, d'un progrès comme loi naturelle des sociétés humaines – rendrait toujours à nouveau impossible l'appropriation par les hommes de leur histoire afin d'en réfléchir les conditions effectives, concrètes de transformation. La contingence, celle d'existences individuelles s'efforçant de résister à ce « mouvement » sans vie, mécanique, dominé par la puissance des sciences et des techniques, serait résiduelle sans même avoir la vertu, comme quelques grains de sable, d'enrayer la machine. Ainsi le vœu de repenser la constitution de

1 Moutot, 2010, p. 644.

la métaphysique, comme Bernard Mabille[1], pour faire l'épreuve de la contingence du sens, pour « stabiliser logiquement son sens » afin de « penser ce qui est », nous laisse-t-il démunis par rapport à cette loi de la nécessité dont se prévalent sans conteste les nouveaux prophètes de la génétique, du numérique et de tout ce qui s'y rattache. Que l'on fasse par ailleurs de la métaphysique, dans la pluralité de ses expressions, contre sa réduction heideggérienne à l'onto-théo-logie, comme Olivier Boulnois[2], une forme d'expérience voire d'ascèse spirituelle ne peut sans doute pas être contredit mais confirmerait cependant l'idée, constante et essentielle chez Adorno, que les conditions de toute expérience sont d'abord objectives et qu'elles « préforment » socialement le sujet qui prétend la fonder sur un acte de libre décision existentiel. Se retirer du monde, prendre de la distance ou de la hauteur, en aspirant à nouveau à quelque transcendance quand bien même on la dit inaccessible, suppose le monde concret, effectif dont on désire s'abstraire. Mais nous pouvons nous demander jusqu'où une telle expérience entend se retrancher des affaires du monde pour en constater la désolation, si ce n'est la dévastation. Plus encore nous pourrions imaginer, à la lecture d'Adorno, que les puissances établies se rient aisément, dans les lieux où se décide l'avenir, de ces quelques rêves métaphysiques qui ne viennent en rien troubler les révolutions et les utopies promises par ceux qui ont en main les moyens d'exproprier les individus de leur propre vie. Il est d'ailleurs remarquable, de ce point de vue, que les termes de révolution et d'utopie, si décriés il y a peu encore en raison des menaces de totalitarisme dont ils auraient été annonciateurs, soient devenus des mots vedettes de ces nouvelles puissances technico-scientifiques et financières. La question de la métaphysique, de sa possibilité, de fait, nous reconduit inévitablement au seuil du politique, c'est-à-dire à la fois à la nature du pouvoir qui institue les sociétés humaines et aux formes de domination qui les désinstituent, en les désintégrant dans leur individualité propre au moment même où elles les intègrent. Ce qu'Adorno nomme idéologie requiert de ce point de vue des analyses concrètes vers lesquelles l'idée d'une métaphysique comme micrologie fait signe. Penser à partir du primat de l'objet, comme nous l'avons montré, est peut-être l'exigence

1 Mabille, 2004, p. 377.
2 Boulnois, 2013.

la plus difficile de la pensée parce que celle-ci voudrait bien, le plus souvent, ne pas avoir affaire avec ce qui est le plus repoussant, le plus abject et obscène, telle cette nouvelle image de l'homme que nous fournissent, sur catalogues, les promoteurs fous du transhumanisme et autres. Comme Adorno y insiste, à la fois pour l'honneur et le déshonneur de la pensée, ce n'est pas la grandeur et la noblesse de l'objet qui suffisent à élever la pensée au niveau d'une critique conséquente de ce qui se trame dans le monde effectif où se concentrent les nouveaux moyens de domination dont l'un des ressorts consiste d'abord à rendre obsolète voire impossible la question politique de la forme de la société et des pouvoirs institués sous lesquels les hommes aspireraient à vivre. Si l'on peut interpréter la *Dialectique négative* du point de vue d'une éthique de la vie juste et bonne qui, comme réflexion philosophique, présuppose en tout individu la liberté d'agir de façon juste, cette éthique exige en même temps une autoréflexion sans fondement assuré comme tentait d'en construire la métaphysique traditionnelle. Non seulement il n'y a pas plus d'éthique pure qu'il n'y a de morale fondée sur la raison pure, mais une telle injonction éthique ne peut jamais se suffire à elle-même. De façon significative, dans un cours de philosophie morale de 1963, Adorno conclut sur le nécessaire passage à la politique : « on pourrait dire que la question de la vie juste serait celle de la politique juste si une telle politique juste était aujourd'hui, elle-même, appliquée au domaine de ce qui doit être réalisé[1] ». Si ce passage reste problématique il ne faut pas tant l'imputer à Adorno lui-même qu'au contexte historique où il voyait d'une part s'imposer une démocratie formelle dans laquelle le pouvoir devenait de plus en plus bureaucratique et d'autre part se développer des formes d'activisme politique prêt à répéter une violence révolutionnaire destructrice qui ne faisait que renforcer la puissance de l'État. Le passage à la pratique devrait plutôt, de ce point de vue, être lui-même recherché dans l'invention de nouvelles formes de pratique et d'organisation proches en cela de ce qu'il nomme l'infime, l'insignifiant ou encore le rebut vers lequel doit se tourner le regard micrologique pour sauver, contre tout appareil idéologique et tout militantisme inféodé à un parti, les moments de l'expérience par lesquels les individus se réapproprient, non pas simplement subjectivement mais

1 Adorno, 2010, p. 262.

objectivement, dans ce qui institue le monde, des fragments de vie. Comme un travail souterrain de sape qui par exemple, au lieu de tirer sur les horloges pour arrêter le temps, s'emploierait patiemment à interrompre ici et là ce qu'on nomme aussi bien les flux des capitaux que ceux de la communication en réseaux par lesquels le nouvel esprit du capitalisme entend bien surveiller et contrôler, comme par anticipation, ce qui pourrait advenir. L'utopie chez Adorno est le nom modeste de ce refus de jouer le jeu parce qu'elle sait qu'il pourrait en être autrement sans jamais prescrire ce qui devrait être. Mais ce geste discret, que couvre bien souvent la clameur des indignations morales aussi respectables soient-elles dans leurs intentions, aussi vaines dans leurs effets de sorte qu'elles se répètent en oubliant leur propre impuissance, exige beaucoup de la pensée parce que, comme pour la métaphysique[1], nous avons perdu l'innocence des grandes aspirations révolutionnaires emportant soudainement le monde vers des avenirs radieux. Cette perte d'innocence dont parle Adorno est l'expérience de la catastrophe du nazisme et de l'extermination – mais aussi le socialisme des pays de l'Est – dont l'inhumain qui la définit en la rendant possible n'est pas sans faire penser à ce que certains dorénavant nomment le post-humain. Il n'y a chez Adorno nul catastrophisme au sens d'un nihilisme rêvant à un cataclysme régénérateur : si nous avons multiplié l'expression d'« intention utopique », c'est pour souligner au contraire aussi bien le refus de la résignation que les formes de croyance ou d'imaginaire se nourrissant toujours et encore, sous de multiples noms, de l'idée que l'humanité ne pourra être sauvée qu'en se débarrassant de toute cette pesanteur insoutenable d'une existence liée à ce qui la divise, que ce soit la langue, les institutions, le pouvoir, la pensée, pour enfin n'avoir plus affaire qu'à elle-même, dans une bulle autarcique que de savants techniciens auront pris soin de fabriquer au prix fort. Cet autre que l'utopie cherche indéfiniment à nommer est en même temps, comme Adorno le dit de la langue, un autre caché qu'il lui faut inventer. Il est remarquable qu'une pensée qui se détermine par la dialectique puisse en même temps soutenir que celle-ci ne peut se replier sur elle-même comme le principe et la fin de toute pensée : « Il appartient à la détermination d'une dialectique négative de ne pas se reposer en elle-même comme si elle était

1 Adorno, 2006a, p. 151.

totale ; c'est là sa figure d'espérance[1]. » Si nulle pensée ne dispense de la pratique et de l'action, la pratique réfléchie ne devient une figure d'espérance que si elle refuse de céder aux injonctions faisant signe de toute part, de façon programmatique, vers le futur d'une totalité sociale qui aurait déterminé par avance les possibles de l'expérience : en privant les individus de l'indécision de l'expérience, en saturant le temps social afin de leur faire oublier que toute expérience suppose une disponibilité ouverte à l'indétermination, on paralyse la capacité d'organisation ou plus exactement on la livre à des impératifs techniques d'efficacité requis par l'idéologie d'une course contre le temps. Vaincre le temps, comme la mort, un tel imaginaire paraît défier tout ordre symbolique qui, par définition, repose sur une temporalité longue et stable. En ce sens l'espérance s'oppose résolument aux nouvelles mythologies d'une imagination appauvrie capable de s'étonner et d'affirmer, autoritairement, que la vie privée hier de toutes les prothèses d'aujourd'hui et de demain devait être bien triste et démunie, voire broyée par l'ennui angoissé de jours sans projet et sans nouveauté. « La perte du souvenir comme condition transcendantale de la science[2] » est devenue la condition de ce que Günther Anders nomme l'obsolescence de l'homme. L'utopie chez Adorno ne fait signe vers ce qui peut être autre que parce qu'elle cherche les traces du différent dans ce que les hommes historiques ont accompli mais refoulé, elle est une incessante dialectique, à partir du présent, entre le sauvetage d'un passé que l'histoire des vainqueurs – partageant une croyance obstinée et schizophrénique à un progrès annulant tout ce qui a été – a réduit au silence et à l'obsolescence et des possibilités elles-mêmes refoulées dès qu'elles contredisent le fait que c'est ainsi et qu'il ne peut pas en être autrement. Fragile héritage sans doute, mais le seul qui pour Adorno donnerait une chance au bonheur de l'esprit auquel chaque individu peut en droit prétendre. Puisqu'un tel bonheur n'est jamais seulement une affaire privée, susceptible de satisfaire subjectivement celui qui en ferait l'expérience, il nous reconduit à la question politique de la vie juste et bonne comme une aporie de notre temps devant laquelle l'exercice de la pensée ne peut en rien céder, au risque sinon de justifier l'idée qu'une telle disposition ne serait réservée et promise qu'à quelques individualités aux talents prétendument

1 Adorno, 1992, p. 316.
2 Horkheimer et Adorno, 1974, p. 248.

naturels et à des conditions sociales favorables mais elles-mêmes oublieuses de ce qui les a produites, voire empressées de les expliquer par un destin bienveillant de la nature. Ce qu'Adorno nomme mythologie s'empare aussi bien des formations sociales, matérielles organisant les sociétés que des formes de pensée prétendant s'élever au-dessus de la totalisation sociale, voire revendiquant le droit de parler d'un dehors qu'elles ont patiemment construit pour dire aux hommes leur impuissance à transformer le monde en les invitant à se joindre à eux afin de quitter un monde dont ils n'ont plus rien à attendre. La pensée spectatrice, ce qu'en un langage plus noble on qualifie de contemplative, est pour Adorno l'adversaire opiniâtre de la pensée parce que, d'une manière ou d'une autre, elle rompt le contrat social duquel nul ne peut s'abstraire totalement, quand bien même ce contrat est déterminé, en parlant du tout et pour le retourner ironiquement contre Hegel, comme le non-vrai. Le négatif, qu'on ne peut hypostasier, est la fragile boussole, dans un monde dont on dit qu'il est de plus en plus désorienté, il constitue, à sa manière, une réponse à la question kantienne : « Qu'est-ce que s'orienter dans la pensée ? » Qu'il prenne la forme d'une nouvelle critique de la raison pourrait peut-être en limiter la portée, mais Adorno ne manque pas de chercher chez Kant lui-même des traces d'utopie dans le contenu de ses écrits malgré toutes les apories qu'il prétend mettre en évidence[1]. La raison dialectique n'est pas ce pouvoir autonome que la philosophie cherche indéfiniment à fonder, elle est historique : c'est pourquoi les contradictions qui la meuvent en font à la fois un pouvoir critique et la plus terrible puissance de destruction lorsqu'elle se met au service d'une totalité qu'elle prétend en même temps construire. La pensée dialectique creuse sans cesse ce sol. La *Dialectique négative* obéit, pour le XXe siècle, à ce vœu formulé par Benjamin pour le siècle précédent : « Défricher des domaines où seule la folie, jusqu'ici, a crû en abondance. Avancer avec la hache aiguisée de la raison, et sans regarder ni à droite ni à gauche, pour ne pas succomber à l'horreur qui, du fond de la forêt vierge, cherche à vous séduire. Toute terre a dû un jour être défrichée par la raison, être débarrassée des broussailles du délire et du mythe. C'est ce que l'on veut faire ici pour la terre en friche du XIXe siècle[2]. » Entre les séductions de l'originaire et celles des délires et fantasmagories d'une

1 Adorno, 1984b, p. 26.
2 Benjamin, 1993, p. 473-474.

société future, le travail du négatif d'une raison non pas conquérante mais soucieuse de chercher une nouvelle voie reste plus que nécessaire face à la fascination et à la répulsion d'une horreur sacrée dont l'idole n'a guère d'autre nom que celui de révolutions technologiques et technocratiques affiliées au néolibéralisme qui déjà cote l'homme en Bourse. Si cette nouvelle voie ne peut consister à rejeter la théorie du côté de l'ombre, d'une rationalité irrationnelle aveugle, si elle consiste à construire des constellations permettant de déchiffrer l'objectivité des contenus spirituels traversés par les contradictions et les antagonismes de puissances sociales fascinées et comme paralysées par la surpuissance de l'ère nouvelle annoncée de toute part, elle attend plus que jamais une critique politique des possibilités effectives de l'expérience dont les individus, plus souvent avec leur consentement actif que malgré eux, se sont trouvés peu à peu dépossédés. Cette dimension de l'expérience n'est pas tant celle d'une réappropriation du monde, concept par trop abstrait, mais d'un pouvoir d'imagination dialectique et d'invention micrologique qui donne sa mesure, son échelle, à la pratique des individus dans les lieux mêmes qui les instituent en les privant dans le même mouvement de la capacité de réflexion et donc d'action. Aller là contre suppose une pratique autoréfléchie, une autonomie réelle qui excède, comme le différencié par rapport à l'emprise du concept, toute théorie et toute pensée affirmative refermées sur elles-mêmes. La dialectique négative trace les contours fragiles d'une pensée et d'une pratique refusant la fatalité du toujours-semblable qui se dissimule sous les injonctions du nouveau, de l'innovation permanente et accélérée. Si elle dit peu sur ce qui serait à inventer comme forme de société véritablement humaine, c'est peut-être avant tout parce qu'elle sait que « même les pensées sont devenues des marchandises », comme les mots d'ordre politiques pourrait-on ajouter, et que nulle pratique ne peut être prescrite par la théorie au risque sinon de devenir un activisme ou un affairisme autoritaires qui, comme une certaine philosophie, prétend toujours avoir le dernier mot, ne serait-ce que parce qu'elle fait les questions et les réponses, comme le dit ironiquement Adorno à propos de la question heideggérienne de l'être[1].

---

1 Adorno, 1992, p. 55-56.

BIBLIOGRAPHIE

ADORNO, Theodor W., *Beaux Passages*, Paris, Payot, 2013.

ADORNO, Theodor W., *Contribution à une métacritique de la théorie de la connaissance*, Paris, Payot, 2011a.

ADORNO, Theodor W., *Dialectique négative*, Paris, Payot, 1992.

ADORNO, Theodor W., *Jargon de l'authenticité*, Paris, Payot, 1989.

ADORNO, Theodor W., *Kants « Kritik der reinen Vernunft »*, Frankfurt am Main, Suhrkamp, 1995a.

ADORNO, Theodor W., « Keine Angst vor dem Elfenbeiturm », *Schriften Band 20.1*, Frankfurt am Main, Suhrkamp, 1986a.

ADORNO, Theodor W., *Kierkegaard*, Paris, Payot, 1995b.

ADORNO, Theodor W., *L'Actualité de la philosophie et autres essais*, Paris, Éditions Rue d'Ulm / Presses de l'École normale supérieure, 2008a.

ADORNO, Theodor W., *La Psychanalyse révisée*, suivi de LE RIDER, Jacques, *L'Allié incommode*, Éditions de l'Olivier, 2007.

ADORNO, Theodor W., *Métaphysique, Concept et problèmes*, Paris, Payot, 2006a.

ADORNO, Theodor W., *Minima Moralia, Réflexions sur la vie mutilée*, Paris, Payot, 1991b.

ADORNO, Theodor W., *Modèles critiques*, Paris, Payot, 1984a.

ADORNO, Theodor W., *Mots de l'étranger et autres essais, Notes sur la littérature II*, Paris, Éditions de la Maison des sciences de l'homme, 2004.

ADORNO, Theodor W., *Negative Dialektik, Jargon der Eigentlichkeit*, Band 6, Frankfurt am Main, Suhrkamp, fünfte Auflage, 1996a.

ADORNO, Theodor W., *Notes sur Beckett*, Caen, Nous, 2008b.

ADORNO, Theodor W., *Notes sur la littérature*, Paris, Flammarion, 1984b.

ADORNO, Theodor W., *Ontologie und Dialektik*, Frankfurt am Main, Suhrkamp, 2002.

ADORNO, Theodor W., *Philosophische Terminologie*, Band 1, Frankfurt am Main, Suhrkamp, 1973.

ADORNO, Theodor W., *Prismes, Critique de la culture et société*, Paris, Payot, 1986b.

ADORNO, Theodor W., *Probleme der Moralphilosophie*, Frankfurt am Main, Suhrkamp, 2010.

ADORNO, Theodor W., *Quasi una fantasia*, Paris, Gallimard, 1982.

ADORNO, Theodor W., *Schriften Band I : Philosophische Frühschriften*, Frankfurt am Main, Suhrkamp, 1996b.

ADORNO, Theodor W., *Schriften Band 8 : Soziologische Schriften I*, Frankfurt am Main, Suhrkamp, 1972.

ADORNO, Theodor W., *Société : Intégration, Désintégration, Écrits sociologiques*, Paris, Payot, 2011c.

ADORNO, Theodor W., *Théorie esthétique*, Paris, Klincksieck, 1995c.

ADORNO, Theodor W., *Trois études sur Hegel*, Paris, Payot, 1979.

ADORNO, Theodor W., *Vorlesung über Negative Dialektik*, Frankfurt am Main, Suhrkamp, 2003.

ADORNO, Theodor W., *Zur Lehre von der Geschichte und von der Freiheit*, Frankfurt am Main, Suhrkamp, 2006b.

ADORNO, Theodor W., BERG, Alban, *Correspondance 1925-1935*, éd. H. Lonitz, Paris, Gallimard, 2004.

ANDERS, Günther, *L'Obsolescence de l'homme*, tome II, Paris, Fario, 2011.

ANDERS, Günther, *L'Obsolescence de l'homme*, Paris, Éditions de l'Encyclopédie des nuisances, 2002.

ANDERS, Günther, *Sur la pseudo-concrétude de la philosophie de Heidegger*, Paris, Sens-Tonka, 2006.

ARJAKOVSKY, Philippe, FÉDIER, François, FRANCE-LANORD, Hadrien, (dir.), *Le Dictionnaire Martin Heidegger*, Paris, Les Éditions du Cerf, 2013.

BECKETT, Samuel, *L'Innommable*, Paris, Minuit, 2004.

BECKETT, Samuel, *Molloy*, Paris, Minuit, 1982.

BENJAMIN, Walter, *Charles Baudelaire*, Paris, Payot, 1979a.

BENJAMIN, Walter, *Correspondance, 1929-1940*, vol. 2, Paris, Aubier Montaigne, 1979b.

BENJAMIN, Walter, *Œuvres III*, Paris, Gallimard, coll. « Folio essais », 2000.

BENJAMIN, Walter, *Origine du drame baroque allemand*, Paris, Flammarion, 1985.

BENJAMIN, Walter, *Paris, Capitale du XIXe siècle*, Paris, Les Éditions du Cerf, 1993.

BERMAN, Antoine, *L'Âge de la traduction, « La Tâche du traducteur » de Walter Benjamin, un commentaire*, Presses universitaires de Vincennes, coll. « Intempestives », 2008.

BIAGINI, Cédric, *L'Emprise numérique, Comment Internet et les nouvelles technologies ont colonisé nos vies*, Montreuil, L'Échappée, 2012.

BLOCH, Ernst, *L'Esprit de l'utopie*, Paris, Gallimard, 1977.

BLOCH, Ernst, *Thomas Munzer, théologien de la révolution*, Paris, Les Prairies ordinaires, 2012.

BOULNOIS, Olivier, *Métaphysiques rebelles, Genèse et structures d'une science au Moyen Âge*, Paris, PUF, 2013.

CASSIN, Barbara, (dir.), *Vocabulaire européen des philosophies*, Paris, Seuil, 2004.

CLASTRES, Pierre, « Liberté, malencontre, innommable », dans LA BOÉTIE, Étienne de, *Le Discours de la servitude volontaire*, Paris, Payot, 1993.

CLASTRES, Pierre, *Recherches d'anthropologie politique, Les Marxistes et leur anthropologie*, Paris, Seuil, 1980.

COURTINE, Jean-François, *Archéo-Logique, Husserl, Heidegger, Patocka*, Paris, Puf, 2013.

COURTINE, Jean-François, (dir.), *L'Introduction à la métaphysique de Heidegger, Commentaires*, Paris, Vrin, 2007.

COURTINE, Jean-François, *Inventio analogiae, Métaphysique et ontothéologie*, Paris, Vrin, 2005.

DANTE, *La Divine Comédie*, Paris, Classiques Garnier, 1966.

DASTUR, Françoise, « Le danger et la promesse », *Heidegger, Le Danger et la Promesse*, sous la direction de Gérard Bensussan et Joseph Cohen, Paris, Kimé, 2006.

DELEUZE, Gilles, *Différence et Répétition*, Paris, Puf, 1968.

DERRIDA, Jacques, *Heidegger et la question*, Flammarion, Paris, 1990.

DURKHEIM, Émile, *Les Règles de la méthode sociologique*, Paris, Champs Flammarion, 1988.

FÉDIER, François, *Entendre Heidegger et autres exercices d'écoute*, Paris, Pocket, 2013.

FISCHBACH, Franck, *Du commencement en philosophie, Étude sur Hegel et Schelling*, Paris, Vrin, 1999.

FISCHBACH, Franck, *Sans objet, Capitalisme, subjectivité, aliénation*, Paris, Vrin, 2009.

FREUD, Sigmund, *L'Interprétation des rêves*, Paris, Puf, 2010.

Freud et la culture, *Europe* n° 954, octobre 2008.

GADAMER, Hans-Georg, « Comme Platon à Syracuse », *La Conférence de Heidelberg (1988), Heidegger : portée philosophique et politique de sa pensée*, Lignes / IMEC, 2014.

GENEL, Katia, *Autorité et émancipation, Horkheimer et la Théorie critique*, Paris, Payot, 2013.

GODDARD, Jean-Christophe (éd.), *Le Transcendantal et le spéculatif dans l'idéalisme allemand, Idéalisme spéculatif, subjectivité et négations*, Paris, Vrin, 1999.

HAAR, Michel, *Le Chant de la terre*, Paris, L'Herne, 1985.

HABERMAS, Jürgen, *Le Discours philosophique de la modernité*, Paris, Gallimard, 1988.

HABERMAS, Jürgen, *Écrits politiques*, Paris, Champs Flammarion, 1999.

HEGEL, Georg Wilhelm Friedrich, *Concept préliminaire de la philosophie*, Paris, Vrin, 1994a.

HEGEL, Georg Wilhelm Friedrich, *Encyclopédie des sciences philosophiques en abrégé*, Paris, Vrin, 2012.

HEGEL, Georg Wilhelm Friedrich, *Encyclopédie des sciences philosophiques I, La Science de la logique, Concept préliminaire*, Paris, Vrin, 1994b.

HEGEL, Georg Wilhelm Friedrich, *Encyclopédie des sciences philosophiques III, La Philosophie de l'esprit*, Paris, Vrin, 1988.

HEGEL, Georg Wilhelm Friedrich, *La Philosophie de l'histoire*, Paris, Le Livre de poche, coll. « La Pochothèque », 2009.

HEGEL, Georg Wilhelm Friedrich, *Phénoménologie de l'Esprit*, Paris, Aubier Montaigne, 1939.

HEGEL, Georg Wilhelm Friedrich, *Phénoménologie de l'Esprit*, Paris, Vrin, 2006a.

HEGEL, Georg Wilhelm Friedrich, *Premières publications*, Paris, Éditions Ophrys, 1964.

HEGEL, Georg Wilhelm Friedrich, *Principes de la philosophie du droit*, Paris, PUF, 1998.

HEGEL, Georg Wilhelm Friedrich, *Science de la logique, Premier tome – La logique objective, premier livre, L'Être*. Paris, Kimé, 2006b.

HEGEL, Georg Wilhelm Friedrich, *Science de la logique, Premier tome – La logique objective, deuxième livre, La Doctrine de l'essence*. Paris, Kimé, 2010.

HEGEL, Georg Wilhelm Friedrich, *Science de la logique, Second tome – La Logique subjective, La Doctrine du concept*, Paris, Kimé, 2014.

HEGEL, Georg Wilhelm Friedrich, *Wissenschaft der Logik I, Werke 5*, Frankfurt am Main, Suhrkamp, 1986a.

HEGEL, Georg Wilhelm Friedrich, *Wissenschaft der Logik II, Die subjektive Logik oder die Lehre vom Begriff*, Frankfurt am Main, Suhrkamp, 1986b.

HEIDEGGER, Martin, *Apports à la philosophie, De l'avenance*, Paris, Gallimard, 2013.

HEIDEGGER, Martin, *Chemins qui ne mènent nulle part*, Paris, Gallimard, 1962.

HEIDEGGER, Martin, *De l'essence de la vérité, Approche de l'« allégorie de la caverne » et du Théétète de Platon*, Paris, Gallimard, 2001a.

HEIDEGGER, Martin, *Essais et conférences*, Paris, Gallimard, 1958.

HEIDEGGER, Martin, *Être et Temps*, Paris, Gallimard, 1986.

HEIDEGGER, Martin, *Interprétation de la Deuxième considération intempestive de Nietzsche*, Paris, Gallimard, 2009.

HEIDEGGER, Martin, *Introduction à la métaphysique*, Paris, Gallimard, 1967.

HEIDEGGER, Martin, *Lettre sur l'humanisme*, Paris, Aubier, 1983.

HEIDEGGER, Martin, *Ontologie, Herméneutique de la factivité*, Paris, Gallimard, 2012.

HEIDEGGER, Martin, *Parménide*, Paris, Gallimard, 2011.

HEIDEGGER, Martin, *Questions I et II*, Paris, Gallimard, 1968.

HEIDEGGER, Martin, *Questions III et IV*, Paris, Gallimard, 1990.

HEIDEGGER, Martin, *Gesamtausgabe, II Abteilung : Vorlesungen, Band 36/37, Sein und Wahrheit*, Frankfurt am Main, Vittorio Klostermann, 2001b.

HEIDEGGER, Martin, *Band 9, Wegmarken*, Frankfurt am Main, Vittorio Klostermann, 1976.

HORKHEIMER, Max, ADORNO, Theodor W., *La Dialectique de la raison*, Paris, Gallimard, 1974.

HORKHEIMER, Max, *Théorie critique et théorie traditionnelle*, Paris, Gallimard, 1974.

HUSSERL, Edmund, *La Crise de l'humanité européenne et la philosophie*, Paris, Aubier Montaigne, 1987.

Introduction à la lecture de la Science de la logique de Hegel, tome I : *L'Être*, collectif, Paris, Aubier, 1981.

HUSSERL, Edmund, *Méditations cartésiennes*, Paris, PUF, 2007.

KANT, Emmanuel, *Critique de la raison pratique*, Paris, GF Flammarion, 2003.

KANT, Emmanuel, « Critique de la raison pure », *Œuvres*, tome I, Paris, Gallimard, coll. « Bibliothèque de la Pléiade », 1980.

KANT, Emmanuel, « Critique de la faculté de juger », *Œuvres*, tome II, Paris, Gallimard, coll. « Bibliothèque de la Pléiade », 1985.

KANT, Emmanuel, « Le conflit des facultés », *Opuscules sur l'histoire*, Paris, GF Flammarion, 1990.

KERVÉGAN, Jean-François, *L'Effectif et le rationnel, Hegel et l'esprit objectif*, Paris, Vrin, 2007.

LACOUE-LABARTHE, Philippe, *Heidegger, La Politique du poème*, Paris, Galilée, 2002.

LACOUE-LABARTHE, Philippe, *La Fiction du politique*, Paris, Christian Bourgois, 1987.

LACOUE-LABARTHE, Philippe, « Remarque sur Adorno et le jazz », *Rue Descartes* n° 10, *Modernités esthétiques*, Paris, Albin Michel, mai 1994.

LADMIRAL, Jean-René, *Traduire : théorèmes pour la traduction*, Paris, Gallimard, 1994.

LYOTARD, Jean-François, *Des dispositifs pulsionnels*, Paris, Galilée, 1994.

MABILLE, Bernard, *Hegel, Heidegger et la métaphysique, Recherches pour une constitution*, Paris, Vrin, 2004.

MARX, Karl, *L'Idéologie allemande*, Paris, Les Éditions sociales, 2012.

MITSCHERLICH, Alexander et Margarete, *Le Deuil impossible*, Nantes, Éditions du Temps, 2004.

MONOD, Jean-Claude, *La Querelle de la sécularisation, de Hegel à Blumenberg*, Paris, Vrin, 2002.

MOSÈS, Stéphane, *L'Ange de l'histoire*, Paris, Folio essais, 2006.

MOUTOT, Gilles, *Essai sur Adorno*, Paris, Payot, 2010.

NEF, Frédéric, *Qu'est-ce que la métaphysique ?*, Paris, Folio, 2004.

NIETZSCHE, Friedrich, *Généalogie de la morale*, Paris, GF Flammarion, 2002.

NIETZSCHE, Friedrich, *Le Gai Savoir*, Paris, GF Flammarion, 2000.
PLATON, *Phédon*, Paris, Les Belles Lettres, 1970.
PRADELLE, Dominique, *Généalogie de la raison, Essai sur l'historicité du sujet transcendantal de Kant à Heidegger*, Paris, Épiméthée, 2013.
PROUST, Marcel, « Noms de Pays : le nom », *À la recherche du temps perdu*, tome I, Paris, Gallimard, coll. « Bibliothèque de la Pléiade », 1987.
QUENEAU, Raymond, *Loin de Rueil*, Paris, Gallimard, 1944.
ROCHLITZ, Rainer, *Théories esthétiques après Adorno*, Paris, Actes Sud, 1990.
SCHELLING, Friedrich (von), *Les Âges du monde*, Paris, Vrin, 2012.
SLOTERDIJK, Peter, *Critique de la raison cynique*, Paris, Christian Bourgois, 1987.
SLOTERDIJK, Peter, *La Mobilisation infinie*, Paris, Seuil, 2003.
SOMMER, Christian, (dir.), *Nouvelles Phénoménologies en France*, Paris, Hermann, 2014.
T. W. Adorno, Ernst Bloch, Europe n° 949, mai 2008.
TINLAND, Olivier, *L'Idéalisme hégélien*, Paris, CNRS éditions, 2013.
VALÉRY, Paul, « Fluctuations sur la liberté », *Œuvres*, tome II, Paris, Gallimard, coll. « Bibliothèque de la Pléiade », 1960.
VERLAINE, Paul, « Les Ingénus », *Œuvres poétiques*, Paris, Classiques Garnier, 1986.
VIOULAC, Jean, *La Logique totalitaire, Essai sur la crise de l'Occident*, Paris, Puf, 2013.
WIGGERSHAUS, Rolf, *L'École de Francfort, Histoire, développement, signification*, Paris, PUF, 1993.
ŽIŽEK, Slavoj, *Le Sujet qui fâche*, Paris, Flammarion, 2007.

INDEX DES NOMS

En raison des très nombreuses occurrences, nous avons jugé préférable de ne pas faire figurer les noms de Hegel, de Heidegger et de Kant dans cet index.

INDEX DES NOTIONS

Adorno fait constamment usage des concepts philosophiques traditionnels, notamment ceux de l'idéalisme allemand. Afin de ne pas surcharger l'index par de trop nombreux renvois, nous avons jugé préférable de ne retenir que les concepts dont la valeur et la fonction critiques sont les plus significatives.

TABLE DES MATIÈRES

DEUXIÈME PARTIE

PENSER : JOUER LE CONCEPT CONTRE LE CONCEPT, DE LA CLOWNERIE EN PHILOSOPHIE

TROISIÈME PARTIE

MÉTAPHYSIQUE ET UTOPIE